『十一五』國家重點出版規劃項目

主編　陳智超

陳垣全集

CHENYUAN QUANJI

第十七册

釋氏疑年録

中國佛教史籍概論

北京师范大学出版集团
BEIJING NORMAL UNIVERSITY PUBLISHING GROUP
安徽大学出版社

圖書在版編目(CIP)數據

陳垣全集.第17册,釋氏疑年録、中國佛教史籍概論/陳垣著.
—合肥:安徽大學出版社,2009.8(2021.3重印)
ISBN 978-7-81110-388-5

Ⅰ.①陳… Ⅱ.①陳… Ⅲ.①陳垣(1880～1971)—全集
②僧侣—年譜—中國—古代 ③佛教史—史籍—研究—中國
Ⅳ.①C52 ②B949

中國版本圖書館CIP數據核字(2009)第155473號

陳垣全集 第十七册
釋氏疑年録 中國佛教史籍概論
陳 垣 著 陳智超 主編

安徽大學出版社出版發行
(合肥市肥西路3號 郵編230039 電話0551-65107716
網址 www.ahupress.com.cn)
合肥遠東印務有限責任公司印製
責任總編輯 楊應芹 彭君華
本册編輯 楊國平 封面設計 孟獻輝
開本 880×1230 1/32 印張 20.5 字數 398千
2009年12月第1版 2021年3月第3次印刷
ISBN 978-7-81110-388-5
定價 2480.00圓(全二十三册)

摄于1942年

卷十一　雲棲袾宏等三百人……三四九
卷十二　天然函昰等三百〇八人……三九五
末二卷因時近，所收較濫。然各家語録、塔銘具在，自慚寡陋，僅見二三百種，遺者尚多也。
釋氏疑年録通檢……四四一

中國佛教史籍概論

中國佛教史籍概論……四九三
緣起……四九五
卷一……四九七
出三藏記集……四九七
歷代三寶記……五〇一
▲開元釋教録……五〇八
卷二……五一七
高僧傳……五一七
續高僧傳……五二三
▲宋高僧傳……五三二
卷三……五四一

▲弘明集……五四一
▲廣弘明集……五四六
▲法苑珠林……五五三
▲一切經音義……五五九
新譯華嚴經音義……五五九
卷四……五七五
一切經音義……五七五
續一切經音義……五七五
輔行記……五八三
景德傳燈録……五八五
▲五燈會元……五九二
卷五……五九九
寶林傳……五九九
北山録……六〇三
傳法正宗記　正宗論……六〇五
釋門正統……六一三
△佛祖統紀……六一三

▲法藏碎金録……六二〇
▲道院集要……六二〇
卷六……六二三
▲禪林僧寶傳……六二三
▲林間録　後録……六二九
▲羅湖野録……六三三
▲佛祖通載……六三五
▲釋氏稽古略……六四一
△神僧傳……六四二
△大藏一覽……六四三
△法喜志……六四三
△長松茹退……六四四
△吳都法乘……六四五
△南宋元明僧寶傳……六四六
△現果隨録……六四八
▲者四庫著録　△者四庫附存目
後記……六五〇

陳垣全集之二十五

釋氏疑年録

安徽大學出版社

内容提要

釋氏疑年録是檢查歷史上僧人生卒年的工具書。僧人同名者多，常易相混，且一人的生卒年或年歲，各書記載不盡相同，有時竟有四五種説法。本書引用佛教典籍、僧傳、語録，並參考諸家文集、方志、金石碑拓等材料，考其異同，訂其譌誤，自晉至清初，有年可考者，得二千八百人，引書七百餘種，其中二三百種語録材料，搜輯不易，尤為可貴。

書中對每一個僧人都注明所據材料，列出與此人有關的基本史籍，為研究這些人的史跡提供了重要綫索，對研究歷史，尤其是佛教史有很大幫助。

小引

往閱僧傳，見有卒年可紀者輒記之，閱他書有僧家年臘亦記之，積久遂盈卷帙。顧同一僧也，而有記載之殊，同一傳也，而有版本之異，達磨卒年有五說，玄奘年歲有四說，所見愈廣，糾紛愈煩，悔不株守一編爲省事也。然既見之，則不能置之，故又每以考證其異同爲樂，同則取其古，異則求其是，譌者訂之，疑者辨之，辨論既定，遇有佳證，仍復易之，如是一人恒用三四出處，不敢冀無誤，亦冀少誤云爾。始於康僧會，會以前至者無確年可紀也，終於清初，以生於明者爲限也。按生年編録，無生年或年過一百三十未可遽信者，則略以卒年爲次，生卒年俱闕者，雖有歲數弗録也。凡得二千八百人，分十二卷，顔曰釋氏疑年録。今年三月，丹徒尹石公居士見而善之，謂可流布，並贈我影印金山諸舊志，乃量爲採掇，以付剞劂。惜寒齋藏書本少，釋典尤闕，變亂以後，半束高閣，甚或以易米煤，平時藉借往還，人事既遷，此樂亦不可復得，今欲從事覆勘，已感困難，遑言補益，網羅不盡，良用慊然，然子不云乎，「舉爾所知，爾所不知，人其舍諸」，本此雅言，可以藏吾拙矣。

一九三八年十月，新會陳垣識於北平勵耘書屋。

凡例

一、僧人同名者多，故名上悉冠地名、寺名，此僧傳例也。宋、元而後，僧輒有號，或以號綴名上，如覺範洪，或以號綴名下，如洪覺範，今悉以號綴名上。

二、清初僧派甚繁，或從剃度師出，或從得法師出，既略去排行，輒不復知名上爲何字，今悉從原著，非有確據不臆加也。

三、此録時歷千年，地名屢易，加以文人著述恒用異名，欲求畫一難矣。然正爲其不畫一，可見出處之不同，如同一寺也，在梁傳稱京師，在唐傳則稱揚都，名從主人，自易識別。

四、生年借用西紀年月，比對未必悉符，取其便於排檢而已，若欲專考一人，尚須更求精密。

五、所引習見之書，類用簡稱，如梁高僧傳，以至近出新續高僧傳，均略去「高」字，開元釋教録、景德傳燈録等簡稱開元録、景德録，法苑珠林稱珠林，文苑英華稱英華，隆興佛教編年通論稱隆興通論，元時新修科分六學僧傳稱六學僧傳，五燈會元續略稱五燈續略是也。

六、續高僧傳卷數各本不同，宋、元本三十一卷，明本四十卷，高麗本三十卷，今依宋、元本。

釋氏疑年録卷一

吳建業建初寺康僧會　其先康居人。

晉太康元年（公元二八〇）卒。佛祖通載作咸寧五年卒，今據出三藏記集十三及梁僧傳一。

洛陽婁至山訶羅竭　楚陽人。高麗本作樊陽，珠林百十六亦引作楚陽。

晉元康八年（二九八）卒。梁僧傳十。

長安竺法護　其先月支人。

晉建興末卒，年七十八。出三藏記集及梁僧傳一云：「晉惠西奔，護避地東下，卒。」開元録二云：「護於懷、愍之世，仍更出經。」則當卒於愍帝末。

江左竺僧顯　北地傅氏。

東晉大興末卒。梁僧傳十一。

鄴中竺佛圖澄　西域人。

東晉永和四年戊申卒，年一百十七歲（二三二—三四八）。釋氏通鑑誤作百七十歲，釋氏稽古略、佛祖綱目等因之，今據梁僧傳九及珠林七六引。

建康建初寺帛尸梨蜜　西域人。

東晉咸康中卒，年八十餘。出三藏記集十三及梁僧傳一。

中山帛法橋　中山人。

後趙建武末、東晉永和中卒，年九十。梁僧傳十三。

羅浮山單道開　燉煌孟氏。

東晉升平中卒，年百餘歲。梁僧傳九。

剡隱岳山帛僧光

東晉太元末卒，年一百一十。梁僧傳十一。

剡東仰山法深竺潛　瑯琊王氏。

東晉寧康二年卒，年八十九（二八六—三七四）。世説德行篇注作年七十九，今據梁僧傳四。

長安涉公　西域人。

苻秦建元十六年、東晉太元五年（三八〇）卒。梁僧傳十。

始寧山竺法義

東晉太元五年卒，年七十四（三〇七—三八〇）。法華經顯應録引靈瑞集作太和中卒，珠林百十四、太平廣記百十引述異記作太元七年卒，今據梁僧傳四。

剡沃洲山道林支遁　陳留關氏。

東晉太和元年閏四月卒，年五十三（三一四—三六六）。釋氏稽古略云「太和二年，遁抗表還山」，誤，今據梁僧傳四及世説傷逝篇、言語篇注。

長安五級寺道安　常山扶柳衛氏。

苻秦建元二十一年、東晉太元十年卒，年七十二（三一四—三八五）。太平廣記八九引梁僧傳作太元元年卒，隆興通論、佛祖通載等作太元十四年卒，今據出三藏記集十五及梁僧傳五。又宋、元、明藏本梁僧傳無年歲，今據高麗本及珠林二四、御覽六五五引。

荆州長沙寺法遇

東晉太元中卒，年六十一。梁僧傳五無卒年，今據名僧傳抄。

京師瓦官寺竺法汰　東莞人。

東晉太元十二年卒，年六十八（三二〇—三八七）。梁僧傳五。

武陵平山慧元　河北人。

東晉太元十四年（三八九）卒。梁僧傳十三。

荆州上明寺曇徽　河内人。宋本作曇微。

東晉太元二十年卒，年七十三（三二三—三九五）。梁僧傳五。

始豐赤城山竺曇猷　燉煌人。三寶感通録下作帛道猷，釋氏通鑑因之。按，梁僧傳五竺道壹傳有帛道猷，山陰馮氏，與此當另一人。

東晉太元末卒。釋氏通鑑於太元八年叙猷事，非謂其卒於是年也，稽古略乃作太元八年卒，神僧傳又誤作太和末卒，今據梁僧傳十一。

越城寺法相　河東梁氏。

東晉元興末卒，年八十。三寶感通録下作年九十，珠林二七引冥祥記作年八十九，今據梁僧傳十二。

於潛青山竺法曠　下邳睪氏。

東晉元興元年卒，年七十六(三二七—四〇二)。宗統編年作元興二年卒，今據梁僧傳五。

長安弗若多羅　罽賓人。

姚秦弘始六年、東晉元興三年(四〇四)卒。梁僧傳二。

長沙寺曇戒　南陽卓氏。

東晉隆安中卒，年七十。梁僧傳五無卒年，今據名僧傳抄。

虎丘東山寺竺道壹　吳陸氏。

東晉隆安中卒，年七十一。梁僧傳五。

廣漢閻興寺賢護　涼州孫氏。

東晉隆安五年（四〇一）卒。梁僧傳十一。

荊州長沙寺曇翼　羌姚氏。

東晉義熙中卒，年八十二。梁僧傳五無卒年，今據名僧傳抄。

山陰嘉祥寺慧虔　北地皇甫氏。

東晉義熙中卒。梁僧傳五。

廬山慧永　河内潘氏。陳舜俞廬山記作繁氏。

東晉義熙十年卒，年八十三（三三二—四一四）。名僧傳抄作太元五年卒，今據梁僧傳六及珠林百七引。

廬山慧恭　豫章豐城龔氏。

東晉義熙十一年（四一五）卒。淨土往生傳上。

廬山慧遠　鴈門樓煩賈氏。

東晉義熙十二年卒，年八十三（三三四—四一六）。釋氏通鑑作義熙十一年卒，年八十四，王禕經行廬山記作義熙十二年卒，年八十二，廣弘明集謝靈運遠法師誄作義熙十三年卒，年八十四，今據梁僧傳六及出三藏記集十五、世説文學篇注張野遠法師銘。

蜀龍淵寺慧持　慧遠弟。

東晉義熙八年卒，年七十六（三三七—四一二）。梁僧傳六。宋、元、明藏本均作年八十六，是長於慧遠也。法門兄弟不論年歲，持與遠俗門兄弟也。陳舜俞廬山記作年七十二。今據高麗本梁僧傳及釋氏通鑑、佛祖統紀。

壽春石澗寺卑摩羅叉　罽賓人。

東晉義熙九年（四一三）後卒，年七十七。梁僧傳二無卒年，開元録云在義熙中羅什既卒之後，今從之。

始豐赤城山支曇蘭　青州人。

東晉元熙中卒，年八十三。梁僧傳十一。

沙門統法果　趙郡人。

魏泰常中卒，年八十餘。釋氏通鑑於魏泰常四年叙法果事，非謂其卒於是年，稽古略乃作四年己未卒，年八十三，今據魏書釋老志。

長安曇影　北人。

東晉義熙中卒，年七十。梁僧傳六。

京師枳園寺智嚴　西涼州人。

宋元嘉四年（四二七）後卒，年七十八。梁僧傳三。

長安大寺僧䂮　北池泥陽傳氏。

姚秦弘始末、東晉義熙中卒，年七十三。梁僧傳六。高麗本作年七十。

長安鳩摩羅什　天竺人。

姚秦弘始十五年、東晉義熙九年癸丑卒，年七十(三四四—四一三)。佛祖通載作隆安四年卒，未審何據。梁僧傳二作弘始十一年卒，開元録云「弘始十四年末什仍未卒」，今據廣弘明集二三僧肇撰什法師誄。

長安道恒　藍田人。

東晉義熙十三年卒，年七十二(三四六—四一七)。六學僧傳十一作年七十三，今據梁僧傳六。

道士支曇諦　康居人。

東晉義熙七年卒，年六十五(三四七—四一一)。廣弘明集二三晉丘道護撰誄。按，梁僧傳七，虎丘山曇諦亦康居人，宋元嘉末卒，傳稱諦善屬文，有集六卷，入吳興故章崑崙山二十餘載。誄亦稱諦善屬文，考室於吳興郡故鄣之崑山二十餘載。似屬一人，惟名僧傳目稱晉支曇諦，隋書經籍志支曇諦集列慧遠、僧肇之前，丘道護集亦附注於晉，諦既卒在丘前，其爲晉人可知。惟傳又稱諦曾見僧䂮，䂮義熙中卒，呼諦爲童子。則與此疑另一人。二人之卒相距四十餘年，僧傳作一人，今另出宋曇諦於後。曹魏亦有曇諦，安息國人，高貴鄉公時譯羯磨一卷，見唐内典録。

廬山曇恒　河東人。釋氏通鑑避諱作曇常。

東晉義熙十四年卒，年七十二(三四七—四一八)。陳舜俞廬山記作年七十一，今據十八賢傳。疑即前文道恒，俟考。

吳臺寺道祖　吳人。

東晉元熙元年卒，年七十三(三四七—四一九)。梁僧傳六。高麗本作年七十二。

江西四層寺竺慧熾　新野人。

宋永初二年（四二一）卒。珠林一一三引冥祥記、廣記三二四引異苑。

江陵辛寺法顯　平陽武陽龔氏。

宋景平元年（四二三）以前卒。傳記無卒年，惟出三藏記集三彌沙塞律序録云：「法顯以晉義熙十二年還都，衆經多譯，唯彌沙塞一部未及譯而亡，至宋景平元年佛大什出之。」梁僧傳三佛馱什傳同，是法顯卒於宋景平元年以前也。又，法顯年歲，出三藏記集十五作八十二，梁僧傳三作八十六，似皆不可據。出三藏記集云：「法顯二十受大戒，以晉隆安三年發長安。」是法顯出遊時不過二十餘，經十六年還都，不過四十，譯經數年卒，不過四十五六。梁僧傳於「受大戒」上删「二十」兩字，出遊年歲不明。

江陵竹林寺曇順　黄龍人。

宋元嘉二年卒，年七十九（三四七—四二五）。梁僧傳六無卒年，今據十八賢傳。

京師杯度

宋元嘉三年（四二六）卒。梁僧傳十。

天衣飛雲曇翼

東晉義熙十三年卒，年七十（三四八—四一七）。法華經顯應録上引珠林。

京師龍光寺竺道生　鉅鹿魏氏。

宋元嘉十一年卒，年八十（三五五—四三四）。宋慧琳撰誄及出三藏記集、梁僧傳均無年歲，釋氏通鑑作年八十，今從之。

京師烏衣寺慧叡　冀州人。十八賢傳作僧叡。

宋元嘉十六年卒，年八十五（三五五—四三九）。梁僧傳七作元嘉中卒，釋氏通鑑作元嘉十二年卒，今據十八賢傳。

上定林寺曇摩蜜多　罽賓人。

宋元嘉十九年卒，年八十七（三五六—四四二）。名僧傳抄作年八十，今據出三藏記集十四及梁僧傳三。

龍華寺道矯　高陸人。

宋元嘉二十六年卒，年九十三（三五七—四四九）。名僧傳抄。

京師道場寺佛馱跋陀羅　北天竺人。

宋元嘉六年卒，年七十一（三五九—四二九）。華嚴感應緣起傳及華嚴經持驗記均誤作永嘉六年卒，南唐彭濱撰塔記作元嘉十七年乙亥卒，年七十三。元嘉十七年非乙亥。六學僧傳又作年七十二。今據出三藏記集及梁僧傳二。

東林寺曇詵　廣陵人。

宋元嘉十七年卒，年八十（三六一—四四〇）。陳舜俞廬山記、釋氏通鑑作年七十九，今據十八賢傳。

京師東安寺慧嚴　豫州范氏。
宋元嘉二十年卒，年八十一（三六三—四四三）。梁僧傳七。
京師道場寺慧觀　清河崔氏。
宋元嘉中卒，年七十一。梁僧傳七。
竺曇遂
晉太元中卒，年二十餘。廣記二九四引續搜神記。
廬山道昞　潁川陳氏。
宋元嘉十二年卒，年七十一（三六五—四三五）。十八賢傳。江西通志引作元嘉十三年卒。
京師彭城寺僧弼　吳人。
宋元嘉十九年卒，年七十八（三六五—四四二）。釋氏通鑑作元嘉十年卒，六學僧傳作元嘉九年卒，今據梁僧傳七。
京師祇洹寺求那跋摩　刹利種人。
宋元嘉八年卒，年六十五（三六七—四三一）。釋氏通鑑作元嘉二十年卒，六學僧傳作元嘉六年卒，今據出三藏記集十四及梁僧傳三。
吳閑居寺僧業　河内王氏。

宋元嘉十八年卒，年七十五（三六七—四四一）。梁僧傳十一。

京師祇洹寺道照　平西麴氏。

宋元嘉十年卒，年六十六（三六八—四三三）。梁僧傳十三。高麗本作元嘉三十年卒。

武丘法綱　殷氏。

宋元嘉十一年（四三四）卒。宋慧琳撰誄，廣弘明集二三。

若邪山道敬　瑯邪王氏。

宋永初元年卒，年五十二（三六九—四二〇）。陳舜俞廬山記、釋氏通鑑作年五十一，今據十八賢傳。

淮南中寺曇無成　扶風馬氏。

宋元嘉中卒，年六十四。梁僧傳七。

京師祇洹寺僧苞　京兆人。

宋元嘉中卒。梁僧傳七。

廬山淩雲寺慧安

宋元嘉中卒。梁僧傳七。

廣漢法成　涼州人。

宋元嘉中卒。梁僧傳十一。

上定林寺普明　臨渭張氏。
宋孝建中卒，年八十五。梁僧傳十二。珠林二四引誤作唐僧傳。
京師祇洹寺慧義　北地梁氏。
宋元嘉二十一年卒，年七十三（三七二—四四四）。梁僧傳七。
京師白馬寺僧饒　建康人。
宋大明二年卒，年八十六（三七三—四五八）。梁僧傳十三。
東阿慧靜　東阿王氏。
宋元嘉中卒，年六十餘。梁僧傳七。
京師長樂寺慧詢　趙郡趙氏。
宋大明二年卒，年八十四（三七五—四五八）。六學僧傳十一作慧恂，年八十，今據梁僧傳十一。
六合山寶雲　涼州人。
宋元嘉二十六年卒，年七十四（三七六—四四九）。出三藏記集十五作年七十餘，今據梁僧傳三。
山陰法華山僧翼　餘杭人。六學僧傳二四作曇翼。
宋元嘉二十七年卒，年七十（三八一—四五〇）。梁僧傳十三。
京師道場寺法莊　淮南申氏。

宋大明初卒，年七十六。梁僧傳十二。

山陰靈嘉寺超進　長安顳頊氏。

宋元徽中卒，年九十四。梁僧傳七。

京師道林寺畺良耶舍　西域人。

宋元嘉十九年（四四二）後卒，年六十。六學僧傳二作年六十二，今據梁僧傳三、開元録五。

京師南澗寺道冏　扶風馬氏。

宋元嘉二十年（四四三）後卒。梁僧傳十二。

江陵琵琶寺僧徹　太原晉陽王氏。

宋元嘉二十九年卒，年七十（三八三—四五二）。隆興通論作靈徹，元嘉十六年卒，釋氏通鑑因之，今據梁僧傳七。

京兆智猛　雍州新豐人。

宋元嘉末卒。六學僧傳十一於元嘉十六年後即叙師卒，今據出三藏記集及梁僧傳三。

京師祇洹寺法平　康居人。

宋元嘉末卒。梁僧傳十三。

京師祇洹寺法等　康居人。

宋元嘉末卒。梁僧傳十三。

長安僧肇　京兆人。

東晉義熙十年卒，年三十一（三八四—四一四）。隆興通論、佛祖通載、六學僧傳作年三十二，今據梁僧傳六。唐元康撰肇論疏引梁僧傳亦作三十一，是唐本不誤，不知隆興通論等何以誤爲三十二也。

烏衣寺曇遷　建康支氏。

齊建元四年卒，年九十九（三八四—四八二）。梁僧傳十三。

河西曇無讖　中天竺人。

北涼義和三年、宋元嘉十年卒，年四十九（三八五—四三三）。梁僧傳二。

虎丘山曇諦　康居康氏。

宋元嘉末卒，年六十餘。梁僧傳七。與晉支曇諦同名，傳合爲一，辨見前。

交阯仙山曇弘　黄龍人。

宋孝建二年（四五五）卒。梁僧傳十二。

江陵長沙寺慧遠

宋孝建二年（四五五）卒。珠林一一六引冥祥記。

曇典

宋元嘉十四年卒，年五十（三八八—四三七）。珠林百八引冥祥記。

京師東安寺法恭　雍州關氏。

宋太始中卒，年八十。梁僧傳十二。

廬山慧慶　廣陵人。

宋元嘉二十九年卒，年六十二（三九一—四五二）。梁僧傳十二作元嘉末卒，今據名僧傳抄。

宋熙寺僧伽羅多　西域人。

宋元嘉二十七年卒，年五十九（三九二—四五〇）。梁僧傳三無卒年，今據名僧傳抄。

京師道人統師賢　罽賓國人。

魏和平初卒。魏書釋老志。

京師竹林寺慧益　廣陵人。

宋大明七年（四六三）卒。梁僧傳十二。

江陵僧妙　上黨馮氏。

宋大明八年（四六四）卒。珠林四七引唐僧傳。

京師瓦官寺慧璩　丹陽人。

宋大明末卒，年七十二。梁僧傳十三。

蜀武擔寺道汪　長樂潘氏。

宋太始元年（四六五）卒。梁僧傳七。

京師中興寺求那跋陀羅　中天竺人。

宋太始四年卒，年七十五（三九四—四六八）。出三藏記集十四及梁僧傳三。

京師瓦官寺慧果　豫州人。珠林百十三引作婺州人。

宋太始六年卒，年七十六（三九五—四七〇）。梁僧傳十二。

京師閑心寺道榮　高麗本作道營。

宋昇明二年卒，年八十三（三九六—四七八）。梁僧傳十一。

京師靈根寺僧瑾　沛國朱氏。

宋元徽中卒，年七十九。梁僧傳七。六學僧傳十作年七十。

京師中興寺道温　安定朝那皇甫氏。

宋太始初卒，年六十九。梁僧傳七。六學僧傳十九作年六十五。

京師北多寶寺道亮

宋太始中卒，年六十九。梁僧傳七。六學僧傳十九作年九十九。

岷山通雲寺邵碩　始康邵氏。

宋元徽元年（四七三）卒。梁僧傳十。珠林四一引作元嘉元年，誤。

成都香積寺道法　燉煌曹氏。

宋元徽二年（四七四）卒。梁僧傳十一。

吳興小山法瑤　河東楊氏。高麗本作法珍。

宋元徽中卒，年七十六。梁僧傳七。

京師中興寺慧覽　酒泉成氏。

宋大明中卒，年六十餘。梁僧傳十一。

京師高座寺慧進　吳興姚氏。

齊永明三年卒，年八十五（四〇一—四八五）。龍舒淨土文五作齊明三年卒，年八十，今據梁僧傳十二。

平城玄高　馮翊萬年魏氏。

魏太平真君五年、宋元嘉二十一年卒，年四十三（四〇二—四四四）。古今佛道論衡甲作宋元嘉二十二年卒，今據梁僧傳十一。

蜀安樂寺普恒　成都郭氏。

宋昇明三年卒，年七十八（四〇二—四七九）。梁僧傳十一。

永興柏林寺弘明　山陰嬴氏。

齊永明四年卒，年八十四（四〇三—四八六）。梁僧傳十二。

京師彭城寺僧覆

宋太始末卒，年六十六。梁僧傳十二。

京師新安寺道猷　吳人。

宋元徽中卒，年七十一。梁僧傳七。六學僧傳二一作年七十。

京師莊嚴寺僧璩　吳國朱氏。高麗本作來氏。

宋大明末卒，年五十八。梁僧傳十一。

興福寺慧芬　豫州李氏。

齊永明三年卒，年七十九（四〇七—四八五）。梁僧傳十三。

安樂寺道慧　潯陽柴桑張氏。

宋大明二年卒，年五十一（四〇八—四五八）。梁僧傳十三。

荆州竹林寺僧慧　安定朝那皇甫氏。

齊永明四年卒，年七十九（四〇八—四八六）。梁僧傳八。

京師莊嚴寺曇斌　南陽蘇氏。

宋元徽中卒，年六十七。梁僧傳七。

下定林寺僧鏡　隴西焦氏。
宋元徽中卒，年六十七。梁僧傳七。
高昌郡智林　高昌人。
齊永明五年卒，年七十九（四〇九—四八七）。梁僧傳八。
東安寺曇智　建康王氏。
齊永明五年卒，年七十九（四〇九—四八七）。梁僧傳十三。
魏都曇度　江陵蔡氏。
魏太和十三年、齊永明六年卒。梁僧傳八。魏太和十三年（四八九）當爲齊永明七年。
京師靈根寺法瑗　隴西辛氏。
齊永明七年卒，年八十一（四〇九—四八九）。梁僧傳八。
京師枳園寺法匱　吳興於潛阮氏。
齊永明七年（四八九）卒。梁僧傳十。
興福寺道儒　渤海石氏。
齊永明八年卒，年八十一（四一〇—四九〇）。梁僧傳十三。
山陰天柱山慧靜　餘杭邵氏。

宋太始中卒，年五十八。梁僧傳七。六學僧傳二一作年五十。

京師興皇寺道猛　西涼州人。

宋元徽三年卒，年六十五（四一一—四七五）。梁僧傳七。

武昌樊山法晤　齊人。六學僧傳作法悟。

齊永明七年卒，年七十九（四一一—四八九）。梁僧傳十一。

山陰天柱山法慧　夏侯氏。

齊建武二年卒，年八十五（四一一—四九五）。梁僧傳十二。

廬山招隱寺僧瑜　餘杭周氏。

宋孝建二年卒，年四十四（四一二—四五五）。梁僧傳十二及珠林八十引冥祥記。

鍾山靈曜寺志道　河内任氏。

齊永明二年卒，年七十三（四一二—四八四）。梁僧傳十一。

山陰法華山慧基　錢塘吕氏。高麗本作偶氏。

齊建武三年卒，年八十五（四一二—四九六）。梁僧傳八。六學僧傳二一作年八十三。

京師後岡僧侯　西涼州龔氏。

齊永元二年卒，年八十九（四一二—五〇〇）。梁僧傳十二。高麗本作永明二年卒，今據宋、元本及釋氏通鑑。又，唐慧詳撰法華經傳記作永明元二年卒，可見唐時僧傳已有永明、永元二說，校者旁注，抄者遂連入正文也。

京師何園寺慧亮　東阿姜氏。

宋元徽中卒，年六十三。梁僧傳七。

濟州僧淵　穎川趙氏。

魏太和五年、齊建元三年卒，年六十八(四一四—四八一)。梁僧傳八。六學僧傳二一作齊建元二年，誤。

上定林寺僧遠　渤海重合皇氏。

齊永明二年卒，年七十一(四一四—四八四)。梁僧傳八。

正勝寺法願　穎川長社鍾氏。

齊永元二年卒，年八十七(四一四—五〇〇)。神僧傳作永元一年卒，年八十二，今據梁僧傳十三。

盧江曇遠

宋元嘉十年卒，年十九(四一五—四三三)。珠林二三引冥祥記。

瓦官寺慧重　魯國閔氏。

齊永明五年卒，年七十三(四一五—四八七)。梁僧傳十三。

京師冶城寺慧通　沛國劉氏。

宋昇明中卒，年六十三。梁僧傳七。六學僧傳二一作年六十二。

京師多寶寺法穎　燉煌索氏。

齊建元四年卒，年六十七（四一六—四八二）。梁僧傳十一。

蜀齊后山玄暢　河西金城趙氏。

齊永明二年卒，年六十九（四一六—四八四）。錦江禪燈二十作齊建元元年卒，今據梁僧傳八。

京師湘官寺弘充　涼州人。

齊永明中卒，年七十二。梁僧傳八。明藏本作年七十三。

京師靈鷲寺僧審　太原祁王氏。

齊永明八年卒，年七十五（四一六—四九〇）。梁僧傳十一。

恒州報恩寺道登　東莞芮氏。

魏景明年卒，年八十五。魏書釋老志作太和二十年卒，今據續僧傳六。

京師保誌　金城朱氏。南史作寶誌。

梁天監十三年卒，年九十七（四一八—五一四）。釋氏資鑑作梁中大同元年卒，年九十三，釋氏通鑑作梁天監十三年卒，年九十三，稽古略因之，佛祖綱目又作年九十二，今據梁僧傳十。

錢塘靈隱山曇超　清河張氏。

齊永明十年卒，年七十四（四一九—四九二）。梁僧傳十一。

上定林寺超辯　燉煌張氏。

齊永明十年卒，年七十三（四二〇—四九二）。梁僧傳十二。

安樂寺僧辯　建康吴氏。

齊永明十一年（四九三）卒。梁僧傳十三。

京師瓦官寺阿那摩低　康居人。

齊永明末卒。梁僧傳三。

長干寺玄暢　秦州人。釋氏通鑑作元暢。

齊建武初卒，年七十五。梁僧傳十三。

臨川招提寺慧紹

宋元嘉二十八年卒，年二十八（四二四—四五一）。梁僧傳十二。

上定林寺法獻　西海延水徐氏。

齊建武末卒，年七十五。梁僧傳十三法獻與玄暢合傳，高麗本云：「暢以建武初亡，春秋七十有五，獻以建武末年卒，與暢同窆於鍾山之陽。」是獻不著年歲也；宋、元本作「獻以建武末卒，年與暢同」，是獻亦年七十五也。釋氏通鑑引僧傳即作年與暢同，唐慧詳撰弘贊法華傳亦云獻卒年七十五，是唐本僧傳已如此，今從之。

京師天保寺道盛　沛國朱氏。

齊永明中卒，年六十餘。梁僧傳八。

始豐赤城山慧明　康氏。

齊建武末卒，年七十。六學僧傳十二作建武中卒，年七十一，今據梁僧傳十一。

京師謝寺智宗　建康周氏。

宋大明三年卒，年三十一(四二九—四五九)。梁僧傳十三。

京師何園寺慧隆　陽平成氏。

齊永明八年卒，年六十二(四二九—四九〇)。梁僧傳八。

蜀靈建寺法琳　晉原臨邛樂氏。

齊建武二年(四九五)卒。梁僧傳十一。佛祖統紀作北齊建武，淨土全書作晉建武，均誤。

新安寺玄運　譙郡人。

齊建武四年卒，年六十九(四二九—四九七)。梁僧傳七無卒年，今據齊慧琳撰誄，廣弘明集二三。

京師中興寺僧鍾　魯郡孫氏。

齊永明七年卒，年六十(四三〇—四八九)。梁僧傳八。

壽春慧通

齊永元初卒。梁僧傳十。

荆州僧慧　劉氏。

齊永元中卒。梁僧傳十。

高昌仙窟寺法惠　高昌李氏。

齊永元年卒。名僧傳抄。

京師安樂寺智稱　聞憙裴氏。

齊永元三年卒，年七十二（四三〇—五〇一）。梁僧傳十一。高麗本作永元二年卒，宋、元本作三年，與廣弘明集裴子野撰碑合，今從之。

建康正觀寺求那毗地　中天竺人。

齊中興二年（五〇二）卒。出三藏記集十四及梁僧傳三。

揚都安樂寺法申　任城吕氏。

梁天監二年卒，年七十四（四三〇—五〇三）。續僧傳五。

上定林寺僧柔　丹陽陶氏。

齊延興元年卒，年六十四（四三一—四九四）。梁僧傳八。六學僧傳二一作年六十。

荆州慧球　扶風馬氏。高麗本目作慧琳。

梁天監三年卒，年七十四（四三一—五〇四）。梁僧傳八。

京師天安寺弘宗

梁天監十四年（五一五）年八十四（四三二—？）。僧傳無傳，今據僧祐撰賢愚經記，出三藏記集九。

原作「天監四年，年八十四」，但上文言「元嘉二十二年乙酉，年始十四」，則天監四年應年七十四，今云八十四，則天監十四年也。

京師靈根寺慧豫　黄龍人。珠林五九引作靈相寺惠豫。

齊永明七年卒，年五十七（四三三—四八九）。梁僧傳十二。

揚都莊嚴寺僧密　欒安人。

梁天監四年卒，年七十三（四三三—五〇五）。續僧傳六。

京師謝寺慧次　冀州尹氏。

齊永明八年卒，年五十七（四三四—四九〇）。梁僧傳八。

上虞城山寺僧行　山陰支氏。

齊永明十一年卒，年五十九（四三五—四九三）。名僧傳抄。

京師中興寺僧印　壽春朱氏。

齊永元元年卒，年六十五（四三五—四九九）。梁僧傳八。六學僧傳二一作齊永明元年卒。

蜀武擔寺僧慶　巴西安漢陳氏。

宋大明三年卒，年二十三（四三七—四五九）。梁僧傳十二。

瑯琊嶻山法度　黄龍人。

齊永元二年卒，年六十四（四三七—五〇〇）。江總撰金陵攝山栖霞寺碑拓本，見江寧金石記，作建武四年卒，今據梁僧傳八。

齊隆寺法鏡　吳興烏程張氏。

齊永元二年卒，年六十四（四三七—五〇〇）。梁僧傳十三。

京師太昌寺僧宗　雍州馮翊嚴氏。

齊建武三年卒，年五十九（四三八—四九六）。梁僧傳八。

鍾山上定林寺法令　董氏。

梁天監五年卒，年六十九（四三八—五〇六）。續僧傳八。

揚都建元寺法護　東平張氏。

梁天監六年卒，年六十九（四三九—五〇七）。續僧傳五。

京師正覺寺法悦

梁天監八年（五〇九）卒。梁僧傳十三。

京師白馬寺智靖

梁天監八年（五〇九）卒。梁僧傳十三。

揚都建元寺法朗　吳興武康沈氏。

梁天監中卒。續僧傳五。

揚都建元寺法亮　法朗兄。

梁天監中卒。續僧傳五。

石門寺僧明

梁天監中卒。弘贊法華傳五。

鍾山延賢寺慧勝　交阯人。

梁天監中卒，年七十。續僧傳十六。

揚都湘宮寺曇准　湯陰弘氏。

梁天監十四年卒，年七十七（四三九—五一五）。續僧傳六。

廬山香鑪峰寺僧景　衡陽湘鄉歐陽氏。

齊建武四年卒，年五十八（四四〇—四九七）。虞羲撰景法師行狀，廣弘明集二三。

京師冶城寺智秀　京兆裘氏。

梁天監初卒，年六十三。梁僧傳八。六學僧傳二一作梁天監三年卒。

上定林寺慧彌　弘農華陰楊氏。

梁天監十七年卒，年七十九（四四〇—五一八）。梁僧傳十二。

上定林寺法通　河南陽翟褚氏。

梁天監十一年卒，年七十（四四三—五一二）。梁僧傳八。六學僧傳二一作天監中卒。

剡法華臺曇斐　會稽剡王氏。

梁天監十七年卒，年七十六（四四三—五一八）。梁僧傳八。六學僧傳二一作天監中卒，年七十。

京師靈味寺寶亮　東莞徐氏。

梁天監八年卒，年六十六（四四四—五〇九）。梁僧傳八。

京師建初寺僧祐　彭城下邳俞氏。

梁天監十七年卒，年七十四（四四五—五一八）。金山志略二作年七十六，今據梁僧傳十一。

鍾山宋熙寺智欣　丹陽建康潘氏。

梁天監五年卒，年六十一（四四六—五〇六）。續僧傳五。

隴西法光　秦州隴西人。

齊永明五年卒，年四十一（四四七—四八七）。六學僧傳九作大明五年卒，年四十，今據梁僧傳十二。

揚都建元寺僧韶　齊國高安王氏。

梁天監三年卒，年五十八（四四七—五〇四）。梁僧傳八附僧盛傳，無卒年，今據續僧傳五。

山陰雲門山寺智順　瑯琊臨沂徐氏。

梁天監六年卒，年六十一（四四七—五〇七）。梁僧傳八。六學僧傳二一作年六十。

富陽齊堅寺道琳　會稽山陰人。

梁天監十八年卒，年七十三（四四七—五一九）。梁僧傳十二。珠林五五引作年七十二。

京師莊嚴寺道慧　餘姚王氏。

齊建元三年卒，年三十一（四五一—四八一）。梁僧傳八。

吳郡虎丘山僧若　僧璩兄子。梁僧傳八附智秀傳，又作兄璿。

梁普通元年卒，年七十（四五一—五二〇）。梁僧傳無卒年，今據續僧傳五。

揚都宣武寺法寵　南陽冠軍馮氏。

梁普通五年卒，年七十四（四五一—五二四）。續僧傳五。

草堂寺智者慧約　東陽烏傷婁氏。善慧大士語録作樓氏。

梁大同元年卒，年八十四（四五二—五三五）。續僧傳六。

昭玄統僧令　京兆杜氏。

魏永熙初卒，年八十一。墓誌銘拓本無卒年，葬於永熙三年，云：「今上龍飛，固乞收退，俄遘篤疾，奄然辭世。」則卒在永熙初也。

京師中興寺法安　東平畢氏。

齊永泰元年卒，年四十五（四五四—四九八）。梁僧傳八。

北多寶寺慧忍　建康藖氏。

齊隆昌元年（四九四）卒，年四十餘。梁僧傳十三。

蜀郡龍淵寺慧韶　潁川陳氏。

梁天監七年卒，年五十四（四五五—五〇八）。續僧傳六。珠林八及六道傳一均引作天監二年卒。

京師招提寺慧集　吳興於潛錢氏。

梁天監十四年卒，年六十（四五六—五一五）。梁僧傳八。六學僧傳二一作天監中卒，西天目山志作天監四年卒。

揚都天竺寺法超　晉陵無錫孟氏。

梁普通七年卒，年七十一（四五六—五二六）。續僧傳二二。

淨名寺慧初　天水人。

梁普通五年卒，年六十八（四五七—五二四）。續僧傳十六。

鍾山開善寺智藏　本名淨藏，吳郡吳顧氏。

梁普通三年卒，年六十五（四五八—五二二）。釋氏稽古略作年六十二，今據續僧傳五。

揚都建初寺明徹　錢塘夏氏。

梁普通三年（五二二）卒。續僧傳六。

鍾山雲居寺道禪　交阯人。

梁大通元年卒，年七十（四五八—五二七）。續僧傳二一。

京師靈曜寺僧盛　建業何氏。

梁天監中卒，年五十餘。梁僧傳八。

餘杭西寺法開　餘杭俞氏。

梁普通四年卒，年六十五（四五九—五二三）。續僧傳六。

揚都正觀寺僧伽婆羅　扶南國人。

梁普通五年卒，年六十五（四六〇—五二四）。梁僧傳未著卒年，今據續僧傳一及開元録六。

若耶山小莊嚴寺道度　平陽劉氏。

梁普通七年卒，年六十六（四六一—五二六）。弘贊法華傳五及珠林一一五引梁僧傳。

洛下廣德寺法貞　渤海東光人，一作東莞，誤。

魏正光二年卒，年六十一（四六一—五二一）。續僧傳六。

蜀部明達　康氏。

梁天監十五年卒，年五十五（四六二—五一六）。續僧傳二十。

鍾山定林寺僧副　太原祁王氏。

梁普通五年卒，年六十一（四六四—五二四）。續僧傳十六。

壽門山頂寺道樹　壽春石澗人。

北齊天保中卒，年九十餘。弘贊法華傳七。

揚都靈根寺僧遷　襄陽杜樂氏。

梁普通四年卒，年五十九（四六五—五二三）。續僧傳五。六學僧傳二一於「杜」字下加「陵」字，誤。又作年五十五。

益州羅天宮寺寶淵　巴西閬中陳氏。

梁普通七年卒，年六十一（四六六—五二六）。續僧傳六。

大僧正南澗寺慧超　趙郡陽平廉氏。

梁普通七年（五二六）卒。續僧傳六。

釋氏疑年録卷二

禪宗東土初祖菩提達磨　南天竺人。

梁大同二年丙辰（五三六）卒。續僧傳十六未著卒年，但云自言一百五十餘歲，不測所終。今據唐大中七年陳寬撰再建圓覺大師塔銘，見八瓊室金石補正七五。按，達磨卒年，宋時有五説：一、景德録云後魏孝明帝太和十九年丙辰，聯燈會要等因之。然太和是後魏孝文年號，非孝明年號，太和十九年是乙亥，非丙辰也。二、傳法正宗記考定爲魏永安元年戊申，即梁大通之二年也，通行本五燈會元本此。三、嘉泰録作魏永安二年己酉，即梁中大通元年，釋氏通鑑等因之。四、佛祖統紀作西魏大統元年乙卯，即梁大同元年，佛祖通載因之。五、隆興通論作西魏大統二年丙辰，與景德録丙辰之説合，即梁大同二年也，寶祐本五燈會元本此。陳寬誌云：「梁武帝銘大師碑，大師大同二年示終於洛州。」此傳説之較古者，姑從之。近年磁縣出土元和十二年李朝正重建梁武帝撰菩提達摩碑，疑即陳寬所本。其文曾爲正宗記所節引，然正宗記不取其大同二年示寂説，其文體亦不類梁時風格，當是中唐人假託。正宗記又引有梁太子祭達磨文，其文若真，則達磨必卒在梁中大通三年梁太子卒之前，然未見於宋以前書，亦難遽信。

揚都靈基寺道超　吳郡吳陸氏。

梁天監初卒，年三十六。續僧傳六。

揚都龍光寺僧喬　吳興東遷華氏。

梁天監初卒，年三十六。續僧傳六。

揚都莊嚴寺僧旻　吳郡富春孫氏。

梁普通八年卒，年六十一（四六七—五二七）。續僧傳五作大通八年二月卒，大通無八年，普通八年三月改元大通，此大通八年當爲普通八年之誤，即大通之元年也。釋氏通鑑正作大通元年，與續僧傳「永明十年，年二十六」之説合。

揚都光宅寺法雲　宜興陽羨周氏。

梁大通三年卒，年六十三（四六七—五二九）。續僧傳五。

襄陽景空寺法聰　南陽新野梅氏。

後梁大定五年、陳永定三年卒，年九十二（四六八—五五九）。續僧傳十六。高麗本作梁太清年卒，無年歲。

揚都彭城寺慧開　吳郡海鹽袁氏。

梁天監六年卒，年三十九（四六九—五〇七）。續僧傳六。

馬鳴寺僧根

魏正光四年卒，年五十五（四六九—五二三）。塔碑見金石補正十五。

揚都靈根寺慧超　太原王氏。高麗本作惠超。

梁普通七年卒，年五十二（四七五—五二六）。續僧傳六。

林慮山洪谷寺僧達　上谷李氏。

北齊天保七年卒，年八十二（四七五—五五六）。續僧傳十六。

南海隨喜寺慧澄　番禺高要蘭氏。

梁大通元年卒，年五十二（四七六—五二七）。續僧傳五。

西河石壁谷玄中寺曇鸞　鴈門人。或作巒。

東魏興和四年卒，年六十七（四七六—五四二）。續僧傳六。

鄴東大覺寺僧範　平鄉李氏。

北齊天保六年卒，年八十（四七六—五五五）。續僧傳八。

彭城慧嵩　高昌國人。

北齊天保年卒。續僧傳七。

京師大追遠寺僧實　咸陽靈武程氏。六學僧傳二九作僧成。

周保定三年卒，年八十八（四七六—五六三）。續僧傳十六。

融覺寺靈辨　太原晉陽人。

魏正光三年卒，年四十六（四七七—五二二）。清涼傳及華嚴懸談會玄記三八均作年三十六，今據華嚴經傳記一。

雙林慧和　蘭陵馬氏。

梁大同三年卒，年六十（四七八—五三七）。善慧大士語録附録。

鄴西龍山雲門寺僧稠　昌黎孫氏。

北齊乾明元年卒，年八十一（四八〇—五六〇）。釋門正統作乾明四年卒，誤，今據續僧傳十六，珠林百一引同。

并州僧統靈詢　漁陽傅氏。

北齊初卒，年六十九。續僧傳八。

揚都冶城寺僧詢　平原鬲明氏。

梁天監十六年卒，年三十五（四八三—五一七）。續僧傳六。

禪宗二祖慧可　武牢姬氏。敦煌本荷澤神會語録作武漢周氏。

隋開皇十三年卒，年一百七（四八七—五九三）。續僧傳十六作僧可，不著卒年。佛祖統紀、六學僧傳均作開皇十二年卒，今據景德録三。

鄴西寶山寺道憑　平恩韓氏。

北齊天保十年卒，年七十二（四八八—五五九）。續僧傳八。

蜀部灌口山竹林寺道仙　康居人。

隋開皇中卒，年百餘歲。續僧傳二六。珠林二九引作仁壽中卒。

益部僧崖　涪陵牟氏。

周武成元年（五五九）卒，年踰七十。大唐内典録五僧崖菩薩傳注作保定二年卒，今據續僧傳二九。

西京大興善寺那連耶舍　北天竺人。

隋開皇九年卒，年百歲（四九〇——五八九）。續僧傳二云：「耶舍先逢善相者，云年必至百，其言果驗。」然傳、録又云：「天保七年，届於京鄴，正值文宣，内典録五云：「開皇五年，舍九十餘矣。」是道宣果信舍有百歲也。時始四十。」則開皇九年年七十三耳，何云百歲耶！

餘杭慧度　吳興人。

陳天嘉中卒，年七十餘。弘贊法華傳六原作陳元嘉中卒，今改正。明了因法華靈驗傳亦引作「元嘉」，知其誤由來已久。

雙林慧集　吳郡富春王氏。

梁大同四年卒，年四十七（四九二——五三八）。善慧大士語録附録。

瀘州等行寺童進　綿州李氏。

隋初卒，年九十餘。續僧傳二七。

揚都光宅寺曇瑗　金陵人。

陳太建中卒，年八十二。續僧傳二二。

益州長陽山法進　蜀中新繁人。

隋開皇中卒，年九十六。續僧傳二七。

雲門寺法懃　河東猗氏張氏。

北齊太寧二年壬午卒，年六十九（四九四—五六二）。塔銘見安陽金石録二及金石補正二一。嘗見坊本歷代名人生卒年表附高僧表作晉太寧二年甲申卒，移前二百三十八年，然原塔銘明作卒於壬午也。

鍾山開善寺智遠　太原王氏。

陳太建三年卒，年七十七（四九五—五七一）。續僧傳十六。

荆州大僧正僧遷　吴郡吴嚴氏。

後梁天保十二年卒，年七十九（四九五—五七三）。續僧傳六。高麗本作天監十二年卒，誤。

大統合水寺法上　朝歌劉氏。

周大象二年卒，年八十六（四九五—五八〇）。續僧傳八。

雙林大士傅翕　東陽烏傷傅氏。

陳太建元年卒，年七十三（四九七—五六九）。續僧傳二六作傅弘，不著年歲，今據善慧大士語録。

南海郡拘那羅陀　西天竺人。開元録作拘羅那他，譯云真諦。

陳太建元年卒，年七十一（四九九—五六九）。續僧傳一、内典録五。

壽春曲水寺法慧

陳太建中卒，年七十五。弘贊法華傳七。

攝山栖霞寺慧峰

陳天嘉中卒，年六十。續僧傳二六。

天台靜照定光　青州許氏。

陳太建十三年（五八一）卒。定光名見續僧傳十七智顗傳，無卒年，今據嘉定赤城志三五。

洺州曇衍　南兗州夏侯氏。

隋開皇元年卒，年七十九（五〇三—五八一）。續僧傳八。

京師大福田寺曇相　雍州藍田梁氏。

隋開皇二年（五八二）卒。續僧傳十六。

襄州景空寺慧意　臨原李氏。

隋開皇初卒。續僧傳十六。

終南山普濟　雍州北山人。

隋開皇初卒。續僧傳二九。

揚都宣武寺洪偃　山陰謝氏。

陳天嘉五年卒，年六十一（五〇四—五六四）。續僧傳七。

揚都大彭城寺寶瓊　東莞徐氏。六學僧傳二三作寶璚。

陳至德二年卒，年八十一（五〇四—五八四）。續僧傳七。

揚都莊嚴寺慧榮　山陰顧氏。

陳至德末年卒。續僧傳八。

揚都興皇寺法朗　沛郡沛周氏。

陳太建十三年卒，年七十五（五〇七—五八一）。續僧傳七。傳云：「年二十一，以梁大通二年二月二日於青州入道。」當作年二十二。

鍾山耆闍寺安廩　江陰利成秦氏。

陳至德元年卒，年七十七（五〇七—五八三）。續僧傳七。

齊州靈巖寺僧生　衛州人。

隋開皇七年（五八七）卒。弘贊法華傳七。

京師雲華寺僧猛　京兆涇陽段氏。

隋開皇八年卒，年八十二（五〇七—五八八）。續僧傳二四。

開覺寺道喻

隋開皇八年（五八八）卒。往生瑞應删傳。

揚都白馬寺警韶　會稽上虞顏氏。佛祖統紀九作敬韶。

陳至德元年卒，年七十六（五〇八—五八三）。續僧傳七。

長安崇華寺慧善

周天和中卒，年六十。續僧傳八。

揚都奉誠寺智文　丹陽陶氏。

隋開皇十九年卒，年九十一（五〇九—五九九）。續僧傳二二。

蔣州履道寺慧實　潁川許氏。

隋仁壽四年卒，年九十六（五〇九—六〇四）。續僧傳十七。

潼州光興寺寶彖　安漢趙氏。

周保定元年卒，年五十（五一二—五六一）。續僧傳八。

京師天寶寺僧瑋　汝南平轝潘氏。

周建德二年卒，年六十一（五一三—五七三）。續僧傳十六。

天台宗三祖南岳慧思　武津李氏。
陳太建九年丁酉卒，年六十三（五一五—五七七）。續僧傳、弘贊法華傳、釋門正統均作年六十四，佛祖統紀六據南岳願文自叙：「歲乙未生，歲戊寅年四十四發大願。」則丁酉當六十三也。湖南通志誤作太建元年卒。
揚都大禪衆寺慧勇　譙國龍元桓氏。一作法勇。
陳至德元年卒，年六十九（五一五—五八三）。續僧傳七。
江表徐方中寺慧晅　汝南周氏。
隋開皇九年卒，年七十五（五一五—五八九）。續僧傳九。
襄陽法永　南鄉人。
隋開皇中卒。續僧傳十六。
鄜州大像寺僧明　鄜州内部姜氏。
隋開皇中卒。續僧傳三十。
江陽永齊寺僧映
隋開皇中卒。弘贊法華傳七。
京師清禪寺曇崇　咸陽孟氏。
隋開皇十四年卒，年八十（五一五—五九四）。續僧傳十七。

京師延興寺曇延　蒲州桑泉王氏。

隋開皇八年卒，年七十三(五一六—五八八)。釋氏通鑑繫其卒於開皇十一年，釋氏資鑑、佛祖通載因之。今據續僧傳八，及山右石刻叢編十八宋宣和間刻曇延傳。

攝山栖霞寺慧布　廣陵郝氏。

陳禎明元年(五八七)卒，年七十餘。續僧傳七作年七十，今據珠林八二引。

揚都寺智愷　曹氏。

陳光大二年卒，年五十一(五一八—五六八)。續僧傳一附法泰傳。坊本歷代名人生卒年表附高僧表，誤以智愷卒年爲法泰卒年。

相州演空寺靈裕　定州曲陽趙氏。

隋大業元年卒，年八十八(五一八—六〇五)。隋書經籍志靈裕集四卷，題陳沙門，華嚴懸談會玄記三七作年八十四，今據續僧傳九。

東都寶揚道場法安　安定鶉孤彭氏。

隋大業十一年卒，年九十八(五一八—六一五)。續僧傳二六。

京師大興善寺靈藏　雍州新豐王氏。

隋開皇六年卒，年六十八(五一九—五八六)。續僧傳二一。

蜀都福緣道場僧淵　廣漢郪李氏。
隋仁壽二年卒，年八十四(五一九—六〇二)。續僧傳十八。
西京淨住道場法純　扶風始平祝氏。
隋仁壽三年卒，年八十五(五一九—六〇三)。續僧傳十八。
懷州柏尖山寺曇詢　弘農華陰楊氏。
隋開皇十九年卒，年八十(五二〇—五九九)。續僧傳十六。高麗本作：「開皇末年卒，年八十五，五十夏矣。」宋、元本作：「開皇十九年卒，年八十，五十五夏矣。」麗本以八十五斷句，宋、元本以八十斷句，二説以宋、元本爲長。照麗本則三十餘歲出家，照宋、元本則二十餘歲出家。然本傳明言「年二十二剃髮，又經一載受具戒」也。珠林一百引作「開皇初年卒，年八十」，則唐本實以八十斷句，麗本字有顛倒耳。金石録補九載曇詢碑，雖未録全文，亦作年八十卒。
西京空觀道場慧藏　趙國平棘郝氏。
隋大業元年卒，年八十四(五二二—六〇五)。續僧傳九。
京師淨影寺慧遠　燉煌李氏。
隋開皇十二年卒，年七十(五二三—五九二)。續僧傳八無生卒年，珠林三三引作開皇中卒，無年歲，金石録補十九載峽石寺遠公遺跡碑，作開皇十二年卒，亦無年歲，惟高麗本續僧傳作年七十，今從之。
并州興國寺世燈

隋開皇十二年（五九二）卒。往生瑞應删傳作登法師，今據唐迦才淨土論下。

五臺山華嚴寺法珍

隋開皇十三年（五九三）卒。廣清涼傳中。

慧日道場惠雲　洛陽賈氏。

隋開皇十四年（五九四）卒。墓銘見金石補正二五。

齊州靈巖寺道相

隋開皇十六年（五九六）卒。佛祖統紀四十。

京師定水寺法稱　江南人。

隋仁壽中卒，年八十餘。續僧傳三一。

并州大興國寺法願　西河任氏。

隋開皇七年卒，年六十四（五二四—五八七）。續僧傳二三。

蔣州大歸善寺慧侶　晉陵曲阿湯氏。珠林三七引作陽氏。

隋大業元年卒，年八十二（五二四—六〇五）。續僧傳二六。

天台山瀑布寺慧達　襄陽王氏。

隋大業六年卒，年八十七（五二四—六一〇）。續僧傳三十。

荆州内華寺慧耀　襄陽歧氏。
隋仁壽三年卒，年七十九（五二五—六〇三）。續僧傳二七。六學僧傳三作武德中卒，年六十，蓋誤以法運傳之後半接慧耀傳之前半，混二人爲一人也。法運見下文卷三。

東都内慧日道場道莊　建業人。
隋大業初卒，年八十一。續僧傳九。

荆州四望山開聖寺智曠　太原王氏。
隋開皇二十年卒，年七十五（五二六—六〇〇）。續僧傳二七。

廬山化城寺法充　九江畢氏。
隋開皇末年卒。續僧傳十六。

慧日道場慧越　嶺南人。
隋開皇末年卒。續僧傳十七。

清涼望臺嘉福　代郡鴈門聶氏。
隋開皇二十四年卒。廣清涼傳下。開皇止二十年，疑有衍誤。

京師勝光寺法性　兗州人。
隋大業初卒，年八十餘。續僧傳二八。

慧日道場立身　金陵人。

隋大業初卒，年八十餘。續僧傳三一。

西京大興善寺闍那崛多　犍陀羅國人。

隋仁壽末卒，年七十八。續僧傳二作開皇二十年卒，開元録七云：「崛多自開皇五年訖仁壽之末，出護國等經。」非開皇二十年卒也。

慧日道場法論　南郡孟氏。

隋大業初卒，年七十八。續僧傳九。

清涼山令休　河南人。

隋仁壽元年卒，年七十三（五二九—六〇一）。廣清涼傳中原作開皇二十一年癸酉正月卒，開皇止二十年，疑爲仁壽元年辛酉之誤。

循州平等寺智敷　高麗本作智敫。

隋仁壽元年（六〇一）卒。續僧傳一。

丹陽彭城寺慧隆　丹陽句容何氏。

隋仁壽元年（六〇一）卒。續僧傳十二。

京師空觀寺玄鏡　趙州人。

隋仁壽二年（六〇二）卒。續僧傳二七。

代州耆闍寺道幽

隋仁壽中卒。續僧傳二七。

并州僧洪　并州人。

隋仁壽四年（六〇四）卒。往生瑞應删傳。

終南山神田道場僧照　京兆人。

隋大業七年卒，年八十三（五二九—六一一）。續僧傳十八。

京師大興善道場僧粲　汴州陳留孫氏。釋氏通鑑作僧璨。

隋大業九年卒，年八十五（五二九—六一三）。續僧傳九。

京師大興善寺僧蓋　恒州人。

唐初卒，年九十餘。續僧傳二八。

京師凝觀寺法慶

隋大業初卒，年七十六。續僧傳二七。

西京大興善道場僧曇　洛州張氏。一作洛州。

隋大業初卒。續僧傳十。

文成郡馬頭山僧善　絳郡正平席氏。
隋大業初卒。續僧傳十七。
京師大興善寺道密　相州周氏。
隋大業初卒。續僧傳二八。
京師延興寺靈遠　恒州人。高麗本作靈達。
隋大業初卒。續僧傳二八。
相州鄴下玄景　滄州石氏。
隋大業二年（六〇六）卒。續僧傳十七。
禪宗三祖鑑智僧璨　隆興通論作「或云徐州人」。
隋大業二年（六〇六）卒。禪宗六代祖師，惟三祖續僧傳、宋僧傳皆無傳，今據景德録三。匋齋藏石記十五有僧璨皖公山塔甎，云「開皇十二年七月，僧璨大士隱化於舒之皖公山岫，結塔供養，道信爲記」云云，與此不合，解者以化作行化解，頗可疑。
西京大興善寺洪遵　相州時氏。
隋大業四年卒，年七十九（五三〇—六〇八）。續僧傳二一。
東都龍天道場法濟

隋大業四年(六〇八)卒。續僧傳二六。

終南山楩梓谷普安　京兆涇陽郭氏。

隋大業五年卒,年八十(五三〇—六〇九)。續僧傳二九。

河陽仙城山善光寺慧命　太原河陽郭氏。

周天和三年卒,年三十八(五三一—五六八)。淨土往生傳作梁大通二年生,則卒年四十一。今據續僧傳十七。

仙城山法音　太原祁王氏。

周天和三年卒,年三十八(五三一—五六八)。續僧傳十七。

并州武德寺慧覺　齊范氏。

唐武德三年卒,年九十(五三一—六二〇)。續僧傳十二。

并州大興國寺曇選　高陽崔氏。

唐武德八年卒,年九十五(五三一—六二五)。續僧傳二五。

蔣州奉誠寺道成　丹陽陶氏。

隋開皇十九年卒,年六十八(五三二—五九九)。續僧傳二三。

終南山龍池道場道判　曹州承氏郭氏。

隋大業十一年卒，年八十四（五三二—六一五）。續僧傳十二。

新羅皇隆寺圓光　三韓朴氏。

唐貞觀四年卒，年九十九（五三二—六三〇）。續僧傳十三、海東高僧傳二。

趙郡漳洪山智舜　趙州大陸孟氏。高麗本作障洪山。

隋仁壽四年卒，年七十二（五三三—六〇四）。佛祖統紀作大業初卒，今據續僧傳十七。

廬山大林智鍇　豫章夏侯氏。

隋大業六年卒，年七十八（五三三—六一〇）。續僧傳十七。

蒲州仁壽寺普明　蒲州安邑衛氏。

唐武德元年（六一八）後卒，年八十六。續僧傳二一。

終南山避世峰靜藹　滎陽鄭氏。

周宣政元年卒，年四十五（五三四—五七八）。隆興通論、佛祖統紀作周建德二年卒，宗統編年作建德三年卒，今據續僧傳二四及珠林百十五引。

蜀都福緣道場僧毅

隋仁壽二年卒，年六十九（五三四—六〇二）。續僧傳十八。

丹陽攝山慧曠　譙國曹氏。

隋大業九年卒，年八十（五三四—六一三）。續僧傳十。

綿州振響寺僧晃　綿州涪城馮氏。

唐武德初卒，年八十五。續僧傳三十。

西京日嚴道場智炬　吳郡吳氏。高麗本及六學僧傳均作智矩。

隋大業二年卒，年七十二（五三五—六〇六）。續僧傳十一。

渤海志念　冀州信都陳氏。

隋大業四年卒，年七十四（五三五—六〇八）。續僧傳十一。

西京大禪定道場靈幹　金城狄道李氏。

隋大業八年卒，年七十八（五三五—六一二）。續僧傳十二。

東都内慧日道場法澄　吳郡人。

隋大業初卒，年七十餘。續僧傳九。

西京禪定道場慧瓚　滄州王氏。

隋大業三年卒，年七十二（五三六—六〇七）。續僧傳十八。

始興慧峙　始興人。

隋大業十三年（六一七）年八十二（五三六—？）。弘贊法華傳七。

京師日嚴寺曇瑎　江都人。

唐武德初卒，年八十三。續僧傳二八。

彭城崇聖道場靖嵩　涿郡固安張氏。

隋大業十年卒，年七十八（五三七—六一四）。續僧傳十。

釋氏疑年録卷三

天台宗四祖智者智顗 荆州華容陳氏。亦作慧顗。

隋開皇十七年卒，年六十（五三八—五九七）。續僧傳、弘贊法華傳作年六十七，智者大師别傳、景德録、釋門正統作年六十，與佛祖統紀九法喜傳「陳光大元年智者年三十」之説合，今從之。

常州安國寺慧弼 常州義興蔣氏。

隋開皇十九年卒，年六十二（五三八—五九九）。續僧傳九。高麗本作年六十三。

吳郡虎丘山智聚 朱氏。

隋大業五年卒，年七十二（五三八—六〇九）。續僧傳十。

杭州天竺寺真觀 錢塘范氏。

隋大業七年卒，年七十四（五三八—六一一）。西湖遊覽志餘十四作開皇十四年卒，靈隱寺志三作大業四年卒，今據續僧傳三一。

鄭州會善寺明恭

唐武德五年卒，年八十五（五三八—六二二）。續僧傳二七。六學僧傳三十作武德二年卒。

襄州龍泉寺慧哲　襄陽趙氏。
隋開皇十七年卒，年五十九（五三九—五九七）。續僧傳九。
西京禪定道場智梵　渤海條封氏，「條」疑當作「蓨」。
隋大業九年卒，年七十五（五三九—六一三）。續僧傳十一。
京師清禪寺法應　會稽王氏。
唐武德初卒，年八十。續僧傳十九。
益州龍居寺智詵　徐州徐氏。一作慧詵。
唐武德元年卒，年八十（五三九—六一八）。續僧傳二一。
京師真寂寺曇良　潞州粟氏。高麗本作栗氏。
唐初卒，年八十餘。續僧傳二八。
京師大莊嚴寺慧因　吳郡海鹽于氏。傳云「晉太常寶之後」，則干氏也。
唐貞觀元年卒，年八十九（五三九—六二七）。續僧傳十三。
京師真寂寺信行　魏郡王氏。
隋開皇十四年卒，年五十五（五四〇—五九四）。續僧傳十六作年五十四，今據碑拓本。
西京海覺道場法總　太原段氏。

隋大業中卒，年七十。續僧傳十。

行堅

隋大業中卒。宋僧傳二四。

襄陽智閏　襄陽人。一作智潤。

隋大業十年卒，年七十五（五四〇—六一四）。續僧傳十。

京師化度寺轉明　鹿氏。

隋大業十年（六一四）卒。續僧傳二六。

西京日嚴道場辯義　貝州清河馬氏。

隋大業二年卒，年六十六（五四一—六〇六）。續僧傳十一。

東都内慧日道場智脱　濟陽考城蔡氏。

隋大業三年卒，年六十七（五四一—六〇七）。續僧傳九。

江都安樂寺慧海　清河武城張氏。

隋大業五年卒，年六十九（五四一—六〇九）。續僧傳十二。

終南山豐德寺智藏　華州鄭縣魏氏。

唐武德八年卒，年八十五（五四一—六二五）。續僧傳十九。

始州香林寺慧主　始州永歸賈氏。
唐貞觀三年卒，年八十九（五四一—六二九）。續僧傳二二。
西京大禪定道場曇遷　博陵饒陽王氏。
隋大業三年卒，年六十六（五四二—六〇七）。續僧傳十八。
西京大禪定道場慧歡　京兆雲陽管氏。
隋大業六年卒，年六十九（五四二—六一〇）。續僧傳十八。
荆州龍泉寺羅雲　南郡松滋邢氏。
隋大業十二年卒，年七十五（五四二—六一六）。續僧傳九。
京師大莊嚴寺保恭　青州崔氏。
唐武德四年卒，年八十（五四二—六二一）。續僧傳十一。
并州大興國寺洪林　太原人。
唐武德中卒，年八十餘。續僧傳十八。
西京大禪定道場靜端　武威人。一名慧端。
隋大業二年卒，年六十四（五四三—六〇六）。續僧傳十八。
西京大禪定道場童真　河東蒲坂李氏。

隋大業九年卒，年七十一（五四三—六一三）。續僧傳十二。

天台山國清寺智越　南陽鄭氏。

隋大業十二年卒，年七十四（五四三—六一六）。嘉定赤城志三五作臨海郭氏，大業十三年卒，今據續僧傳十七。

益州響應山道場法進

隋大業十三年（六一七）卒。續僧傳十八。

西京大禪定道場覺朗　河東人。

隋大業末卒。續僧傳二二。

鄂州法朗　南陽許氏。

隋大業末卒。續僧傳二六。

京師淨影寺淨辯　齊州韋氏。

隋大業末年卒。續僧傳二八。

黃州隨華寺玄秀　元、明本作濟華寺。

隋末卒。續僧傳二九。

京師化度寺僧邕　太原介休郭氏。

唐貞觀五年卒，年八十九（五四三—六三一）。續僧傳十九及化度寺塔銘拓本。

終南山至相道場彰淵　京兆武功趙氏。陝西通志引作彭淵。

隋大業七年卒，年六十八（五四四—六一一）。續僧傳十一。

丹陽仁孝道場智琳　高平防輿閭丘氏。

隋大業九年卒，年七十（五四四—六一三）。續僧傳十。

揚州長樂寺住力　河南陽翟褚氏。

唐武德六年卒，年八十（五四四—六二三）。續僧傳三十。

京師大莊嚴寺僧定　丹陽人。

唐武德七年（六二四）卒，年八十餘。續僧傳十九。

終南山藍谷悟真寺慧超　丹陽建康沈氏。高麗本作建元汎氏，弘贊法華傳八作建元范氏。

唐武德五年卒，年七十七（五四六—六二二）。續僧傳二九。

終南山紫蓋沙門法藏　穎川穎陰荀氏。

唐貞觀三年卒，年八十四（五四六—六二九）。續僧傳十九無年歲，今以「周天和二年，年二十二出家」推之。又元、明本作貞觀二年卒，今從宋本。

西京日嚴道場明舜　青州張氏。

隋大業二年卒，年六十（五四七—六〇六）。續僧傳十一。

西京禪定道場僧朗　恒州人。

隋大業末年卒，年七十餘。續僧傳十。

京師大總持寺寶襲　貝州人。

唐武德末年卒，年八十。續僧傳十二。

京師大莊嚴寺曇倫　汴州浚儀孫氏。

唐武德末卒，年八十餘。續僧傳二一。

江州東林寺道暀　汝南周氏。

唐貞觀二年卒，年八十二（五四七—六二八）。續僧傳二一。

安州方等寺慧暠　安陸人。

唐貞觀七年卒，年八十七（五四七—六三三）。續僧傳十三。

京師玄法寺法琰　金陵嚴氏。

唐貞觀十年（六三六）卒，年九十餘。續僧傳三一。傳言：「晚被晉府召入日嚴，終于武德，復居玄法，貞觀十年卒。」日嚴、玄法皆寺名。六學僧傳十九作「法琰終於武德之季。又居玄者，年迫期頤，貞觀十年卒」云云。是以「居玄」爲另一僧名矣。

河東僧衍　并州汶水人。

唐貞觀十六年卒，年九十六（五四七—六四二）。迦才淨土論下。宋僧傳二四作僧衒，無卒年。戒珠淨土往生傳云：「衒貞元九年有疾，遂終。」是中唐人也，然淨土論云：「衍九十已上逢綽法師講觀經，方始迴心，四五年間，臨終無怠。」道綽，初唐人，何能與中唐人相遇？貞元九年云云，當是貞觀九年之譌，時衍年九十餘，迴心四五年，至九十六而卒也。然宋僧傳又云：「衒九十六遇綽，迴心五年，一心無怠。」則卒年當百歲。二說亦殊，以淨土論猶是唐人舊帙，今從之。

西京真寂道場法彥　洛州張氏。一作洛州。

隋大業三年（六〇七）卒，年六十餘。續僧傳十。珠林三三引作年六十。

河東栖巖道場智通　河東猗氏程氏。

隋大業七年卒，年六十四（五四八—六一一）。續僧傳十八。

鄧州寧國寺惠祥　周氏。

隋大業末年卒，年七十。續僧傳二一。

京師大興善寺明璨　莒州沂水韋氏。

唐初卒。續僧傳二八。

京城真寂寺慧如

唐武德初卒。冥報記。

東都上林園翻經館達摩笈多　羅囉國人。

唐武德二年（六一九）卒。貞元新録十作武德三年卒，今據續僧傳二及開元録七。

常州建安寺智琚　新安壽昌李氏。

唐武德二年（六一九）卒。續僧傳十二。

京師慈門寺普曠　扶風郿樊氏。

唐武德三年卒，年七十三（五四八—六二〇）。續僧傳十一。

京師大總持寺慧遷　瀛州人。

唐武德末年卒，年七十九。續僧傳十二。

京師靜覺寺法周

唐貞觀初卒，年八十餘。續僧傳二八。

相州慈潤寺慧休　瀛州樂氏。

唐貞觀十九年（六四五）年九十八（五四八—？）。續僧傳十五。

西京延興寺通雄　河東蒲坂趙氏。六學僧傳作通幽。

隋大業元年卒，年五十七（五四九—六〇五）。續僧傳二一。

西京大禪定道場靈瓌　懷州人。
唐武德初卒，年七十。續僧傳十。
京師靜法寺智嶷　康氏。
唐初卒，年七十餘。續僧傳二八。
京師延興寺吉藏　安氏。
唐武德六年卒，年七十五（五四九—六二三）。續僧傳十一。
西京靜法道場慧海　河東虞鄉張氏。
隋大業二年卒，年五十七（五五〇—六〇六）。續僧傳十一。
西京寶刹道場淨願　代州人。
隋大業五年（六〇九）卒，年六十餘。續僧傳十。
京師淨影寺善胄　瀛州淮氏。
唐武德三年卒，年七十一（五五〇—六二〇）。續僧傳十一。
京師大興善寺法侃　滎陽鄭氏。
唐武德六年卒，年七十三（五五一—六二三）。續僧傳十一。
蜀川慧岸

唐武德六年（六二三）卒。續僧傳二七。

同州大興國寺法祥　同州澄城人。

唐武德七年（六二四）卒。續僧傳十三。

同州大興國寺道林　同州郃陽李氏。

唐武德七年（六二四）卒。續僧傳十九。

并州義興寺智滿　太原賈氏。

唐貞觀二年卒，年七十八（五五一—六二八）。續僧傳十九。

潤州攝山栖霞寺智聰

唐貞觀二十三年卒，年九十九（五五一—六四九）。續僧傳二十。高麗本作貞觀廿二年卒，今據珠林八二引及法華經傳記。

天台山法彦　清河張氏。

隋大業七年卒，年六十（五五二—六一一）。續僧傳十七。高麗本作年六十六，釋門正統、六學僧傳均引作年六十。

秦州永寧寺無礙　建業陳氏。

唐貞觀十九年卒，年九十四（五五二—六四五）。續僧傳二一。六學僧傳十九作年八十四，誤，因本傳明言梁承聖元年生也。

西京日嚴道場善權　揚都人。

隋大業初年卒，年五十三。續僧傳三一。

京師淨影寺道顔　定州李氏。

唐武德五年（六二二）卒，年七十餘。續僧傳二八。

揚州海陵正見寺法響　揚州海陵李氏。

唐貞觀四年卒，年七十八（五五三—六三〇）。六學僧傳四作年八十七，今據續僧傳二一。

江都慧日道場慧覺　太原晉陽孫氏。

隋大業二年卒，年五十三（五五四—六〇六）。續僧傳十二。

相州慈潤寺靈琛　周氏。

唐貞觀二年卒，年七十五（五五四—六二八）。塔銘見安陽金石録三及金石補正二九。塔貞觀三年造，而云「歲在玄枵，泯然遷化」，則貞觀二年戊子也。歷代名人年譜作陳禎明元年卒，誤，師曾從信行禪師學，未必長於信行二十七歲。

同州大興國寺道宗　馮翊衛氏。

唐貞觀十二年卒，年八十五（五五四—六三八）。續僧傳十四。

東都内慧日道場敬脱　汲郡人。
隋大業十三年卒，年六十三（五五五—六一七）。續僧傳十二。
并州大興國寺慧超　上黨潞城申屠氏。
唐武德七年（六二四）卒，年七十餘。續僧傳十九。
京師勝光寺慧乘　徐州彭城劉氏。
唐貞觀四年卒，年七十六（五五五—六三〇）。續僧傳二五。
潞州法住寺曇榮　定州九門張氏。
唐貞觀十三年卒，年八十五（五五五—六三九）。續僧傳二十。
衛州霖落泉惠方　冀州信都趙氏。
唐貞觀二十一年卒，年九十三（五五五—六四七）。續僧傳二一。
南武州智周　徐州下邳趙氏。
唐武德五年卒，年六十七（五五六—六二二）。續僧傳十九。
天台山國清寺智晞　潁川陳氏。
唐貞觀元年卒，年七十二（五五六—六二七）。續僧傳十九。
蒲州仁壽寺道愻　河東虞鄉張氏。感通録作道遜。

唐貞觀四年卒，年七十五（五五六—六三〇）。續僧傳十四作貞觀中年卒，珠林三三引作貞觀二年卒，大唐内典録十、感通録下均作貞觀四年卒，傳、録均宣公所著，前後不同，今從其後者。

天台山國清寺智璪　清河張氏。

唐貞觀十二年卒，年八十三（五五六—六三八）。續僧傳十九。

東都上林園翻經館彦琮　趙郡柏人李氏。

隋大業六年卒，年五十四（五五七—六一〇）。續僧傳二。全唐文將隋彦琮文四篇誤作唐彦悰撰。

蒲州普濟寺道英　蒲州猗氏陳氏。

唐貞觀十年卒，年八十（五五七—六三六）。續僧傳二六、華嚴懸談會玄記三八。珠林四五引作貞觀七年卒，年七十七。

京師救度寺洪滿　安定梁氏。

唐貞觀十三年卒，年八十三（五五七—六三九）。續僧傳二七。

華嚴宗初祖法順　雍州萬年杜氏。亦稱杜順。

唐貞觀十四年卒，年八十四（五五七—六四〇）。隆興通論作貞觀十五年卒，今據續僧傳二五。

行矩　彦琮兄子。

唐貞觀初卒。續僧傳二。

雍州醴泉遺俗

唐貞觀初卒。續僧傳二九、感通録下。

京師勝光寺辯相　瀛州史氏。

唐貞觀初卒，年七十餘。續僧傳十二。

京師延興寺慧誕　雍州人。

唐貞觀初卒，年七十餘。續僧傳二八。

益州福感寺道積　蜀人。

唐貞觀初卒，年七十餘。六學僧傳作貞觀元年卒，今據續僧傳二九。珠林八一引作年七十。

京師法海寺寶巖

唐貞觀初卒，年七十餘。續僧傳三一。

香山神足寺僧姚　莊氏。

唐貞觀十二年(六三八)卒，年八十餘。華嚴懸談會玄記三八。

京師清禪寺慧冑　河東蒲坂王氏。

唐貞觀初年卒，年六十九。續僧傳三十。

終南山智炬寺明瞻　恒州石邑杜氏。高麗本及弘贊法華傳作明贍。

唐貞觀二年卒，年七十（五五九—六二八）。續僧傳二五。

雍州新豐福緣寺道休

唐貞觀三年（六二九）卒。續僧傳二九。

益州建明寺慧琳　綿州神泉薛氏。

唐貞觀四年（六三〇）卒。續僧傳二七。

京師弘善寺法曠　咸陽駱氏。

唐貞觀七年（六三三）卒。續僧傳二九。

京師定水寺僧鳳　蕭氏。

唐貞觀中卒，年七十七。續僧傳十三。

終南山至相寺智正　定州安喜白氏。

唐貞觀十三年卒，年八十一（五五九—六三九）。續僧傳十四。

相州靈智

唐貞觀八年卒，年七十五（五六〇—六三四）。續僧傳二十。

益州福壽寺寶瓊　益州綿竹馬氏。

唐貞觀八年（六三四）卒。續僧傳二九、感通録下。

太原慧達

唐貞觀八年（六三四）卒。續僧傳二九。

天台等觀 富陽孫氏。

唐貞觀十年（六三六）卒。法華經顯應録引靈瑞集作貞觀中卒，今據釋門正統二。

澤州清化寺智徽 澤州高平焦氏。

唐貞觀十二年卒，年七十九（五六〇—六三八）。續僧傳十五。

雍州梁山乂德 雍州醴泉徐氏。明本作「叉」，高麗本作「𠄙」，珠林四五引作「乂」，釋氏通鑑作「文」。

唐貞觀十二年（六三八）卒。續僧傳二六。

蜀都寶園寺玄續 成都桑氏。

唐貞觀中卒。續僧傳十三。

益州福化寺慧聰 王氏。

唐貞觀中卒。續僧傳二七。

襄州神足寺慧眺 莊氏。

唐貞觀十三年（六三九）卒，年八十餘。續僧傳十五。

幽州智苑

唐貞觀十三年（六三九）卒。冥報記及大唐内典録十。

幽州淨琬

唐貞觀十三年（六三九）卒。趙遵仁撰雲居寺石經記拓本，遼文存四。頗疑與智苑是一人。

箕山慧進　潞州上黨鮑氏。

唐貞觀十九年卒，年八十六（五六〇—六四五）。續僧傳二三。

道謙　虞鄉張氏。道愻弟。

唐貞觀元年卒，年六十七（五六一—六二七）。續僧傳十四。

天台宗五祖章安灌頂　常州義興吴氏。

唐貞觀六年卒，年七十二（五六一—六三二）。續僧傳十九。

西京禪定道場智凝　豫州人。

隋大業中卒，年四十八。續僧傳十。

天台山波若　高句麗人。

隋大業九年卒，年五十二（五六二—六一三）。續僧傳十七。

西京慈門道場本濟　太原介休宋氏。

隋大業十一年卒，年五十四（五六二—六一五）。續僧傳十八。但本傳云「開皇元年時登十八」，則大業十一年年五十二耳。

荆州開聖寺法運　荆州長林鄧氏。

唐武德中卒，年六十。續僧傳二七。

京師普光寺玄琬　弘農華陰楊氏。

唐貞觀十年卒，年七十五（五六二—六三六）。隆興通論、佛祖通載作貞觀九年卒，今據續僧傳二三。

荆州玉泉寺慧瑜　岑氏。

唐貞觀十四年卒，年七十九（五六二—六四〇）。續僧傳十四。

蒲州柏梯寺曇獻　京兆始平張氏。

唐貞觀十五年（六四一）卒。續僧傳二一。

代州昭果寺僧明

唐貞觀十六年卒，年八十一（五六二—六四二）。續僧傳二七。

并州玄中寺道綽　并州汶水衛氏。

唐貞觀十九年卒，年八十四（五六二—六四五）。戒珠淨土往生傳作貞觀三年卒，袾宏往生集作貞觀二年卒，殆因續僧傳二十綽傳有「貞觀二年，綽知命將盡」一語而誤。然其下明云「咸見鸞師在七寶船上告綽：汝淨土堂成，但餘報未盡」，是其年綽固未卒也。傳末又云「綽今年八十有四，神氣明爽」，是道宣撰續僧傳時綽仍未卒。

續僧傳初稿止於貞觀十九年，見道宣自序。迦才淨土論謂綽貞觀十九年卒，與僧衍貞觀九年曾遇綽之說亦合，今從之。年歲仍本續僧傳。

京師法海寺法通　京兆鄠闕氏。

唐武德初卒，年五十六。續僧傳二七。

京師勝光寺道宗

唐武德六年卒，年六十一（五六三—六二三）。續僧傳十一。

雍州寶雲寺智友　蔣州人。

唐貞觀八年卒，年七十二（五六三—六三四）。弘贊法華傳八。

終南山悟真寺法誠　雍州萬年樊氏。

唐貞觀十四年卒，年七十八（五六三—六四〇）。續僧傳二九。

蔚州五臺寺曇韻　高陽人。

唐貞觀十六年（六四二）卒，年八十餘。續僧傳二十。

西京慈門道場善智　本濟弟。

隋大業三年（六〇七）卒，年四十餘。續僧傳十八不著年歲，但既爲本濟弟，而先卒於濟八年，濟年五十四，智年不過四十餘耳。

終南山悟真寺淨業　漢東隨史氏。

隋大業十二年卒，年五十三（五六四—六一六）。續僧傳十二。

蘇州通玄寺慧頵　江夏李氏。

唐貞觀四年卒，年六十七（五六四—六三〇）。續僧傳十四。

蘇州武丘山智琰　吳郡吳朱氏。

唐貞觀八年卒，年七十一（五六四—六三四）。續僧傳十四。

京師大莊嚴寺道哲　齊郡臨邑唐氏。

唐貞觀九年卒，年七十二（五六四—六三五）。續僧傳二十。

京師崇義寺慧頵　清河張氏。

唐貞觀十一年卒，年七十四（五六四—六三七）。續僧傳十四。

京師勝光寺波頗　中天竺人。

唐貞觀七年卒，年六十九（五六五—六三三）。六學僧傳二作貞觀六年卒，今據續僧傳三、開元録八。

相州寒陵山寺道昂　魏郡人。

唐貞觀七年卒，年六十九（五六五—六三三）。華嚴經傳記作年八十九，今據續僧傳二十。又，珠林二三引作貞觀十年卒。

京師弘法寺静琳　南陽張氏。
唐貞觀十四年卒，年七十六（五六五—六四〇）。續僧傳二十。
綿州隆寂寺靈睿　潁川陳氏。
唐貞觀二十一年卒，年八十三（五六五—六四七）。續僧傳十五。
衛州霖落泉僧倫　衛州汲吕氏。
唐貞觀二十三年卒，年八十五（五六五—六四九）。續僧傳二一。
常州弘業寺道慶　廣陵戴氏。
唐武德九年卒，年六十一（五六六—六二六）。續僧傳十二。
京師大莊嚴寺神迥　馮翊臨晉田氏。
唐貞觀四年卒，年六十五（五六六—六三〇）。續僧傳十三。
京師靈化寺三慧　樓煩人。
唐貞觀中卒，年七十。續僧傳十四。
蒲州仁壽寺志寬　蒲州河東姚氏。
唐貞觀十七年卒，年七十八（五六六—六四三）。續僧傳十五。
九江廬山大志　會稽山陰顧氏。

隋大業中卒，年四十三。續僧傳二九。

京師普光寺曇藏　弘農華陰楊氏。

唐貞觀九年卒，年六十九（五六七—六三五）。續僧傳十三。

京師弘福寺智首　安定皇甫氏。

唐貞觀九年卒，年六十九（五六七—六三五）。續僧傳二三。

京師普光寺法常　南陽白水張氏。

唐貞觀十九年卒，年七十九（五六七—六四五）。續僧傳十五。

越州嘉祥寺智凱　丹陽馮氏。

唐貞觀二十年（六四六）卒。續僧傳十四。

京師普光寺道岳　河南洛陽孟氏。

唐貞觀十年卒，年六十九（五六八—六三六）。續僧傳十三。

蒲州普救寺道積　河東安邑相里氏。

唐貞觀十年卒，年六十九（五六八—六三六）。續僧傳三十。

蘇州武丘山法恭　吳郡吳顧氏。

唐貞觀十四年卒，年七十三（五六八—六四〇）。續僧傳十四。

蒲州仁壽寺慧蕭　彭城劉氏。
唐貞觀十四年卒，年七十三（五六八—六四〇）。續僧傳二三。
京師弘福寺僧辯　南陽張氏。
唐貞觀十六年卒，年七十五（五六八—六四二）。續僧傳十五。六學僧傳二三作貞觀十三年卒。
西京大禪定道場靜玄　天水趙氏。高麗本作靖玄。
隋大業七年卒，年四十三（五六九—六一一）。續僧傳十。
禪居道場慧斌　胡氏。
隋大業八年卒，年四十四（五六九—六一二）。弘贊法華傳七。
河東栖巖道場真慧　陝州河北陳氏。
隋大業十一年卒，年四十七（五六九—六一五）。續僧傳十八。
相州日光寺法礪　趙州李氏。
唐貞觀九年卒，年六十七（五六九—六三五）。續僧傳二三。
京師會昌寺空藏　晉陽王氏。
唐貞觀十六年卒，年七十四（五六九—六四二）。續僧傳二九、感通録下。
并州義興寺道亮　趙州欒城趙氏。

唐貞觀十九年(六四五)年七十七(五六九—?)。續僧傳二三。六學僧傳二三作年七十。

蔣州栖霞寺法韻　蘇州陳氏。

隋仁壽四年卒,年三十五(五七〇—六〇四)。續僧傳三一。

伯濟國達拏山慧顯　伯濟國人。

唐貞觀初卒,年五十八。續僧傳二九。

京師慈悲寺行等　馮翊吉氏。

唐貞觀十六年卒,年七十三(五七〇—六四二)。續僧傳十五。

終南山玉泉寺靜藏　澤州高都張氏。

唐武德九年卒,年五十六(五七一—六二六)。續僧傳十三。

汾州光嚴寺志超　同州馮翊田氏。

唐貞觀十五年卒,年七十一(五七一—六四一)。續僧傳二十。

荆州開聖寺慧因　清河武城張氏。

唐貞觀十九年(六四五)後卒,年七十五。續僧傳二七。

襄州光福寺慧璿　董氏。

唐貞觀二十三年卒,年七十九(五七一—六四九)。續僧傳十五。

京師慈恩寺道洪　河東尹氏。
唐貞觀末年卒，年七十九。續僧傳十五。傳云「年十三以開皇六年出家」，則貞觀末年當七十六。
雍州津梁寺法喜　襄陽李氏。
唐貞觀六年卒，年六十一（五七二—六三二）。續僧傳十九。
東都天宮寺明略　洛陽孟氏。道岳弟。
唐貞觀十二年卒，年六十七（五七二—六三八）。續僧傳十三。
終南山龍田寺法琳　潁川陳氏。
唐貞觀十四年卒，年六十九（五七二—六四〇）。續僧傳二五、開元録八卒年不明，今據法琳别傳。
蒲州栖巖寺神素　太原王氏。
唐貞觀十七年卒，年七十二（五七二—六四三）。續僧傳十三。
新羅國僧統慈藏　新羅金氏。
唐永徽中卒，年八十餘。續僧傳二四無卒年，今據珠林八一引。
蒲州栖巖寺道傑　弘農楊氏。
唐貞觀元年卒，年五十五（五七三—六二七）。續僧傳十三。
襄州常濟寺智拔　襄陽張氏。

唐貞觀十四年卒，年六十八（五七三—六四〇）。續僧傳十四。六學僧傳十九作年六十六。

梓州牛頭山智通　梓州陳氏。

唐貞觀二十三年卒，年七十七（五七三—六四九）。續僧傳三十作年九十七，今據弘贊法華傳三。

蘇州通玄寺慧旻　河東人。

唐貞觀末年卒，年七十七。續僧傳二三。六學僧傳十九作貞觀二十年卒。

光明寺慧了　宋氏。

唐顯慶元年卒，年八十四（五七三—六五六）。塔銘見金石續編五。

長樂寺慧偕　海陵劉氏。

隋大業十二年（六一六）年四十三（五七四—？）。弘贊法華傳七。

眉州聖種寺道會　犍爲武陽史氏。

唐貞觀末卒，年七十。續僧傳二五。

京師弘福寺慧斌　兗州和氏。

唐貞觀十九年卒，年七十二（五七四—六四五）。續僧傳二十。

京師會昌寺德美　清河臨清王氏。

唐貞觀十一年卒，年六十三（五七五—六三七）。續僧傳三十。珠林百三引作年六十。

越州弘道寺慧持 汝南周氏。
唐貞觀十六年卒，年六十八（五七五—六四二）。續僧傳十四。
京師延興寺道胄 京兆始平輔氏。
唐顯慶四年卒，年八十五（五七五—六五九）。續僧傳二三。
襄州紫金寺慧稜 西隆申屠氏。
唐貞觀十四年卒，年六十五（五七六—六四〇）。隆興通論作貞觀二十年卒，今據續僧傳十四。
梓州通泉寺慧震 龐氏。
唐貞觀十五年卒，年六十六（五七六—六四一）。續僧傳三十。
東都天宮寺法護 趙郡趙氏。
唐貞觀十七年卒，年六十八（五七六—六四三）。續僧傳十三。
汴州安業寺神照 汴州中牟淳于氏。
唐貞觀中卒，年五十九。續僧傳十三。
荆州四層寺法顯 南郡江陵丁氏。
唐永徽四年卒，年七十七（五七七—六五三）。續僧傳二一。
益州福感寺道基 河南東平吕氏。

唐貞觀十一年(六三七)卒，年六十餘。續僧傳十四。六學僧傳二三作貞觀十年卒。

晉州寶嚴寺僧襲　絳州人。

唐貞觀十五年卒，年六十四(五七八—六四一)。續僧傳十七。

京師紀國寺慧淨　常山真定房氏。

唐貞觀十九年(六四五)年六十八(五七八—？)。續僧傳三。

新羅安含　金氏。

唐貞觀十四年卒，年六十二(五七九—六四〇)。海東高僧傳二。

越州靜林寺法敏　丹陽孫氏。

唐貞觀十九年卒，年六十七(五七九—六四五)。六學僧傳二五作年七十六，今據續僧傳十五及華嚴懸談會玄記三七。

襄部法門寺惠普

唐顯慶三年卒，年八十(五七九—六五八)。續僧傳二一附玄爽傳後，坊本歷代名人生卒年表附高僧表誤以惠普卒年爲玄爽卒年。

京師清禪寺慧賾　荆州江陵李氏。

唐貞觀十年卒，年五十七(五八〇—六三六)。續僧傳三。

蘇州法流水寺慧璧　嘉興弘氏。
唐貞觀末年七十餘。續僧傳十三。

終南山豹林谷會通　雍州萬年人。
唐貞觀末年卒。續僧傳二九。

長安普光寺慧融　南陽張氏。
唐永徽初卒。續僧傳二十附明淨傳無卒年，今據珠林百一引。

京師定水寺明濬　齊州孫氏。
唐永徽二年（六五一）卒。續僧傳二七。

絳州法轍　絳州人。
唐永徽二年（六五一）卒。法華經顯應録引靈瑞集。

禪宗四祖大醫道信　河内司馬氏。
唐永徽二年辛亥卒，年七十二（五八〇—六五一）。續僧傳二一。按，景德録僧璨傳云：「開皇十二年壬子，有沙彌道信，年始十四來禮佛。」與此差一歲。

荊州神山寺玄爽　南陽劉氏。
唐永徽三年（六五二）卒。續僧傳二一。

代州照果寺解脱　臺山夾川邢氏。

唐永徽中卒。華嚴經傳記四作貞觀十六年卒，年八十一，華嚴懸談會玄記三八因之，與上文代州昭果寺僧明同寺同歲同年卒，頗可疑，疑華嚴經傳記認二人爲一人也。今據續僧傳二一。

會稽永欣寺後僧會

唐永徽六年（六五五）卒。宋僧傳十八作永徽中卒，今據佛祖統紀四十。

蒲州救苦寺惠仙　河東蒲坂趙氏。

唐永徽六年卒，年七十五（五八一—六五五）。續僧傳二一。

千歲寶掌　中印度人。

唐顯慶二年（六五七）卒。佛祖統紀四十云：「周威烈王十九年生。」嘉泰録二四云：「周威烈王十二年丁卯生，魏、晉間抵此土，歷四百餘年，一千七十二歲。」

京師弘福寺玄會　豳州安定席氏。

唐貞觀十四年卒，年五十九（五八二—六四〇）。續僧傳十五。

嵩山少林寺慧安　荆州支江衛氏。

唐景龍三年卒，年一百二十八（五八二—七〇九）。宋僧傳十八作「一百三十許歲」，又云「起開皇二年，至景龍三年」，則實一百二十八也。景德録四作神龍三年卒，佛祖通載作景隆元年卒，禪燈世譜又作神龍五年卒。

今卒年據宋僧傳，年歲據景德録。

綿州大施寺世瑜　台州陳氏。一作始州。

唐貞觀十九年卒，年六十三（五八三—六四五）。續僧傳二十。

京師普光寺慧璡　揚州江都吴氏。

唐貞觀八年（六三四）卒，年五十餘。續僧傳二三。

益州淨惠寺惠寬　益州綿竹楊氏。

唐永徽四年卒，年七十（五八四—六五三）。續僧傳二一。

嵩山會善寺道安　荆州李氏。

唐景龍二年卒，年一百二十五（五八四—七〇八）。宋僧撰碑，嵩陽石刻集記下。碑已殘闕，惟「生於開皇四年，滅於景龍二年，春秋百有廿餘歲」等字尚存，頗疑與上文少林寺慧安同一人，同里同名，同禮忍大師，同居嵩山，同百有餘歲，所異者一姓李，一姓衛，然衛氏云云，恐涉東晉時道安而誤耳。又，按碑末有「建塔僧破竈」等字，金石萃編七七著録此碑時已闕，據景德録四慧安法嗣有破竈墮，此亦足爲同一人之證，姑兩存之，以俟考定。

蘇州常樂寺法聰　陳氏。

唐顯慶元年卒，年七十一（五八六—六五六）。續僧傳二七。

鄧州興國寺智勤　朱氏。

唐顯慶四年卒，年七十四（五八六—六五九）。續僧傳二五。

衡岳善伏　常州義興蔣氏。

唐顯慶五年（六六〇）卒。續僧傳二一。

代州五臺山明隱

唐龍朔元年（六六一）卒。續僧傳二七。

成都府法聚寺員相　蜀人。

唐龍朔元年（六六一）卒。宋僧傳二九。

京師大慈恩寺靈辨　隴西狄道李氏。

唐龍朔三年卒，年七十八（五八六—六六三）。華嚴經傳記二。

驪山津梁寺善慧　河内温荀氏。高麗本作苟氏。

唐貞觀九年卒，年四十九（五八七—六三五）。續僧傳二九。

益州多寶寺道因　濮陽侯氏。

唐顯慶三年卒，年七十二（五八七—六五八）。宋僧傳二及李儼撰碑銘拓本。

兖州法集寺法沖　隴西成紀李氏。

唐麟德中年七十九。續僧傳二七。

京師大莊嚴寺智興　洛州宋氏。高麗本作洛州，珠林四四引作洛州。
唐貞觀六年卒，年四十五（五八八—六三二）。續僧傳三十。

箕州箕山寺慧思　太原介休郭氏。
唐貞觀十六年卒，年五十五（五八八—六四二）。續僧傳二十。

蒲州仁壽寺海順　河東蒲坂任氏。
唐武德元年卒，年三十（五八九—六一八）。續僧傳十三。

京師普光寺慧滿　雍州長安梁氏。
唐貞觀十六年卒，年五十四（五八九—六四二）。續僧傳二三。

西京淨影寺智藏　夏州費氏。
唐儀鳳三年卒，年八十八（五九一—六七八）。弘贊法華傳八。

益州福勝寺智興　秦州劉氏。明本作道興。
唐顯慶四年卒，年六十七（五九三—六五九）。續僧傳二三。

金陵牛頭山一世法融　潤州延陵韋氏。
唐顯慶二年卒，年六十四（五九四—六五七）。劉禹錫撰塔記無年歲，今據續僧傳二一。

終南山至相寺弘智　始平槐里萬氏。

唐永徽六年卒，年六十一（五九五—六五五）。續僧傳二五。

京兆西明寺道宣　丹徒錢氏。

唐乾封二年卒，年七十二（五九六—六六七）。宋僧傳十四。

藍田悟真寺慧遠　京兆杜氏。

唐貞觀二十一年卒，年五十一（五九七—六四七）。續僧傳十一無卒年，今據弘贊法華傳三。

金陵牛頭山二世智巖　丹陽曲阿華氏。

唐儀鳳二年卒，年七十八（六〇〇—六七七）。續僧傳二一作永徽五年卒，年七十八，是長於法融十七歲也，六學僧傳四作永徽五年卒，年七十六，亦長於融十五歲。昔智者大師弟子法喜長智者三十歲，事不常有，今據景德録四。又，佛祖綱目作儀鳳三年卒。

京師大總持寺智實　雍州萬年邵氏。

唐貞觀十二年卒，年三十八（六〇一—六三八）。六學僧傳作貞觀二年卒，誤，今據續僧傳二五。

釋氏疑年録卷四

京師大慈恩寺玄奘　洛州緱氏陳氏。

唐麟德元年卒，年六十三（六〇二—六六四）。舊唐書作顯慶六年卒，年五十六，續僧傳四作麟德元年卒，年六十五，劉軻撰塔銘作年六十九，今據冥詳撰行狀，以其與諸家「武德五年，年二十一」之説合也。

京師大慈恩寺明慧

唐麟德元年（六六四）卒。宋僧傳二四。

襄州月嶺山曇猷　許州張氏。

唐乾封元年（六六六）卒。弘贊法華傳五。

華嚴宗二祖智儼　天水趙氏。

唐總章元年卒，年六十七（六〇二—六六八）。續僧傳二六未著卒年，法界宗五祖略記謂：「儼生於開皇二十年，卒於總章元年，年七十二。」今據華嚴經傳記三。

京師西明寺道世　伊闕韓氏。避諱行字時稱玄惲，釋氏通鑑乃謂玄暉字道世，又誤「惲」爲「暉」。

唐總章元年（六六八）後卒。宋僧傳四云未測所終，釋氏通鑑叙其卒於弘道元年，乃大概之詞，稽古略認爲是年卒，未可據。

汾州啓福寺惠澄

唐調露元年（六七九）卒。佛祖統紀四十。

天台宗六祖法華智威

唐永隆元年（六八〇）卒。縉雲蔣氏。佛祖道影作朱氏。宋僧傳六無卒年，釋門正統作永隆三年卒，永隆無三年，今據佛祖統紀七。

禪宗五祖大滿弘忍

唐高宗上元二年乙亥卒，年七十四（六〇二—六七五）。蘄州黄梅周氏。林間録謂周從母姓。舊唐書作咸亨五年卒，今據宋僧傳八。天聖録作上元二年壬申，誤；坊本歷代名人生卒年表附高僧表作肅宗上元二年卒，尤誤。

京師西明寺靜之

唐顯慶五年卒，年五十七（六〇四—六六〇）。雍州高陵趙氏。續僧傳二一。

并州惟岸

唐垂拱元年卒，年八十（六〇六—六八五）。并州交城人。淨土往生傳及宋僧傳十八。

荆州玉泉寺大通神秀

唐神龍二年（七〇六）卒，年百餘歲。開封尉氏李氏。舊唐書、宋僧傳、景德録均不著年歲，張説之集十九大通禪師碑云：「生於隋末，百有餘歲，未嘗自言，故人莫審其數也。」今從之。而請益録云「年一百有七」，是生於隋開皇二十年，長於五祖也，未審何據。

趙景公寺道安　雍州渭南張氏。

唐總章元年卒，年六十一（六〇八—六六八）。塔記拓本，金石萃編五七。

京師慈恩寺義褒　常州晉陵薛氏。

唐龍朔元年（六六一）後卒，年五十一。續僧傳十五。

京師善導　臨淄人。瑞應傳作泗州朱氏。

唐永隆二年卒，年六十九（六一三—六八一）。淨土往生傳作貞觀中卒，釋氏通鑑於龍朔二年下叙導事，稽古略遂作龍朔二年卒，今據黑谷上人語燈録九引新修往生傳。

西京廣福寺地婆訶羅　華言日照，中印度人。

唐垂拱三年卒，年七十五（六一三—六八七）。宋僧傳二無卒年，今據華嚴經傳記一。

西明寺圓測文雅　新羅國王孫。

周萬歲通天元年卒，年八十四（六一三—六九六）。宋復撰塔銘拓本。

洛京天宮寺惠秀　陳留李氏。

唐開元中卒，年百歲。宋僧傳十九。

京師弘福寺玄覽　隨州房子李氏。

唐貞觀十八年卒，年二十四（六二一—六四四）。續僧傳二九。

洛京天竺寺寶思惟　迦濕蜜羅國人。

唐開元九年（七二一）卒，年百餘歲。開元録九、宋僧傳三。

京師恒濟寺懷素　南陽范氏。此玄奘弟子也，貞元間有善書懷素，見下文，全唐詩、全唐文均誤認爲一。廿二史劄記十六云：「新唐書一部獨缺兩僧：一高行之玄奘，一邪倖之懷素。」則又誤以薛懷義爲懷素，不知懷義事跡已見則天傳也。

周萬歲通天二年卒，年七十四（六二四—六九七）。宋僧傳十四不著卒年，今以開元録「貞觀十九年出家」，及宋僧傳「俗齡七十四，法臘五十三」推之。

廣州法性寺印宗　吳郡印氏。

唐先天二年卒，年八十七（六二七—七一三）。宋僧傳四。

泗州普光王寺僧伽　葱嶺北何國人。

唐景龍四年卒，年八十三（六二八—七一〇）。景德録作景龍三年卒，隆興通論作景雲二年卒，宗統編年又作景隆二年卒，今據宋僧傳十八，廣記九六、廣川書跋十所引同。

金陵牛頭山三世慧方　潤州延陵濮氏。

周證聖元年卒，年六十七（六二九—六九五）。景德録四。

潤州竹林寺曇璀　吳郡顧氏。五燈嚴統作顏氏。

周天授三年卒，年六十二（六三一—六九二）。五燈全書作天授二年卒，今據宋僧傳八。

京師大慈恩寺窺基　京兆尉遲氏。

唐永淳元年壬午卒，年五十一（六三二—六八二）。廣清涼傳作永淳二年卒，李乂撰碑作永淳元年壬午卒，今據宋僧傳四及李弘慶撰塔銘拓本。

法雲公萬迴　虢州閿鄉張氏。

唐景雲二年卒，年八十（六三二—七一一）。宋僧傳十八無卒年，廣記引談賓録及兩京記作景雲中卒，六學僧傳作景龍二年卒，佛祖通載作景隆元年卒，年七十四，今據景德録二七。

荆州玉泉寺恒景　當陽文氏。華嚴懸談會玄記三八作弘景，宋傳避宋諱。

唐先天元年卒，年七十九（六三四—七一二）。宋僧傳五。

東京相國寺慧雲　湖湘姚氏。

唐先天中卒。宋僧傳二六。

金陵牛頭山四世法持　潤州江寧張氏。

周長安二年卒，年六十八（六三五—七〇二）。宋僧傳八。

相州安陽靈泉寺僧朗　鄴城王氏。

周長安二年卒，年六十八（六三五—七〇二）。塔銘見安陽金石録三，長安三年立，撰人闕，中多武周新字。全唐文八四一作于競撰，未審何據，競蓋晚唐人，曾撰王審知德政碑，去武周之世已二百餘年矣，勞格讀書雜識八曾辨之。

京兆大薦福寺義淨　齊州張氏。

唐先天二年卒，年七十九（六三五—七一三）。開元録九、宋僧傳一。

京師崇聖寺文綱　會稽孔氏。

唐開元十五年卒，年九十二（六三六—七二七）。宋僧傳十四。

淨域寺法藏　蘇州吳縣諸葛氏。

唐開元二年卒，年七十八（六三七—七一四）。田休光撰塔銘拓本，並見金石萃編七一。

洛京聖善寺善無畏　中印度人。

唐開元二十三年卒，年九十九（六三七—七三五）。宋僧傳二及李華撰碑狀，英華八六一。

中岳沄如　上黨王氏。金石續編作法如。

唐永昌元年卒，年五十二（六三八—六八九）。行狀見十二硯齋金石録十。

禪宗六祖大鑒慧能　南海新興盧氏。

唐先天二年八月卒，年七十六（六三八—七一三）。佛祖通載作先天元年卒，五燈全書作開元元年卒，先天二年十二月始改元開元，今據宋僧傳八。

越州妙喜寺僧達　會稽王氏。

唐開元七年卒，年八十二（六三八—七一九）。宋僧傳二九。

虎丘山寺僧瑗　高平昌邑郁氏。

唐永昌元年卒，年五十一（六三九—六八九）。六學僧傳二十作永昌二年卒，今據宋僧傳四。

實際寺隆闡懷惲　南陽張氏。

周大足元年卒，年六十二（六四〇—七〇一）。思莊等撰碑銘，金石萃編八六。

悟真寺玄際　浬南劉氏。

唐神龍二年卒，年六十七（六四〇—七〇六）。弘贊法華傳十。

京兆西明寺崇業

唐開元中卒。宋僧傳十四。

洛京長壽寺菩提流志　南天竺國人。

唐開元十五年（七二七）卒。開元録九、宋僧傳三，云年一百五十六。

遂州任善

唐開元十五年（七二七）卒。佛祖統紀四一引金剛感驗録。

少林寺靈運　蘭陵蕭氏。
唐開元十七年（七二九）卒。崔琪撰塔碑，金石萃編八八。
開元寺僧貞　京兆張氏。
唐開元十三年卒，年八十四（六四二—七二五）。沈興宗撰塔銘，金石萃編八三。
都梁山仁節　澤州高平張氏。
唐天寶五載卒，年百有五（六四二—七四六）。宋李昭玘撰傳，樂靜集七。
華嚴宗三祖賢首法藏　康居康氏。
唐先天元年卒，年七十（六四三—七一二）。宋僧傳五無卒年，今據閻朝隱撰碑、崔致遠撰法藏和尚傳。
蘄州龍興寺法現　弋陽宣氏。本名法顯，避中宗諱改。
唐開元八年卒，年七十八（六四三—七二〇）。李適之撰碑銘，唐文粹六三。
嵩嶽閑居寺元珪　伊闕李氏。
唐開元四年卒，年七十三（六四四—七一六）。釋氏通鑑作年七十一，今據宋僧傳十九，及仁素等撰塔記，金石萃編七三。
灊山天柱寺惠符　越州諸暨戚氏。
唐開元十八年（七三〇）卒。宋僧傳十九。

代州總因寺福運

唐開元二十一年（七三三）卒。廣清涼傳中。

長安青龍寺光儀　唐宗室。廣記九四引紀聞作儀光。

唐開元二十三年（七三五）卒。宋僧傳二六。

陽翟縣善才寺文蕩　河南密藥氏。

唐開元七年卒，年七十五（六四五—七一九）。盧涣撰塔碑，全唐文三三〇。

金陵牛頭山五世智威　江寧陳氏。

唐開元十年卒，年七十七（六四六—七二二）。景德録作開元十七年卒，佛祖綱目因之，今據宋僧傳八。

長者李通玄　但言滄州人。

唐開元二十八年卒，年九十五（六四六—七四〇）。宋僧傳廿二作開元十八年卒，年九十六，華嚴經決疑論後記及嘉泰録亦作開元十八年卒，金石續編十七載行跡記亦作年九十六，今據隆興通論。又，諸家均載長者開元七年至太原，惟華嚴經合論卷首載馬支纂長者事跡作開元二十七年全太原，又歷二十餘年而後卒，則當在肅宗上元初矣，今不取。

鄆州安國院巨方　安陸曹氏。

唐開元十五年（七二七）入塔，年八十一。宋僧傳八。

資州山北蘭若處寂　蜀周氏。
唐開元二十二年卒，年八十七（六四八—七三四）。宋僧傳二十。

大薦福寺思恒　吳郡顧氏。
唐開元十四年卒，年七十六（六五一—七二六）。常某撰誌文拓本，金石萃編七七。

杭州華嚴寺玄覽　河南褚氏。
唐開元二十二年卒，年八十四（六五一—七三四）。宋僧傳二六。

大溫國寺僧進　渤海蓨高氏。
唐開元二十四年（七三六）卒。陳光撰塔銘，金石萃編八二。

京師興唐寺普寂　蒲州河東馮氏。隆興通論作馬氏，誤。
唐開元二十七年卒，年八十九（六五一—七三九）。隆興通論、釋氏通鑑、佛祖通載均作開元二十八年卒，今據宋僧傳九及舊唐書方技傳。

吉州青原山行思　盧陵劉氏。
唐開元二十八年（七四〇）卒。宋僧傳九。佛祖道影作開元十八年卒。

洛京大徧空寺實叉難陀　于闐人。
唐景雲元年卒，年五十九（六五二—七一〇）。開元録九、宋僧傳二。

西京安國寺法月　東天竺人。

唐天寶二年卒，年九十一（六五三—七四三）。貞元新録十四。

光州道岸　穎川唐氏。

唐開元五年卒，年六十四（六五四—七一七）。宋僧傳十四。

香積寺淨業象　南陽趙氏。

唐延和元年卒，年五十八（六五五—七一二）。畢彦雄撰塔銘拓本，金石萃編七五。

衆義寺敬節　范陽盧氏。

唐開元十七年卒，年七十五（六五五—七二九）。塔銘拓本，金石續編七。

空寂寺大福　豐張氏。

唐天寶二年卒，年八十九（六五五—七四三）。陸海撰碑，金石補正六七。

大奉國寺守忠　平陽高氏。

唐開元二十九年卒，年八十五（六五七—七四一）。石鎮撰龕記，金石補正五七。

靈泉寺元林　堯城路氏。

唐天寶五載（七四六）卒，年九十餘。陸長源撰神道碑，安陽金石録四。

京兆慈恩寺義福　潞州銅鞮姜氏。

唐開元二十四年卒，年七十九（六五八—七三六）。舊唐書、宋僧傳均作開元二十年卒，今據嚴挺之撰碑銘，金石萃編八一；杜昱撰塔銘，續編七。

大安國寺惠隱　京兆滎氏。

唐開元二十二年卒，年七十六（六五九—七三四）。塔銘拓本。

嵩山會善寺景賢　汾陰薛氏。

唐開元十一年卒，年六十四（六六〇—七二三）。羊愉撰塔記拓本，嵩陽石刻集記下。

池州九華山僧全　新羅人。

唐至德二載（七五七）後卒，年九十九。佛祖統紀四一。

睦州龍興寺慧朗　新定遂安人。

唐開元十三年卒，年六十四（六六二—七二五）。宋僧傳八。

法昌寺圓濟

唐天寶二年卒，年八十一（六六三—七四三）。韓詮撰塔銘拓本，山右石刻叢編七。

温州龍興寺玄覺　永嘉戴氏。

唐先天二年十月卒，年四十九（六六五—七一三）。釋氏通鑑作先天元年卒，五燈全書作開元元年卒，隆興通論、佛祖通載作開元二年卒，今據宋僧傳八。

鄮邑了緣　蔣氏。

唐開元二十六年卒，年七十四（六六五—七三八）。王叔通撰塔銘，唐文拾遺二一。

揚州龍興寺法慎　江都郭氏。

唐天寶七載卒，年八十三（六六六—七四八）。宋僧傳十四。

南嶽司空山本淨　東平張氏。

唐肅宗上元二年卒，年九十五（六六七—七六一）。景德録五作絳州人，不著年歲，今據宋僧傳八。

安陽大雲寺嘉運　彭城劉氏。

唐開元四年卒，年四十九（六六八—七一六）。塔銘見安陽金石録三。

長安青龍寺道氤　長安高陵長孫氏。

唐開元二十八年卒，年七十三（六六八—七四〇）。宋僧傳五。

潤州鶴林寺玄素　潤州延陵馬氏。

唐天寶十一載卒，年八十五（六六八—七五二）。宋僧傳九，及李華撰碑銘，英華八六一。

洛陽廣福寺金剛智　南印度人。

唐開元二十九年卒，年七十三（六六九—七四一）。宋僧傳一作開元二十年卒，年七十一，今卒年據貞元續録上，年歲據權德輿撰影堂碣銘，權集二八。按，宋僧傳金剛智及不空傳均云金剛智開元二十年卒，惟貞元續録上、貞元新録十四及趙遷撰不空行狀、飛錫撰不空碑則作開元二十九年卒。册府元龜五二載大曆七年不空表，有「承事先師二十四載」之語，貞元新録十五不空傳又有「開元六年，年十四，見金剛智而事之」之語，由開元六年至二十九年，正二十四載。惟其下又云「十九年辛未大師卒」，則當是「二十九年辛巳」之譌，先脱「二」字，後乃改「巳」爲「未」也。

揚州龍興寺懷仁

唐天寶十載卒，年八十三（六六九—七五一）。李華撰碑，英華八六二。

京兆抱玉

唐乾元中卒，年九十許。宋僧傳十九。

曹谿令韜　吉州張氏。

唐乾元二年卒，年八十九（六七一—七五九）。景德録五本淨、令韜兩傳相近，本淨不著年歲，而令韜著壽九十五，亦謚大曉禪師，與宋僧傳八本淨傳末，壽齡、謚號相同，疑此二語爲本淨傳之文，錯簡於令韜傳末也。令韜曹溪大師別傳作行滔，「乾元二年正月一日，遣使送傳法衣入内，正月十七日卒，年八十九」。其作行滔者，疑涉六祖父名行瑫而誤。今年歲從曹溪別傳，名氏仍從景德録。

鄴都圓寂

唐大曆中卒，年百餘歲。宋僧傳圓寂凡二見，卷十云「壽一百五十五歲，咸亨二年己巳生」，然咸亨二年非己巳也。卷十九云「咸亨二年生，歲一百有奇」，今從之。

衢州龍興寺僧體

唐寶應二年卒，年九十二（六七二—七六三）。李華撰碑，英華八六〇。

中嶽嵩陽寺一行　鉅鹿張氏。

唐開元十五年卒，年五十五（六七三—七二七）。宋僧傳五無年歲，舊唐書方技傳作年四十五，是生於武后臨朝之前一年也。武后臨朝，武三思已拜夏官尚書，而傳云：「三思慕其學行，就請與結交，一行逃匿以避之。」是三思欲與乳臭小兒爲友也。惟釋門正統八作年五十五，武后臨朝，行已十餘歲，三思欲與爲友尚可信，今從之。

香山義琬　河南陽翟董氏。

唐開元十九年卒，年五十九（六七三—七三一）。墓誌銘拓本，金石萃編九五。

五臺山華嚴寺牛雲　鴈門趙氏。六學僧傳作僧雲，清涼山志作法雲。

唐開元二十三年卒，年六十三（六七三—七三五）。宋僧傳二一云：「雲名亡上字，承文殊記識，本跡爲牛，故時號之焉。」

荆州南泉大雲寺惠真　南陽張氏。

唐天寶十載卒，年七十九（六七三—七五一）。李華撰碑，英華八六〇。

天台宗八祖左溪玄朗　烏傷傅氏。

唐天寶十三載卒，年八十二（六七三—七五四）。宋僧傳二六，及李華撰碑，英華八六一。

越州法華寺玄儼　諸暨徐氏。

唐天寶元年壬午卒，年六十八（六七五—七四二）。全唐文萬齊融戒壇院碑作天寶三載壬午卒，今據宋僧傳十四。

台州湧泉寺懷玉　丹丘高氏。

唐天寶元年（七四二）卒。往生瑞應删傳作天寶六載卒，今據宋僧傳二四。

韶州光運寺道廣　郴朱氏。

唐天寶二年（七四三）卒。宋余靖撰塔銘，武溪集九。

杭州靈智寺德秀　富陽孫氏。

唐天寶初卒。宋僧傳十四。

江州大雲寺道憲　元氏。

唐天寶初卒。廣記百十一引廣異記。

嵩山淨藏　濟陰俄氏。

唐天寶五載卒，年七十二（六七五—七四六）。慧雲等撰塔銘，金石萃編八七。

南嶽觀音臺大慧懷讓　金州安康杜氏。

唐天寶三載卒，年六十八（六七七—七四四）。宋僧傳九，及張正甫撰碑銘，唐文粹六二。

威神寺思道　絳州夏縣師氏。

唐至德二載卒，年八十一（六七七—七五七）。山右石刻叢編卷十載漢乾祐間守澄撰重修塔記，年號闕上一字，編者指爲龍德，據卷八墓誌，實爲至德，編者未經檢照耳。墓誌並見金石萃編九一。

錢塘靈智寺法詵　長樂馮氏。

唐天寶二年卒，年六十五（六七九—七四三）。宋僧傳九。

杭州龍泉寺道一　餘杭嚴氏。

唐天寶十三載卒，年七十六（六七九—七五四）。李華撰碑，英華八六〇。

洛陽罔極寺慧日　東萊辛氏。

唐天寶七載卒，年六十九（六八〇—七四八）。宋僧傳二九。

餘姚休光寺釋真　金華王氏。

唐天寶八載（七四九）卒。宋僧傳二九。

湖州大雲寺子瑀　吴興德清沈氏。

唐天寶十一載（七五二）卒。宋僧傳二六，及清晝撰碑銘，皎然集九。

成都淨衆寺無相　新羅國人。

唐至德元載卒，年七十七（六八〇—七五六）。宋僧傳十九。

興唐寺淨善　京兆雲陽張氏。

唐乾元元年（七五八）卒。王延昌撰塔銘，唐文拾遺二三。

杭州華嚴寺道光　褚氏。全唐文載塔銘誤作「道先」。

唐肅宗上元元年卒，年七十九（六八二—七六〇）。宋僧傳十四，及清晝撰塔銘，皎然集八。

淨土寺脩法　太原張氏。

唐乾元四年（七六一）卒。塔銘見唐文拾遺六四。按，乾元止三年。

朔方靈武下院無漏　新羅國金氏。

唐肅宗上元三年（七六二）卒。隆興通論、釋氏通鑑、佛祖通載作乾元元年卒，今據宋僧傳二一。按，上元止二年。

福州楞伽寺懷一

唐永泰二年（七六六）卒。宋僧傳十九。

潤州天鄉寺法雲　魏郡申氏。

唐永泰二年（七六六）卒。李華撰碑，英華八六一。

五臺山昭果寺業方

唐大曆元年（七六六）卒。宋僧傳二六無卒年，今據清涼山志七。

壽州紫金山玄宗　永嘉吳氏。佛祖統紀作元宗。

唐大曆二年卒，年八十六（六八二—七六七）。宋僧傳二十。

鄴下寶手　太原王氏。

唐開元七年卒，年三十七（六八三—七一九）。塔銘見安陽金石録三，録原作開元十年卒，而其上云「年二十三，神龍元年落髮」，又云「僧臘凡一十有五」，則卒年當在開元七年，録訛作「十」也。

河東栖巖寺智通　虞鄉張氏。

唐天寶十載卒，年六十九（六八三—七五一）。復珪撰塔銘拓本，金石補正五八。

成都雄俊　成都周氏。

唐大曆四年（七六九）卒。宋僧傳二四作大曆中卒，淨土指歸集作大曆六年卒，今據淨土往生傳中。

金陵牛頭山六世慧忠　潤州上元王氏。宋僧傳十九作惠忠。

唐大曆四年卒，年八十七（六八三—七六九）。景德録四。

温州陶山道晤

唐大曆中卒。宋僧傳二九。

均州武當山慧忠　越州諸暨冉氏。

唐大曆十年（七七五）卒。宋僧傳九。

五臺山竹林寺法照

唐大曆十二年(七七七)後卒。新修往生傳作大曆六年卒,佛祖統紀注作大曆七年卒,佛祖綱目因之。據宋僧傳二一,大曆十二年照仍未卒,今蓮宗以承遠爲三祖,法照爲四祖,承遠後卒於照二十餘年,見下文。

忻州定襄打地和尚

唐大曆十三年(七七八)卒。景德録八無卒年,今據宋張商英撰塔院記,山右石刻叢編十五。

舒州天柱山崇慧 彭州陳氏。

唐大曆十四年(七七九)卒。景德録四。

京兆鎮國寺純陀 西域人。

唐永泰元年(七六五)卒,年八十餘。宋僧傳二九作永泰三年卒,永泰止二年,今據佛祖統紀四二。統紀作六百歲,今據宋傳。

洛京荷澤寺神會 襄陽高氏。

唐肅宗上元元年卒,年七十五(六八六—七六〇)。圓覺經略疏鈔八注作乾元元年卒,年七十五,宋僧傳八作上元元年卒,年九十三,今據景德録五。

揚州大雲寺鑒真 廣陵江陽淳于氏。

唐廣德元年卒,年七十七(六八七—七六三)。宋僧傳十四及唐大和上東征傳。但東征傳又云:「大和上年十四,請父求出家,父許焉,是時則天長安元年,有詔於諸州度僧,便出家爲沙彌。」按,長安元年辛丑年十四,則廣德元年癸卯當年七十六，今曰七十七者，蓋十四請出家，至長安元年出家時已十五，傳文省也。

崇教寺大慈淨覺　李氏。

唐天寶五載卒，年五十九（六八八—七四六）。墓誌銘拓本。

大薦福寺道光　綿州巴西李氏。

唐開元二十七年卒，年五十一（六八九—七三九）。王維撰塔銘，全唐文三二七。

潤州石圮山神悟　隴西李氏。

唐天寶十載卒，年六十三（六八九—七五一）。宋僧傳十七，及清晝撰塔銘，皎然集八。

京師大安國寺靈著　綿州巴西劉氏。

唐天寶五載卒，年五十六（六九一—七四六）。宋僧傳九。

越州稱心寺大義　會稽蕭山徐氏。

唐大曆十四年卒，年八十九（六九一—七七九）。宋僧傳十五。

會稽開元寺曇一　山陰張氏。

唐大曆六年卒，年八十（六九二—七七一）。宋僧傳十四，及梁肅撰塔銘，唐文粹六二。

袁州楊岐山廣敷　南燕鄭氏。

唐貞元元年卒，年九十一（六九五—七八五）。宋僧傳二十。

陝州迴鑾寺慧空　江陵崔氏。

唐大曆八年卒，年七十八（六九六—七七三）。宋僧傳九。

池州化城寺地藏　新羅金氏。安徽通志作金地藏，名喬覺。

唐貞元十年卒，年九十九（六九六—七九四）。宋僧傳二十作貞元十九年卒，今據九華山志七載費冠卿撰化城寺記。

湖州佛川寺慧明　潁川陳氏。

唐建中元年卒，年八十四（六九七—七八〇）。宋僧傳二六，及清晝撰塔銘，皎然集八。

徐州安豐山懷空　閬州梁氏。

唐興元元年卒，年八十八（六九七—七八四）。宋僧傳二十。

京師千福寺大圓楚金　京兆盩厔程氏。

唐乾元二年卒，年六十二（六九八—七五九）。宋僧傳二四，及飛錫撰碑，金石萃編一〇四。歷代名人年譜作乾封二年卒，誤。

懷安西隱山進平　京兆吳氏。

唐大曆十四年（七七九）入塔，年八十一。宋僧傳二九。

杭州靈隱寺守直　錢塘范氏。

唐大曆五年卒，年七十一（七〇〇—七七〇）。宋僧傳十四，及清晝撰塔銘，皎然集八，作守真。

少林寺同光　晉人。

唐大曆五年卒，年七十一（七〇〇—七七〇）。郭湜撰塔銘，金石續編八。

南嶽石頭山希遷　端州高要陳氏。

唐貞元六年卒，年九十一（七〇〇—七九〇）。廣東通志作元和中卒，今據宋僧傳九。

襄州夾石山思公　恒陽李氏。

唐興元初年卒，年八十四（七〇一—七八四）。宋僧傳十。

洛京廣愛寺真亮　景城侯氏。

唐貞元四年卒，年八十八（七〇一—七八八）。宋僧傳十。

潭州翠微院恒月　上黨韓氏。

唐建中元年卒，年七十九（七〇二—七八〇）。宋僧傳十。

菩提僊那　婆羅門種人。

唐乾元三年卒，年五十七（七〇四—七六〇）。日本修榮撰南天竺婆羅門僧正碑。

東京大敬愛寺曇真　陳留開封邊氏。

唐寶應二年卒，年六十（七〇四—七六三）。王縉撰碑銘，英華八六二。

海東神行　東京御里金氏。
唐大曆十四年卒，年七十六（七〇四—七七九）。金獻貞撰碑，金石補正一二九。

黄州大石山福琳　荆州元氏。
唐興元二年（七八五）入塔，年八十二。景德録作興元二年卒，今據宋僧傳二九。然興元實止一年。

南嶽山皓玉　上黨趙氏。
唐興元中入塔，年八十餘。宋僧傳二九。

中岳常超　滄州姚氏。
唐寶應二年卒，年五十九（七〇五—七六三）。李華撰塔記，全唐文三一六。

京兆大興善寺不空　北天竺人。
唐大曆九年卒，年七十（七〇五—七七四）。神僧傳作永泰中卒，誤。司馬通鑑本繫其卒於大曆九年，釋氏通鑑改繫於大曆五年，釋氏資鑑、隆興通論、佛祖通載等因之。今據宋僧傳一及趙遷撰行狀。又，飛錫撰碑、嚴郢撰碑銘，見不空三藏表制集四，嚴碑並見唐文粹六四，徐浩所書，世俗習見，無作五年者。釋氏通鑑據誤本而誤，反謂司馬通鑑爲誤也。

黄龍山惟忠　成都童氏。
唐建中三年卒，年七十八（七〇五—七八二）。宋僧傳九。

安陸定安山懷空　河陽商氏。
唐貞元三年（七八七）入塔，年八十三。宋僧傳二九。
鄧州烏牙山圓震　中山陳氏。
唐貞元六年卒，年八十六（七〇五—七九〇）。宋僧傳二十。
淨住寺智悟仲丘　彭城劉氏。
唐大曆六年卒，年六十五（七〇七—七七一）。裴適時撰墓誌銘拓本。
寧州南山二聖院道隱　彭原王氏。
唐大曆十三年卒，年七十二（七〇七—七七八）。宋僧傳二九。
吳郡東虎丘寺齊翰　吳興沈氏。
唐大曆十年卒，年六十八（七〇八—七七五）。宋僧傳十五，及清晝撰塔銘，皎然集八。
荆州國昌寺行覺　鉅鹿劉氏。
唐貞元十五年卒，年九十二（七〇八—七九九）。六學僧傳六作年九十，今據宋僧傳二九。
江西馬祖大寂道一　漢州什邡馬氏。
唐貞元四年卒，年八十（七〇九—七八八）。全唐文載權德輿撰塔銘，作貞元二年卒，誤，今據權集、唐文粹及宋僧傳十。權碑載師門徒有道悟、懷暉，説者以此爲道悟嗣馬祖之證。然景德録六、傳法正宗記七載馬祖法嗣作大會山道晤，權碑之道悟，疑爲道晤之譌。懷暉，宋僧傳、正宗記作「暉」，景德録作「惲」，五燈會元謂作「惲」者爲誤。「晤」「悟」之誤，猶「暉」「惲」之誤耳。

南岳普門　嶽州何氏。

唐貞元八年卒，年八十四（七〇九—七九二）。釋門正統二。

揚州華林寺靈坦　文水武氏。全唐文誤作「雲坦」。

唐元和十一年卒，年一百八（七〇九—八一六）。宋僧傳十，及賈餗撰碑銘，唐文粹六四。

長生寺本智了悟　廣陵來氏。「來」字半泐，但云「隋滎國公裔」，則來護兒後也。

唐乾元二年卒，年五十（七一〇—七五九）。塔銘拓本，匋齋藏石記二五。

越州焦山大曆寺神邕　暨陽蔡氏。

唐貞元四年卒，年七十九（七一〇—七八八）。宋僧傳十七。

洪州大明寺嚴峻　濰州樊氏。

唐大曆四年卒，年五十九（七一一—七六九）。宋僧傳十四。

天台宗九祖荆溪湛然　晉陵荆溪戚氏。

唐建中三年卒，年七十二（七一一—七八二）。釋氏通鑑作興元元年卒，佛祖通載、稽古略因之，法華經持驗記作建中二年卒，今據宋僧傳六、佛祖統紀七。

南嶽彌陀寺承遠　漢州綿竹謝氏。

唐貞元十八年卒，年九十一（七一二——八〇二）。釋氏通鑑引柳文，繫師之卒於元和七年，今據柳集，及吕温撰碑，和叔集六。

金陵鍾山元崇　瑯琊臨沂王氏。

唐大曆十二年卒，年六十五（七一三——七七七）。宋僧傳十七。

蘇州開元寺辯秀　劉氏。

唐建中元年卒，年六十七（七一四——七八〇）。宋僧傳十五，及清晝撰墳銘，皎然集八。

蘇州支硎山道遵　吳興張氏。

唐興元元年卒，年七十一（七一四——七八四）。宋僧傳二七，及清晝撰碑，皎然集九。

杭州徑山寺法欽　崑山朱氏。景德録作道欽。

唐貞元八年卒，年七十九（七一四——七九二）。釋氏通鑑作年九十二，佛祖綱目因之，今據宋僧傳九，及李吉甫撰碑，英華八六五。

東都敬愛寺法玩　魏州張氏。

唐貞元六年卒，年七十六（七一五——七九〇）。李充撰塔銘拓本，金石補正六六。

宣州靈湯泉蘭若志滿　洛陽康氏。

唐永貞元年（八〇五）入塔，年九十一。宋僧傳十。

沂州寶真院光瑶　并州周氏。

唐元和二年卒，年九十二（七一六—八〇七）。景德録作光寶，年九十，今據宋僧傳十。坊本歷代名人生卒年表附高僧表，作年七十三，蓋誤以附傳道堅之歲數，爲光瑶歲數也。

吴郡包山神皓　吴郡徐氏。

唐貞元六年卒，年七十五（七一六—七九〇）。宋僧傳十五，及清晝撰塔銘，皎然集八。

京師安國寺良賁　河中虞鄉郭氏。

唐大曆十二年卒，年六十一（七一七—七七七）。貞元續録中、宋僧傳五。

萍鄉楊岐山乘廣　容州張氏。

唐貞元十四年卒，年八十二（七一七—七九八）。劉禹錫撰碑，劉集三十。

杭州靈隱山法詵　吴孫氏。

唐大曆十三年卒，年六十一（七一八—七七八）。六學僧傳二六作年六十，今據宋僧傳五，及清晝撰塔銘，皎然集九。

湖州杼山皎然清晝　長城謝氏

唐貞元初卒。靈隱寺志三作永貞初卒，今據宋僧傳二九，及福琳撰皎然傳，全唐文九一九。

京師興善寺潛真　夏州朔方王氏。

唐貞元四年戊辰卒，年七十一（七一八—七八八）。六學僧傳十八作貞元二年卒，今據貞元續録中及宋僧傳五。

亳州安國院曇真　維青陳氏。

唐貞元七年（七九一）卒。宋僧傳十。

滑州龍興寺普明

唐貞元八年（七九二）卒。宋僧傳十八。或云三百歲。

荆州天崇寺智燈

唐貞元中卒。宋僧傳二四。

鎮州大悲寺自覺　博陵望都人。

唐貞元十一年（七九五）卒。淨土往生傳下作大曆十一年卒，今據宋僧傳二六。

澧州慧演　襄陽苗氏。

唐貞元十二年卒，年七十九（七一八—七九六）。六學僧傳六作貞元十三年卒，今據宋僧傳二九。

京兆歡喜

唐興元十二年卒。宋僧傳二九。按，興元止一年，次年即改貞元，疑興元爲貞元之誤也。

定州定真院石藏　漢東吕氏。
唐貞元十六年(八〇〇)入塔，年八十二。宋僧傳十。高麗本作年八十三。
東京安國寺契微　天水略陽權氏。
唐建中二年卒，年六十二(七二〇—七八一)。權德輿撰塔銘，權集二八。
成都淨衆寺神會　西域石氏。
唐貞元十年卒，年七十五(七二〇—七九四)。宋僧傳九。
洪州百丈山懷海　福州長樂人。陳詡撰塔銘作王氏。
唐元和九年卒，年九十五(七二〇—八一四)。佛祖通載作元和七年卒，全唐文載陳詡撰塔銘，作年六十六，今據宋僧傳十、景德録六。
洛陽同德寺無名　渤海高氏。
唐貞元九年卒，年七十二(七二二—七九三)。清涼山志七作貞元二年卒，今據宋僧傳十七。
栖霞寺曇玭　句曲王氏。
唐貞元十三年卒，年七十五(七二三—七九七)。劉軻撰碑，英華八六四。
朔方龍興寺辯才　襄陽李氏。
唐大曆十三年卒，年五十六(七二三—七七八)。宋僧傳十六。

太行山法如　慈州韓氏。
唐元和六年（八一一）入塔，年八十九。宋僧傳二九。
潤州招隱寺朗然　南徐魏氏。
唐大曆十二年卒，年五十四（七二四—七七七）。宋僧傳十五。
南嶽雲峰寺法證　郭氏。
唐貞元十七年卒，年七十八（七二四—八〇一）。柳宗元撰塔銘，柳集七。
慈溪香山寺惟實　富陽湯氏。
唐貞元二年卒，年六十二（七二五—七八六）。宋僧傳二六及寶慶四明志十七。
廬山東林寺熙怡　桂陽曹氏。
唐貞元十二年卒，年七十一（七二六—七九六）。隆興通論、釋氏通鑑引許堯佐撰碑，均作貞元十五年卒，然許堯佐撰碑見唐文粹六二，明謂十二年丙子歲卒也。
聞喜福田寺常儼　衛州新鄉鄭氏。
唐元和十一年卒，年九十一（七二六—八一六）。檀執柔撰置粥院記，山右石刻叢編九。
餘杭宜豐寺靈一　廣陵吳氏。
唐寶應元年卒，年三十六（七二七—七六二）。唐詩紀事七二謂「靈一，大曆、貞元間生」，宋僧傳十五作年三十五，今據獨孤及撰塔銘，毘陵集九、英華八六四。

靈光寺光範　吳人。全唐文目誤作靈佑塔銘，靈佑，光範之師也。

唐貞元十六年卒，年七十四（七二七—八〇〇）。沈亞之撰塔銘，全唐文七三八。

南嶽澄心　東海朱氏。

唐貞元十八年卒，年七十六（七二七—八〇二）。宋僧傳二九。

京師章信寺道澄　京兆梁氏。

唐貞元十九年（八〇三）卒。宋僧傳十六。

晉州大梵寺代病　台州天台陳氏。

唐貞元十九年（八〇三）卒。宋僧傳二六。

睦州烏龍山少康　縉雲仙都山周氏。

唐貞元二十一年（八〇五）卒。宋僧傳二五。

青龍寺惠果　京兆萬年馬氏。

唐永貞元年（八〇五）卒。惠果和尚行狀。

湖州法華寺大光　安吉唐氏。

唐永貞元年（八〇五）卒。法華經顯應録抱玉傳謂：「宋僧傳以大光、抱玉爲兩人，誤。」然抱玉爲大光先達，見英華李紳撰碑，前卒四十餘年，今仍據宋僧傳二四及李碑兩出之。又，碑傳無年歲，六學僧傳作年七十，未審何據，豈以碑傳有「一飯七十載」之句而云然耶！則七十亦僧臆耳，今不取。

東都弘聖寺真堅　河南王屋楊氏。

唐興元元年卒，年五十七（七二八——七八四）。楊皎撰幢銘，唐文續拾四。

龍安寺如海　長沙周氏。

唐元和三年卒，年八十一（七二八——八〇八）。柳宗元撰碑，柳集六。

寶應寺圓敬　河南陸渾陳氏。

唐貞元八年卒，年六十四（七二九——七九二）。權德輿撰塔銘，權集二八。

上都章敬寺悟空　京兆雲陽車氏。

唐貞元六年（七九〇）年六十（七三一——？）。宋僧傳三及圓照撰十力經記。

太白峰觀宗　東陽留氏。

唐元和四年卒，年七十九（七三一——八〇九）。胡的撰塔銘，全唐文七二一。

唐州紫玉山道通　廬江何氏。

唐元和八年卒，年八十三（七三一——八一三）。宋僧傳十。

廣州羅浮山道行　會稽梅氏。

唐寶曆初卒，年九十五。宋僧傳二十作寶曆九載卒，寶曆止三年，「九」字誤。

潮州大顛寶通　潁川陳氏。

唐長慶四年卒，年九十三（七三二—八二四）。景德録十四無卒年，今據廣東通志三二八。

衡山大明寺惠聞　潭州歐陽氏。集一作惠開。

唐貞元十三年卒，年六十五（七三三—七九七）。隆興通論作貞元十五年卒，今據柳宗元撰塔銘，唐文粹六二及柳集七。

鞏縣淨土寺明演　相州湯陰柳氏。

唐貞元十七年卒，年六十九（七三三—八〇一）。楊叶撰塔銘，金石補正六七。

興唐寺晉空　任氏。

唐貞元十年卒，年六十一（七三四—七九四）。王申伯撰塔銘拓本，金石補正七二。

壽春三峰山道樹　唐州聞氏。

唐寶曆元年卒，年九十二（七三四—八二五）。隆興通論作元和八年卒，釋氏通鑑因之，今據宋僧傳九、景德録四。安徽通志引江南通志誤作卒年十九。

京兆慈恩寺寂默

唐元和元年（八〇六）卒。宋僧傳三。

襄州慈恩寺道堅　丹陽王氏。

唐元和二年卒，年七十三（七三五—八〇七）。宋僧傳十。

羅浮山寶修　資州周氏。

唐元和初年卒。宋僧傳十。

梓州慧義寺北山神清　綿州昌明章氏。

唐元和中卒。釋氏通鑑繫其卒於元和九年，今據宋僧傳六。

虔州西堂智藏　虔化廖氏。

唐元和九年卒，年八十（七三五—八一四）。宋僧傳十、景德録七。江西通志引作元和十二年卒。

杭州秦望山圓修　福州潘氏。

唐太和七年卒，年九十九（七三五—八三三）。宋僧傳十一。

南嶽般舟臺日晤　零陵蔣氏。

唐貞元二十年卒，年六十九（七三六—八〇四）。柳宗元撰碑，柳集七。

五臺山華嚴寺無著　永嘉人。清涼志六作永嘉董氏。

唐大曆二年（七六七）年三十一（七三七—？）。宋僧傳二十。

藏真懷素　長沙錢氏。書史會要等誤爲玄奘門人，不知兩懷素相距百年也。

唐貞元十五年（七九九）年六十三（七三七—？）。書苑菁華陸羽撰傳無年歲，今據素草書千文自題，見式古堂書考八。然書考又有素草書清淨經，款題「貞元元年，年六十一」，兩卷年歲不同，必有一贋。按，李白贈素詩有「少年上人號懷素」之句，蘇渙贈素詩有「張顛没來二十年，零陵沙門繼其後」之句，李、張同爲酒中八仙之一，李卒於寶應元年，年六十餘，據千文李卒時素年二十六，據清淨經李卒時素年三十八。又，素自叙稱錢起爲從父，起爲大曆十才子之一，其贈素詩有「釋子吾家寶，神清慧有餘」之句，據清淨經大曆末素已五十五，據千文大曆末素才四十三，以千文説爲近，故從之。歷代名人年譜作貞元元年卒，年六十一，蓋據清淨經而又誤加「卒」字也。

武陵開元寺慧昭

唐元和十年（八一五）年二百九十。宋僧傳十八：自言「宋孝文帝玄孫，梁普通七年生，今二百九十年」云云。

蘇州開元寺元浩　吴門秦氏。

唐元和十二年（八一七）卒。隆興通論、釋氏通鑑、佛祖通載均作元和十三年卒，今據宋僧傳六。

湘潭唐興寺智儼　郴曹氏。

唐元和十三年卒，年八十二（七三七—八一八）。劉禹錫撰碑，劉集三十。

袁州楊岐山甄叔

唐元和十五年（八二〇）卒。歷代名人年譜誤作元和五年卒，江西通志引景德録誤作元和十六年卒，今據宋僧傳十及至閑撰塔銘。至閑，全唐文誤作「至賢」，潛研堂金石文跋尾不誤。

湖州八聖道寺真乘　德清沈氏。

唐元和十五年（八二〇）卒。宋僧傳十五。

京師西明寺慧琳　疏勒國裴氏。

唐元和十五年卒，年八十四（七三七—八二〇）。六學僧傳十四作年八十七，今據宋僧傳五。

釋氏疑年録卷五

華嚴宗四祖清涼澄觀　山陰夏侯氏。

唐開成四年己未卒，年一百二(七三八—八三九)。宋僧傳五云元和年卒，年七十餘，釋門正統云開成二年卒，年一百二，隆興通論、清涼志云開成三年卒，年一百二，佛祖綱目云開成三年卒，年一百二十，華嚴懸談會玄記一云開元二十六年戊寅生，開成己未卒，年一百二，今從之。

安邑報國寺泛舟　唐宗室。

唐貞元八年壬申卒，年五十四(七三九—七九二)。袁允撰塔銘，山右石刻叢編八。碑云「生於己卯，滅於壬申」，壬申貞元八年，而其上云「九年獻歲，旬有六日，衆驚神往」云云，疑有誤字。

撫州景雲寺上弘　臨川南城饒氏。宋僧傳作上恒，全唐文作上宏。

唐元和十年卒，年七十七(七三九—八一五)。釋氏通鑑、隆興通論、佛祖通載引白居易撰塔銘，均作元和十一年卒，蓋以請銘之年爲卒年也。今據白集二四及宋僧傳十六，並劉軻撰塔銘。

成都元和聖壽寺南印　張氏。

唐長慶初卒。宋僧傳十一。

南陽丹霞山天然
唐長慶四年卒，年八十六（七三九—八二四）。釋氏通鑑作太和三年卒，年八十三，佛祖通載作太和三年卒，年八十六，今據宋僧傳十一。
杭州靈隱山道標　富陽秦氏。
唐長慶三年卒，年八十四（七四〇—八二三）。宋僧傳十五。
荆州福壽寺甄公　江陵魯氏。
唐太和三年卒，年九十（七四〇—八二九）。宋僧傳十一。
江陽向善寺靈識　天水趙氏。
唐貞元十六年卒，年六十（七四一—八〇〇）。崔膺撰塔銘，全唐文六二三。
越州暨陽杭烏山智藏　西印度種族，皮氏。
唐元和十四年卒，年七十九（七四一—八一九）。宋僧傳六。
洛京伏牛山自在　吳興李氏。
唐長慶元年卒，年八十一（七四一—八二一）。六學僧傳作長慶初卒，今據宋僧傳十一。
金陵莊嚴寺慧涉　會稽謝氏。
唐長慶二年卒，年八十二（七四一—八二二）。宋僧傳二九。

杭州鳥窠道林　富陽潘氏。

唐長慶四年卒，年八十四（七四一—八二四）。景德録四注：「有云師名圓修者，恐是謚號。」按，圓修，宋僧傳有傳，見上卷，亦號鳥窠禪師，福州潘氏，與此似是一人，以生卒年不同，存以待考。

婺州金華山神暄　建陽留氏。

唐元和十二年卒，年七十六（七四二—八一七）。宋僧傳二十。

興國寺憲超　京兆涇陽王氏。

唐元和十三年卒，年七十六（七四三—八一八）。玄應撰塔銘拓本，金石萃編一〇七。全唐文九一九删去建塔年月，致文中所謂「今年示寂，其年下葬」等句，均不知爲何年。

鄂州開元寺玄晏　江夏李氏，李善孫。

唐貞元十六年卒，年五十八（七四三—八〇〇）。宋僧傳二九。六學僧傳二十作年五十。

江州興果寺神湊　京兆藍田成氏。

唐元和十二年卒，年七十四（七四四—八一七）。宋僧傳十六，及白居易撰塔銘，白集二四。

長沙東寺如會　韶州始興人。

唐長慶三年卒，年八十（七四四—八二三）。宋僧傳十一。

廬山五老峰法藏　南康周氏。

唐寶曆中卒，年八十二。宋僧傳二十。

會稽雲門寺靈澈　會稽湯氏。

唐元和十一年卒，年七十一（七四六—八一六）。宋僧傳十五無卒年，今據劉禹錫撰澈上人文集序。

信州鵝湖大義　衢州須江徐氏。

唐元和十三年卒，年七十三（七四六—八一八）。景德録七作年七十四，今據韋處厚撰碑銘，全唐文七一五。

婺州五洩山靈默　毗陵宣氏。

唐元和十三年卒，年七十二（七四七—八一八）。宋僧傳十。

常州芙蓉山太毓　金陵范氏。

唐寶曆二年卒，年八十（七四七—八二六）。宋僧傳十一。

閬州長樂寺法融　閬州嚴氏。

唐太和九年卒，年八十九（七四七—八三五）。宋僧傳二九。

荆州天皇寺道悟　婺州東陽張氏。

唐元和二年卒，年六十（七四八—八〇七）。宋僧傳十引符載撰碑，末云：「比丘慧真、文賁等，禪子幽閑，皆入室得悟之者。」幽閑即指慧真、文賁等，言其情性幽閑也，五燈會元附注改爲法嗣三人，曰慧真，曰文賁，曰幽閑，殊誤。元曇噩新修六學僧傳，亦未嘗以「幽閑」爲名，黄宗羲辨之，是也。五燈會元、釋氏通鑑、稽古略等，天皇道悟外，另有荊南城西天王寺道悟，渚宮崔氏，元和三年戊子十月十三日卒，年八十二，嗣馬祖，其下出龍潭信。而林間録、人天眼目、佛祖通載等則作元和十三年戊戌四月十三日卒，均引丘玄素撰碑爲證。若是，則雲門、法眼皆宗馬祖矣。丘玄素之名，雖見歐陽集古録跋尾，然丘碑來歷不明，余所見記載最早者爲林間録、祖庭事苑，二書均著於大觀間。林間録謂達觀穎所集五家宗派曾引此碑，然侯延慶序禪林僧寶傳有云：「覺範謂余：自達磨之來，六傳至大鑒，鑒之後，析爲二宗，其一爲石頭，雲門、曹洞、法眼宗之；其一爲馬祖，臨濟、潙仰宗之，是爲五家宗派。嘉祐中，達觀穎嘗爲之傳」云云。是達觀穎所集五家宗派未嘗以雲門屬馬祖也，以雲門屬馬祖者，覺夢堂重校之五家宗派耳。僧寶傳著於宣和間，石門文字禪有僧寶傳自序，説與侯序同，僧寶傳玄沙備傳明謂「石頭之宗，至是中興之」，是覺範洪亦未嘗以雲門屬馬祖也。林間録之説，恐非覺範原文，不然大觀間著書既採之，宣和間著書又何爲而棄之，其不以此説爲然，亦可見矣。此説之興，蓋當北宋末雲門極盛之時，與雲門競者之所造，其始不過因「皇」「王」一字之偶誤，其後遂造爲城東城西之異人，其意不在天皇，而在雲門之改屬，所謂門户之見也。既託之達觀穎，又託之覺範洪，五燈會元小注等因之，遂成千古疑案。至元間，雲壑瑞作心燈録，以龍潭屬馬祖，致爲人沮抑不傳。順治間，費隱容輯五燈嚴統，洞上諸人至訟官毁板。康熙初，水鑑海於荊州城南建天王寺，白巖符又著法門鋤宄以攻之，聖感永輯五燈全書，立天王章，盤山朴又撰存誠録以斥之。其專攻五燈會元者，則有吳僧大汕之證僞録，潘耒乃以惡大汕故而並惡其言，亦非平情之論。丘碑可疑，辨之者多；林間録之説與洪後出之書矛盾，尚鮮及之者，特誌其疑於此。

嵩嶽會善寺惠海　河東猗頓張氏。

唐元和七年卒，年六十五（七四八—八一二）。唐文續拾五載塔銘作元和八年卒，今據金石補正六九。

洪州寶曆寺幽玄　幽州劉氏。
唐太和初卒。宋僧傳二七。

五臺山佛光寺法興　洛京人。廣清涼傳作西京人。
唐太和二年(八二八)卒。宋僧傳二七。

天目山千頃院明覺　河内猷氏。
唐太和五年(八三一)卒。宋僧傳十一。

池州南泉院普願　鄭州新鄭王氏。
唐太和八年卒,年八十七(七四八—八三四)。隆興通論作太和五年卒,佛祖通載作太和九年卒,禪燈世譜作太和十二年卒,今據宋僧傳十一、祖庭事苑七。

京兆華嚴寺智藏　豫章上高黄氏。
唐太和九年(八三五)卒。宋僧傳十一。

鄂州大寂院無等　東京尉氏李氏。
唐太和四年卒,年八十二(七四九—八三〇)。宋僧傳十一。

東都聖善寺智如　絳郡正平吉氏。
唐太和八年卒,年八十六(七四九—八三四)。白居易撰幢記,白集六十。

西林寺齊朗　潯陽陶氏。
唐長慶二年卒，年七十三（七五〇——八二二）。李哲撰碑，全唐文七四七。
東都聖善寺如信　襄城康氏。
唐長慶四年卒，年七十五（七五〇——八二四）。白居易撰功德幢記，白集五九。
錢塘永福寺慧琳　新安柯氏。靈隱寺志三作戈氏。
唐太和六年卒，年八十三（七五〇——八三二）。宋僧傳十六。
鹽官海昌院齊安　海門李氏。英華作海汀人。
唐會昌二年（八四二）卒，年九十餘。祖庭事苑七作大中年卒，今據宋僧傳十一，及盧簡求撰碑，英華八六八。
天台山佛窟巖遺則　長安長孫氏。景德録作惟則。
唐太和四年卒，年八十（七五一——八三〇）。卒年據宋僧傳十，年歲據景德録四。
澧州藥山惟儼　絳州韓氏。
唐太和八年卒，年八十四（七五一——八三四）。宋僧傳十七作唯儼，寒氏，太和二年卒，年七十。唐伸撰碑銘作太和二年卒，年八十四，釋氏通鑑據唐伸碑。今據景德録十四。
洛京龍興寺崇珪　郟城姜氏。
唐開成元年卒，年八十六（七五一——八三六）。宋僧傳九。

澧州開元寺道行　桂陽楊氏。
唐元和十五年卒，年六十九（七五二—八二〇）。宋僧傳二十。
南嶽東臺元觀　長安袁氏。
唐太和四年卒，年七十九（七五二—八三〇）。宋僧傳九。
雲居寺真性　涿郡范陽人。
唐太和九年卒，年八十四（七五二—八三五）。何籌撰碑銘，全唐文七五七。
明州大梅山法常　襄陽鄭氏。
唐開成四年卒，年八十八（七五二—八三九）。佛祖綱目作會昌元年卒，今據宋僧傳十一。
岐陽法門寺佛陀薩
唐開成五年（八四〇）六月卒。廣記九八引宣室志。
淮南都梁山全植　光州芮氏。
唐會昌四年（八四四）入塔，年九十三。宋僧傳九。
龍花寺契義　京兆杜陵韋氏。
唐元和十三年卒，年六十六（七五三—八一八）。韋同翊撰墓誌銘拓本，唐文拾遺二五。
吳郡嘉禾靈光寺法相　吳長水俞氏。

唐會昌元年卒，年八十九（七五三—八四一）。宋僧傳十六。

衡山昂頭峰日照　岐下劉氏。

唐咸通初卒，年一百八歲。六學僧傳七作咸通元年卒，今據宋僧傳十二。

吕后山道場寧賁　隴西李氏。

唐太和二年卒，年七十五（七五四—八二八）。宋僧傳二九。

揚州慧照寺崇演　東平段氏。

唐開成二年卒，年八十四（七五四—八三七）。宋僧傳十一。

京兆興善寺惟寬　衢州信安祝氏。

唐元和十二年卒，年六十三（七五五—八一七）。白氏長慶集廿四傳法堂碑，宋僧傳十。

東都福先寺廣宣志明　澤州晉城成氏。

唐太和元年卒，年七十三（七五五—八二七）。崔章撰墓誌銘拓本。

荆州永泰寺靈象　蘭陵蕭氏。

唐太和三年卒，年七十五（七五五—八二九）。宋僧傳十一附曇藏傳，坊本歷代名人生卒年表附高僧表，誤以靈象卒年爲曇藏卒年。

雍京章敬寺柏岩懷暉　泉州謝氏。景德録作懷惲。

唐元和十年卒，年六十（七五六—八一五）。稽古略作元和三年卒，釋氏通鑑作元和十一年卒，金石録補卷十四作元和十二年卒，卷二七又作元和二年卒，景德録作元和十三年卒，宋僧傳作元和十年卒，年六十二。今據權德輿撰碑，權集十八。又，釋氏通鑑謂：「傳燈紀師十二年二月晦日入滅，勅謚大徹」云云。通鑑蓋誤以惟寬爲懷暉也。

終南山惟政　平原周氏。宋僧傳十一作恒政。

唐會昌三年（八四三）入塔，年八十七。景德録四。

唐州雲秀山神鑒　潯陽韓氏。

唐會昌四年（八四四）卒。宋僧傳二十。

南嶽西園蘭若曇藏

唐太和元年卒，年七十（七五八—八二七）。宋僧傳十一。

安國寺寂照　京兆興平龐氏。

唐太和七年癸丑卒，年七十六（七五八—八三三）。段成式撰碑，金石萃編一〇八。歷代名人年譜作至德二載丁酉生，誤。

洛陽香山寺鑑空　吴郡齊氏。

唐太和末卒，年七十七。宋僧傳二十。

汾州開元寺無業　商州上洛杜氏。
唐長慶元年卒，年六十二（七六〇—八二一）。隆興通論、釋氏通鑑、佛祖統紀均作長慶二年卒，今據宋僧傳十一。
天台山國清寺文舉　婺州東陽張氏。
唐會昌二年卒，年八十三（七六〇—八四二）。宋僧傳十六。
高麗國元表　三韓人。
唐大中元年（八四七）卒。宋僧傳三十。
安國寺修會
唐大中二年（八四八）卒。佛祖統紀四三。
江州開元寺法正
唐大中初卒，年八十餘。宋僧傳二五及酉陽雜俎續集七。
五臺山行嚴　滎陽人。
唐大中三年（八四九）卒。宋僧傳二七。
隨州大洪山慈忍善信　洪州南昌王氏。
唐太和元年卒，年六十四（七六四—八二七）。金華集十二載元黄溍撰大洪山崇寧萬壽院記，作太和九年卒，然承上文寶曆二年之後，當爲太和元年。緇門警訓十載宋張商英大洪山靈峰寺記，正作元年，今從之。生年仍從金華集。

文水甘泉寺惠融　江陵吳氏。

唐太和初卒，年六十五。王攀撰碑銘，山右石刻叢編九。碑立於太和六年，卒年殘闕。

泗州開元寺明遠　譙郡酇暴氏。

唐太和八年卒，年七十（七六五——八三四）。白居易撰塔銘，白集六十。

五臺山善住閣院無染

唐開成中卒，年七十四。宗統編年作開成二年卒，清涼山志作年七十三，今據宋僧傳二三及廣清涼傳中。

成都福感寺定蘭　成都楊氏。

唐大中六年（八五二）卒。宋僧傳二三。

洪州黃檗山斷際希運　閩人。

唐大中中卒。隆興通論、釋氏通鑑作大中四年卒，佛祖統紀作大中九年卒，佛祖通載作大中三年卒，宗統編年作大中二年卒，今據宋僧傳二十。

五臺山華嚴寺志遠　汝南宋氏。清涼山志七作宗氏。

唐會昌四年卒，年七十七（七六八——八四四）。廣清涼傳作會昌五年卒，今據宋僧傳七。

潭州道吾山圓智　豫章海昏張氏。五燈會元作宗智。

唐太和九年卒，年六十七（七六九—八三五）。湖南通志作太和元年卒，稽古略作年六十一，今據宋僧傳十一及祖庭事苑七。

京師大安國寺端甫　天水趙氏。

唐開成元年卒，年六十七（七七〇—八三六）。宋僧傳六及裴休撰玄祕塔碑拓本。

天台山福田寺普岸　漢東蔡氏。

唐會昌三年卒，年七十四（七七〇—八四三）。宋僧傳二七。

天台山禪林寺廣脩　東陽下崑留氏。

唐會昌三年卒，年七十三（七七一—八四三）。宋僧傳三十。六學僧傳十八作年七十二。

潭州大溈山靈祐　福州長溪趙氏。

唐大中七年卒，年八十三（七七一—八五三）。隆興通論作大中八年卒，今據宋僧傳十一，及鄭愚撰碑銘，唐文粹六三。

黄州九井玄策　會稽魯氏。

唐大中八年（八五四）卒。宋僧傳十一。

鳳光寺常俊　清河張氏。

唐會昌元年卒，年七十(七七二—八四一)。墓銘見全唐文九九七。

新羅國雙谿寺慧昭　全州金馬崔氏。

唐大中四年卒，年七十七(七七四—八五〇)。崔致遠撰碑銘，金石續編二一。

東都奉國寺神照　蜀州青城張氏。

唐開成三年卒，年六十三(七七六—八三八)。白居易撰塔銘，白集七十。

五臺山智頵　中山人。

唐大中七年卒，年七十七(七七七—八五三)。宋僧傳一七。

蘄州青著慧普　蘄州宋氏。

唐大中十二年(八五八)卒。宋僧傳一五作大中三年卒，今據元照撰行業記，芝園集上。

真定府普化

唐咸通初卒。宋僧傳二十無卒年，宗統編年作大中十三年卒，稽古略作咸通元年卒，今據景德録十。

明州德潤寺遂端　張氏。

唐咸通二年(八六一)卒。浙江通志引續文獻通考作咸通十二年卒，今據宋僧傳一五。

會稽吕后山文質　衢州須江祝氏。

唐咸通二年卒，年八十四(七七八—八六一)。宋僧傳一七。

趙州觀音院真際從諗　青州臨淄郝氏。

唐乾寧四年丁巳卒，年一百二十（七七八—八九七）。宋僧傳十一無卒年，語録附行狀，作戊子歲卒，佛祖綱目作光化元年戊午卒，宗統編年因之，今據景德録十。

華嚴宗五祖圭峰宗密　果州西充何氏。

唐會昌元年卒，年六十二（七八〇—八四一）。隆興通論、佛祖統紀作開成五年卒，佛祖通載作開成四年卒，稽古略作年六十三，今據宋僧傳六及裴休撰傳法碑。碑叙師生於建中元年，慧因寺志載此碑，删此語，而云師年六十五，今據拓本及金石萃編一一四。

杭州大慈山寰中　河東蒲坂盧氏。

唐咸通三年卒，年八十三（七八〇—八六二）。始豐稿十一載明徐一夔撰重建大慈定慧禪寺記，作開成初卒，誤，會昌毁教時，師猶未卒也。今據宋僧傳十二。

睦州龍興寺道明　陳氏。

唐乾符中卒，年九十八。景德録十二無卒年及年歲，釋氏通鑑叙其事於乾符四年，非謂其卒於是年也，今作乾符中。年歲五燈會元同通鑑。

華嚴寺行標　莆田方氏。

唐咸通六年卒，年八十五（七八一—八六五）。黄滔撰碑銘，黄御史集五。

漳州三平山義中　高陵楊氏。

唐咸通十三年卒，年九十二（七八一—八七二）。王諷撰碑銘，全唐文七九一，作年九十一，今據唐文粹六四。

澧陽雲巖寺曇晟　鍾陵建昌王氏。

唐會昌元年辛酉卒，年六十（七八二—八四一）。宋僧傳十一作太和三年己酉卒，無年歲，今據景德録十四。

福州長谿龜山智真　揚州柳氏。佛祖綱目智真作慧忠。

唐咸通六年卒，年八十四（七八二—八六五）。景德録九。

朗州德山院宣鑒　劍南周氏。

唐咸通六年卒，年八十四（七八二—八六五）。景德録十五作年八十六，祖庭事苑七作年六十八，又謂：「師生於貞元之末，大中佛法重興，師已六十七」云云，皆不相應。今據宋僧傳十二。

上都大安國寺好直　會稽諸暨丁氏。

唐開成四年卒，年五十六（七八四—八三九）。六學僧傳七作年六十五，今據宋僧傳三十。

永州湘山全真　郴州周氏。

唐咸通八年（八六七）卒。廣西通志云開元十六年生，年一百四十，湖南通志云年一百三十三，惠州志云一百三十二，今據佛祖統紀四三。

洛京廣愛寺從諫　南陽張氏。

唐咸通七年(八六六)卒,年八十餘。宋僧傳十二及廣記九七引三水小牘。

泉州龜洋無了　莆田沈氏。

唐咸通八年卒,年八十一(七八七—八六七)。景德録八無卒年,今據福建通志二六三。

明州棲心寺藏奐　蘇州華亭朱氏。

唐咸通七年卒,年七十七(七九〇—八六六)。宋僧傳十二及崔琪撰碑,乾道四明圖經十一。

真定臨濟院義玄　曹州南華邢氏。

唐咸通八年丁亥(八六七)卒。宋僧傳十二、景德録十二、祖庭事苑二均作咸通七年卒,今據古尊宿語録附延沼撰塔記。

福州長谿龜山正原　宣州南陵蔡氏。五燈會元作正元。

唐咸通十年卒,年七十八(七九二—八六九)。景德録十。

杭州徑山院鑒宗　湖州長城錢氏。

唐咸通七年卒,年七十四(七九三—八六六)。宋僧傳十二無年歲,今據西天目山志二。

福州怡山院大安　閩城陳氏。

唐中和三年卒,年九十一(七九三—八八三)。宋僧傳十二。

慈覺圓仁　日本都賀郡壬生氏。

唐咸通五年卒，年七十一（七九四—八六四）。入唐求法巡禮行記附小傳。

甘泉普濟院曉方　蘇州常熟人。

唐咸通十一年卒，年七十七（七九四—八七〇）。郎肅撰塔記拓本，盤山志二。

盤山上方寺道宗　田氏。

唐咸通七年卒，年七十二（七九五—八六六）。知宗撰遺行碑，盤山志二，無年歲，但云「元和九秋，師年弱冠」，知其卒年七十二。

東山觀音院洪照　虢州盧氏鄭氏。

唐咸通十三年卒，年七十八（七九五—八七二）。侯圭撰觀音院記，全唐文八〇六。

京兆福壽寺玄暢　宣城陳氏。

唐乾符二年卒，年七十九（七九七—八七五）。宋僧傳十七。

晉江開元寺文偁　仙遊人。

唐乾符三年卒，年七十九（七九八—八七六）。泉州府志六五。

汾州僧藏　西河人。

唐乾符中卒。宋僧傳二三無卒年，今據淨土往生傳下。

蘇州藏廙　衢州信安程氏。

唐乾符六年卒，年八十二（七九八—八七九）。六學僧傳七作年八十三，今據宋僧傳十二。

衢州子湖巖利蹤　澶州周氏。

唐廣明元年卒，年八十一（八〇〇—八八〇）。景德録十作廣明中卒，今據祖庭事苑七。

香水寺行及　新羅常興人。

唐廣明元年（八八〇）卒。金正隆間知心撰實行碑，盤山志三。

福州黄檗山建福寺鴻休

唐廣明中卒。宋僧傳二三。

新羅大朗慧無染　金氏。

唐文德元年卒，年八十九（八〇〇—八八八）。崔致遠撰碑銘，金石續編二一。

吳郡破山寺常達　海隅顧氏。

唐咸通十五年甲午九月卒，年七十四（八〇一—八七四）。宋僧傳十六。疑年録彙編云：「咸通止十四年，甲午係乾符元年。」不知十一月五日始改乾符也。

新羅寶林寺體澄　熊津金氏。

唐廣明元年卒，年七十七（八〇四—八八〇）。金穎撰碑銘，金石續編二一。

澧州夾山善會 廣州峴亭廖氏。

唐中和元年卒，年七十七(八〇五—八八一)。祖庭事苑七作中和初卒，今據景德録十五。

會稽開元寺允文 秀州嘉禾朱氏。

唐中和二年卒，年七十八(八〇五—八八二)。宋僧傳十六。

天台山國清寺物外 福州楊氏。

唐中和五年(八八五)卒。宋僧傳二十不著卒年，今據釋門正統。

洪州洞山悟本良价 會稽諸暨俞氏。

唐咸通十年卒，年六十三(八〇七—八六九)。祖庭事苑七作咸通中卒，今據宋僧傳十二。

袁州仰山慧寂 韶州湞昌葉氏。諸本多誤作「須昌」。

唐中和三年卒，年七十七(八〇七—八八三)。宋僧傳十二無卒年，隆興通論、釋氏通鑑、佛祖統紀作大順二年卒，佛祖通載作大順元年卒，稽古略作梁貞明二年卒，今據陸希聲撰塔銘及祖庭事苑七。

五臺山佛光寺願誠 河西宋氏。廣清涼傳作願成。

唐光啓三年(八八七)卒。宋僧傳二七。

襄城慧峰 汝州襄城賀蘭氏。

唐中和戊申卒。塔記見山右石刻叢編九。記云：「中和戊申八月化去，乾寧乙卯造塔。」按，中和五年乙巳改元光啓，光啓四年戊申改元文德，今曰中和戊申，疑誤。

長沙石霜山慶諸　廬陵新淦陳氏。稽古略誤作「新滏」。

唐文德元年卒，年八十二（八〇七—八八八）。祖庭事苑七作光啓三年卒，今據宋僧傳十二。

洪州上藍令超

唐大順元年（八九〇）卒。景德録十六。

彭州丹景山悟達知玄　眉州洪雅陳氏。

唐中和三年卒，年七十三（八一一—八八三）。宋僧傳六於廣明二年後叙師乞歸，卒，淨土往生傳下於廣明二年後一年叙師乞歸，又明年乃卒，今從之。

東京封禪寺圓紹　富陽孫氏。

唐乾寧二年卒，年八十五（八一一—八九五）。宋僧傳十三。

越州明心院慧沐　暨陽祝氏。

唐乾寧五年卒，年八十八（八一一—八九八）。宋僧傳三十。

陰那了拳　閩沙縣潘氏。

唐咸通二年卒，年四十九（八一三—八六一）。廣東通志三二八云「元和十二年丁酉生」，則咸通二年辛巳當年四十五，今曰四十九，必有一誤。

朔方靈武龍興寺增忍　沛國陳留史氏。

唐咸通十二年卒，年五十九（八一三—八七一）。宋僧傳二六。

杭州千頃山楚南　閩張氏。

唐文德元年卒，年七十六（八一三—八八八）。宋僧傳、六學僧傳均作文德六年卒，年七十，四部叢刊本景德録亦作文德六年卒，今據頻伽本景德録十二。

智證圓珍　日本那珂郡人。

唐大順二年卒，年七十八（八一四—八九一）。在唐行歷抄附小傳。

龜洋靈感院志忠　仙遊陳氏。

唐中和二年卒，年六十六（八一七—八八二）。黄滔撰碑，黄御史集五。

清涼山祕魔巖常遇　范陽陰氏。

唐文德元年卒，年七十二（八一七—八八八）。宋僧傳二一。

中山道全　常州宣氏。

唐景福三年卒。宋余靖撰筠州洞山傳法記，武溪集九。按，景福止二年。

越州應天山寺希圓　姑蘇張氏。

唐乾寧二年（八九五）卒。宋僧傳七。

鄂州灌谿志閑　魏府館陶史氏。

唐乾寧二年（八九五）卒。宋僧傳十無卒年，今據景德録十二。

荆州法性寺惟恭

唐乾寧二年（八九五）卒。宋僧傳二五無卒年，今據淨土往生傳下。

泉州國歡崇福院文矩　福州黄氏。

唐乾寧中卒。五燈會元四。

明州國寧寺宗亮　奉化馮氏。

唐乾寧末卒，年八十。宋僧傳二七無卒年，惟云：「開成中剃落納法，卒年八十。」又，杭州龍興寺志八謂：「寺有經幢，開成二年師與處士鄭徹立。」假定開成時弱冠，則八十時當在乾寧末矣。

諸暨保壽院神智　婺州義烏力氏。

唐光啓二年卒，年六十八（八一九—八八六）。宋僧傳二五。

嘉興法空王寺元慧　吴郡陸氏。

唐乾寧三年卒，年七十八（八一九—八九六）。宋僧傳二三。

鄧州香巖山智閑　青州人。

唐光化元年（八九八）卒。宋僧傳十三、景德録十一無卒年，宗統編年作光化元年卒，未審何據。

杭州徑山院洪諲　吴興吴氏。

唐光化四年（九〇一）卒。佛祖綱目作乾寧二年卒，宗統編年因之，今據宋僧傳十二、景德録十一。但光化四年四月改元天復，諲卒於九月，當云天復元年也。

舒州投子山大同　舒州懷寧劉氏。

梁乾化四年卒，年九十六（八一九—九一四）。祖庭事苑七作唐乾寧四年卒，今據宋僧傳十三。

天台紫凝山慧恭　福州羅氏。佛祖綱目作「瑞恭」，誤。

唐天復三年卒，年八十四（八二〇—九〇三）。宋僧傳十二。坊本歷代名人生卒年表附高僧表，作年六十二，蓋誤以僧臘爲世壽也。

杭州龍泉院文喜　嘉禾禦兒朱氏。

唐光化三年卒，年八十（八二一—九〇〇）。聖果寺志作元和十五年生，光化二年卒，西湖游覽志餘作乾寧四年卒，今據宋僧傳十二。乾寧四年，師賜號無著，宋僧傳二十有五臺山華嚴寺僧，亦名無著，大曆間人，五燈會元九乃混而爲一，殊誤，五燈嚴統九因之，景德録十二原本不誤也。

福州雪峰廣福院義存　泉州南安曾氏。

梁開平二年卒，年八十七（八二二—九〇八）。宋僧傳十二，及黄滔撰碑銘，黄御史集五。

蘇州破山興福寺彦偁　吴郡常熟龔氏。

梁貞明六年卒，年九十九（八二二—九二〇）。宋僧傳十六。

新羅國鳳巖山寺道憲　王都金氏。

唐中和二年卒，年五十九（八二四—八八二）。崔致遠撰碑銘，唐文拾遺四四。

鄂州巖頭院全豁　泉州柯氏。稽古略作全奯。

唐光啓三年卒，年六十（八二八—八八七）。宋僧傳二三無年歲，隆興通論作年六十一，今據景德録十六。

魏府興化存奬　闕里孔氏。

唐文德元年卒，年五十九（八三〇—八八八）。景德録十二無卒年，佛祖通載作同光三年卒，今據英華八六八公乘億撰塔碑。

成都東禪院貫休　金華蘭溪姜氏。

蜀永平二年、梁乾化二年卒，年八十一（八三二—九一二）。釋氏通鑑作後唐同光三年卒，宗統編年作梁乾化四年卒，今據宋僧傳三十。四庫提要别集四作蜀乾德五年癸未卒，蓋誤以曇域撰禪月集後序之年爲休卒年，而不知序中明言「壬申歲卒，癸酉年置塔」也。提要又疑禪月集舊名西岳集之「西」字爲「南」字之誤，不知齊己荆門寄題禪月大師影堂詩有「西岳千篇傳古律，南宗一卷印靈臺」之句，則「西」字何能作「南」耶！

新羅朗空行寂　崔氏。

梁貞明二年卒，年八十五（八三二—九一六）。崔仁渷撰塔銘，金石補正一二九。

洛京長壽寺弘哲　李氏。
唐天祐元年卒，年七十二（八三三—九〇四）。幢記見唐文續拾十一。
筠州九峰通玄　郢州長壽程氏。
唐乾寧三年卒，年六十三（八三四—八九六）。禪林僧寶傳七。
澧州蘇溪元安　鳳翔麟遊淡氏。
唐光化元年卒，年六十五（八三四—八九八）。祖庭事苑七作談氏，光化二年卒，今據宋僧傳十二。
洪州雲居山弘覺道膺　薊門玉田王氏。
唐天復二年（九〇二）卒。佛祖通載作天復元年卒，今據宋僧傳十二、景德録十七。
筠州白水院本仁
唐天復中卒。宋僧傳十三。
青林道虔　餘杭陳氏。
唐天祐元年（九〇四）卒。宋余靖撰筠州洞山傳法記，武溪集九。
明州雪竇院恒通　邢州平恩李氏。景德録作常通。
唐天祐二年卒，年七十二（八三四—九〇五）。釋氏通鑑作天祐三年卒，今據宋僧傳十二。
縉雲連雲院有緣　東川梓潼馮氏。

唐天祐四年卒，年七十三（八三五—九〇七）。宋僧傳十二。

京兆西明寺慧則　吳郡崑山糜氏。

梁開平二年卒，年七十四（八三五—九〇八）。宋僧傳十六。六學僧傳二十開平誤作開元。

福州玄沙院宗一師備　閩謝氏。

梁開平二年卒，年七十四（八三五—九〇八）。佛祖道影作年七十，隆興通論、釋氏通鑑作年七十五，今據宋僧傳十三及語録附林澂撰碑文。

湖南龍牙山居遁　臨川南城郭氏。

梁龍德三年卒，年八十九（八三五—九二三）。宋僧傳十三無年歲，今據景德録十七。

高麗賢山地藏院開清　雞林金氏。

後唐同光八年卒，年九十六（八三五—九三〇）。崔彦撝撰塔碑，唐文拾遺七十。但碑云「大中八年生」，則同光八年年止七十七，然又云「僧臘七十二」，何也！又，同光止四年，同光八年當爲天成五年。

潭州大光山居誨　京兆王氏。

唐天復三年卒，年六十七（八三七—九〇三）。景德録十六。

撫州曹山本寂　泉州莆田黄氏。禪林僧寶傳作諱耽章。

唐天復元年辛酉卒，年六十二（八四〇—九〇一）。宋僧傳無卒年，佛祖統紀作天復三年卒，今據景德録十七。

滑州明福寺彦暉　東京陽武孫氏。

梁乾化元年卒，年七十二（八四〇—九一一）。宋僧傳七。

福州卧龍山安國院慧球　泉州莆田人。

梁乾化三年（九一三）卒。景德録二一。

洛都惠光

梁乾化五年（九一五）卒。舍利銘，見金石補正七九。

揚州禪智寺從審

梁貞明二年（九一六）卒。宋僧傳二五。

明州奉化縣布袋和尚　自名契此。

梁貞明二年丙子（九一六）卒。宋僧傳二一作唐天復中卒，布袋和尚傳、五燈會元、指月録作梁貞明三年丙子卒，今據景德録二七。

澤州陽城龍泉院順慜　蜀人。

唐天祐十九年（九二二）卒。周徐綸撰龍泉禪院記，山右石刻叢編十。

鹿頭道延　福州長樂劉氏。

吳順義二年（九二二）卒。宋余靖撰筠州洞山傳法記，武溪集九。

杭州瑞龍院幼璋　亳州夏侯氏。佛祖綱目作幻璋。

後唐天成二年卒，年八十七（八四一—九二七）。景德録二十。

扣冰藻先　建寧新豐翁氏。指月録「藻」作「澡」，閩書「先」作「光」。

後唐天成三年卒，年八十五（八四四—九二八）。建州弘釋録作天成二年卒，今據嘉泰録二四。

鄂州清平山令遵　東平王氏。

唐天祐十六年己卯卒，年七十五（八四五—九一九）。五燈全書十作天祐丙寅卒，丙寅天祐三年，今據景德録十五及五燈會元五。

東京相國寺貞峻　鄭州新鄭張氏。

後唐同光二年卒，年七十八（八四七—九二四）。宋僧傳十六。

天台山福田寺從禮　襄陽人。

後唐同光三年卒，年七十九（八四七—九二五）。宋僧傳十六。

洪州龍壽院懷溢　閩縣劉氏，劉瞻次子。

吳太和六年、後唐應順元年卒，年八十八（八四七—九三四）。歐陽熙撰碑銘，金石萃編一二二。

嵩山少林寺行鈞　鄭州陽武閻氏。

後唐同光三年卒，年七十八（八四八—九二五）。虚受撰碑銘，金石續編十二。
會稽大善寺虚受　嘉禾禦兒人。
後唐同光三年（九二五）卒。宋僧傳七。
靈州廣福寺無跡　朔方史氏。
後唐同光三年（九二五）卒。宋僧傳三十。
杭州龍興寺可周　晉陵傅氏。
後唐天成元年（九二六）卒。宋僧傳七。
杭州真身寶塔寺景霄　丹丘徐氏。
後唐天成二年（九二七）後卒。宋僧傳十六。
漳州保福院從展　福州陳氏。
後唐天成三年（九二八）卒。景德録十九。
洪州開元寺棲隱　徐氏。
後唐天成中卒。宋僧傳三十。
天台山全宰　錢塘沈氏。
後唐天成五年（九三〇）卒。宋僧傳二二。

明州國寧寺詧光　永嘉吳氏。

後唐長興中卒。　宋僧傳三十。

仰山光湧　豫章豐城章氏。

南唐昇元二年卒，年八十九（八五〇—九三八）。　禪林僧寶傳八，及宋齊丘撰塔銘，全唐文八七〇。

香山璘輝　侯氏。

唐天祐三年卒，年五十三（八五四—九〇六）。　尊勝幢記，見唐文續拾十一。

四明山無作　姑蘇司馬氏。自號逍遥子。

梁開平中卒，年五十六。　宋僧傳三十。

新羅審希　金氏。

梁龍德三年卒，年七十（八五四—九二三）。　朴昇英撰碑銘，唐文拾遺六八。

撫州黄山月輪　福州福唐許氏。

後唐同光三年乙酉卒，年七十二（八五四—九二五）。　五燈全書十一作同光甲申卒，甲申同光二年，今據景德録十六及五燈會元六。

福州長慶院慧稜　杭州鹽官孫氏。宋僧傳作海鹽人，此據景德録。

後唐長興三年卒，年七十九（八五四—九三二）。　宋僧傳十三。

廣州文殊院圓明　福州陳氏。
宋淳化元年卒，年一百三十六（八五五—九九〇）。景德録十一。
温州大雲寺鴻楚　永嘉唐氏。
後唐長興三年卒，年七十五（八五八—九三二）。宋僧傳二五。浙江通志誤作長慶三年卒。
温州小松山鴻莒　永嘉唐氏。
後唐長興四年（九三三）卒。宋僧傳二五。
鳳翔府道賢
後唐清泰中卒。宋僧傳二五。
天台山平田寺道育　新羅國人。
晉天福三年（九三八）卒，年八十餘。宋僧傳二三。
廬山香積庵景超
晉天福中卒。宋僧傳二三。
常州正勤院藴　魏府韓氏。
晉天福中卒。景德録二十。
陽城壽聖禪院宗愍　絳臺澮川張氏。

晉天福五年（九四〇）卒。宋元祐間善仁撰壽聖禪院記，山右石刻叢編十五。

鳳翔法門寺智通　右扶風張氏。

晉天福七年（九四二）卒。宋僧傳二三不著卒年，今據淨土往生傳下。

金陵清涼院悟空休復　北海王氏。

晉天福八年（九四三）卒。景德録二四。

五臺山真容院匡嗣　太原文水李氏。

晉天福九年甲辰（九四四）卒。宋僧傳二八作光嗣，天福元年卒，今據廣清涼傳下。

京兆永安院善靜　長安金城王氏。

晉開運三年卒，年八十九（八五八—九四六）。宋僧傳十三。

洛京長壽寺可止　范陽高丘馬氏。

後唐應順元年卒，年七十五（八六〇—九三四）。宋僧傳七。

江陵龍興寺齊己　益陽胡氏。

後唐長興末卒，年七十三以上。宋僧傳三十無卒年。白蓮集有聞貫休下世詩，知其卒在貫休後；渚宮莫問詩，辛巳作，有「形骸六十餘」之句；荆渚感懷詩有「電擊流年七十三」之句。辛巳六十餘，則七十三當在後唐長興末。集中又有同光歲送人及第東歸詩，可爲後唐同光間未卒之證。宋僧傳列入梁代，四庫提要列貫休前，均失考。己蓋少休三十餘歲，後卒於休二十餘年也。

宣州自新　臨淄孫氏。

晉天福中卒，年八十餘。宋僧傳三十。

高麗菩提寺麗嚴　雞林金氏。

後唐同光八年卒，年六十九（八六二—九三〇）。崔彥撝撰塔碑，唐文拾遺六九。

東京相國寺歸嶼　壽春湄氏。

後唐清泰三年卒，年七十五（八六二—九三六）。宋僧傳七。

東京相國寺貞誨　吳郡常熟包氏。

後唐清泰二年卒，年七十三（八六三—九三五）。宋僧傳七。

高麗先覺迥微　武州崔氏。

梁貞明三年卒，年五十四（八六四—九一七）。崔彥撝撰塔碑，原文卒年已缺，今以「咸通五年生，俗年五十四」推之，金石續編二一。

朔方靈武永福寺道舟　朔方迴樂管氏。

晉天福六年卒，年七十八（八六四—九四一）。宋僧傳二三。

甌閩鼓山國師神晏　大梁李氏。

晉天福中卒，年七十七。釋氏通鑑作開運二年卒，年七十三，今據古尊宿語録小傳。

高麗大安寺廣慈胤多　京師人。

晉開運二年卒，年八十二（八六四—九四五）。孫紹撰碑銘，原文卒年已缺，今以「咸通五年生，俗年八十二」推之，金石續編一一。

錢塘千佛寺希覺　晉陵商氏。

漢乾祐元年卒，年八十五（八六四—九四八）。宋僧傳十六無卒年，但云：「年二十五出家温州開元寺，時文德元年也。」則八十五當漢乾祐元年矣。

韶州雲門山匡真文偃　姑蘇嘉興張氏。

南漢乾和七年、漢乾祐二年卒，年八十六（八六四—九四九）。禪宗五派宗師，宋僧傳獨無雲門偃傳，景德録亦無卒年，禪燈世譜作漢隱帝元年卒，今據古尊宿語録附雷岳撰行録。年歲則據陳守中撰碑銘，碑見南漢金石志。志又有雷嶽撰塔銘，作「法齡七紀二，僧臘六旬六」云。

甌寧寶應寺無垢普隨　福州閩縣黄氏。

後唐天成二年卒，年六十三（八六五—九二七）。建州弘釋録下。

洛陽長水令諲　陝府閿鄉楊氏。

後唐清泰二年卒，年七十一（八六五—九三五）。宋僧傳七。

漳州羅漢院桂琛　常山李氏。

後唐天成三年卒，年六十二（八六七—九二八）。宋僧傳十三。

杭州龍册寺道怤　永嘉陳氏。

晉天福二年丁酉卒，年七十（八六八—九三七）。六學僧傳八作天福元年丁酉卒，景德録十八作年七十四，今據宋僧傳十三。

高麗興法寺忠湛　雞林金氏。

晉天福五年卒，年七十二（八六九—九四〇）。塔銘見金石補正一二九。

高麗廣照寺利嚴　雞林金氏。

後唐清泰三年卒，年六十七（八七〇—九三六）。崔彦撝撰碑銘，唐文拾遺六九。

杭州龍華寺靈照　高麗人。

晉天福十二年卒，年七十八（八七〇—九四七）。宋僧傳十三無卒年，咸淳臨安志七十作晉天福二年卒，今據景德録十八。

筠州洞山普利院惠敏　蜀華陽李氏。

南唐保大六年（九四八）卒。宋余靖撰筠州洞山傳法記，武溪集九。

杭州龍興寺宗季　臨安俞氏。

漢乾祐元年（九四八）卒。宋僧傳七。

江州廬山若虛

漢乾祐中卒。宋僧傳二五。

杭州耳相院行脩　泉州陳氏。

漢乾祐四年（九五一）卒。佛祖綱目作乾祐三年卒，據宋僧傳三十，蓋三年十一月示疾，四年三月卒也。

感化寺智辛　金臺三河王氏。

遼天禄五年（九五一）卒。張明撰塔記拓本，遼文存六。

汝州寶應南院慧顒　河北人。

周廣順二年（九五二）卒。景德録十二無卒年，宗統編年作後唐長興元年卒，今據釋氏通鑑。

高麗五龍寺慶猷　南陽張氏。

梁貞明七年卒，年五十一（八七一—九二一）。塔碑見唐文拾遺七十，原文卒年不明，今以「咸通十二年生，俗年五十一」推之。

曹州扈通院智朗　單州城武黄氏。

晉開運四年卒，年七十七（八七一—九四七）。宋僧傳二八。

杭州龍興寺宗靖　台州人。

周顯德元年卒，年八十四（八七一—九五四）。景德録十九。
蜀淨衆寺僧緘　京兆王氏。
周顯德二年（九五五）年一百三十餘歲。宋僧傳二二，自云「唐太和初生」。
温州温嶺瑞峰院神禄　福州福清人。
宋太平興國元年卒，年百五歲（八七二—九七六）。景德録二三。
洛陽中灘浴院智暉　咸秦高氏。
周顯德三年卒，年八十四（八七三—九五六）。宋僧傳二八無卒年，今據景德録二十。
太原永和三學院息塵　并州楊氏。
晉天福初卒，年六十三。宋僧傳二三。
東京相國寺遵誨　譙郡李氏。
晉開運二年卒，年七十一（八七五—九四五）。宋僧傳二八。
五臺山王子寺誠慧　蔚州靈丘李氏。廣清涼傳作誠惠。
後唐同光三年卒，年五十（八七六—九二五）。清涼山志八作同光元年卒，年八十，今據宋僧傳二七。
魏府觀音院智佺　銅臺永濟張氏。
周顯德五年卒，年八十三（八七六—九五八）。宋僧傳七。

衢州烏巨山儀晏　吳興許氏。指月録作儀宴。

宋淳化元年卒，年一百十五（八七六—九九〇）。五燈會元八。十國春秋云「生唐乾符三年，淳化元年卒」，又云「壽一百五十」，當是筆誤。

太原崇福寺巨岷　西河任氏。

漢乾祐二年卒，年七十三（八七七—九四九）。宋僧傳七。明本、高麗本作年九十三，今據宋、元本。

棣州開元寺恒超　范陽馮氏。

漢乾祐二年卒，年七十三（八七七—九四九）。宋僧傳七。

蘄州資福院令逢　福州陳氏。

後唐天成三年戊子卒，年五十一（八七八—九二八）。石門文字禪二九德洪撰碑銘，云「戊子卒」，無年號，上文言「順義癸未秋北遊」，順義，吳楊溥年號，下文言「太和中見夢父老」，太和亦楊溥年號，然則此戊子乃吳乾貞二年、後唐天成三年也。惟碑又云「唐乾元初落髮，坐三十四夏」，乾元初當作乾寧初，時年十七也。

大隨開山神照法真　梓州鹽亭王氏。

宋乾德元年卒，年八十六（八七八—九六三）。古尊宿語録三五神照禪師行狀。

高麗淨土寺元暉　金州南原李氏。

晉天福六年卒，年六十三（八七九—九四一）。崔彦撝撰碑銘，唐文拾遺六九。

洛京法林院僧照　范陽張氏。

漢乾祐元年卒，年七十（八七九—九四八）。宋僧傳七。

東京天壽院師會　薊門巨氏。

晉開運三年卒，年六十七（八八〇—九四六）。宋僧傳二八。

會稽清化院全付　吳郡崑山人。五燈會元作全怤，今據宋僧傳、景德録。

晉開運四年卒，年六十六（八八二—九四七）。祖庭事苑七作開運間卒，今據宋僧傳十三。

廬山佛手巖行因　雁門人。

南唐保大中卒，年七十許。宋僧傳十三。

東京觀音院巖俊　邢臺廉氏。

宋乾德四年卒，年八十五（八八二—九六六）。宋僧傳二八。

吉州禾山無殷　福州吳氏。

宋建隆元年卒，年七十七（八八四—九六〇）。景德録十七無年歲，禪林僧寶傳五作年七十，今據徐鉉撰碑銘，騎省集二七。

東京開寶寺師律　范陽賈氏

宋乾德二年卒，年八十一（八八四—九六四）。宋僧傳二八。

天台山智者院行滿　萬州南浦人。
宋開寶中卒，年八十八。宋僧傳二二作年可八十餘，今據佛祖統紀十。
長水縣懸泉院夢江　長水楊氏。
周顯德三年（九五六）卒。宋僧傳七。
錢塘報恩寺慧明　錢塘蔣氏。
周顯德中卒。宋僧傳二三。
按，此録初次刊行後，友人周叔迦居士貽書，謂：「行滿爲荆溪弟子，荆溪卒於唐建中，下距開寶將二百年，宋僧傳、佛祖統紀作行滿卒於開寶，殊誤。據法聰無量壽經記，有行滿元和十二年跋，自稱老僧，疑開寶爲開成之誤」云。吾恐此類誤處正復不少，賴專家隨時訂正耳，謹發其凡於此。

釋氏疑年録卷六

金陵清涼院大法眼文益　餘杭魯氏。
周顯德五年閏七月卒，年七十四（八八五—九五八）。隆興通論、佛祖統紀作顯德四年卒，宗統編年作顯德六年卒，均非閏七月，今據宋僧傳十三、景德録二四。

宋州廣壽院智江　幽州三河單氏。
周顯德五年卒，年七十四（八八五—九五八）。宋僧傳二八。

洪州大寧院元寂隱微　豫章新淦楊氏。
宋建隆二年卒，年七十六（八八六—九六一）。景德録二三，及韓熙載撰碑，金石補正八一。

晉州慈雲寺普靜　晉州洪洞茹氏。
周顯德二年卒，年六十九（八八七—九五五）。宋僧傳二三，及藏瑩撰舍身記，山右石刻叢編十。

解州聞喜保寧院法柔　聞喜張氏。
宋建隆二年卒，年七十四（八八八—九六一）。楊緘撰保寧禪院記，山右石刻叢編十一。

洛京福先寺道丕　長安貴冑里李氏。

周顯德二年卒，年六十七（八八九—九五五）。宋僧傳十七。
東京相國寺澄楚　宗氏。
周顯德六年卒，年七十一（八八九—九五九）。宋僧傳十六。
秀州靈光寺皓端　嘉禾張氏。
宋建隆二年卒，年七十二（八九〇—九六一）。宋僧傳七。
錢塘慧日永明寺道潛　蒲津武氏。
宋建隆二年（九六一）卒。稽古略作周顯德五年卒，今據宋僧傳十三。
長汀平原山伏虎慧寬　寧化葉氏。
宋建隆二年（九六一）卒。劉將孫養吾齋集二八定光圓應大師事狀作建隆三年卒，今據周必大撰定光庵記，平園續稿四十。
杭州龍華寺彦求　縉雲葉氏。
宋建隆中卒。宋僧傳二八。
宣祕善慧　崞邑霍氏。
宋乾德中卒。補續僧傳二三。
天台山德韶　處州縉雲陳氏。

宋開寶五年卒，年八十二（八九一—九七二）。禪林僧寶傳、祖庭事苑、人天寶鑑均作開寶四年卒，今據宋僧傳十三，其塔銘即贊寧所撰也。

衡陽大聖寺守賢　泉州永春丘氏。

宋乾德中卒，年七十四。宋僧傳二三。

福州林陽山瑞峰院志端　福州俞氏。

宋開寶二年卒，年七十八（八九二—九六九）。景德録二二無年歲，今據禪林僧寶傳十。

東京開寶寺守真　永興萬年紀氏。

宋開寶四年卒，年七十八（八九四—九七一）。宋僧傳二五。

天台山般若寺師藴　金華人。

宋開寶六年（九七三）卒，年八十餘。宋僧傳二三。

會稽大善寺行瑫　湖州長城陳氏。

周顯德三年卒，年六十二（八九五—九五六）。宋僧傳二五。

五臺山真容院光嶼　應州金城韓氏。

周顯德七年卒，年六十六（八九五—九六〇）。清涼山志七作年六十，今據宋僧傳二八。

復州資福院智遠　福州連江人。

宋太平興國二年卒，年八十三(八九五—九七七)。景德録二一。

天台山文輦　永嘉平陽人。

宋太平興國三年卒，年八十四(八九五—九七八)。宋僧傳二三。

明州乾符寺王羅漢

宋開寶初年卒。宋僧傳二二。

潭州延壽院宗合　閩越人。

宋開寶二年(九六九)卒。宋僧傳二三。

西京寶壇院從彦　燕米氏。

宋開寶二年(九六九)卒。宋僧傳二八。

東京普淨院常覺　陳留李氏。

宋開寶四年卒，年七十六(八九六—九七一)。宋僧傳二八。

金陵報恩院法安　太和人。

宋開寶中卒。景德録二五。

汝州風穴延沼　餘杭劉氏。

宋開寶六年卒，年七十八(八九六—九七三)。景德録十三本作延昭，不著姓氏年歲，後延祐刻本改作延沼，年八十七，今據古尊宿語録七。

洛陽天宮寺從隱　洛陽三鄉劉氏。

漢乾祐二年卒，年五十三（八九七—九四九）。宋僧傳七。

齊州開元寺義楚　相州安陽裴氏。

宋開寶中卒，年七十四。宋僧傳七。

廬山圓通院緣德　錢塘黄氏。

宋太平興國二年卒，年八十（八九八—九七七）。宋僧傳十三作開寶中卒，無年歲，今據禪林僧寶傳八。

宜陽栢閣山宗淵　高密宫氏。

宋太平興國五年卒，年八十三（八九八—九八〇）。宋僧傳三十。

杭州真身寶塔寺紹巖　雍州劉氏。

宋開寶四年卒，年七十三（八九九—九七一）。宋僧傳二三。

郢州慧通院歸柔　魏府觀城靳氏。

宋雍熙元年卒，年八十六（八九九—九八四）。饒光輔撰碑銘，湖北金石志八。

魏府卯齋院法圓　真定元氏郝氏。

宋開寶六年卒，年七十四（九〇〇—九七三）。宋僧傳二二。

杭州報慈院從瓌　福州陳氏。

宋開寶六年（九七三）卒。五燈會元八删去卒年，今據景德録二一。

金陵清涼法燈泰欽　魏府人。

宋開寶七年（九七四）卒。通行本五燈會元作開寶八年卒，今據寶祐本，及景德録二五。

漳州保福院清豁　泉州張氏。

宋太平興國元年（九七六）卒。宋詩紀事九一。

吴越僧統令因　錢鏐第十九子。

吴越寶大元年卒，年二十四（九〇一—九二四）。塔銘見兩浙金石志四。

西京天宫寺義莊　滑臺張氏。

宋太平興國三年卒，年七十八（九〇一—九七八）。宋僧傳二八。

五臺山菩薩院繼顒　燕薊劉氏。

北漢天會十七年、宋開寶六年卒，年七十三（九〇一—九七三）。廣清涼傳下。

錢塘慧日永明寺延壽　餘杭王氏。

宋開寶八年卒，年七十二（九〇四—九七五）。佛祖統紀作開寶七年卒，釋門正統作年七十四，淨土晨鐘作年九十八，今據宋僧傳二八及永明道跡。

金陵淨德道場智筠　河中府王氏。
宋開寶二年卒，年六十四（九〇六—九六九）。景德録二五。
杭州千光王寺瓌省　温州陶山鄭氏。
宋開寶五年卒，年六十七（九〇六—九七二）。景德録二六。
廬山歸宗寺策真　本名慧超，曹州魏氏。
宋太平興國四年己卯（九七九）卒。五燈全書十九作太平興國庚辰卒，今據景德録二五。
温州鴈蕩山願齊　錢塘江氏。
宋太平興國中卒。景德録二六。
長溪靈石山龍居寺義詔　漳州謝氏。
宋太平興國七年（九八二）卒。福建通志二六三。
洪州觀音院從顯　泉州莆田人。
宋太平興國八年卒，年七十八（九〇六—九八三）。景德録二五。
臨淮普照王寺懷德　江南人。
宋太平興國八年（九八三）卒。宋僧傳二三。
杭州天竺山子儀　温州樂清陳氏。

宋雍熙三年(九八六)卒。景德録二一及上天竺寺志五。

台州紫凝普聞寺智勤

宋淳化初卒。五燈會元十。

天台山般若寺友蟾　錢塘臨安人。

宋淳化初卒。景德録二六。

洪州百丈山大智院道常　五燈全書十八作道恒。

宋淳化二年(九九一)卒。景德録二五。

杭州光慶寺遇安　錢塘沈氏。

宋淳化三年(九九二)卒。景德録二六。

蘄州四祖山清皎　福州王氏。

宋淳化四年卒,年八十八(九〇六—九九三)。景德録二三。

金陵寂樂塔院澄玘　番禺陳氏。

宋乾德五年卒,年六十一(九〇七—九六七)。徐鉉撰影堂記,騎省集二八。

成都香林澄遠　漢州綿竹上官氏。

宋雍熙四年(九八七)卒,年近八十。建中録二。

杭州五雲山華嚴道場志逢　餘杭人。

宋雍熙二年卒，年七十七（九〇九—九八五）。景德録二六。

東京天清寺傳章　開封東明彭氏。六學僧傳二三作傳章。

宋乾德二年卒，年五十五（九一〇—九六四）。宋僧傳七。

漳州報劬院玄應　泉州晉江吳氏。

宋開寶八年卒，年六十六（九一〇—九七五）。景德録二四。

韶州雙峰山竟欽　益州鄭氏。祖庭事苑七作敬欽。

宋太平興國二年卒，年六十八（九一〇—九七七）。景德録二三無年歲，今據禪林僧寶傳十。

洞山宗慧守初　鳳翔良原傳氏。宗統編年分宗慧守初爲二人。

宋淳化元年卒，年八十一（九一〇—九九〇）。古尊宿語要目録小傳作淳化中卒，今據禪林僧寶傳八。

杭州報恩光教寺永安　温州永嘉翁氏。

宋開寶七年卒，年六十四（九一一—九七四）。宋僧傳二八。

杭州慈光院晤恩　姑蘇常熟路氏。佛祖統紀作悟恩。

宋雍熙三年卒，年七十五（九一二—九八六）。智圓撰塔記，作雍熙間卒，淨土資糧全集作雍熙二年卒，六學僧傳作年七十三，今據宋僧傳七。

潭州雲蓋山海會寺用清　河州趙氏。

宋至道二年(九九六)卒。景德録二六。

婺州齊雲山遇臻　越州楊氏。

宋至道中卒。景德録二六。

蘇州長壽院法齊　婺州丁氏。

宋咸平三年卒,年八十九(九一二—一〇〇〇)。景德録二六。

蘇州安國長壽院朋彦　永嘉秦氏。

宋建隆二年卒,年四十九(九一三—九六一)。景德録二六。

萬固寺紹月　冀州衡水馬氏。

宋開寶五年卒,年五十八(九一五——九七二)。龔惟節撰塔記,山右石刻叢編十一。

金陵報恩院清護　福州長樂陳氏。

宋開寶三年卒,年五十五(九一六—九七〇)。景德録二一。

金陵報恩院沖煦　晉安和氏。

宋開寶七年卒,年五十九(九一六—九七四)。景德録二一作開寶八年卒,無年歲,今據徐鉉撰墓誌銘,騎省集三十。

錢塘普安還鄉道勤　閩越李氏。

宋太平興國元年卒，年六十（九一七—九七六）。祖庭事苑三。

西京廣愛寺普勝　深州陸澤張氏。

宋太平興國四年卒，年六十三（九一七—九七九）。宋僧傳二八。

并州崇福寺繼倫　晉陽曹氏。

北漢天會十三年卒，年五十一（九一九—九六九）。宋僧傳七。六學僧傳二三作開寶三年卒。

天台山螺溪義寂　永嘉胡氏。宋僧傳作義寂。

宋雍熙四年卒，年六十九（九一九—九八七）。釋門正統四、佛祖統紀八，及錢易撰行業碑、澄彧撰塔銘，見螺溪振祖集。

左街天壽寺贊寧　德清高氏。

宋咸平四年卒，年八十三（九一九—一〇〇一）。西湖高僧事略云：「咸平初，加右街僧録，至道二年卒。」至道實先於咸平，事略誤，四庫簡譜提要乃因之。稽古略作咸平二年卒，年八十二。今生年據王禹偁撰通慧大師文集序，小畜集二十，卒年據釋門正統八。按，小畜集四部叢刊本，此序適闕前葉，武英殿聚珍本亦頗有誤字，如謂：「師唐天祐十六年己卯生，時梁貞明七年也。」七年當作五年。又謂：「故相文貞公懸車之明年，思繼白少傅九老之會，時師年七十八，會蜀寇而罷。」文貞謂李昉，蜀寇謂李順，昉以淳化五年致仕，明年師年七十七，非七十八也。然宋史李昉傳述此事，亦謂「時吴僧贊寧年七十八」，則其誤由來已久。此序未知撰於何年，惟云：「今九老之中，李、宋、楊、魏已先逝矣，大師年八十二，視聽不衰。」據宋史，李昉、宋琪並至道二年卒，魏丕咸平二年卒，楊徽之咸平三年卒，此序當作於三年庚子，時師正年八十二也。

杭州龍册寺曉榮　溫州白鹿鄧氏。
宋淳化元年卒，年七十一（九二〇—九九〇）。景德録二六。

杭州普門寺希辯　蘇州常熟人。
宋至道三年卒，年七十七（九二一—九九七）。景德録二六。

酒仙遇賢　姑蘇長洲林氏。
宋大中祥符二年卒，年八十八（九二二—一〇〇九）。吳都法乘五引姑蘇志作祥符五年卒，今據嘉泰録二四。

襄州延慶院惠廣歸曉
宋端拱元年（九八八）年六十六（九二三—?）。五燈會元十四無年歲，今據潘平撰壽塔碑，金石補正八六。

昇州長慶道巘　廬州劉氏。
宋咸平二年（九九九）卒。景德録十二。

譯經傳法院天息災　北天竺人。

宋咸平三年（一〇〇〇）卒。補續僧傳一。

玄覺法賢　中天竺人，先名法天。

宋咸平四年（一〇〇一）卒。佛祖統紀四五。

河中府開元寺重宣　中條虞鄉趙氏。

宋咸平四年卒，年七十九（九二三—一〇〇一）。楊億撰塔記，武夷新集六。

温州瑞鹿寺上方遇安　福州人。

宋至道元年卒，年七十二（九二四—九九五）。景德録二六無年歲，今據蘊仁撰行略，仙巖山志五。

錢唐慈光院文備　福州侯官鄭氏。

宋雍熙二年卒，年六十（九二六—九八五）。佛祖統紀無年歲，今據釋門正統及智圓撰行狀，閑居編二一。

汝州首山省念　萊州狄氏。

宋淳化四年卒，年六十八（九二六—九九三）。禪燈世譜作淳化三年卒，天聖録作年六十七，今據景德録十三。

明州寶雲義通　高麗尹氏。

宋端拱元年卒，年六十二（九二七—九八八）。佛祖統紀無年歲，今據釋門正統三，及宗正撰塔記，寶雲振祖集。

洪州雲居山道齊　洪州金氏。

宋至道三年卒，年六十九（九二九—九九七）。景德録二六。

廬山歸宗寺道詮　吉州安福劉氏。

宋雍熙二年卒，年五十六（九三〇—九八五）。景德録二四。

杭州龍山開化寺行明　杭州于氏。一本作干氏。

宋咸平四年卒，年七十（九三二—一〇〇一）。景德録無年歲，今據天聖録二七。

靈巖寺延珣　歷下張氏。

宋咸平初卒，年六十六。塔銘見泰山志十六。卒年不明，塔咸平二年建。

僧伽文祐　信豐吳氏。

宋大中祥符二年（一〇〇九）卒。補續僧傳十九。

泉州戴雲山智亮

宋大中祥符中卒。福建通志二六三。

興國有基　錢塘王氏。新續僧傳四一作汪氏。

宋大中祥符八年（一〇一五）卒。佛祖統紀十。

南安巖自嚴　泉州同安鄭氏。

宋大中祥符八年乙卯卒，年八十二（九三四—一〇一五）。禪林僧寶傳八作淳化乙卯卒，嘉泰録因之，淳化無乙卯。補續僧傳作淳化二年辛卯，福建通志又作淳化八年，並云嚴曾謁真宗，淳化是太宗年號，止五年，淳化時既卒，何能更謁真宗。今據周必大撰汀州定光庵記，平園續稿四十，及元劉將孫撰事狀，養吾齋集二八。

五臺山淨業　代州五臺孟氏。

宋淳化四年卒，年五十九（九三五—九九三）。廣清涼傳下。

杭州九曲院慶祥　錢塘沈氏。

宋咸平元年卒，年六十四（九三五—九九八）。天聖録二七。

吉州祥符圓淨雲豁　吉州永和曾氏。

宋大中祥符中卒，年七十七。嘉泰録一。

長沙開福寺洪蘊　長沙藍氏。

宋景德元年卒，年六十八（九三七—一〇〇四）。新續僧傳六十。

廬山歸宗寺慧誠　揚州崔氏。

宋景德四年卒，年六十七（九四一—一〇〇七）。景德録二六。

温州瑞鹿寺本先　永嘉鄭氏。

宋大中祥符元年卒，年六十七（九四二—一〇〇八）。景德録二六。

鹿泉睿諫　雲州劉氏。
宋大中祥符元年卒，年六十六（九四三—一〇〇八）。廣清涼傳下。
杭州靈隱山玄順　蕭山錢氏。
宋大中祥符中卒，年七十。天聖録二八。
萬全了興　平陽萬全宋氏。
宋天禧元年（一〇一七）卒。補續僧傳十七。
郢州大陽山警延　江夏張氏。本名警玄，避諱改。
宋天聖五年卒，年八十五（九四三—一〇二七）。佛祖通載作年八十，今據禪林僧寶傳十三。
松江佘山德聰　姑蘇張潭仰氏。
宋天禧元年卒，年七十四（九四四—一〇一七）。補續僧傳十九、宋詩紀事九一無年歲，今據圖書集成僧傳五二引松江府志。
杭州興教寺洪壽　錢塘曹氏。
宋乾興元年卒，年七十九（九四四—一〇二二）。天聖録二七。
杭州西山奉諲　錢塘盧氏。
宋天聖三年卒，年八十（九四六—一〇二五）。天聖録二七。

黄州齊安永興院智雨　漣水朱氏。

宋至道三年卒，年五十一（九四七—九九七）。王禹偁撰永興禪院記，小畜集十七。

汾州太子院善昭　太原俞氏。

宋天聖初卒，年七十八。善昭卒年未見宋人著録，佛祖通載作天聖二年甲子卒，禪燈世譜、佛祖正傳作天聖元年甲子卒，天聖元年非甲子，五燈全書作乾興元年壬戌卒，今定爲天聖初。年歲據禪林僧寶傳三。

靈隱南院文勝慈濟　婺州劉氏。

宋天聖四年（一〇二六）卒。天聖録二九。

瑞州洞山曉聰　韶州曲江杜氏。

宋天聖八年（一〇三〇）卒。禪林僧寶傳十一。

邛州西林義琛

宋明道二年（一〇三三）卒。建中録三。

汝陽廣慧院元璉　泉州陳氏。

宋景祐三年卒，年八十六（九五一—一〇三六）。羅湖野録下。

杭州石壁山行紹　錢塘沈氏。

宋景祐初卒，年八十。契嵩撰塔表，不著卒年，但表撰於皇祐五年癸巳，而云「距師之卒，垂二十年」，以是推爲景祐初卒，鐔津文集十五。

長水楞嚴子璿　錢塘鄭氏。

宋寶元元年（一〇三八）卒。章衡撰重修長水疏主塔亭記，見楞嚴經疏解蒙鈔卷末二。

湖州八聖寺清簡

宋大中祥符七年卒，年五十八（九五七—一〇一四）。天聖録二六。

西湖圓淨省常　錢塘顔氏。

宋天禧四年卒，年六十二（九五九—一〇二〇）。宗統編年作天禧五年卒，今據蓮宗寶鑑四，及智圓撰白蓮社主碑，閑居編三三、樂邦文類三。

四明法智知禮　四明金氏。

宋天聖六年卒，年六十九（九六〇—一〇二八）。釋門正統及趙抃撰行業碑、胡昉撰塔銘，四明教行録七。

越州清化山寶壽子昌　蘇州朱氏。

宋大中祥符中卒，年五十二。天聖録二九。

梵天寺慶昭　錢塘胡氏。

宋天禧元年卒，年五十五（九六三—一〇一七）。佛祖統紀無年歲，今據釋門正統五，及智圓撰行業記，閑居編十五。

普明慈覺法護　中天竺人。

宋嘉祐三年卒，年九十六（九六三—一〇五八）。補續僧傳無年歲，今據佛祖統紀四六。

杭州龍華山悟乘　處州程氏。

宋乾興元年卒，年五十九（九六四—一〇二二）。天聖録二九。

武林天竺慈雲遵式　寧海葉氏。

宋天聖十年壬申卒，年六十九（九六四—一〇三二）。佛祖統紀注云乾德元年癸亥生，寶雲振祖集云「淳化改元，師年二十八」，則天聖十年當七十歲，今據釋門正統五，及契嵩撰行業記，鐔津文集十五。

襄州谷隱山蘊聰　南海張氏。

宋天聖十年卒，年六十八（九六五—一〇三二）。天聖録十七載李遵勗撰塔銘。

南嶽芭蕉庵大道谷泉　泉南人。

宋嘉祐中卒，年九十二。神僧傳九作嘉祐十五年卒，嘉祐止八年，指月録二四、補續僧傳七均作嘉祐中卒，今從之。年歲仍據神僧傳。

台州瑞巖院義海　雪川胡氏。

宋天聖三年卒，年五十六（九七〇—一〇二五）。天聖録二九。

洛陽義從　鄭州管城人。

宋明道二年卒，年六十三（九七一—一〇三三）。尊勝幢記，金石補正八二。

孤山智圓　錢塘徐氏。

宋乾興元年卒，年四十七（九七六—一〇二二）。釋門正統五。

蓬州開元寺慧雅惟中

宋慶曆五年卒，年六十九（九七七—一〇四五）。補續僧傳二三。

白石惠暹　南豐張氏。

宋慶曆五年（一〇四五）卒。李覯撰塔銘，直講集三一。

三學則全　四明施氏。

宋慶曆五年（一〇四五）卒。釋門正統六。

饒州薦福承古　禪林僧寶傳作西州人。

宋慶曆五年（一〇四五）卒。建中録二。

上都景德寺顯化志言　壽春許氏。

宋慶曆八年（一〇四八）卒。嘉泰録二四，及張方平撰碑銘，樂全集三六。

天竺山日觀庵善昇　錢塘仲氏。

宋皇祐元年（一〇四九）卒。范仲淹撰塔記，文正集七。

明州岳林賢

宋皇祐初卒。建中録二。

温州契褒　横陽徐氏。

宋至和元年卒，年七十八（九七七—一〇五四）。元照撰行業録序，芝園集上。

洞山自寶　廬州合肥吴氏。

宋至和元年卒，年七十七（九七八—一〇五四）。補續僧傳七，及余靖撰塔銘，武溪集七。

大邑縣崇壽惟己　邛州蒲頓仇氏。

宋治平元年卒，年八十六（九七九—一〇六四）。補續僧傳二三，及文同撰塔銘，丹淵集拾遺。

明州雪竇山明覺重顯　遂州李氏。

宋皇祐四年卒，年七十三（九八〇—一〇五二）。建中録三有生年無卒年，祖庭事苑一作皇祐五年卒，佛祖通載作年七十二，新續僧傳乃編南宋中，今據禪林僧寶傳十一及語録附吕夏卿撰塔銘。又，淨慈寺志八，述歷代住持，以卒於南宋淳熙之慧暉爲第十二代，以卒於北宋元祐之元淨爲第十八代，又以重顯爲第二十二代，而删其卒年，顛倒如此，殊可詫也。

秀州資聖院慶暹　建陽范氏。

宋至和二年卒，年七十六（九八〇—一〇五五）。契嵩撰影堂記，不著卒年，記末云：「師之遷化，至皇祐之己亥，實五載矣。」皇祐無己亥，己亥嘉祐四年，以是推爲至和二年卒也。鐔津集十五。

洛陽明因道詮　并州文水衛氏。

宋明道二年卒，年五十三（九八一—一〇三三）。歐陽修撰塔記，歐陽集六三。

神照本如　句章林氏。

宋皇祐二年卒，年七十（九八一—一〇五〇）。佛祖統紀作皇祐三年卒，今據釋門正統六。

高麗法泉寺海麟　原州元氏。

遼咸雍三年卒，年八十七（九八一—一〇六七）。鄭惟彦撰碑銘，金石補正一二九。

都城景德寺普印昕　丹徒曹氏。

宋至和三年卒，年七十四（九八三—一〇五六）。胡宿撰塔銘，文恭集三九。

筠州大愚守芝　太原王氏。

宋嘉祐初卒。宗統編年作景祐元年卒，今據嘉泰録二。

潞州寶峰寺法濟　棣州厭次卜氏。

宋嘉祐二年（一〇五七）卒。康吉甫撰寶峰寺記，山右石刻叢編一一。

杭州智圓允堪　錢塘人。

宋嘉祐六年（一〇六一）卒。佛祖統紀四六，及陳舜俞撰行業記，昭慶寺志八。

京師奉福寺非濁　范陽張氏。

遼清寧九年（一〇六三）卒。真延撰實行記拓本，遼文存四。

耀之戒珠　長樂黃氏。

宋熙寧十年卒，年九十三（九八五—一〇七七）。釋門正統八。

潭州石霜慈明楚圓　全州清湘李氏。

宋寶元二年己卯卒，年五十四（九八六—一〇三九）。五燈會元作寶元三年庚辰卒，佛祖通載作慶曆元年辛巳卒，禪林僧寶傳作「卒於康定戊寅之明年」。按，戊寅是寶元元年。今據嘉泰録二。

杭州淨土院惟正　秀州華亭黃氏。補續僧傳作惟政。

宋皇祐元年卒，年六十四（九八六—一〇四九）。五燈會元十及雲臥紀談下。

杭州慶善宗震

宋熙寧五年卒，年八十七（九八六—一〇七二）。建中録十四。

西林寺了他　德化葛陂人。

宋元豐間卒，年九十七。福建通志二六三。

金山達觀曇穎　錢塘丘氏。

宋嘉祐五年卒，年七十二（九八九—一〇六〇）。宋詩紀事作嘉祐四年卒，嘉泰録作年七十五，今據禪林僧寶傳二七。

浮山圓鑒法遠　鄭圃田沈氏。禪林僧寶傳作王氏。

宋治平四年卒，年七十七（九九一—一〇六七）。佛祖通載作皇祐元年卒，年七十餘，今據雲臥紀談上。

袁州楊歧方會　袁州宜春冷氏。

宋皇祐改元卒，年五十八（九九二—一〇四九）。佛祖通載作慶曆六年卒，今據嘉泰録三。

淨覺仁嶽　霅川姜氏。

宋治平元年卒，年七十三（九九二—一〇六四）。佛祖統紀無年歲，今據釋門正統五。

潭州南嶽雙峰寺省回

宋元豐六年卒，年九十二（九九二—一〇八三）。建中録七無年歲，今據五燈會元十二。

秀州資聖院盛勤　象郡壽陽謝氏。

宋嘉祐五年卒，年六十八（九九三—一〇六〇）。契嵩撰塔銘，鐔津集十五。

越州天衣義懷　温州樂清陳氏。

宋治平元年卒，年七十二（九九三—一〇六四）。祖庭事苑五作治平元年卒，無年歲，嘉泰録二作年七十二，無卒年，佛祖通載於嘉祐五年下述師行略，稽古略乃作嘉祐五年卒，禪燈世譜因之。今據米芾撰碑，見羣玉堂帖及寶晉英光集七。

鄂縣白雲山得利　京兆高陵王氏。

宋治平三年卒，年七十一（九九六—一〇六六）。趙宗輔撰塔記，金石萃編一四二。

天竺思悟　錢塘人。

宋天聖四年卒，年三十（九九七—一〇二六）。佛祖統紀十一。

南嶽雲峰文悅　南昌徐氏。

宋嘉祐七年卒，年六十六（九九七—一〇六二）。建中録作治平中卒，佛祖通載作治平元年卒，古尊宿語録作年六十五，今據禪林僧寶傳二二。

當陽玉泉寺務本

宋元豐三年卒，年八十三（九九八—一〇八〇）。新續僧傳十一。

杭州雷峰廣慈慧才　永嘉樂清王氏。

宋元豐六年卒，年八十六（九九八—一〇八三）。釋門正統六，及元照撰行業記，芝園集上。

靈隱普慈幻旻　信州玉山葉氏。

宋嘉祐四年卒，年六十一（九九九—一〇五九）。鐔津集十五載契嵩撰塔銘，作幼旻，嘉祐乙亥卒，嘉祐無乙亥，當爲四年己亥，今據靈隱寺志六。

隆興府翠岩可真

宋治平改元卒。嘉泰録三。

雲居曉舜　筠陽人。

宋治平中卒。建中録五。

潭州龍興智傳　桂州陽朔莫氏。

宋治平中卒。建中録五。

廣照慧欽　錢塘人。

宋熙寧元年(一〇六八)卒。沈遼撰塔銘，雲巢集十。

洪州上藍文達　本州人。

宋熙寧元年(一〇六八)卒。建中録十。

廬山歸宗承天鴻式

宋熙寧二年(一〇六九)卒。建中録八。

建陽福先寺法昌　建陽東田王氏。

宋熙寧五年(一〇七二)卒。建州弘釋録下。

光孝寺福靜　封川黎氏。

宋熙寧八年卒，年七十六(一〇〇〇—一〇七五)。肇慶府志二十云：「天聖七年方三十歲，嘉靖間歸住光孝寺，與郡守田開爲詩友。」嘉靖當作嘉祐，田開嘉祐初知封州軍州事也。

上都寶生院智林　番禺阮氏。

宋熙寧四年卒，年七十一（一〇〇一—一〇七一）。補續僧傳無年歲，今據張方平撰塔銘，樂全集四十。

廣炤慧寔　真定人。

宋元豐元年卒，年七十八（一〇〇一—一〇七八）。補續僧傳三。

福州白鹿山顯端　福州閩清周氏。

宋元豐七年卒，年八十四（一〇〇一—一〇八四）。建中録七。

梁家庄季𡯁　范陽郝氏。

遼清寧二年卒，年五十五（一〇〇二—一〇五六）。可訓撰塔記拓本，遼文存六。

隆興黄龍山慧南　信州玉山章氏。

宋熙寧二年卒，年六十八（一〇〇二—一〇六九）。建中録無年歲，今據僧寶傳二二。

廣化寺令觀　莆田黄氏。

宋元祐八年卒，年九十一（一〇〇三—一〇九三）。補續僧傳引劉弇撰碑，作元祐三年卒，今據龍雲集三二。

邵州惠立　桂林蔣氏。

宋元豐四年卒，年七十七（一〇〇五—一〇八一）。沈遼撰塔銘，雲巢集十。

洪州法昌倚遇　漳州林氏。

宋元豐四年卒，年七十七（一〇〇五—一〇八一）。五燈會元十六無卒年，宗統編年作元豐四年卒，未審何據。

絳州稷山大善寺義宗　太平賈氏。

宋元豐四年卒，年七十七（一〇〇五—一〇八一）。王宥撰塔記，山右石刻叢編十四。

湖州廣法院源

宋元豐八年卒，年八十一（一〇〇五—一〇八五）。建中録七。

釋氏疑年録卷七

杭州佛日山明教契嵩　藤州鐔津李氏。

宋熙寧五年卒，年六十六（一〇〇七—一〇七二）。建中録作熙寧四年卒，靈隱寺志載陳舜俞撰行業記作年六十二，今據都官集八及鐔津集卷首。

寶月脩廣　杭州錢塘王氏。

宋熙寧元年卒，年六十一（一〇〇八—一〇六八）。補續僧傳無年歲，今據曾鞏撰塔銘，元豐類稿四四。

杭州祥符寺通義子寧　錢塘阮氏。

宋元祐三年卒，年八十一（一〇〇八—一〇八八）。元照撰塔銘，芝園集上。

秀州超果惟湛　義烏宋氏。

宋熙寧六年卒，年六十五（一〇〇九—一〇七三）。佛祖統紀無年歲，今據釋門正統六，及元照撰行業記，芝園集上。

育王大覺懷璉　龍溪陳氏。

宋元祐五年卒，年八十二（一〇〇九—一〇九〇）。五燈會元十五無卒年，稽古略作元祐五年卒，年八十二，今從之。佛祖綱目、宗統編年又作八十一。

六聘山天開寺守常　易縣曹氏。

遼咸雍六年卒，年六十一（一〇一〇—一〇七〇）。王虛中撰塔記拓本，遼文存六。

廬山圓通居訥　梓州中江蹇氏。

宋熙寧四年卒，年六十二（一〇一〇—一〇七一）。建中録作熙寧三年卒，今據禪林僧寶傳二六。

潭州興化寺紹銑　泉州人。

宋元豐四年辛酉卒，年七十二（一〇一〇—一〇八一）。僧寶傳作元豐三年辛酉卒，佛祖綱目改爲元豐四年，今從之。

甘泉普濟寺非覺　析津良鄉劉氏。

遼太康中卒，年七十二。塔銘拓本，遼文存三，卒年闕。塔太康九年癸亥建，盤山志二誤作三年。

鞏縣淨土寺寶月惠深　趙州柏鄉楊氏。

宋元豐七年卒，年七十五（一〇一〇—一〇八四）。李洵撰碑銘，金石補正一〇七。

杭州南屏山神悟處謙　永嘉潘氏。

宋熙寧八年卒，年六十五（一〇一一—一〇七五）。佛祖統紀無年歲，今據釋門正統六，及元照撰塔銘，芝園集上。

建陽福先寺幼安　福州長溪姚氏。

宋熙寧九年（一〇七六）卒。建州弘釋録下。

廬州興化仁岳　泉南人。

宋熙寧十年（一〇七七）卒。建中録八。

温州瑞安壽聖僧印

宋熙寧十年（一〇七七）卒。建中録十一。

寶磿　光黄間狂僧。

宋熙寧十年（一〇七七）卒。宋詩紀事九一云年百三十歲。

聖壽院智悟懷謹　開封賈氏。

宋元豐八年卒，年七十五（一〇一一—一〇八五）。黄庭堅撰塔銘，豫章集二四。

杭州慧因院淨源　晉江楊氏。

宋元祐三年卒，年七十八（一〇一一—一〇八八）。佛祖統紀無年歲，今據釋門正統八，及曾旼撰碑，慈因寺志八。

龍井辯才元淨　於潛徐氏。

宋元祐六年卒，年八十一（一〇一一—一〇九一）。西湖高僧事略作元祐八年卒，釋門正統無年歲，今據蘇轍撰塔碑，四部叢刊本欒城後集此碑闕前葉，今據咸淳臨安志七八。

荆門軍玉泉景德院承皓　眉州丹稜王氏。

宋元祐六年卒，年八十一（一〇一一—一〇九一）。建中録六。

隆興泐潭洪英　邵武陳氏。

宋熙寧三年卒，年五十九（一〇一二—一〇七〇）。指月録作熙寧二年卒，五燈全書作熙寧四年卒，今據僧寶傳二十。

扶宗繼忠　永嘉丘氏。

宋元豐五年卒，年七十一（一〇一二—一〇八二）。佛祖統紀無年歲，今據釋門正統六。

舒州甘露法眼慶餘　建州建安黄氏。

宋元豐六年（一〇八三）卒。建中録八。

舒州宿松靈隱寺德滋　蜀人。

宋元豐六年（一〇八三）卒。建中録十三。

潭州石霜山崇勝院琳

宋元豐七年（一〇八四）卒。建中録十二。

東京華嚴普孜　建州建陽謝氏。

宋元豐八年（一〇八五）卒。建中録八。

南嶽承天智昱

宋元豐八年（一〇八五）卒。建中録十四。

湖州八聖寺惟鑑　德清沈氏。

宋元祐五年卒，年七十九（一〇一二—一〇九〇）。元照撰傳，芝園集上。

寶月惟簡　眉山蘇氏。

宋紹聖二年卒，年八十四（一〇一二—一〇九五）。補續僧傳二三，及蘇軾撰塔銘，東坡後集十八。

杭州祥符寺逸老可久　錢塘錢氏。

宋元祐八年卒，年八十一（一〇一三—一〇九三）。芝園集元照撰傳，作年八十，無卒年，今據龍舒淨土文五。

天竺靈山海月慧辯　華亭富氏。

宋熙寧六年卒，年六十（一〇一四—一〇七三）。佛祖統紀作傅氏，無年歲，今據蘇轍撰塔碑，欒城後集二四。

臨江軍慧力善周

宋元祐元年卒，年七十三（一〇一四—一〇八六）。建中録十四。

香城山景福順　西蜀人。

宋紹聖元年（一〇九四）卒，年八十餘。佛祖綱目叙其人於紹聖元年，宗統編年作紹聖元年卒，未審何據。

秀州本覺若珠　福州卓氏。

宋元祐元年（一〇八六）卒。建中録八。

廬山棲賢智遷　錢塘高氏。

宋元祐元年（一〇八六）卒。建中録九。

福州聖泉紹燈　古田陳氏。

宋元祐元年（一〇八六）卒。建中録十四作紹登，無卒年，宗統編年作元祐元年卒，未審何據。

蔣山覺海贇元　婺州義烏傅氏。

宋元祐元年（一〇八六）卒。禪林僧寶傳作元祐初卒，今據五燈會元十二。

淨慧思義　湖州武康凌氏。

宋元祐三年（一〇八八）卒。佛祖統紀十一。

彭州慧日堯

宋元祐七年（一〇九二）卒。建中録十一。

東京淨因道臻　福州古田戴氏。

宋元祐八年卒，年八十（一〇一四——一〇九三）。建中録無年歲，今據禪林僧寶傳二六。

汝陰薦福院悟理　趙郡袁氏。

宋紹聖元年卒，年八十一（一〇一四——一〇九四）。陳師道撰塔銘，後山集二十。

杭州惟湜　錢塘金氏。

宋崇寧元年卒，年八十九（一〇一四——一一〇二）。法華經顯應録引寶珠集。

善覺寺法寶　遂州小溪王氏。

宋元豐六年卒，年六十九（一〇一五——一〇八三）。補續僧傳七，及韓維撰塔銘，南陽集二九。

勝果寺玅悟希最　湖州施氏。

宋元祐五年卒，年七十六（一〇一五——一〇九〇）。佛祖統紀無年歲，今據釋門正統六及呂益柔撰塔銘，至元嘉禾志二一。

處州永泰自仁

宋元符元年卒，年八十四（一〇一五——一〇九八）。建中録十。

金山龍游寺圓通懷賢　温州永嘉何氏。

宋元豐五年卒，年六十七（一〇一六——一〇八二）。補續僧傳七，及秦觀撰行狀，淮海集三六。

白蓮法真處咸　天台王氏。

宋元祐元年卒，年七十一（一〇一六—一〇八六）。樂邦文類二載楊傑咸教主讚及道衍諸上善人詠，作元祐七年卒，浙江通志引天台山志作天祐元年卒，今據釋門正統六。

袁州仰山行偉　大名于氏。

宋元豐三年卒，年六十三（一〇一八—一〇八〇）。禪林僧寶傳二四。

西京天慶院顯達　洛陽劉氏。

宋大觀三年卒，年九十二（一〇一八—一一〇九）。塔銘拓本，金石補正百十一。

徐州法輪院宗本　宿州苗氏。

宋元祐四年卒，年七十一（一〇一九—一〇八九）。陳師道撰塔銘，後山集二十。

上方感化寺澄方　香河孫氏。

遼大安五年卒，年七十（一〇二〇—一〇八九）。遺行銘拓本，遼文存五。藝風堂金石目云：「此塔銘日下舊聞考、盤山志均系之金，不知金大安止三年也。」

天台兜率善戒　台州臨海婁氏。

宋紹聖五年卒，年七十九（一〇二〇—一〇九八）。五燈全書三原作紹聖五年甲寅冬卒，紹聖五年是戊寅，六月朔改元元符，今曰甲寅冬，頗可疑。

東京慧林圓照宗本　常州無錫管氏。新續僧傳四一作管氏。

宋元符二年卒，年八十（一〇二〇—一〇九九）。禪燈世譜作元符元年卒，今據建中録九。

金臺戒壇法均

遼太康元年卒，年五十五（一〇二一—一〇七五）。補續僧傳十七。

台州赤城寺櫨庵有嚴　臨海胡氏。淨慈寺志十作何氏。

宋建中靖國元年卒，年八十一（一〇二一—一一〇一）。佛祖統紀無年歲，今據釋門正統六。

洪州延恩法安　臨川許氏。

宋元豐七年卒，年六十一（一〇二四—一〇八四）。禪林僧寶傳二六，及黄庭堅撰塔銘，豫章集二四。

蘄州五祖山法演　綿州巴西鄧氏。

宋崇寧三年（一一〇四）卒，年八十餘。補禪林僧寶傳及嘉泰録八。

舒州白雲守端　衡陽葛氏。

宋熙寧五年卒，年四十八（一〇二五—一〇七二）。嘉泰録四。語録附小傳，云「熙寧五年丙戌卒」，熙寧五年非丙戌也。

廬山東林照覺常總　劍州尤谿施氏。

宋元祐六年卒，年六十七（一〇二五—一〇九一）。建中録無年歲，四庫本演山集三四載黄裳撰行狀，作元祐七年九月甲寅卒，七年九月辛巳朔，無甲寅。今據禪林僧寶傳二四。傳作六年九月二十九日卒，六年九月丙戌朔，二十九日正甲寅也。

吉州禾山德普　緜州蒲氏。

宋元祐六年卒，年六十七（一〇二五—一〇九一）。禪林僧寶傳二九。

黄龍寶覺晦堂祖心　南雄始興鄔氏。宋詩紀事作郭氏。

宋元符三年卒，年七十六（一〇二五—一一〇〇）。禪林僧寶傳二三，及黄庭堅撰塔銘，豫章集二四。

雲庵真淨克文　陝府閿鄉鄭氏。

宋崇寧元年卒，年七十八（一〇二五—一一〇二）。語録附德洪撰行狀，並見石門文字禪三十。

潭州雲蓋守智　劍州龍津陳氏。

宋政和五年乙未卒，年九十一（一〇二五—一一一五）。五燈會元作政和甲午卒，今據禪林僧寶傳二五。

烏江惠濟院昭慶　泉州晉江林氏。

宋元祐四年卒，年六十三（一〇二七—一〇八九）。秦觀撰塔銘，淮海集四十。

東京法雲圓通法秀　秦州隴城辛氏。

宋元祐五年卒，年六十四（一〇二七—一〇九〇）。建中録無年歲，佛祖通載作年六十七，今據禪林僧寶傳二六。

越州龍泉寺覃異　餘姚杜氏。新續僧傳作曇異。

宋崇寧元年卒，年七十六（一〇二七—一一〇二）。佛祖統紀無年歲，今據釋門正統六，及元照撰塔銘，芝園集上。

華亭超果靈照　蘭溪盧氏。

宋元豐五年卒，年五十五（一〇二八—一〇八二）。新續僧傳四一作元祐五年卒，誤，今據釋門正統五，及元照撰塔銘，芝園集上。

廬陵隆慶院慶閑　福州古田卓氏。

宋元豐四年卒，年五十三（一〇二九—一〇八一）。建中録作元豐五年卒，年五十三，禪林僧寶傳作元豐四年卒，年五十五，今據蘇轍撰碑，欒城集二五。

夾山福昌寺知信　福州蕭氏。

宋元祐三年卒，年五十九（一〇三〇—一〇八八）。黄庭堅撰塔銘，豫章集二四。

南康軍雲居山元祐　上饒王氏。

宋紹聖二年乙亥卒，年六十六（一〇三〇—一〇九五）。建中録作壬申年卒，壬申爲元祐七年，今據禪林僧寶傳二五。

湖州東林禪慧智印　歸安吳氏。

宋元符元年卒，年六十九（一〇三〇—一〇九八）。元照撰行業録，芝園集上。

湖州吳山明表淨端　歸安丘氏。

宋崇寧二年卒，年七十四（一〇三〇—一一〇三）。語録附德洪撰傳，作年七十二，又附劉燾撰行業記，作年七十四，今從之。

仙巖東溪草堂處元　永嘉林氏。

宋宣和元年卒，年九十（一〇三〇—一一一九）。佛祖統紀十四無卒年，今據吕勤撰塔銘，仙巖山志四。

舒州投子山義青　青社李氏。

宋元豐六年卒，年五十二（一〇三二—一〇八三）。嘉泰録作元豐五年卒，年五十一，今據語録附行狀。明徐昌治編高僧摘要作梁乾化四年卒，蓋誤以投子大同爲投子義青也，大同見前卷五。

福州大中立誌　五燈全書二五作立志。

宋紹聖元年（一〇九四）卒。建中録十四。

東京大相國寺真如慕喆　撫州臨川聞氏。

宋紹聖二年（一〇九五）卒。建中録十四。

台州瑞巖子鴻　本州吳氏。

宋紹聖三年（一〇九六）卒。建中録十。

婺州雲黄山寶林寺果昌　安州時氏。

宋紹聖三年（一〇九六）卒。建中録二五。

天清智軫

宋紹聖三年（一〇九六）卒。張耒撰記，右史集四九。

潭州中峰山羅浮院希聲

宋紹聖四年（一〇九七）卒。建中録二二。

燕京大憫忠寺惟脤　鄚陰田陽魏氏。

遼壽昌四年（一〇九八）卒。幢記拓本，遼文存六。

雲居山佛印了元　饒州浮梁林氏。

宋紹聖五年卒，年六十七（一〇三二—一〇九八）。建中録無年歲，今據禪林僧寶傳二九。

温州都僧正持正靈玩　温州宋氏。

宋大觀元年卒，年七十六（一〇三二—一一〇七）。元照撰行業記，芝園集上。

安邑壽聖寺海印　安邑張氏。

宋政和五年卒，年八十四（一〇三二—一一一五）。蘇過撰塔銘，斜川集六。

南康軍清隱潛庵清源　豫章新建鄧氏。
宋建炎三年卒，年九十八（一〇三二—一一二九）。羅湖野録下作年九十六，今據嘉泰録四。
越州漁浦淨慧清沼　漁浦章氏。
宋紹聖二年卒，年六十三（一〇三三—一〇九五）。元照撰塔銘，芝園集上。
洪州泐潭山寶峰院應乾　袁州萍鄉彭氏。
宋紹聖三年卒，年六十三（一〇三四—一〇九六）。建中録十九。
夾山智本　筠州高安郭氏。
宋大觀元年卒，年七十三（一〇三五—一一〇七）。德洪撰塔銘，石門文字禪二九。
慈辯從諫　處州松陽毛氏。
宋大觀三年卒，年七十五（一〇三五—一一〇九）。佛祖統紀作大觀二年卒，無年歲，今據釋門正統六。
東京法雲大通善本　潁州董氏。
宋大觀三年卒，年七十五（一〇三五—一一〇九）。咸淳臨安志七十作大觀二年卒，今據僧寶傳二九及嘉泰録五。
黄檗道全　洛陽王氏。

宋元豐七年卒，年四十九（一〇三六—一〇八四）。蘇轍撰塔銘，欒城集二五。

保寧圓璣　福州林氏。

宋政和八年卒，年八十三（一〇三六—一一一八）。僧寶傳三十。

湖州報本慧元　潮陽倪氏。

宋元祐六年卒，年五十五（一〇三七—一〇九一）。建中録作元豐中卒，今據僧寶傳二九。

成都昭覺純白　梓州飛烏支氏。

宋紹聖中卒，年五十九。補續僧傳無年歲，今據續傳燈録十八。

唐州青臺鎮宗坦　襄陽黎城申氏。

宋政和四年卒，年七十六（一〇三九—一一一四）。補續僧傳三無年歲，今據蓮宗寶鑑四。

石經山雲居寺崇昱　安次李氏。

遼天慶四年卒，年七十六（一〇三九—一一一四）。塔記拓本，遼文存六。

南嶽石頭懷志　婺州金華吳氏。

宋崇寧二年卒，年六十四（一〇四〇—一一〇三）。補續僧傳作崇寧元年卒，年六十二，今據補僧寶傳及嘉泰録七。

安次縣正覺寺法性　河間邢氏。

遼乾統三年卒，年六十四（一〇四〇—一一〇三）。塔記拓本，遼文存六。

神智從義　永嘉平陽葉氏。

宋元祐六年卒，年五十（一〇四二—一〇九一）。佛祖統紀無年歲，今據釋門正統五。

筠州逍遥省聰　綿州鹽泉王氏。

宋紹聖三年卒，年五十五（一〇四二—一〇九六）。蘇轍撰塔碑，欒城後集二四。

芮城壽聖寺惠潤　太原平晉劉氏。

宋大觀四年卒，年六十九（一〇四二—一一一〇）。塔銘見山右石刻叢編十七。

寶勝寺玄樞　安次梁氏。

遼乾統十年卒，年六十九（一〇四二—一一一〇）。李檢撰遺行記拓本，遼文存四。

燕京永泰寺正慧　永清齊氏。

遼天慶六年卒，年七十五（一〇四二—一一一六）。塔記拓本，遼文存六。

西湖智果參寥道潛　於潛何氏。

宋崇寧元年（一一〇二）年六十（一〇四三—？）。參寥子集年歲不明，今據蘇過送參寥道人南歸叙，斜川集五。

方山昭化院觀政　太原平晉羅氏。

宋政和三年卒，年七十一（一〇四三—一一一三）。金石續編一七載宗悟撰行狀，「政」上字泐，今據歷代名人年譜。

隆興黄龍死心悟新　韶州曲江黄氏。補僧寶傳作王氏。

宋政和四年卒，年七十二（一〇四三—一一一四）。補僧寶傳、嘉泰録均作政和五年卒，年七十二，但嘉泰録云慶曆三年生，不相應。五燈全書三八作政和甲午卒，今從之。

東京天寧芙蓉道楷　沂州沂水崔氏。

宋政和八年卒，年七十六（一〇四三—一一一八）。僧寶傳十七，及王彬撰塔銘，湖北金石志十。

隆興兜率從悦　贛州熊氏。

宋元祐六年卒，年四十八（一〇四四—一〇九一）。嘉泰録七。

杭州祥符寺德藏擇瑛　桐江俞氏。

宋元符二年卒，年五十五（一〇四五—一〇九九）。佛祖統紀無年歲，今據釋門正統六，及元照撰塔銘，芝園集上。

圜明無演　天彭張氏。

宋元符三年卒，年五十六（一〇四五—一一〇〇）。黄庭堅撰塔銘，豫章集二四。

含雲寺慶真　順興大幹蕭氏。

宋建中靖國元年(一一〇一)卒。楊時撰真祠像記,龜山集二四。

五臺真容院慧悟　行唐李氏。

宋崇寧元年(一一〇二)卒。補續僧傳二。

隆興祐聖法宮　潮陽鄭氏。

宋崇寧三年(一一〇四)卒。嘉泰録四。

泗州龜山曉津　閩連江人。

宋崇寧三年(一一〇四)卒。嘉泰録六。

北溪化僧

宋崇寧五年(一一〇六)卒。補續僧傳二十。

甌寧擎天巖道悟　三山秦溪祖氏。

宋大觀元年(一一〇七)卒。建州弘釋録下。

車溪擇卿　天台人。

宋大觀二年(一一〇八)卒。佛祖統紀十四。

燕京駐蹕寺奉航　涿水新城李氏。

遼乾統八年(一一〇八)卒。善堅撰塔記拓本,遼文存六。

東京慧林佛陀德遜　福州侯官楊氏。

宋大觀中卒。續傳燈録十六。

須城大谷山文政　須城令狐氏。

宋政和三年卒，年六十九（一〇四五—一一一三）。劉跂撰碑，學易集六。

明州延慶明智中立　鄞陳氏。

宋政和四年卒，年六十九（一〇四六—一一一四）。佛祖統紀作政和五年卒，無年歲，今據晁説之撰碑銘，景迂生集二十。

江州圓通圓機道旻　興化仙游蔡氏。

宋政和四年卒，年六十八（一〇四七—一一一四）。江西通志引圓通紀勝作政和三年卒，今據嘉泰録十。

潭州道林了一　四明戚氏。

宋政和四年（一一一四）卒。嘉泰録七。

知足智華　開封人。

宋政和中卒。嘉泰録二四。

法寶從雅　錢塘人。

宋政和五年（一一一五）卒。佛祖統紀十一。

大智希覺

宋政和五年（一一一五）卒。李彌遜撰塔銘，筠谿集二四。

宣州昭亭山廣教寺守訥　吳鄭氏。

宋宣和四年卒，年七十六（一〇四七—一一二二）。李彌遜撰塔銘，筠谿集二四。

錢塘靈芝寺湛然元照　餘杭唐氏。

宋政和六年卒，年六十九（一〇四八—一一一六）。宗統編年作政和七年卒，今據釋門正統八及何澹撰靈芝崇福寺記，咸淳臨安志七九。

紹興象田梵卿　嘉興華亭錢氏。

宋政和六年（一一一六）卒。嘉泰録六。

襄州鹿門自覺　青州王氏。宗統編年姓氏、生里，及名上字均闕。

宋政和七年（一一一七）卒。佛祖道影三據青州辨撰塔銘。指月録作政和五年卒，宗統編年作淳熙四年卒，均未爲定論也。

懺主法宗　錢塘顔氏。

宋政和七年（一一一七）卒。佛祖統紀十三。

隆興黄龍佛壽惟清　南州武寧陳氏。
宋政和七年（一一一七）卒。嘉泰録六。
覺印子英　錢塘懷氏。
宋政和七年（一一一七）卒。虎丘山志九引何安中撰塔銘。
淨住思照　錢塘陽氏。
宋宣和元年（一一一九）卒。佛祖統紀十四。
徑山無畏維琳　武康沈氏。
宋宣和元年（一一一九）卒。補續僧傳十八、宋詩紀事九一。
隆興九仙齊輔　蜀閬苑陳氏。
宋宣和二年（一一二〇）卒。嘉泰録七。
温州靈巖德宗　會稽李氏。
宋宣和三年（一一二一）卒。嘉泰録十二。
白雲清覺　洛京登封孔氏。
宋宣和三年（一一二一）卒。補續僧傳二三。
花藥進英　吉州太和羅氏。

宋宣和四年(一一二二)卒。僧寶正續傳二,及德洪代孫承之撰行狀,石門文字禪三十。

慶元天童普交　本郡萬齡畢氏。嘉泰録作普文。

宋宣和六年卒,年七十七(一〇四八—一一二四)。黄龜年撰塔銘,乾道四明圖經十一。

泉州尊勝有朋　本郡南安蔣氏。

宋宣和六年(一一二四)卒。嘉泰録六。

慶元二靈知和　蘇臺玉峰張氏。

宋宣和七年(一一二五)卒。嘉泰録十。

兜率惠照　南安郭氏。

宋宣和元年卒,年七十一(一〇四九—一一一九)。僧寶正續傳一。

廬山承天羅漢院系南　汀州長汀張氏。

宋紹聖元年卒,年四十五(一〇五〇—一〇九四)。李之儀撰塔銘,姑溪居士後集十四。

高陽軍志延　淶水高氏。

遼乾統八年卒,年五十九(一〇五〇—一一〇八)。經幢記拓本,遼文存六。

盤山普濟寺嚴慧等偉　析津李氏。

遼乾統七年卒,年五十七(一〇五一—一一〇七)。新續僧傳二七,及南抃撰塔記拓本,盤山志二、遼文存三。

慶元大梅祖鏡法英　本郡鄞縣張氏。

宋紹興初卒，年八十餘。嘉泰録五。

潭州開福寺道寧　歙州汪氏。

宋政和三年卒，年六十一(一〇五三—一一一三)。嘉泰録十一無年歲，今據僧寶正續傳二。

推清　胥氏。原作「故和尚推清，諱胥氏，姓癸巳，享壽七十歲」云云。疑「姓」爲「生」之譌。

宋宣和四年卒，年七十(一〇五三—一一二二)。塔記見金石補正百十一。

鄧州招提元易　潼川銅山税氏。

宋紹興七年丁巳卒，年八十五(一〇五三—一一三七)。五燈會元作紹興丁丑卒，丁丑爲紹興二十七年，今據嘉泰録五。

湖州普靜寺元益　吴江楊氏。

宋政和二年卒，年五十九(一〇五四—一一一二)。葛勝仲撰觀音閣銘，丹陽集九。

義井寺崇遠　京兆萬年荆氏。

宋靖康元年卒，年七十三(一〇五四—一一二六)。普明撰塔銘，金石續編二十。

清辯藴齊　錢塘周氏。

宋建炎四年卒，年七十七（一〇五四—一一三〇）。佛祖統紀無年歲，今據釋門正統六。

印宗謡詵

宋政和七年卒，年六十三（一〇五五—一一一七）。仙巖山志五。

法鑑若愚　海鹽馬氏。

宋靖康元年卒，年七十二（一〇五五—一一二六）。釋門正統五無年歲，今據新續僧傳四二。

一相宗利　會稽高氏。

宋紹興十四年卒，年九十（一〇五五—一一四四）。法華經持驗記作建炎末卒，今據佛祖統紀十四。

建州景福院惟潔

宋紹聖四年卒，年四十二（一〇五六—一〇九七）。建中録二十。

平江穹隆智圓　本郡沈氏。

宋宣和六年卒，年六十九（一〇五六—一一二四）。嘉泰録四。

西京天寧禧誧　蔡州西平宋氏。

宋政和五年卒，年五十九（一〇五七—一一一五）。五燈會元十四無年歲，今據嘉泰録五。

高郵乾明禪院寶月　揚州天長顔氏。

宋政和七年卒，年六十一（一〇五七—一一一七）。晁説之撰塔銘，景迂生集二十。

真州長蘆祖照道和　興化仙游潘氏。

宋宣和六年卒，年六十八(一〇五七—一一二四)。嘉泰録八。

隆興泐潭草堂善清　南雄保昌何氏。

宋紹興十二年卒，年八十六(一〇五七—一一四二)。嘉泰録六。

戒壇悟敏　臨潰孫氏。

金皇統元年卒，年八十五(一〇五七—一一四一)。補續僧傳十七。

隨州大洪報恩　衛州黎陽劉氏。

宋政和元年卒，年五十四(一〇五八—一一一一)。五燈會元十四無卒年，今據補續僧傳九，及范域撰塔銘，湖北金石志十。

嶽麓智海　吉州太和萬氏。

宋宣和元年卒，年六十二(一〇五八—一一一九)。補續僧傳二二，及德洪撰塔銘，石門文字禪二九。

東京智海普融道平　仙都許氏。

宋建炎元年(一一二七)卒。嘉泰録八。

常德文殊心道　眉州丹稜徐氏。心道，補續僧傳作正導。

宋建炎三年卒，年七十二(一〇五八—一一二九)。嘉泰録十六作閏三月卒，按，建炎三年實閏八月。

空相思恭　烏程人。

宋建炎三年卒，年七十二（一〇五八—一一二九）。佛祖統紀作建炎元年卒，無年歲，今據釋門正統六。

潛潤處嚴　温州樂清賈氏。

宋政和二年卒，年五十四（一〇五九—一一一二）。王十朋撰塔銘，梅溪前集二十。

永泰寺清睿　永清賈氏。

遼天慶三年卒，年五十五（一〇五九—一一一三）。恒劬撰經幢記拓本，遼文存六。

舒州太平佛鑑惠懃　懷寧汪氏。一作慧懃。

宋政和七年卒，年五十九（一〇五九—一一一七）。嘉泰録十一無年歲，據卷十六守珣傳，守珣每曰：「先師只年五十九。」以是知之。

衢州龍華院脩意　開化魏氏。

宋紹興八年卒，年七十九（一〇六〇—一一三八）。程俱撰塔銘，北山集三三。

萬寧上方山禪悦　昌平鄭氏。

金正隆元年丙子卒，年九十七（一〇六〇—一一五六）。新續僧傳四二作正隆丙辰九月甲子卒，正隆無丙辰，惟元年丙子九月有甲子，今改。上方山志藝文類載塔記，正作丙子。惟碑碣類仍作丙辰，且謂撰者爲文華殿大學士馮某，夫金安得有文華殿大學士之稱哉！

隆興溈潭湛堂文準　興元唐固梁氏。

宋政和五年卒，年五十五（一〇六一—一一一五）。嘉泰録七，及德洪撰行狀，石門文字禪三十。

法雲宗敏　當湖魯氏。

宋紹興七年卒，年七十七（一〇六一—一一三七）。佛祖統紀作紹聖七年卒，紹聖無七年，今據釋門正統六。

襄陽白馬寺諒元　福州福清董氏。

宋宣和七年卒，年六十四（一〇六二—一一二五）。胡寅撰塔銘，斐然集二六。

隆興溈潭景祥　建昌南城傅氏。

宋紹興二年卒，年七十一（一〇六二—一一三二）。嘉泰録八無年歲，今據僧寶正續傳四。

東京天寧佛果克勤　彭州崇寧駱氏。

宋紹興五年八月卒，年七十三（一〇六三—一一三五）。嘉泰録十一，及孫覿撰圓悟禪師傳，鴻慶集四二。建炎以來繫年要録於紹興六年四月乙卯條下，書云：「圓悟禪師克勤卒，賜謚正覺禪師。」蓋五年卒，六年賜謚也。

鄧州丹霞德淳　劍州梓潼賈氏。

宋政和七年卒，年五十四（一〇六四—一一一七）。嘉泰録五作子淳，宣和己亥卒，無年歲，五燈會元因之，今據韓韶撰塔銘，湖北金石志十。又，湖北通志仙釋傳作政和七年卒，云本五燈會元，會元實作宣和己亥也。

真定龍興通照守千　稾城賈氏。

金天會五年卒，年六十四（一〇六四—一一二七）。元贍思撰碑，常山貞石志二二。

延慶院圓照梵光　奉化楊氏。

宋紹興十三年卒，年八十（一〇六四—一一四三）。釋門正統六，及何涇撰塔銘，乾道四明圖經十一。

東京天寧長靈守卓　泉南莊氏。

宋宣和五年卒，年五十九（一〇六五—一一二三）。語録及續古尊宿語要均作宣和六年卒，今據語録附介諶撰行狀及嘉泰録十，蓋卒於五年十二月，塔於六年正月也。

鄧州香嚴倚松如璧　撫州臨川饒氏。

宋建炎三年卒，年六十五（一〇六五—一一二九）。嘉泰録十二。

台州寶藏嵓惟德　温州瑞安潘氏。

宋建炎四年卒，年六十六（一〇六五—一一三〇）。王以寧撰塔銘，台州金石録六。

彭州大隨南堂元靜　閬州玉山趙氏。

宋紹興五年卒，年七十一（一〇六五—一一三五）。嘉泰録十一。

和州褒山佛眼清遠　蜀臨邛李氏。

宋宣和二年卒，年五十四（一〇六七—一一二〇）。嘉泰録十一作宣和初卒，今據語録附李彌遜撰塔銘，並見筠溪集二四。

潭州龍牙嘛嚧智才　龍舒施氏。

宋紹興八年卒，年七十二（一〇六七—一一三八）。嘉泰録十六。

法照中皎　慈溪張氏。

宋紹興十五年卒，年七十九（一〇六七—一一四五）。佛祖統紀無年歲，今據釋門正統七。

巴川宣密院顯嵩　重慶銅梁李氏。

宋紹興中卒，年八十。錦江禪燈二十。

浙東姜山可久惠通　會稽新昌王氏。

宋紹興五年卒，年六十八（一〇六八—一一三五）。李光撰塔銘，莊簡集十八。

北關妙行思淨　錢塘喻氏。

宋紹興七年卒，年七十（一〇六八—一一三七）。釋門正統七作紹興十年卒，無年歲，今據張九成撰塔銘，淳祐臨安志輯逸六。

法輪應端　南昌余氏。

宋建炎三年卒，年六十一（一〇六九—一一二九）。僧寶正續傳三。

澄照覺先　慈溪陳氏。

宋紹興十六年卒，年七十八(一〇六九—一一四六)。佛祖統紀無年歲，今據釋門正統七。

焦山普證法成　秀州嘉興潘氏。

宋建炎二年卒，年五十八(一〇七一—一一二八)。程俱撰塔銘，北山集三二。

釋氏疑年録卷八

筠州清涼覺範德洪　先名慧洪，新昌喻氏。佛祖通載作俞氏，嘉泰録作彭氏，而云續僧寶傳誤作喻，今據石門文字禪二四寂音自序。

宋建炎二年卒，年五十八（一〇七一——一一二八）。僧寶正續傳二。

北禪淨梵　嘉禾笪氏。法華持驗記作竺氏。

宋建炎二年（一一二八）卒。佛祖統紀、聖果寺志作建炎元年卒，今據釋門正統六。

慧覺齊璧　湖州莫氏。統紀作齊玉，云避諱改齊璧。

宋建炎三年卒，年五十九（一〇七一——一一二九）。佛祖統紀作建炎元年卒，無年歲，今據釋門正統六。

龍潭寺昭祥善億　雒陽登封張氏。

宋建炎三年卒，年五十九（一〇七一——一一二九）。寶安撰幢銘拓本，金文最五六。

虚堂本空　四明奉化人。

宋紹興三年（一一三三）卒。佛祖統紀十六。

明州奉化廣濟法和　江氏。

宋紹興四年（一一三四）卒。法華經顯應録下。

嘉州九頂清素　本郡郭氏。

宋紹興五年（一一三五）卒。嘉泰録十一。

常州報恩寶月覺然　越嵊縣鄭氏。

宋紹興六年（一一三六）卒。嘉泰録九。

舒州真乘靈峰慧古　宿松項氏。

宋紹興六年（一一三六）卒。嘉泰録十。

温州護國寄堂景新　温州樂清陳氏。

宋紹興九年（一一三九）卒。嘉泰録六。

假名如湛　永嘉焦氏。法華顯應録作惟湛。

宋紹興十年（一一四〇）卒。釋門正統七。

建寧開善木庵道瓊　信州上饒人。續傳燈録作道璚。

宋紹興十年（一一四〇）卒。嘉泰録十二。

長清靈巖寺妙空淨如　福州侯官陳氏。

金皇統元年（一一四一）卒。塔銘拓本，金文最五五。

嘉興華亭性空妙普　漢州人。
宋紹興十二年卒，年七十二（一〇七一——一一四二）。新續僧傳三九作年六十餘，佛祖綱目作年七十七，今據嘉泰録十。
咸平大覺寺法慶
金皇統三年卒，年七十三（一〇七一——一一四三）。補續僧傳二十。
泉州舟峰慶老
宋紹興十三年（一一四三）卒。雲卧紀談上。
平江寶華佛慈普鑑　本郡周氏。
宋紹興十四年（一一四四）卒。嘉泰録七。
上京大儲慶寺海慧
金皇統五年（一一四五）卒。明僧傳一。
福州雪峰妙湛思慧　錢塘俞氏。
宋紹興十五年卒，年七十五（一〇七一——一一四五）。嘉泰録八。
台州萬年無著道閑　本郡黄巖洪氏。
宋紹興十七年（一一四七）卒。嘉泰録二十。

潭州上封佛心才　閩長溪姚氏。
宋紹興中卒。嘉泰録十。
南劍州西巖宗回　雙溪人。
宋紹興十九年（一一四九）卒。嘉泰録十七。
汝州香山觀音院慈照　成都靈泉人。
金天德四年（一一五二）卒。鄭子聃撰塔銘，金文最五五引寶豐縣志。
建陽如是庵存真　甌寧水吉暨氏。
宋紹興二十二年（一一五二）卒。建州弘釋録下。
慶元雪竇聞庵嗣宗　徽城陳氏。
宋紹興二十三年（一一五三）卒。嘉泰録十三。
潭州道林淵
宋紹興二十三年（一一五三）卒。嘉泰録二一。
温州光孝德遇　信州上饒璩氏。
宋紹興二十四年（一一五四）卒。嘉泰録十。
平江西山明因曇玩　温州樂清黄氏。

宋紹興二十四年(一一五四)卒。嘉泰録十四。

子平悟銖　臨潢何氏。

金貞元二年(一一五四)卒。補續僧傳十七。

泉州教忠晦庵彌光　閩長樂李氏。

宋紹興二十五年(一一五五)卒。嘉泰録十八。

明州鄞水慧燈院道純　王氏。

宋紹興二十七年卒,年八十七(一〇七一—一一五七)。法華經顯應録下。

隨州大洪山淨嚴守遂　遂寧章氏。

宋紹興十七年卒,年七十六(一〇七二—一一四七)。補續僧傳九作淨慈守遂,無年歲,今據馮檝撰塔銘,湖北金石志十一,名上一字泐,志作宗邃,蓋因慶顯塔銘有宗邃之名而誤。宗邃,慶顯弟子,守遂徒孫也。

禾山惠方　臨江龔氏。

宋建炎三年卒,年五十七(一〇七三—一一二九)。僧寶正續傳三。

黄龍德逢　豫章靖安胡氏。

宋建炎四年卒,年五十八(一〇七三—一一三〇)。僧寶正續傳三。

遂寧西禪文璉　本郡長江張氏。

宋紹興十四年卒，年七十二（一〇七三—一一四四）。嘉泰録十六。

成都大智齊璉　潼川中江牟氏。

宋紹興十五年卒，年七十三（一〇七三—一一四五）。續傳燈録十二。

雲居善悟　洋州興道李氏。

宋紹興二年卒，年五十九（一〇七四—一一三二）。僧寶正續傳四。

臨安薦福寺惟尚　鹽官曹氏。

宋紹興十年卒，年六十七（一〇七四—一一四〇）。張九成撰塔記，咸淳臨安志八五。

明因院辯才德誠　乾州武功田氏。

金天德二年卒，年七十七（一〇七四—一一五〇）。師偉撰塔銘，金石續編二十。

嘉州龍遊大悲院紹宗　王氏。

宋紹興二十八年卒，年八十五（一〇七四—一一五八）。史堯弼撰塔銘，蓮峰集十。

襄州鹿門傳炤法燈　成都華陽王氏。

宋靖康二年卒，年五十三（一〇七五—一一二七）。五燈會元作劉氏，今據德洪撰塔銘，石門文字禪

二九。碑在襄陽，同治間出土。

建寧萬壽惠素　本郡浦城黄氏。

宋紹興二十三年卒，年七十九（一〇七五—一一五三）。嘉泰録十二。

證悟圓智　天台林氏。

宋紹興二十八年（一一五八）卒。釋門正統七。

紹興天衣如哲

宋紹興三十年（一一六〇）卒。嘉泰録九。

撫州白楊法順　綿州魏城文氏。

宋紹興九年卒，年六十四（一〇七六—一一三九）。嘉泰録十六。

平潭壽聖寺善瑩　平定李氏。

金貞元三年卒，年八十（一〇七六—一一五五）。山西通志一六一。

東京慧林慈受懷深　壽春六安夏氏。

宋紹興二年卒，年五十六（一〇七七—一一三二）。嘉泰録九。

平江虎丘紹隆　和州含山人。

宋紹興六年卒，年六十（一〇七七—一一三六）。嘉泰録十四作年八十五，今據語録附徐林撰塔銘。

又，圓至有修虎丘塔頌序，見牧潛集四，即隆禪師塔，四庫提要謂圓至有修隆禪師塔記，不見集中，蓋誤以「修隆」爲另一禪師之名，而不知修者修理也。

智涌了然　臨海薛氏。
宋紹興十一年卒，年六十五(一〇七七—一一四一)。佛祖統紀無年歲，今據釋門正統七。
湖州道場無傳居慧　本郡吴氏。
宋紹興二十一年卒，年七十五(一〇七七—一一五一)。嘉泰録十三。
隨州大洪山慧炤慶預　京山胡氏。
宋紹興十年卒，年六十三(一〇七八—一一四〇)。五燈會元十四、補續僧傳二四卒年不明，今據榮嶷撰塔銘，湖北金石志十一。
徑山妙空佛海智訥　秀州崇德夏氏。
宋紹興二十七年卒，年八十(一〇七八—一一五七)。補續僧傳十一，及孫覿撰塔銘，鴻慶集三二。
湖州何山佛燈守珣　本郡安吉施氏。南宋元明僧寶傳誤作「吉安」。
宋紹興四年卒，年五十六(一〇七九—一一三四)。嘉泰録十六。
嘉州九頂寂惺慧泉　成都靈泉張氏。
宋紹興十五年卒，年六十七(一〇七九—一一四五)。嘉泰録十。
潭州大潙月庵善果　信州鉛山余氏。
宋紹興二十二年卒，年七十四(一〇七九—一一五二)。嘉泰録十七。

少林寺西堂法和 許州韓城李氏。

金正隆二年卒，年七十九（一〇七九—一一五七）。牛本寂撰塔銘，金石補正一二四。

黄龍道震 金陵趙氏。

宋紹興三十一年卒，年八十三（一〇七九—一一六一）。僧寶正續傳六。

江州圓通真際德止 歷陽徐氏。

宋紹興五年乙卯卒，年五十六（一〇八〇—一一三五）。嘉泰録九作紹興乙亥卒，乙亥紹興二十五年，今據南宋元明僧寶傳一。

雲居法如 台州臨海胡氏。

宋紹興十六年卒，年六十七（一〇八〇—一一四六）。僧寶正續傳五。

慶元育王無示分諶 温州永嘉張氏。

宋紹興十八年卒，年六十九（一〇八〇—一一四八）。嘉泰録十三。

平陰陶山幽棲寺廣初 濮州范縣張氏。

金正隆四年卒，年八十（一〇八〇—一一五九）。郭好問撰塔銘，金石補正一二四。

翁同山院圓覆 燕都渤海李氏。

金大定四年甲申卒，年八十五（一〇八〇—一一六四）。孫設撰塔記，盤山志二。志頗有誤字，如云

「大會中予告歸里」，大會當作天會，「乾統二年具戒」，乾統當作皇統，「皇統後二十餘載卒」，當爲大定四年甲申，而云「大定甲午」，甲午大定十四年，而碑立於大定九年，故知甲午爲誤也。

青州普照寺希辯　洪州黄氏。五燈全書、宗統編年作一辨，金文最五六載翟炳撰靈巖寶塔銘作希辯，智朴電光録亦作希辯。

金皇統九年卒，年六十九（一〇八一—一一四九）。宗統編年作宋淳熙十二年卒，盤山志二載圓照撰行通塔記，作皇統中卒，今據佛祖道影三。

華亭昭慶寺法寧　密州莒縣李氏。

宋紹興二十六年卒，年七十六（一〇八一—一一五六）。明僧傳一。

真定定林院通法　獲鹿米氏。通法係賜號，名闕。

金天眷三年卒，年五十九（一〇八二—一一四〇）。王瑄撰塔銘拓本，金石補正一二三、常山貞石志十二。

温州龍翔竹庵士珪　成都史氏。

宋紹興十六年卒，年六十四（一〇八三—一一四六）。嘉泰録十六。

温州本寂靈光文觀　本郡瑞安葉氏。

宋淳熙五年卒，年九十六（一〇八三—一一七八）。嘉泰録十三。

隆興泐潭惟照　簡州陽安李氏。

宋建炎二年卒，年四十五（一〇八四—一一二八）。嘉泰録五。

普州樂至子宜

宋紹興十年卒，年五十七（一〇八四—一一四〇）。塔記見金石補正百十二。

隆興黄龍牧庵法忠　四明姚氏。

宋紹興十九年卒，年六十六（一〇八四—一一四九）。嘉泰録作年六十，今據佛祖通載三十。

長蘆貫道法一　開封祥符李氏。

宋紹興二十八年卒，年七十五（一〇八四—一一五八）。孫覿撰塔銘，鴻慶集三二，原作紹興某年卒，今以「大觀元年得度，僧臘五十二」推之，與嘉泰録合。補續僧傳、明僧傳於紹興七年後删去二十八年一節，卒年不明。

雲居真牧正賢　潼川郪縣陳氏。

宋紹興二十九年卒，年七十六（一〇八四—一一五九）。僧寶正續傳五。

鄧州丹霞蓬庵端裕　吴越王裔。

宋紹興二十年卒，年六十六（一〇八五—一一五〇）。佛祖通載作紹興十八年卒，今據嘉泰録十四及寶慶會稽志六。

妙德禪院善浦　京兆城東馮氏，馮道六世孫。

金天德二年卒，年六十六（一〇八五—一一五〇）。塔記見金石萃編一五四。

湖州道場正堂明辯　本郡俞氏。

宋紹興二十七年卒，年七十三（一〇八五—一一五七）。嘉泰録十六。

濟南靈巖寺定光道詢　揚州天長義城周氏。

金皇統二年卒，年五十七（一〇八六—一一四二）。新續僧傳十六，及李魯撰塔銘，泰山志十七。

寶覺永道　西京順昌毛氏。朝省旌其護法，劄改法道，宗統編年誤作「道永」。

宋紹興十七年卒，年六十二（一〇八六—一一四七）。釋門正統八無年歲，今據佛祖通載二九。

圓辯道琛　樂清彭氏。

宋紹興二十三年卒，年六十八（一〇八六—一一五三）。新續僧傳四二作紹興三十三年卒，無年歲，今據釋門正統七。

鎮陽龍興寺智和　祁州劉氏。

金大定三年卒，年七十八（一〇八六—一一六三）。法通撰經幢銘，常山貞石志十四。

寶勝寺玄照　隴西李氏。

遼乾統六年卒，年二十（一〇八七—一一〇六）。志恒撰行記拓本，遼文存四。

眉州中巖華嚴祖覺　嘉州龍游楊氏。

宋紹興二十年卒，年六十四（一〇八七—一一五〇）。嘉泰録十四。

真定開化寺文海　元氏何氏。

金天德四年卒，年六十五（一〇八八—一一五二）。塔銘見常山貞石志十三。

蘇州景德寺法雲　長洲戈氏。

宋紹興二十八年卒，年七十一（一〇八八—一一五八）。翻譯名義集附普洽撰行業記。

延慶覺雲智連　鄞杜氏。攻媿集作志連。

宋隆興元年卒，年七十六（一〇八八—一一六三）。佛祖統紀無年歲，今據釋門正統七，及樓鑰撰塔銘，攻媿集百一十。

衢州烏巨雪堂道行　括蒼葉氏。

宋紹興二十一年卒，年六十三（一〇八九—一一五一）。嘉泰録十六。

徑山大慧普覺宗杲　宣城奚氏。

宋隆興元年癸未卒，年七十五（一〇八九—一一六三）。明僧傳作紹興三十一年辛巳卒，新續僧傳因之。今據大慧年譜及嘉泰録十五、張浚撰塔銘，見淳祐臨安志輯逸七，與雲卧紀談「大觀元年丁亥年十九」之説合。

牧庵有明　金華人。統紀作有朋。

宋乾道四年卒，年八十（一〇八九—一一六八）。佛祖統紀無年歲，今據釋門正統七。

淨慈佛行月堂道昌　霅吳氏。

宋乾道七年辛卯卒，年八十三（一〇八九—一一七一）。雲林寺志三作年八十二，今據嘉泰録十二。

真州長蘆真歇清了　左綿安昌雍氏。

宋紹興二十一年卒，年六十二（一〇九〇—一一五一）。宗統編年作紹興二十三年卒，南宋元明僧寶傳作二十二年卒，年六十二，嘉泰録作二十一年卒，年六十四，語録附正覺撰塔銘作二十一年卒，不著年歲，但云：「十一歲出家，更七年得度，爲僧四十五夏。」今卒年據塔銘，年歲據僧寶傳。

興國軍大死翁景深　台州仙居王氏。

宋紹興二十二年卒，年六十三（一〇九〇—一一五二）。嘉泰録九。

草庵道因　鄞薛氏。

宋乾道三年卒，年七十八（一〇九〇—一一六七）。佛祖統紀無年歲，今據釋門正統六。

臨安法慧無竭淨曇　嘉興崇德人。

宋紹興十六年卒，年五十六（一〇九一—一一四六）。宗統編年作紹興十五年卒，今據嘉泰録七。

延恩寺元偉　建溪陳氏。松江府志作元瑋。

宋紹興二十五年卒，年六十五（一〇九一—一一五五）。劉百福撰行業記，至元嘉禾志二十。

天童宏智正覺　隰州隰川李氏。

宋紹興二十七年丁丑卒，年六十七（一〇九一—一一五七）。兩浙金石志載周葵撰塔銘，作辛丑卒，紹興無辛丑；金石補正載周葵撰塔銘，作乙丑卒，乙丑爲紹興十五年。今據語録附周葵撰塔銘及王伯庠撰行業記。

天童大休宗珏　和州烏江孫氏。

宋紹興三十二年卒，年七十二（一〇九一—一一六二）。宗統編年作乾道四年卒，今據樓鑰撰塔銘，攻媿集百一十。

真定華嚴寺通鑒能　鹿泉趙氏。

金大定十六年卒，年八十六（一〇九一—一一七六）。善慶撰塔銘，常山貞石志十五。

圓空智宗　金州李氏。

遼天禧二年卒，年八十九（一〇九一—一一七九）。崔沖撰塔碑拓本，遼文存三。

福州西禪懶庵鼎需　長樂林氏。

宋紹興二十三年卒，年六十二（一〇九二—一一五三）。嘉泰録十八。

徑山炤堂了一　奉化徐氏。

宋紹興二十五年卒，年六十四（一〇九二—一一五五）。補續僧傳十一，及孫覿撰塔銘，鴻慶集三二。

潭州福嚴文演　成都新繁楊氏。僧寶正續傳作新都人。

宋紹興二十六年卒，年六十五（一〇九二—一一五六）。嘉泰録十四。

竹庵可觀　華亭戚氏。

宋淳熙九年卒，年九十一（一〇九二—一一八二）。釋門正統七。

台州護國此庵景元　永嘉楠溪張氏。

宋紹興十六年丙寅卒，年五十三（一〇九四—一一四六）。南宋元明僧寶傳作紹興二十七年丁丑卒，今據嘉泰録十五。

江州東林卍庵道顏　潼川飛烏鮮于氏。

宋隆興二年卒，年七十一（一〇九四—一一六四）。嘉泰録十八。

嘉州德山靖素　漢嘉李氏。

宋乾道元年卒，年七十二（一〇九四—一一六五）。員興宗撰塔銘，九華集二十。

嘉州天王院紹祖　龍游楊氏。

宋乾道四年卒，年七十五（一〇九四—一一六八）。陸游撰塔銘，渭南集四十。

菁山普明寺觀　閩人。

宋淳熙五年（一一七八）後卒，年八十六。黄溍撰普明寺記，金華集十一。

福州雪峰東山慧空　福州陳氏。

宋紹興二十八年卒，年六十三（一〇九六—一一五八）。嘉泰録十。

南康軍雲居頑庵得昇　蜀廣漢何氏。

宋乾道五年卒，年七十四（一〇九六—一一六九）。嘉泰録二十。

荆州軍玉泉窮谷宗璉　合郡雲門董氏。

宋紹興三十年卒，年六十四（一〇九七—一一六〇）。嘉泰録二一。

甘泉普濟寺行通　雲中天德張氏。

金大定五年卒，年六十九（一〇九七—一一六五）。圓照撰塔記，盤山志二。

臨安淨慈自得慧暉　上虞張氏。語録附塔銘，題紹興二十九年石窗洪恭撰，洪恭當是法恭。云：「師金州安城王氏，七十歲遷化。」與此大殊，今不取。

宋淳熙十年卒，年八十七（一〇九七—一一八三）。補續僧傳作淳熙七年卒，今據嘉泰録十三。

寒巖道升　建寧建安吳氏。

宋淳熙三年卒，年七十九（一〇九八—一一七六）。周必大撰塔銘，省齋文稿四十。

燕京左街淨垢寺法律　薊州安固張氏。

金大定六年卒，年六十八（一〇九九—一一六六）。新續僧傳二七，及沙成之撰塔銘，盤山志二。

建康高座寺慧新　南京楚丘曹氏。

宋紹興十七年卒，年四十八（一一〇〇—一一四七）。法永撰塔銘，江寧金石記五。

清修法久　餘姚邵氏。法華顯應録作鄭氏。

宋紹興十九年卒，年五十（一一〇〇—一一四九）。釋門正統七。

建寧竹原宗元　建陽連氏。

宋淳熙三年卒，年七十七（一一〇〇—一一七六）。嘉泰録十八。

隨州大洪山明悟慶顯　蜀廣安王氏。

宋淳熙初卒，年七十八。張淵撰塔銘，湖北金石志十二，卒年不明，石立於淳熙九年，而云「宗邃求銘於余凡二年」，則其卒當在淳熙七年以前也。

瑞巖石牕法恭　奉化林氏。

宋淳熙八年卒，年八十（一一〇二—一一八一）。樓鑰撰塔銘，攻媿集百一十。

慶元天童應庵曇華　黄梅江氏。新續僧傳作汪氏，誤。

宋隆興元年卒，年六十一（一一〇三—一一六三）。嘉泰録十九及語録附李浩撰塔銘。

澤山與咸　黄巖章氏。上天竺寺志五作興咸，補續僧傳作張氏。

宋隆興元年（一一六三）卒。釋門正統七。

隸州三學院吽哈囉悉利　北印度人。
金大定五年卒，年六十三（一一〇三—一一六五）。補續僧傳一。
杭州徑山大禪了明　秀州陸氏。
宋乾道元年（一一六五）卒。五燈會元補遺一，卒年據有才傳。
齊東鎮行香院孝協
金大定六年（一一六六）卒。吳格撰行香院碑拓本，金文最三五。
贛州慶雲文爾　福州長溪李氏。
宋乾道二年卒，年六十四（一一〇三—一一六六）。補續僧傳十一作年四十六，今據周必大撰塔銘，省齋文稿四十。
白蓮慈照子元　平江崑山茅氏。
宋乾道二年（一一六六）後卒。蓮宗寶鑑四。
竹筒德朋　鹽官顧氏。
宋乾道三年（一一六七）卒。補續僧傳九。
圓通思梵　杭州臨平湛氏。
宋乾道四年（一一六八）卒。釋門正統七。

臨安五雲悟　苕溪人。

宋乾道四年(一一六八)卒。嘉泰録十七。

盤山雙峰寺廣温　高安韓氏。

金大定八年(一一六八)卒。盤山志二。

九座山太平惟訥　福州閩清葛氏。

宋乾道九年卒,年七十一(一一〇三——一一七三)。周必大撰塔銘,省齋文稿四十。

福州鼓山木庵安永　閩縣吳氏。

宋乾道九年(一一七三)卒。續燈正統十。

湖州何山然　姑蘇人。

宋淳熙初卒。嘉泰録二一。

臨安靈隱佛海慧遠　眉州眉山彭氏。

宋淳熙三年卒,年七十四(一一〇三——一一七六)。雲林寺志五載周必大撰塔銘,作淳熙三年之明年卒,而謂三年閏九月,實誤,閏九月者,淳熙二年也。今據省齋文稿四十及嘉泰録十五。

臨安靈隱道樞　吳興四安徐氏。

宋淳熙三年丙申(一一七六)卒。靈隱寺志三作淳熙八年丙申卒,今據五燈會元十八。

會稽靈祕院海淨智性　山陰蔡氏。
宋紹熙三年卒，年九十（一一〇三—一一九二）。陸游撰塔銘，渭南集四十。
獲鹿靈巖院琛　定州王氏。寰宇訪碑録作靈泉院染。
金大定十三年卒，年七十（一一〇四—一一七三）。金石補正一二三，常山貞石志十四。
潭柘圓性　順州懷柔侯氏。新續僧傳三六作開性。
金大定十五年卒，年七十二（一一〇四—一一七五）。補續僧傳十二。
盤山感化寺知玲　雲中范氏。
金大定十七年（一一七七）卒。盤山志二。
峽石山福嚴院福潮　晉邑陳氏。
金皇統元年卒，年三十七（一一〇五—一一四一）。寶寂撰塔銘，山右石刻叢編十九，年歲已泐，今以銘中「宣和元年，歲登十五」推之。
雪竇足庵智鑒　滁州全椒吳氏。
宋紹熙三年卒，年八十八（一一〇五—一一九二）。宗統編年作乾道七年卒，今據補續僧傳十及樓鑰撰塔銘，攻媿集百一十。
泉州法石中庵慧空　贛城贛縣蔡氏。

宋淳熙元年卒，年六十九（一一〇六—一一七四）。嘉泰録二一。

臨安淨慈水庵師一 婺州東陽馬氏。

宋淳熙三年卒，年七十（一一〇七—一一七六）。續補僧傳作淳熙五年卒，五燈全書四六作淳熙六年卒，今據嘉泰録十九。

温州靈峰㑳堂中仁 洛陽人。南宋元明僧寶傳作守仁。

宋淳熙六年己亥（一一七九）卒。嘉泰録於淳熙甲午後云癸亥中卒，淳熙無癸亥，宗統編年作嘉泰三年癸亥，今據續燈正統二。

常州華藏伊庵有權 臨安昌化祁氏。

宋淳熙七年（一一八〇）卒。五燈會元二十。

嘉興報恩法常 開封薛氏，薛居正裔。

宋淳熙七年庚子（一一八〇）卒。明僧傳作紹興庚子卒，新續僧傳因之，紹興無庚子，指月録作宣和庚子，然師宣和七年才下髮，續燈正統乃改作政和七年下髮，據五燈會元十八，本單作庚子，無年號，今定爲淳熙七年。

悟空善榮 烏程潘氏。

宋淳熙十年卒，年七十七（一一〇七—一一八三）。佛祖統紀無年歲，今據釋門正統七。

許州政言 長社王氏。

金大定二十五年（一一八五）卒。補續僧傳十二。

慶元東山全庵齊己　邛蒲江謝氏。

宋淳熙十三年（一一八六）卒。嘉泰録二十。

吉州青原信庵唯禋　福州長樂李氏。

宋紹熙三年（一一九二）卒。增集續傳燈録一。

廣壽法因　四明慈溪顧氏。

宋紹熙四年（一一九三）卒。佛祖統紀二二。

鎮江焦山或庵師體　丹丘黄巖羅氏。

宋淳熙六年卒，年七十二（一一〇八—一一七九）。嘉泰録二十。

臨安徑山別峰寶印　嘉州龍游李氏。峨眉山志作寶應。

宋紹熙元年庚戌卒，年八十二（一一〇九—一一九〇）。叢林盛事作紹興庚辰卒，蓋紹熙庚戌之訛，今據嘉泰録十九，及陸游撰塔銘，渭南集四十。

慧光若訥　嘉興孫氏。

宋紹熙二年卒，年八十二（一一一〇—一一九一）。補續僧傳作紹興二年卒，今據釋門正統七及上天竺寺志四。

臨安中天竺癡禪元妙　雙溪東陽王氏。
宋隆興二年卒，年五十四（一一一一——一一六四）。嘉泰録十七。
西庵院智崇　文德王氏。
金大定十八年卒，年六十八（一一一一——一一七八）。梁朗撰塔銘，口北三廳志十三。
台州國清簡堂行機　本郡仙居楊氏。
宋淳熙七年卒，年六十八（一一一三——一一八〇）。嘉泰録二十。
湖州道場無庵法全　東吳玉峰陳氏。
宋乾道五年卒，年五十六（一一一四——一一六九）。嘉泰録十九。
長清靈巖寶　磁州武氏。
金大定十三年卒，年六十（一一一四——一一七三）。五燈全書六一題曰鄭州普照寶，無卒年，今據翟炳撰塔銘拓本，金文最五六。五燈全書青州辨法嗣有磁州大明寶及鄭州普照寶，據此碑則普照寶即靈巖寶，而靈巖寶又嘗住磁州大明，蓋本一人，五燈全書分爲二也。又，磁州大明寶之卒，宗統編年繫於宋淳熙十六年，所謂記其大概耳。
戒珠省院惠定　山陰王氏。補續僧傳作慧定。
宋淳熙八年卒，年六十八（一一一四——一一八一）。陸游撰塔銘，渭南集四十。

老牛智融　汴京邢氏。

宋紹熙四年卒，年八十（一一一四—一一九三）。補續僧傳二四及雲林寺志三。

上虞化度寺智廉

宋慶元元年卒，年八十二（一一一四—一一九五）。佛祖統紀二九無年歲，今據新續僧傳四二。

晦庵慧明　鹽官趙氏。

宋慶元五年（一一九九）卒。釋門正統七、上天竺寺志五。

南湖了宣　四明奉化潘氏。

宋嘉泰元年（一二〇一）卒。佛祖統紀十七。

上虞長慶法慈

宋嘉泰初卒。補續僧傳二四。

袁州慈化普庵印肅　宜春余氏。

宋乾道五年卒，年五十五（一一一五—一一六九）。語録附謝諤撰塔銘。

玄明洪照　華州下邳人。

金大定二十六年卒，年七十二（一一一五—一一八六）。補續僧傳二四。

徑山無等有才　富陽楊氏。

宋乾道五年卒，年五十四（一一一六—一一六九）。五燈會元補遺一。

臨安淨慈混源曇密　天台盧氏。

宋淳熙十一年卒，年六十九（一一一六—一一八四）。嘉泰録二一。

元氏開化寺文景　贊皇張氏。

金明昌初卒，年七十六。塔記拓本無卒年，明昌二年五月立。

徑山塗毒智策　天台陳氏。

宋紹熙三年卒，年七十六（一一一七—一一九二）。南宋元明僧寶傳作慶元六年庚子卒，今據嘉泰録十三，及樓鑰撰塔銘，攻媿集百一十。

四明天童雪庵從瑾　永嘉鄭氏。

宋慶元六年卒，年八十四（一一一七—一二〇〇）。增集續傳燈録一。

獲鹿靈嵓院胤　深州安平郝氏。

金大定二十三年卒，年六十六（一一一八—一一八三）。蘇獻可撰塔銘，常山貞石志十四。

密庵咸傑　福州福清鄭氏。

宋淳熙十三年卒，年六十九（一一一八—一一八六）。宗統編年作慶元三年卒，今據語録附葛邲撰塔銘。

崇福寺納碧修玩　嘉禾人。
宋紹熙二年卒，年七十四（一一一八—一一九一）。蔡開撰崇福寺藏記，至元嘉禾志二六。
延慶月堂慧詢　永嘉陳氏。
宋淳熙六年卒，年六十一（一一一九—一一七九）。佛祖統紀十七無年歲，今據樓鑰撰塔銘，攻媿集百一十。
育王山妙智從廓　福州長溪林氏。
宋淳熙七年卒，年六十二（一一一九—一一八〇）。樓鑰撰塔銘，攻媿集百一十。
獲鹿靈嵓院宗理　獲鹿杜氏。
金泰和五年卒，年八十六（一一二〇—一二〇五）。塔銘見常山貞石志十五。
山陰妙相院脩仲子猷　山陰陳氏。
宋淳熙十六年卒，年六十九（一一二一—一一八九）。陸游撰塔銘，渭南集四十。
三泉寺祥英　香河黃氏。
金承安四年卒，年七十九（一一二一—一一九九）。覺聰撰塔記拓本，金文最五六。
四明育王佛照德光　新喻彭氏。
宋嘉泰三年卒，年八十三（一一二一—一二〇三）。補續僧傳十，及周必大撰圜鑑塔銘，平園續稿四十。

定州壽聖院雲潤　唐縣張氏。

金大定十五年卒，年五十四（一一二二—一一七五）。壽聖院塔記拓本。

瑞巖谷庵景蒙　温州平陽邵氏。

宋淳熙十四年卒，年六十四（一一二四—一一八七）。樓鑰撰塔銘，攻媿集百一十。

廬山智林寺遂翁處良　會稽山陰劉氏。

宋淳熙十四年卒，年六十一（一一二七—一一八七）。陸游撰塔銘，渭南集四十。

臨安南山慧因寺善憙　震澤沈氏。

宋嘉泰四年卒，年七十八（一一二七—一二〇四）。居簡撰傳，北磵集五。

白霫了奇　富庶潘氏。

金大定十九年卒，年五十一（一一二九—一一七九）。補續僧傳十二。

利州精嚴寺圓蓋　永昌阜俗張氏。

金明昌六年卒，年六十四（一一三二—一一九五）。趙秉文撰墓銘，熱河志一一八。

靈隱松源崇岳　處州龍泉吳氏。

宋嘉泰二年卒，年七十一（一一三二—一二〇二）。靈隱寺志三作嘉泰三年卒，語録附陸游撰塔銘，作嘉定二年卒，又云：「塔成之四年，道敷以語録來求銘。」按，陸嘉定三年卒，何能於嘉定三年後爲崇岳撰塔銘，續燈正統改爲嘉定己巳，實未考。渭南集四十八本作嘉泰，今從之。

宜興保安可封　福州林氏。

宋淳熙末卒，年五十七。五燈會元二十無年歲，今據叢林盛事下。

竹林相了　義州宋氏。

金泰和三年卒，年七十（一一三四—一二〇三）。補續僧傳十二。

磁州大明雪巖滿　佛祖道影作慧滿。

金泰和六年丙寅（一二〇六）卒。宗統編年作宋嘉定十二年己卯卒，今據續燈正統三五。

鼓山檜堂祖鑒　懷安徐氏。續傳燈録目作宗鑒。

宋開禧二年（一二〇六）卒。續指月録三。

圓明寺慧通師默　杭州鹽官郁氏。

宋嘉定二年（一二〇九）卒。居簡撰塔銘，北磵集十。

幽州盤山思卓

宋嘉定二年（一二〇九）閏二月卒。續燈存稿一。按，嘉定四年閏二月，此云二年閏二月，恐誤。

慶寧寺師訓　姑蘇崑山周氏。

宋嘉定三年（一二一〇）卒。居簡撰塔銘，北磵集十。

徑山蒙庵佛智元聰　福州長樂朱氏。

宋嘉定二年卒，年七十四（一一三六—一二〇九）。衛涇撰塔銘，後樂集十八。銘云僧臘七十四，此僧臘即其年壽。

夔州卧龍破庵祖先　蜀廣安王氏。

宋嘉定四年卒，年七十六（一一三六—一二一一）。語録附宗性撰行狀。

湖州寶雲寺了彬　烏程計氏。

宋嘉定六年卒，年七十八（一一三六—一二一三）。居簡撰彬文仲淨業記，北磵集二。

四明天童無用淨全　越州諸暨翁氏。

宋開禧三年卒，年七十一（一一三七—一二〇七）。宗統編年作嘉定四年卒，今據寶慶會稽志六，及錢象祖撰塔銘，天童寺志七。

杭州菩提寺師簡　嚴州建德任氏。

宋嘉定元年卒，年七十一（一一三八—一二〇八）。居簡撰傳，北磵集五。

天童山息庵達觀　義烏趙氏。

宋嘉定五年卒，年七十五（一一三八—一二一二）。居簡撰塔銘，北磵集十。

慶元天童無際了派　建安張氏。

宋嘉定中卒，年七十六。枯崖漫録上。

悦庵淨慧　鄞陸氏。

宋嘉定九年（一二一六）卒。補續僧傳作嘉定元年卒，今據佛祖統紀十八。

臨安淨慈寺德輝

宋嘉泰四年卒，年六十三（一一四二—一二〇四）。新續僧傳三九。

汝州香山法秀　鄢陵人。

金承安三年戊午卒，年五十六（一一四三—一一九八）。塔銘見金文最五六引寶豐志，前云「年十七於大定壬午得度」，後云「承安戊午卒，年五十六」，不相應，疑有脱誤。

月林師觀　侯官黄氏。

宋嘉定十年卒，年七十五（一一四三—一二一七）。語録附陳貴謙撰塔銘。

月溪法輝　臨法徐氏。

宋嘉定十二年（一二一九）卒。佛祖統紀十六。

修證法圓　崑山談氏。

宋嘉定十三年卒，年七十七（一一四四—一二二〇）。居簡撰塔銘，北礀集十。

雷庵正受　常熟邵氏。

宋嘉定元年卒，年六十三(一一四六—一二〇八)。嘉泰録卷首黄汝霖撰行業記。

獲鹿靈嵒院道勝　元氏周氏。

金泰和二年卒，年五十六(一一四七—一二〇二)。塔銘見常山貞石志十五。

湖隱濟顛道濟　臨海李氏。

宋嘉定二年卒，年六十(一一四八—一二〇九)。北礀集十及語録附居簡撰舍利銘無年歲，淨慈寺志十云年六十，又云生紹興十八年，生年與年歲不相應，必有一誤，姑仍之，俟考。

天竺北峰宗印　鹽官陳氏。

宋嘉定六年卒，年六十六(一一四八—一二一三)。佛祖統紀無年歲，今據釋門正統七。

華嚴惠寂　西河王氏。

金正大三年卒，年七十九(一一四八—一二二六)。元好問撰墓銘，遺山集三一。

臨安淨慈退谷義雲　閩清黄氏。

宋開禧二年卒，年五十八(一一四九—一二〇六)。五燈續略無年歲，今據陸游撰塔銘，渭南集四十。

雁蕩飛泉寺淨悟　永嘉樂清李氏。

宋開禧三年卒，年五十九(一一四九—一二〇七)。佛祖統紀十八無年歲，今據居簡撰塔銘，北礀集十。

燕京崇壽院祖朗　薊州漁陽李氏。
元太祖十七年壬午卒，年七十四(一一四九—一二二二)。耶律楚材撰碑銘，湛然集八。
柏庭善月　四明定海方氏。
宋淳祐元年卒，年九十三(一一四九—一二四一)。補續僧傳删淳祐元年一節，作端平三年卒，今據佛祖統紀十八及上天竺寺志四。
永樂廣福院洪勍　威州井陘高氏。
金泰和元年卒，年五十二(一一五〇—一二〇一)。塔銘見常山貞石志十五。
燕都慶壽寺教亨　濟州任城王氏。山東通志作敎亨。
金興定三年己卯卒，年七十(一一五〇—一二一九)。亨與金丞相夾谷清臣同時，當是興定己卯卒，佛祖綱目作正隆己卯，移前六十年，今據明僧傳一及五燈續略四。
易庵寂照清雅　姑蘇常熟應氏。
宋嘉定十七年卒，年七十五(一一五〇—一二二四)。塔記見至元嘉禾志二二。
濟州普照寺智照　泰安奉符萬氏。
金明昌六年卒，年四十五(一一五一—一一九五)。趙渢撰塔銘，金文最五六。
鄭州普照寺道悟　陜右蘭州寇氏，明僧傳作冠氏。

金泰和五年卒，年五十五（一一五一—一二〇五）。山庵雜録及宗統編年均作泰和四年卒，今據補續僧傳十二。

石芝宗曉　四明王氏。

宋嘉定七年卒，年六十四（一一五一—一二一四）。佛祖統紀十八。

禪鑒思義　杭州鹽官馮氏。

宋嘉定九年卒，年六十六（一一五一—一二一六）。居簡撰塔銘，北礀集十。

徑山佛心如琰　寧海國氏。

宋寶慶元年卒，年七十五（一一五一—一二二五）。洪咨夔撰塔銘，平齋集三一，文津閣本闕此文，今據四部叢刊續編本。

杭州靈隱妙峰之善　吳興劉氏。

宋端平二年卒，年八十四（一一五二—一二三五）。續傳燈録三五。

西山亮　梓州郪縣税氏。

宋淳祐二年卒，年九十（一一五三—一二四二）。語録附居簡撰塔銘。

運庵普巖　四明杜氏。

宋寶慶二年卒，年七十一（一一五六—一二二六）。語録附行實。

告山普照法斌　兖州侯氏。

金興定末卒，年六十餘。補續僧傳十二，及元好問撰塔銘，遺山集三一。

金山蓬庵自聞永聰　杭州於潛徐氏。

宋寶慶元年卒，年六十五(一一六一—一二二五)。增集續傳燈録無卒年，今據居簡撰塔銘，北磵集十。

無明慧性　達州巴渠李氏。

宋嘉熙元年卒，年七十六(一一六二—一二三七)。語録附顔汝勳撰塔銘。

松江興聖寺淨真

宋嘉熙三年(一二三九)卒。明僧傳一。

中京龍門山乾元寺慧杲　汝陰梁縣張氏。

金興定初卒，年五十六。欒訥甫撰塔銘拓本，無卒年，興定二年建塔，金文最五六。

南陽靈山報恩寺法雲　臨汾劉氏。

金正大三年卒，年六十四(一一六三—一二二六)。元好問撰墓銘，遺山集三一。

杭州淨慈北磵居簡　潼川龍氏。補續僧傳作王氏。

宋淳祐六年丙午卒，年八十三(一一六四—一二四六)。龍井見聞録三引靈隱寺志作淳祐丙辰卒，淳祐無丙辰，今據增集續傳燈録一。

嵩山少林寺興崇　汾陽西河侯氏。

金泰和八年卒，年四十三（一一六六——一二〇八）。塔銘見金石補正一二七。

釋氏疑年録卷九

燕都報恩寺萬松行秀　河内蔡氏。

元定宗元年丙午閏四月卒，年八十一（一一六六——一二四六）。宗統編年作宋端平三年丙申卒，新續僧傳作至元元年丙午後四月卒，至元元年非丙午，亦非閏四月，今據續燈正統三五。

天目文禮　臨安阮氏。

宋淳祐十年卒，年八十四（一一六七——一二五〇）。南宋元明僧寶傳七，及德雲撰行狀，天童寺志七。

徑山癡絶道沖　武信長江荀氏。

宋淳祐十年卒，年八十二（一一六九——一二五〇）。明僧傳作理宗三年卒，新續僧傳因之，今據語録附趙若琚撰行狀。

醫僧宗可　金壇張氏。

宋紹定四年卒，年六十一（一一七一——一二三一）。劉宰撰塔銘，漫塘集三一。

靈隱石田法薰　眉山彭氏。

宋淳祐五年乙巳卒，年七十五（一一七一——一二四五）。續傳燈録於淳祐甲辰後刪去「明年季春」一節，作淳祐四年卒，五燈全書因之，今據語録附大觀撰行狀。

古鏡文杲　開封喻氏。

宋淳祐六年卒，年七十六（一一七一—一二四六）。續佛祖統紀一。

大崇國寺隆安善選　香河劉氏。

元憲宗二年壬子卒，年七十八（一一七五—一二五二）。危素撰傳戒碑，見危太樸續集三，碑云：「生大定十五年，卒壬子，年七十六。」今改。

明州育王山笑翁妙堪　慈溪毛氏。

宋淳祐八年戊申卒，年七十二（一一七七—一二四八）。南宋元明僧寶傳五作慶元六年庚申卒。按，師初參松源岳，次謁無用全，松源卒於嘉泰二年，無用卒於開禧三年，均在慶元後，是師長於松源三歲、無用八歲也。今據釋氏稽古略四、佛祖綱目三九。

徑山無準師範　蜀梓潼雍氏。

宋淳祐九年己酉卒，年七十二（一一七八—一二四九）。語録附道璨撰行狀，無年歲，佛祖道影作淳祐戊申卒，今據劉克莊撰墓誌銘，後村集一六二。

靈隱大川普濟　四明奉化張氏。

宋寶祐元年卒，年七十五（一一七九—一二五三）。語録附大觀撰行狀。

靈隱東谷妙光　常州無錫人。

宋寶祐元年（一二五三）卒。五燈會元補遺一。

石溪佛海心月　眉山王氏。

宋寶祐二年（一二五四）卒。景定元年劉震孫序心月語録，謂師之没且六年。

黄龍無門慧開　杭州梁氏。

宋景定元年卒，年七十八（一一八三—一二六〇）。西天目山志作景定四年卒，謂即中峰明本之生年，今據語録末小傳。

徑山虚堂智愚　四明象山陳氏。

宋咸淳五年己巳卒，年八十五（一一八五—一二六九）。五燈全書四九作至元癸亥卒，至元無癸亥，今據語録附法雲撰行狀。

佛光法照　黄巖童氏。

宋咸淳九年卒，年八十九（一一八五—一二七三）。續佛祖統紀一及上天竺寺志四。

慈雲寺通玄惠珏　嵐州樓煩石氏。

元定宗二年丁未卒，年六十二（一一八六—一二四七）。德閑撰紀行碑，山右石刻叢編二七，碑僅云丁未卒，而立於至元二十二年，又云生於金朝，故知爲定宗二年丁未。

潭州石霜竹巖妙印　豫章進賢萬氏。

宋寶祐三年卒，年六十九（一一八七—一二五五）。增集續傳燈録二，及道璨撰塔銘，柳塘外集四。

南翁汝明　惠安黃氏。

宋開慶元年卒，年七十一（一一八九—一二五九）。劉克莊撰墓誌銘，後村集一五八。

徑山佛智廣聞　侯官林氏。

宋景定四年卒，年七十五（一一八九—一二六三）。語録附林希逸撰塔銘。

蘇州虎丘東山道源　福建連江黃氏。

宋淳祐九年卒，年五十九（一一九一—一二四九）。增集續傳燈録作淳祐元年卒，今據續燈正統十一。

福州鼓山皖山正凝　舒州太湖李氏。

宋咸淳十年卒，年八十四（一一九一—一二七四）。繼燈録二。

福清靈石祖日　閩鄭氏。

宋寶祐三年卒，年六十二（一一九四—一二五五）。劉克莊撰墓誌銘，後村集一五九。

杭州徑山藏叟善珍　泉州南安吕氏。

宋景炎二年丁丑卒，年八十四（一一九四—一二七七）。補續僧傳云：「生紹興甲寅，卒嘉定丁丑，年八十三。」甲寅至丁丑應八十四。但師爲妙峰善嗣，未必長於善十八年，續燈正統十一作生紹熙甲寅，卒景炎丁丑，今從之。宗統編年於紹興丁丑、景炎丁丑下，均著師卒，相距百二十年，未經檢照也。

邢州開元寺廣恩　洛水賈氏。

元乃馬真后稱制二年癸卯卒，年四十九（一一九五—一二四三）。新續僧傳三六。

順德天寧弘明虚照　遼州申氏。

元憲宗二年壬子卒，年五十七（一一九六—一二五二）。續燈正統三六。

泉州法石愚谷元智　長溪薛氏。

宋咸淳二年卒，年七十一（一一九六—一二六六）。續指月録四無年歲，今據繼燈録二。

明州天童西巖了惠　蜀蓬州羅氏。增集續傳燈録作了慧。

宋景定三年卒，年六十五（一一九八—一二六二）。語録附大觀撰行狀。

奉聖州法雲寺善柔　德興永興董氏。

元世祖至元六年卒，年七十二（一一九八—一二六九）。補續僧傳四採程鉅夫撰塔銘，删去卒年，今據雪樓集二一。

西京大華嚴寺慧明　蔚州靈丘李氏。

元至元七年卒，年七十二（一一九九—一二七〇）。補續僧傳二四，及祥邁撰碑銘，山右石刻叢編二五。

徑山虚舟普度　維揚江都史氏。

元至元十七年庚辰卒，年八十二（一一九九—一二八〇）。補續僧傳於至元丁丑下即著師卒，五燈全書則著其卒於元貞乙未，今據語録附行端撰行狀。

囊山道場宗超　莆田鄭氏。

宋淳祐十二年卒，年五十三(一二〇〇—一二五二)。劉克莊撰墓誌銘，後村集一五四。

明州天童別山祖智　蜀順慶楊氏。

宋景定元年庚申卒，年六十一(一二〇〇—一二六〇)。五燈續略、天童寺志五均作庚辰卒，續燈正統作年六十八，今據天童寺志七文復之撰塔銘及南宋元明僧寶傳七。

河内雲陽山壽聖寺洪勝　許州傅氏。

元中統三年卒，年六十三(一二〇〇—一二六二)。守顯撰碑銘，河内金石志補遺。

雄辨德清　安陽王氏。三怡堂叢書本作得清。

元至元十六年卒，年八十(一二〇〇—一二七九)。胡祗遹撰塔銘，紫山大全集十八。文津本作「住三十八年，僧臘七十三」。按，「住三十八年」，當爲「住世八十年」之譌，因上文明言師生七年棄家爲釋子也。蓋「世」先誤「三」，以其不文，又改「八十」爲「十八」耳。

斷橋妙倫　台州黄巖徐氏。

宋景定二年卒，年六十一(一二〇一—一二六一)。語録附行狀。

慶壽海雲印簡　山西嵐谷宋氏。

元憲宗七年丁巳卒，年五十六（一二〇二—一二五七）。續燈正統八作仁宗延祐丁巳閏四月卒，相差一甲子，五燈全書五六因之，殊誤。延祐丁巳是閏正月，非閏四月也。今據程鉅夫撰塔銘，雪樓集六。

天池雪屋正韶　番干越謝氏。

宋景定元年卒，年五十九（一二〇二—一二六〇）。道璨撰塔銘，柳塘外集四。

環溪惟一　資州墨池賈氏。

元至元十八年卒，年八十（一二〇二—一二八一）。語録附覺此撰行狀。

杭州淨普德誠　福清鄭氏。

宋寶祐二年卒，年五十二（一二〇三—一二五四）。劉克莊撰墓誌銘，後村集一五九。

三泉福勝院文侃　澤州晉城傅氏。

元中統元年卒，年五十八（一二〇三—一二六〇）。高書訓撰塔銘，安陽金石録八。

西京少室雪庭福裕　太原文水張氏。

元至元十二年乙亥卒，年七十三（一二〇三—一二七五）。嵩陽石刻集記下載程鉅夫撰碑，卒年不明，五燈續略一作乙亥卒，今從之。

福寧支提山愚叟澄鑒　寧德張氏。

元至元二十年（一二八三）後卒，年八十二。續燈存稿三。

少林法王復庵圓照　上黨李氏。
元至元二十年卒，年七十八（一二〇六—一二八三）。續燈正統三六。
福州雪峰絶岸可湘　台州寧海葛氏。
元至元二十七年卒，年八十五（一二〇六—一二九〇）。繼燈録三作至正二十七年卒，今改，以師爲無準範嗣，不應後卒於範百十八年也。
大聖山孝思禪院子廣　寶定李氏。
元至元十年卒，年六十七（一二〇七—一二七三）。胡祗遹撰塔銘，紫山大全集十八。
紹興定水寶葉妙源　象山陳氏。
元至元十八年辛巳卒，年七十五（一二〇七—一二八一）。五燈全書五十作元世祖至元辛丑卒，至元無辛丑，今據補續僧傳十二，及袁桷撰塔銘，清容集三一。
吉安龍濟寺友雲宗鑿　廬陵王氏。
元至元二十四年卒，年八十（一二〇八—一二八七）。天如惟則語録六載惟則撰塔銘，云：「宋嘉定戊辰生，至元丁亥卒，住世八十歲。」又云：「十九薙髮受具，端平乙未年二十八，僧夏六十一。」
福州雪峰寺天錫　晉江尤氏。
宋景定四年卒，年五十五（一二〇九—一二六三）。新續僧傳四九。

日本建長寺蘭溪道隆　西蜀涪江冉氏。

元至元十五年（一二七八）卒。支那墨寶集下。

金谿禪居寺德芳　王氏。

元至元十六年（一二七九）卒。危素撰塔銘，危太樸文續集六。

廣恩木庵可仁　天台寧海胡氏。

元至元十七年（一二八〇）卒。袁桷撰塔銘，清容集三一。

潛山文珦　於潛人。

元至元二十六年己丑（一二八九）年八十（一二一〇—？）。四庫別集類十七潛山集提要，據集中有「又看景定新頒朔，百歲還驚五十過」之句，知其生於嘉定三年。又，杭州薦福寺記題至元乙酉遣興詩稱「七十七歲潛山翁」，知其至元丁亥尚存。今更考之，卷十有「禪翁八十鬢如霜」，又有「老人八十尚離鄉」之句，則至元己丑尚存，惟提要以嘉定三年爲辛未，誤，嘉定三年是庚午。

杭州殊勝寺霹靂正因　仁和金浦俞氏。

元元貞三年卒，年八十五（一二一三—一二九七）。補續僧傳十二，及張伯淳撰碑，養蒙集四。

古源永清　嘉興海鹽徐氏。

元至元二十八年卒，年七十七（一二一五—一二九一）。續佛祖統紀一。

崇福永樂寺實際永真　常熟姚氏。

元至元十五年卒，年六十三（一二一六——一二七八）。柳貫撰崇福永樂寺記，待制集十五。

潭柘古淵福源　太原李氏。

元世祖至元中卒。補續僧傳十三。

松溪覺宗　扶風南氏。

元世祖至元中卒。補續僧傳十三。

靈巖寺月泉新仝　奉先神寧郭氏。

元至元二十二年（一二八五）卒。雷復亨撰塔銘，泰山志十八。按，「新」爲名上一字，而銘稱新公，何也！

東皐友山智恭　慈溪陸氏。

元至元三十年卒，年七十八（一二一六——一二九三）。牟巘撰塔銘，陵陽集二四。

上都華嚴寺全一至温　邢州郝氏。

元世祖至元四年卒，年五十一（一二一七——一二六七）。補續僧傳十八，及虞集撰塔銘，道園録四八。

袁州仰山雪巖祖欽　閩漳州人。

元至元二十四年（一二八七）卒，年七十餘。續燈存稿四。

雲間普照悟悦知藬　雲間錢氏。

元至元十五年卒，年六十（一二一九—一二七八）。衞宗武撰塔銘，秋聲集五。銘云：「生嘉定己卯，寂至元戊寅，得年五十有九。」蓋計實得之年也。

杭州徑山雲峰妙高　福州長溪人。宗統編年作雪峰。

元至元三十年癸巳卒，年七十五（一二一九—一二九三）。南宋元明僧寶傳作世祖十四年癸巳卒，今據續傳燈録三六。

延慶月溪善良　定海朱氏。

元大德元年卒，年七十九（一二一九—一二九七）。袁桷撰塔銘，清容集三一。

欒城善衆寺惠滿　欒城牛氏。

元大德三年卒，年八十一（一二一九—一二九九）。王之綱撰善衆寺碑，常山貞石志十八。

石林行鞏　婺州永康葉氏。

元至元十七年卒，年六十一（一二二〇—一二八〇）。鄧文原撰塔銘，淨慈寺志十二，云：「嘉定庚辰生，至元庚辰卒，年六十。」蓋計實得之年也。

天童東巖淨日　南康都昌廖氏。

元至大元年卒，年八十八（一二二一—一三〇八）。袁桷撰塔銘，清容集三一。

四明育王横川如珙　永嘉林氏。

元至元二十六年卒，年六十八（一二二二——一二八九）。續燈存稿作至正二十六年卒，今據增集續傳燈録四，及圓至撰塔記，牧潛集三。

西京少室靈隱文泰　汾州陽城魏氏。

元至元二十六年（一二八九）卒。續指月録九。

潞州昭覺寺僧淨　陵川李氏。

元至元二十六年（一二八九）卒。文瑾撰昭覺寺記，山右石刻叢編三五。

杭州淨慈古田垕

元至元二十九年（一二九二）卒。增集續傳燈録五。

泉州開元斷崖妙恩　全州倪氏。

元至元三十年（一二九三）卒。繼燈録四。

隨州大洪山了庵宗明　江東上饒柳氏。

元元貞元年（一二九五）卒。鄧文原撰重建崇寧萬壽寺記，湖北金石志十三。

佛照白雲惠曉　日本讚州人。

元大德元年（一二九七）卒。語録附師錬撰傳。

焦山鏡空聞叟

元至元二十八年卒，年六十九（一二二三—一二九一）。焦山志十無年歲，今據卷十二思修撰重建圓悟接待庵記，但記作鏡堂，必有一誤。

雪竇野翁炳同　越新昌張氏。嘉業堂本作師諱煙。

元大德六年卒，年八十（一二二三—一三〇二）。牟巘撰塔銘，陵陽集二四。

日本圓覺寺無學祖元　會稽鄞縣許氏。

元至元二十三年卒，年六十一（一二二六—一二八六）。語録附揭傒斯撰塔銘，揭文安公全集未載。

福州西禪寺用晦道暉　福州懷安池氏。

元至大中卒，年八十四。程鉅夫撰塔銘，雪樓集二十。集作「某年卒」，而云：「皇慶二年秋，其徒走京師謁銘。」故知其卒於皇慶以前。

雲南玉案山雄辯　善闡李氏。

元大德五年卒，年七十三（一二二九—一三〇一）。新續僧傳二。

建昌州延福院紹志

元大德七年卒，年七十五（一二二九—一三〇三）。袁桷撰延福院記，清容集二十。

金剛膽巴　西番人。

元大德七年卒，年七十四（一二三〇—一三〇三）。元史釋老傳無年歲，今據佛祖通載三五。

建安白雲愚叟澄鑑　寧德漱石張氏。
元至大四年卒，年八十二（一二三〇—一三一一）。建州弘釋録下。
湖州何山鐵鏡至明　福州長溪黄氏。續燈存稿作王氏。
元延祐二年卒，年八十六（一二三〇—一三一五）。增集續傳燈録三。
泉州開元契祖　同安張氏。
元延祐六年卒，年九十（一二三〇—一三一九）。繼燈録四。
雲夢允澤　越剡溪求氏。
元大德元年卒，年六十七（一二三一—一二九七）。續佛祖統紀一。
金華智者寺雲屋自閒　括蒼葉氏。
元皇慶元年卒，年八十二（一二三一—一三一二）。增集續傳燈録三無年歲，今據大訢撰塔銘，蒲室集十二。
圓鑑藏山順空　日本源氏。
元至大元年卒，年七十六（一二三三—一三〇八）。語録附師鍊撰傳。
靈隱悦堂祖誾　南康周氏。
元至大元年戊申卒，年七十五（一二三四—一三〇八）。續燈正統作至大己酉卒，年七十六，今據黄溍撰塔銘，金華集四一。

圓通南浦紹明　日本駿州藤氏。

元至大元年卒，年七十四（一二三五—一三〇八）。語録附廷俊撰塔銘。

金陵天禧寺志德　山東東昌鎦氏。宗統編年作至德。

元至治二年卒，年八十八（一二三五—一三二二）。明僧傳二及趙孟頫撰塔銘。據蒲室集十二，塔銘乃大訢代作。

晉寧翼城金仙寺廣裕　絳州稷山郗氏。

元大德十一年卒，年七十二（一二三六—一三〇七）。趙孟頫撰道行碑，山右石刻叢編三二。

大都崇國寺定演　三河王氏。

元至大二年卒，年七十三（一二三七—一三〇九）。補續僧傳四作年七十四，今據趙孟頫撰塔銘，松雪集九。

京都寶集寺妙文　蔚州孫氏。

元延祐六年卒，年八十三（一二三七—一三一九）。明僧傳作年逾八十，今據補續僧傳四。

天目山高峰原妙　蘇州吳江徐氏。

元元貞元年乙未卒，年五十八（一二三八—一二九五）。續燈存稿作至元辛卯卒，祖庭指南作至元乙未卒，今據語録附喬祖撰行狀及家之巽撰塔銘。莫干山志五誤作宋之巽。

徑山佛智晦機元熙　豫章唐氏。增集續傳燈録作原熙。

元延祐六年卒，年八十二（一二三八—一三一九）。道園録虞集撰塔銘，作「諱某，某年卒」，蒲室集十五有祭照元晦文，作延祐六年卒。惟當時習慣當稱熙晦機，不知何以稱元晦，又以「熙」爲「照」也，豈另有一照元晦，亦同年卒耶！今據續傳燈録三六。

帝師登思八　土波國人。

元至元十七年卒，年四十二（一二三九—一二八〇）。元史釋老傳作八思巴，至元十六年卒，今據佛祖統紀四九、釋氏資鑑十二。

道場山龍源介清　福州長溪王氏。

元大德五年卒，年六十三（一二三九—一三〇一）。語録附牟巘撰塔銘，並見陵陽集二四。

彰德天寧寺鳳林福演　河間康氏。

元大德四年卒，年六十一（一二四〇—一三〇〇）。任士林撰碑，松鄉集一，不著年歲，但云「年十八出家，僧臘四十有四」，以是推之。

鄱縣靈雲鐵牛持定　吉安磻溪王氏。道園録作特定。

元大德七年癸卯卒，年六十四（一二四〇—一三〇三）。續指月録作大德壬寅卒，今據惟則撰行業記，天如惟則語録六；虞集撰塔銘，道園録四九。

延慶善入　定海傅氏。

元延祐中卒，年七十八。袁桷撰塔銘，清容集三一。

五臺山祐國寺文才　清水楊氏。

元大德六年卒，年六十二（一二四一—一三〇二）。補續僧傳作大德中卒，無年歲，今據明僧傳二。

大都廣化寺志誠　緇山楊氏。

元大德九年卒，年六十五（一二四一—一三〇五）。程鉅夫撰塔銘，雪樓集二一。

永嘉江心寺一山了萬　臨川全氏。續傳燈録作金氏。

元皇慶元年卒，年七十二（一二四一—一三一二）。續傳燈録三六無年歲，今據大訢撰塔銘，蒲室集十二。

佛國高峰顯日　日本後嵯峨帝子。

元延祐三年卒，年七十六（一二四一—一三一六）。語録附妙祁撰行録。

臨川資壽寺繼聰　王氏。

元延祐四年卒，年七十七（一二四一—一三一七）。大訢撰塔銘，蒲室集十二。

泰安靈巖寺福海　翼城楊氏。

元至大二年卒，年六十八（一二四二—一三〇九）。新續僧傳六一，及孫榮嗣撰道行碑，泰山志十八。

許州大洪濟寺栖岩益　鄭州劉氏。

元延祐二年卒，年七十三（一二四三—一三一五）。程鉅夫撰塔銘，雪樓集二一。

臨川資壽寺紹明　撫州金谿彭氏。

元延祐五年卒，年七十五（一二四四—一三一八）。大訢撰塔銘，蒲室集十二。

西京寶應還源福遇　霍州靈石王氏。佛祖道影作弗遇。

元皇慶二年癸丑卒，年六十九（一二四五—一三一三）。五燈續略、繼燈録均作皇慶癸酉卒，皇慶無癸酉，今據續指月録十。又，宗統編年作延祐七年卒，與此大異。

大梅無作文述　慈溪孫氏。

元皇慶二年卒，年七十八（一二三六—一三一三）。補續僧傳十三作年近七十，今據九靈山房集十九。

天童妙坦　浦江金氏。

元延祐二年卒，年七十一（一二四五—一三一五）。黄溍撰塔銘，金華集四一。

海印昭如　臨江新淦楊氏。

元皇慶元年卒，年六十七（一二四六—一三一二）。語録附李倜撰塔銘。

京都慶壽寺達益巴　西域人。

元延祐五年卒，年七十三（一二四六—一三一八）。明僧傳二。

松江延恩寺筠巖太節　會稽趙氏。

元順帝至元元年卒，年九十（一二四六—一三三五）。黄溍撰塔銘，金華集四二。

秦州景福寺英辯　趙氏。

元延祐元年卒，年六十八（一二四七—一三一四）。明僧傳二。

日本南禪寺一山一寧　台州臨海胡氏。

元延祐四年卒，年七十一（一二四七—一三一七）。語録附師鍊撰行記。

秦州普覺順

元延祐元年（一三一四）卒。佛祖統紀四九。

處州萬象山崇福寺行英　周氏。跋引府志作行美。

元延祐二年（一三一五）卒。明本撰崇福寺記，兩浙金石志十五。

五臺山普寧寺了性　武氏。

元至治元年（一三二一）卒。明僧傳二。

武康達觀院古山宗

元至治二年（一三二二）卒。黄溍撰達觀院記，金華集十一。

徑山西白希陵　義烏何氏。

元至治二年壬戌卒，年七十六（一二四七—一三二二）。新續僧傳六一作至正壬辛卒，繼燈録作至正壬戌卒，至正無壬戌，今據虞集撰塔銘，道園録四八。

日本建長寺西磵子曇　台州仙居黄氏。

元大德十年卒，年五十八（一二四九—一三〇六）。支那墨寶集下。

海東曹溪山修禪社萬恒　熊津郡朴氏。

元延祐六年卒，年七十一（一二四九—一三一九）。東國僧尼録，及李齊賢撰碑銘，益齋集七。

智者絶學道勤　浦江何氏。

元延祐三年卒，年六十七（一二五〇—一三一六）。黄溍撰塔銘，金華集四一。

四明乾符寺太虚普容　餘姚茅氏。

元延祐七年卒，年七十（一二五一—一三二〇）。黄溍撰塔銘，金華集四二。

高麗慈氏山瑩源寺混丘　清風郡金氏。

元至治二年卒，年七十三（一二五一—一三二二）。李齊賢撰碑銘，益齋集七。碑云：「辛亥生，至理二年逝，年七十三。」年歲與生卒年不符，必有一誤。

元氏三聖院西溪于慶　鹿泉許氏。

元天曆二年卒，年七十八（一二五二—一三二九）。塔銘見常山貞石志二十。

日本吉祥山永平寺義雲　洛陽人。

元元統元年卒，年八十一（一二五三—一三三三）。語録附龍堂撰傳。

杭州徑山月林鏡　本郡人。

元順帝至元五年己卯卒，年八十六（一二五四—一三三九）。續燈存稿作至正己卯卒，至正無己卯，補續僧傳作正德乙卯卒，正德亦無乙卯，且師爲東嶼海嗣，海卒於泰定四年，下距正德已一百八十餘年，今據續燈正統二四，則長於東嶼海二歲也。

政和獎山慧空元模　古田龍涂蘇氏。

元大德四年卒，年四十六（一二五五—一三〇〇）。續燈存稿十二作年四十餘，今據建州弘釋録下。

雲南大德寺玄堅　龜城王氏。

元延祐六年卒，年六十五（一二五五—一三一九）。新續僧傳五十。

徑山元叟行端　臨海何氏。

元至正元年辛巳卒，年八十七（一二五五—一三四一）。南宋元明僧寶傳十作至正壬午卒，年八十八，語録附黄溍撰塔銘，云：「生宋寶祐乙卯，卒至正辛巳，年八十八。」續燈正統十二改爲八十七，今從之。

牧潛天隱圓至　高安姚氏。

元大德二年戊戌卒，年四十三（一二五六—一二九八）。續燈存稿作大德三年戊戌卒，年四十二，今據補續僧傳二四。天童寺志三於「東雲佛海條」下，謂圓至稱琦楚石爲「余友」，不知圓至卒時琦楚石才三歲，蓋因牧潛集資福寺記有「日東之友宗琦」而誤，宗琦非楚石梵琦也。

中慶覺照寺定　大理趙氏。

元至治三年卒，年六十八（一二五六—一三二三）。道行碑見金石萃編未刻稿三。

杭州靈隱東嶼德海　台州臨海陳氏。

元泰定四年卒，年七十二（一二五六—一三二七）。增集續傳燈録作延祐四年卒，歷代名人年譜作年七十一，今據續燈存稿六。

無象易　夏氏。

元至正十四年卒，年九十九（一二五六—一三五四）。增集續傳燈録無年歲，今據山庵雜録上。

大慶壽寺北溪智延　雲州高氏。

元元統三年卒，年七十九（一二五七—一三三五）。黄溍撰塔銘，金華集四一。

操庵文節　慈溪夏氏。

元至正二年卒，年八十六（一二五七—一三四二）。佛祖統紀十九。按，統紀撰於宋景定，此傳蓋後人所增。

崑山薦嚴寺竺元妙道　寧海陳氏。

元至正五年卒，年八十九（一二五七—一三四五）。支那墨寶集小傳作年九十一，今據黄溍撰塔銘，留偈有「佛壽八十，我多九年」之語，金華集四二。

石湖至美　金陵畢氏。

元至順二年卒，年七十四（一二五八—一三三一）。補續僧傳十三。

開元佛果如炤　晉江蔡氏。

元至順二年卒，年七十四（一二五八—一三三一）。繼燈録五無年歲，今據泉州府志六五。

燕都慶壽寺沙囉巴　西國積寧人。

元延祐元年卒，年五十六（一二五九—一三一四）。明僧傳無年歲，今據補續僧傳一。

杭州靈隱獨孤淳朋　臨海楊氏。

元順帝至元二年丙子卒，年七十八（一二五九—一三三六）。增集續傳燈録五。

京都光教法聞　陝西嚴氏。

元延祐四年卒，年五十八（一二六〇—一三一七）。補續僧傳十七。

豫章般若絶學世誠　吉水鎦氏。

元至順三年壬申卒，年七十三（一二六〇—一三三二）。增集續傳燈録六作至順壬午卒，至順無壬午，今據大訢撰塔銘，蒲室集十二。

歸德慧汶　偃武人。

元至順三年卒，年七十三（一二六〇—一三三二）。補續僧傳十七。

應山寶林寺普善　龍陽州劉氏。

元元統三年卒，年七十六（一二六〇—一三三五）。印吉祥撰行實碑，湖北金石志十四。

杭州淨慈千瀨善慶　嚴陵彭氏。

元順帝至元四年卒，年七十九（一二六〇—一三三八）。續燈存稿三。

邠州大開元寺法喜　邠州新平王氏。

元皇慶二年卒，年五十三（一二六一—一三一三）。程鉅夫撰塔銘，雪樓集二十。

南院規庵祖圓　日本信州人。

元皇慶二年卒，年五十三（一二六一—一三一三）。語録附智明撰行狀，狀云：「弘長元年辛酉誕。」又云：「正應四年辛卯，師年三十。」應作三十一也。

行唐封崇寺祖進　行唐殷氏。

元順帝至元三年卒，年七十七（一二六一—一三三七）。董珪撰行業碑，常山貞石志二三，碑云：「生於中統之三年。」三當作二。

古林清茂　温州樂清林氏。

元天曆二年卒，年六十八（一二六二—一三二九）。語録附梵僊撰碑。

杭州上天竺寺如庵淨真　華亭沈氏。明僧傳作真淨，姚氏。

元元統元年卒，年七十二（一二六二—一三三三）。惟則撰塔記，天如惟則語録六。

日本廣嚴寺明極楚俊　四明昌國黄氏。

元順帝至元二年卒，年七十五（一二六二—一三三六）。增集續傳燈録無卒年，今據支那墨寶集下。

杭州天目中峰明本　錢塘孫氏。

元至治三年卒，年六十一（一二六三—一三二三）。天如惟則撰舍利塔記，無年歲，淨土晨鐘作年六十二，今據廣録附祖順撰行録、宋本撰道行碑、虞集撰塔銘。虞文並見道園録四八，宋文則見鄭元祐僑吴集十一。文中「余嘗使江南」句，鄭集作「余僑客江南」，蓋因鄭未嘗使江南而改之也。又文中有「當世公卿大夫如敬君威卿、趙君子昂，接師言容，無不歆慕終其身」之語，敬君謂敬儼，元史百七五有傳，與師同時。鄭集改爲徐君，蓋指徐世隆，見元史百六十，至元二十二年卒，年八十，時師方二十三歲，何能得世隆歆慕終其身。校者祇知世隆字威卿，不知敬儼亦字威卿，貿然改之，適形其陋。元詩選二集世隆小傳謂：「元人名字相同者不可枚舉，而詩篇遂多淆亂。」今僑吴集之中峰道行碑，亦淆亂之顯然者也。四庫提要於集中與張德常書，曾疑其仕履不合，豈知僑吴集僞者不止一篇耶！

廬州大湖普明賢寬　和州含山周氏。

元泰定三年（一三二六）卒。增集續傳燈録五。

明州佛巖仲方天倫　象山張氏。

元泰定四年丁卯（一三二七）後卒，年六十六。續燈存稿五。

南康無瑕宗璁

元至順三年（一三三二）卒。惟則撰吴郡慧慶禪寺記，天如惟則語録六。

天目斷崖了義　湖州德清楊氏。五燈續略作湯氏。

元元統二年甲戌卒，年七十二（一二六三—一三三四）。五燈全書作甲戌之明年卒，今據虞集撰塔銘，道園録四九。

寶林寺損庵洪益　隨州應山徐氏。

元順帝至元六年卒，年七十八（一二六三—一三四〇）。禎吉祥撰道行碑，湖北金石志十四。

無見先覩　天台仙居葉氏。

元元統二年卒，年七十（一二六五—一三三四）。補續僧傳無年歲，今據語録附曇噩撰塔銘。

上天竺湛堂性澄　會稽孫氏。

元至正二年壬午卒，年七十八（一二六五—一三四二）。續佛祖統紀作至正壬子卒，至正無壬子，明僧傳作至順壬午卒，新續僧傳因之，至順無壬午，今據黄溍撰塔銘，金華集四一。

翠屏景洙　番易江氏。

元泰定三年（一三二六）卒，年六十餘。危素撰翠屏文集序，説學齋稿二。

奉元壽光寺覺明　錢塘陳氏。

元天曆元年卒，年六十三（一二六六—一三二八）。黄溍撰壽光寺記，金華集十三。

致藴寂室

元至正二年卒，年七十七（一二六六—一三四二）。仙巖山志五引舊志作生宋咸熙二年，咸熙應作咸淳。

京都崇恩寺德謙　寧州定平楊氏。

元延祐四年卒，年五十一（一二六七—一三一七）。明僧傳二。

瑩山紹瑾　日本越前州藤氏。

元泰定二年卒，年五十八（一二六八—一三二五）。傳光録附傳。

宜興玉峰山無極導　宋宗室。

元至順三年卒，年六十五（一二六八—一三三二）。補續僧傳十三。

天童佛海平石如砥

元至正十年（一三五〇）年八十三（一二六八—？）。天童寺志三既載平石如砥於前，復因千巖長語録有前住天童佛海老人跋，又愚庵及有跋天童佛海禪師遺集語，遂謂「佛海曾繼如砥住天童，舊志闕載，特爲補入」，不知佛海即如砥也。佛海跋千巖長語録，末署「至正七禩丁亥，時年八十」；日本影印支那墨寶集有師題正宗砥柱集墨跡，末署「至正十禩庚寅，佛海老人如砥，時年八十三」，並有「平石」「佛海」兩朱文印，則佛海之爲如砥顯然，舊志並未闕載，後志貿爲補入，殊複。

郃州奉恩寺大方宗偉　新平陳氏。

元至正十五年卒，年八十八（一二六八—一三五五）。劉仁本撰行業記，羽庭集六。

鳳山子儀　會稽上虞陳氏。

元泰定三年卒，年五十八（一二六九—一三二六）。續佛祖統紀一。

四明雪竇華國子文　趙氏。趙抃裔。

元至正十一年卒，年八十三（一二六九—一三五一）。增集續傳燈録六。

太行弘教慧印　關西張氏。

元順帝至元三年卒，年六十七（一二七一—一三三七）。補續僧傳四、清凉山志八。

法華天岸弘濟　餘姚姚氏。

元至正十六年卒，年八十六（一二七一—一三五六）。法華持驗記及高僧摘要均作至正七年卒，今據宋濂撰塔銘，宋學士集五二。

玉山普安寺寶嚴　成紀康氏。

元至治二年卒，年五十一（一二七二—一三二二）。明僧傳二。

東明慧日　明州定海沈氏。

元順帝至元六年卒，年六十九（一二七二—一三四〇）。梵僊撰塔銘，竺仙語録下。

壽安山昭孝寺法洪　隴西鞏昌劉氏。
元至正四年卒，年七十三（一二七二—一三四四）。許有壬撰碑銘，至正集四七。
嘉興福源石屋清珙　常熟温氏。
元至正十二年卒，年八十一（一二七二—一三五二）。語録附元旭撰塔銘。石屋山居詩已入元詩選，四庫提要別集類存目七，據詩中有「吾家住在霅溪西」之語，指爲明代湖州僧，且置於明代最末之一人，失考。
玉山法清　臨洺李氏。
明洪武十三年卒，年一百九（一二七二—一三八〇）。廣平府志六十。
方廣巖僧讓　永福何氏。
明洪武十四年卒，年百一十（一二七二—一三八一）。福建通志二六三。
鄧州香嚴淳拙文才　平陽臨汾姚氏。續燈正統作文材。
元至正十二年卒，年八十（一二七三—一三五二）。宗統編年作至正十一年卒，今據五燈續略一。
大都大慶壽寺魯雲行興　鄆城李氏。
元元統元年卒，年六十（一二七四—一三三三）。黄溍撰塔銘，金華集四一。叢刊本作元統九年卒。
雪峰樵隱悟逸　懷安聶氏。
元元統二年（一三三四）卒。繼燈録六。

台州瑞巖方山寶　潭陽葛氏。
元順帝至元元年(一三三五)卒。徑石滴乳集一。
處州白雲空中以假
元順帝至元二年(一三三六)卒。五燈續略六。
湖州道場玉溪思珉　明州象山張氏。
元順帝至元三年(一三三七)卒。增集續傳燈録四。
蘇州萬壽竺田汝霖　四明昌國王氏。
元順帝至元五年卒,年六十六(一二七四—一三三九)。五燈全書五六作至正乙酉卒,今據增集續傳燈録四。
日本南禪寺清拙正澄　福州連江劉氏。
元順帝至元五年卒,年六十六(一二七四—一三三九)。支那墨寶集下。
真定龍興寺崇琛　中山傅氏。
元順帝至元元年卒,年六十一(一二七五—一三三五)。贍思撰碑,常山貞石志二二。
下天竺玉岡蒙潤　海鹽顧氏。
元至正二年卒,年六十八(一二七五—一三四二)。黃溍撰塔銘,金華集四一。淨慈寺志九述歷代住持，以卒於明宣德七年之師頤爲第八十四代，又以前卒九十年之蒙潤爲第九十一代，其不可據如此。

海鹽天寧寺獨舉高

元至正二年（一三四二）卒。大訢祭高獨舉文，蒲室集十五。

陽城靈泉寺惠用　薛氏。

元至正二年（一三四二）卒。開福寺記，山右石刻叢編三七。

晉寧盤龍蓮峰崇照　晉寧段氏。

元至正二年（一三四二）卒。五燈全書五八。

北少林寺雲威　河東太谷侯氏。

元至正八年（一三四八）卒。圓讓撰塔記，盤山志二。

金陵龍翔曇芳守忠　江西南康黄氏。

元至正八年卒，年七十四（一二七五—一三四八）。增集續傳燈録作年九十四，今據語録附克新撰行業記、歐陽玄撰塔銘。

日本天龍夢窗智曤　勢州源氏。

元至正十一年卒，年七十七（一二七五—一三五一）。語録附年譜，及宋濂撰碑銘，宋學士集三三。

汾州筏渡普慈

元至正二十二年卒，年八十八（一二七五—一三六二）。續燈正統十三。

高麗林州圓明沖鑑

元順帝至元六年卒，年六十五（一二七六—一三四〇）。危素撰大普光禪寺碑，危太樸文續集三。

西湖妙果竺源水盛　饒州樂平范氏。

元至正七年卒，年七十二（一二七六—一三四七）。增集續傳燈録作永盛，年七十三，今據補續僧傳十二。

荊門景德寺廣鑄　蒙城黃氏。

元至順二年卒，年五十五（一二七七—一三三一）。虞集撰塔銘，道園録四九。新續僧傳三三作至正元年卒，年九十四，與此大異。

建寧天寶山鐵關法樞　温州平陽林氏。

元順帝至元六年卒，年六十三（一二七八—一三四〇）。五燈續略四無年歲，今據續燈存稿六。

甘泉寺永暉　河間史氏。

元至正十四年卒，年七十七（一二七八—一三五四）。盤山志二。

杭州淨慈平山處林　仁和王氏。

元至正二十一年卒，年八十三（一二七九—一三六一）。增集續傳燈録作年八十二，今據續燈正統二五，及徐一夔撰塔銘，始豐稿十四。

大天界寺孚中懷信　奉化姜氏。南宋元明僧寶傳作江氏。

元至正十七年丁酉卒，年七十八（一二八〇—一三五七）。續燈正統作己酉卒，己酉洪武二年，今據宋濂撰塔銘，宋學士集五。

徑山古鼎祖銘　奉化應氏。

元至正十八年卒，年七十九（一二八〇—一三五八）。元詩選二集作至正十九年卒，今據補續僧傳十三及普陀山志七。

天竺靈山教寺允若　越相里氏。明僧傳作相里人，新續僧傳因之。

元至正十九年卒，年八十（一二八〇—一三五九）。補續僧傳無卒年，今據宋濂撰塔銘，宋學士集五。坊本歷代名人生卒年表附高僧表，誤作至元十九年卒，移前七十七年。

清涼松隱茂　奉化鄭氏。南宋元明僧寶傳稱小茂，新續僧傳作僧茂。

元至正二十四年卒，年八十五（一二八〇—一三六四）。補續僧傳採宋濂撰塔銘，删去卒年，今據宋學士集五。

大慶壽寺秋亭洪亨　順德綦陽鎮孔氏。

元至正十年（一三五〇）年垂七十。黄溍撰道行碑，金華集四一。

嘉興祥符梅屋念常　華亭黄氏。

元至正四年（一三四四）年六十三（一二八二—?）。五燈全書五五及覺岸撰佛祖通載序，至正四年似尚未卒。

大燈宗峰妙超　日本播州紀氏。

元順帝至元三年卒，年五十六（一二八二—一三三七）。語録附禪興撰行狀。

佛慈無極志玄　日本順德天皇四世裔。

元至正十九年卒，年七十八（一二八二—一三五九）。常光語録附録。

龍翔集慶寺笑隱大訢　南昌陳氏。

元至正四年卒，年六十一（一二八四—一三四四）。五燈續略四無年歲，今據語録附虞集撰道行記、黄溍撰塔銘。

壽堂覺慶　四明毛氏。

元至正中卒。補續僧傳二十。

蘇州師子林天如惟則　廬陵譚氏。

元至正十四年（一三五四）後卒。續燈存稿八。

杭州靈隱竹泉法林　台州寧海黄氏。補續僧傳作法琳。

元至正十五年卒，年七十二（一二八四—一三五五）。增集續傳燈録四。

婺州伏龍山千巖元長　越蕭山董氏。

元至正十七年卒，年七十四（一二八四—一三五七）。增集續傳燈録無年歲，今據語録附宋濂撰塔銘及補續僧傳十三。

靈岩寺息庵義讓　真定李氏。

元順帝至元六年卒，年五十七（一二八四—一三四〇）。五燈續略一無年歲，今據印元撰道行碑，泰山志十八。

建寧高仰山古梅正友　貴溪丁氏。南宋元明僧寶傳作于氏。

元至正十二年卒，年六十八（一二八五—一三五二）。五燈續略六無年歲，今據續燈存稿八。

無夢曇噩　慈溪王氏。

明洪武六年卒，年八十九（一二八五—一三七三）。繼燈録三於洪武二年後即叙師卒，南宋元明僧寶傳十作洪武四年卒，今據宋濂撰碑銘，宋學士集三三。

我庵本無　台州黄岩陳氏。

元至正三年卒，年五十八（一二八六—一三四三）。續佛祖統紀一。

天台薦福寺善繼　諸暨婁氏。

元至正十七年卒，年七十二（一二八六—一三五七）。宋濂撰塔銘，宋學士集二十。

蘇州定慧大方因　天台人。

元至正十八年戊戌（一三五八）卒。增集續傳燈録作至正壬戌卒，至正無壬戌，今據山庵雜録上及續燈正統二四。

松江南禪寶洲覺岸　烏程吳氏。

元至正十五年（一三五五）年七十（一二八六—？）。生年據松江府志六三，至正十五年刊行稽古略時，似尚未卒。

寶林桐江紹大　嚴州桐江吳氏。

元至正十九年卒，年七十四（一二八六—一三五九）。補續僧傳採宋濂撰碑銘，删去卒年，今據宋學士集六九。

齊賢子思　奉化陳氏。

元至正二十一年（一三六一）卒。續佛祖統紀二。

靈巖了庵清欲　臨海朱氏。

元至正二十三年癸卯卒，年七十六（一二八八—一三六三）。續燈正統作至正二十七年卒，續燈存稿作至正二十八年卒，均七十歲。五燈全書作至正丁未卒，年七十三。今據語録附宋濂撰行道記。

雪崖端　黄巖人。

明洪武四年卒，年八十三（一二八九—一三七一）。山庵雜録下。

阿育王山大千慧照　永嘉麻氏。

明洪武六年卒，年八十五（一二八九—一三七三）。淨慈寺志十於至正十五年乙未下即叙師卒，今據宋濂撰石墳碑，宋學士集二六。

錢唐真如松壑正壽　烏程徐氏。

元至正二年卒，年五十三（一二九〇—一三四二）。金華集四二黄溍撰塔銘作「壽若干」，今據續佛祖統紀下。

徑山竺遠正源　南康歐陽氏。

元至正二十一年卒，年七十二（一二九〇—一三六一）。繼燈録作至元十二年卒，增集續傳燈録作至正十四年後三年卒，年七十一，補續僧傳又作年七十三，今據宋濂撰塔銘，宋學士集六一。

天龍無用守貴　浦江甄氏。五燈續略作張氏。

元至正二十一年辛丑卒，年七十二（一二九〇—一三六一）。宋學士集六一宋濂撰塔銘。但又云：「至治癸亥師年十八，泰定乙丑師年二十。」與卒年不符，俟考。

華嚴希古尚　檇李浦氏。

元至正二十二年卒，年七十三（一二九〇—一三六二）。貝瓊撰塔銘，清江集十一。

永源寂室元光　日本作州藤氏。

元至正二十七年卒，年七十八（一二九〇—一三六七）。語録附文守撰行狀。

華嚴別峰大同　上虞王氏。

明洪武三年卒，年八十一（一二九〇—一三七〇）。宗統編年及三續疑年録均作洪武二年卒，蓋二年冬得疾，而卒於三年三月也。又，明僧傳作年八十二。今據宋濂撰塔銘，宋學士集五八。

明州雪竇石室祖瑛　吳江陳氏。

元至正三年卒，年五十三（一二九一—一三四三）。補續僧傳作祖英，無年歲，今據續燈存稿五。

上天竺東溟慧日　天台赤城賈氏。

明洪武十二年卒，年八十九（一二九一—一三七九）。宋濂撰碑銘，上天竺寺志四，作洪武十年卒，今據宋學士集六十。

日本建長寺竺僊梵僊　象山徐氏。

元至正八年卒，年五十七（一二九二—一三四八）。語録附清欲撰行道記、危素撰塔銘。

天童雪窗悟光　蜀新都楊氏。

元至正十七年卒，年六十六（一二九二—一三五七）。危素撰塔銘，天童寺志七。

杭州演福寺必才　台州臨海屈氏。

元至正十九年卒，年六十八（一二九二—一三五九）。[illegible]

士集五七。

天台無盡祖鐙　四明王氏。

明洪武二年卒，年七十八（一二九二—一三六九）。宋濂撰行業碑，宋學士集五。

龍池一源永寧　淮東通州朱氏。

明洪武二年卒，年七十八（一二九二—一三六九）。吳都法乘五引宋濂撰碑銘作洪武三年卒，今據宋學士集三二。

姑蘇華山環庵道在　京口人。

明洪武二年（一三六九）年七十七（一二九三—？）。克新撰天池寂鑑禪院記，吳都文粹續集三三。

安吉州道場孤峰明德　昌國朱氏。

明洪武五年卒，年七十九（一二九四—一三七二）。皇明名僧輯略，及宋濂撰塔銘，淨慈寺志十九。

徹翁義亨　日本雲州源氏。

明洪武二年卒，年七十五（一二九五—一三六九）。語録附禪興撰行狀。

日本建長寺古先印原　相州藤氏。

明洪武七年卒，年八十（一二九五—一三七四）。宋濂撰道行碑，宋學士集四十。

釋氏疑年録卷十

嘉興本覺楚石梵琦　明州象山朱氏。

明洪武三年庚戌卒，年七十五（一二九六—一三七〇）。高僧摘要作洪武二年卒，佛祖綱目、續燈存稿、續指月録作洪武辛亥卒，今據語録附至仁撰行狀及宋濂撰塔銘，並見宋學士集五。

明州雪竇無印大證　鄱陽史氏。

元至正二十一年卒，年六十五（一二九七—一三六一）。續傳燈録三六。

杭州淨慈懶庵廷俊　饒州樂平董氏。

明洪武元年卒，年七十（一二九九—一三六八）。增集續傳燈録五。

徑山復原福報　臨海方氏。

明洪武中卒，年八十四。補續僧傳十四。

西安烏石山傑峰世愚　衢州西安余氏。

明洪武三年卒，年七十（一三〇一—一三七〇）。宋濂撰塔碑，宋學士集五五。

枯木榮　鄞人。

明洪武六年卒，年七十三（一三〇一—一三七三）。山庵雜録下。

天岩普曜　嘉禾雲泉陸氏。

元至正二十年（一三六〇）後卒，年六十。續佛祖統紀二。

演福寺謈庵顯示　台州寧海盧氏。淨慈寺志作金氏，蓋師之母姓也。

明洪武四年卒，年六十九（一三〇三—一三七一）。宋濂撰道行碑，宋學士集五七。

蘭室德馨　義烏方氏。

明洪武五年卒，年七十（一三〇三—一三七二）。補續僧傳採蘇伯衡撰塔銘，删去年歲，今據蘇平仲集十一。

杭州海門天真惟則　吳興費氏。

明洪武六年癸丑卒，年七十一（一三〇三—一三七三）。五燈嚴統叙師卒於洪武初，無年歲，佛祖綱目、續燈存稿作洪武癸酉卒，癸酉洪武二十六年，今據續燈正統二五。又，影印續藏本五燈全書五一有脱葉，遂以無見先覩傳後半接天真惟則傳前半，作元順帝元統甲戌卒，年七十。

蘇州鄧尉山萬峰時蔚　温州樂清金氏。

明洪武十四年卒，年七十九（一三〇三—一三八一）。補續僧傳十五，及沈貫撰塔銘、陳亢宗撰傳，吳都法乘五。

處州福林院白雲智度　麗水吳氏。

明洪武三年卒，年六十七（一三〇四—一三七〇）。補續僧傳採宋濂撰塔銘，删去卒年，今據宋學士集二十。

天界善世寺覺原慧曇　天台楊氏。

明洪武四年卒，年六十八（一三〇四—一三七一）。浙江通志引獻徵録作洪武三年卒，宋學士集載宋濂撰塔銘，作「壽若干」，今據增集續傳燈録五。

育王約之崇裕　毗陵陳氏。

明洪武十一年（一三七八）年七十五（一三〇四—？）。宋濂撰生塔碑，宋學士集四四。

靜庵元鎮　上海楊氏。

明洪武元年卒，年六十三（一三〇六—一三六八）。續佛祖統紀二。

嘉興廣德東海德湧　廣東馮氏。

明洪武元年（一三六八）卒。增集續傳燈録五。

華嚴古庭善學　吳馬氏。

明洪武三年卒，年六十四（一三〇七—一三七〇）。宋濂撰塔銘，宋學士集五七。

淨慈無旨可授　臨海李氏。

明洪武八年卒，年六十九（一三〇七—一三七五）。宋濂撰碑銘，宋學士集五三。

壁峰寶金　乾州永壽石氏。

明洪武五年卒，年六十五（一三〇八—一三七二）。皇明名僧輯略於洪武二年後即叙師卒，今據宋濂撰塔銘，宋學士集十五。

淨慈逆川智順　瑞安陳氏。

明洪武六年（一三七三）卒。南宋元明僧寶傳作洪武十三年卒，今據宋濂撰塔銘，宋學士集十九。

方舟友奎　會稽朱氏。

明洪武七年卒，年六十六（一三〇九—一三七四）。續佛祖統紀二。

日章祖禰　常熟張氏。

明洪武十二年卒，年七十一（一三〇九—一三七九）。續佛祖統紀二。

蘇州萬壽行中至仁　番陽吳氏。

明洪武十五年卒，年七十四（一三〇九—一三八二）。增集續傳燈録四。

天台空室恕中無愠　臨海陳氏。

明洪武十九年卒，年七十八（一三〇九—一三八六）。五燈續略於洪武七年後即叙師卒，今據語録附烏斯道撰行業記。

杭州淨慈仲邠克岐　臨海徐氏。

明洪武二十四年卒，年八十三（一三〇九—一三九一）。增集續傳燈録五。

華嚴會堂自緣　臨海陳氏。

明洪武元年卒，年五十九（一三一〇—一三六八）。宋濂撰塔銘，宋學士集四七。

徑山愚庵智及　蘇州吳縣顧氏。

明洪武十一年卒，年六十八（一三一一—一三七八）。五燈續略無年歲，今據語録附宋濂撰塔銘。

智覺普明妙葩　日本甲州平氏。

明洪武二十一年卒，年七十八（一三一一—一三八八）。語録附行業實録。

淨慈德隱普仁　蘭溪趙氏。

明洪武八年乙卯卒，年六十四（一三一二—一三七五）。續燈正統作至正甲辰後卒，續燈存稿作洪武甲寅卒，補續僧傳採宋濂撰塔銘，删去卒年，今據宋學士集四七。

靈隱樸隱元瀞　會稽倪氏。新續僧傳作原瀞。

明洪武十一年卒，年六十七（一三一二—一三七八）。五燈續略於洪武九年後即叙師卒，今據宋濂撰塔銘，宋學士集五九；徐一夔撰天鏡禪師哀頌序，始豐稿十二。

寧波天童木庵司聰　臨海謝氏。

明洪武十四年卒，年七十（一三一二—一三八一）。增集續傳燈録六。

雲南崇寶山正覺寺悦顔　滇陽李氏。

明洪武二十年卒，年七十四（一三一四—一三八七）。新續僧傳五十。

印海子實　嘉興奥溪仲氏。

明洪武二十四年卒，年七十八（一三一四—一三九一）。續佛祖統紀二。

竺隱弘道　姑蘇吴江沈氏。

明洪武二十五年卒，年七十八（一三一五—一三九二）。續佛祖統紀二，及姚廣孝撰塔銘，吴都法乘六。

真定龍興寺妙峰福勝　唐兀史氏。

元至正十二年卒，年三十七（一三一六—一三五二）。答失蠻撰碑銘，常山貞石志二四。

獨庵自朋　臨海郭氏。

明洪武三年卒，年五十五（一三一六—一三七〇）。續佛祖統紀二。

台州鴻福牧隱文謙　福州長樂方氏。

明洪武五年卒，年五十七（一三一六—一三七二）。增集續傳燈録五。

杭州靈隱寺輔良　蘇州吴縣范氏。增集續傳燈録五作原良。

明洪武四年卒，年五十五（一三一七—一三七一）。繼燈録無年歲，今據宋濂撰塔碑，宋學士集十三。

靈隱清遠懷渭　南昌魏氏。

明洪武八年卒，年五十九（一三一七—一三七五）。補續僧傳十五，及宋濂撰塔碑，宋學士集五七。

婺州華山明叟昌　金華浦江人。

明洪武九年（一三七六）卒。續燈存稿九。

寶頂曉山元亮　河南信陽蕭氏。

明洪武十三年庚申（一三八〇）卒。補續僧傳作庚辰卒，庚辰建文二年，今據續燈正統四一。

杭州徑山象原仁淑　臨海陳氏。

明洪武十三年（一三八〇）卒。增集續傳燈録五。

金陵鍾山寺班的荅　中印度人。

明洪武十四年（一三八一）卒。新續僧傳十八，及智光撰誌銘，金陵梵刹志三七。

蘇州萬壽瑩中景瓛　檇李姚氏。

明洪武十五年（一三八二）卒。增集續傳燈録五。

湖州道場竺芳慕聯　四明定海人。

明洪武十七年（一三八四）卒。增集續傳燈録六。

杭州靈隱性原慧明　黄巖項氏。續指月録作慧朗，續金山志十八以慧明、慧朗爲二人，而云：「慧明行事不見。」
明洪武十九年卒，年六十九（一三一八——一三八六）。補續僧傳卒年不明，今據增集續傳燈録四，及心泰撰塔銘，靈隱寺志六。

唯庵德然　華亭張氏。
明洪武二十一年（一三八八）卒。補續僧傳二五。

杭州徑山大宗法興　黄巖陳氏。
明洪武二十一年（一三八八）卒。增集續傳燈録六。

南京天界寺全室宗泐　臨海周氏。
明洪武二十四年辛未卒，年七十四（一三一八——一三九一）。續燈正統作洪武庚子卒，洪武無庚子。續燈存稿作延祐戊午生，年七十四，又作洪武二十三年庚午卒，不相應，今據全室外集附宋濂撰塔銘。

實峰良秀　日本京城藤氏。
明永樂三年卒，年八十八（一三一八——一四〇五）。語録附良圓撰行狀。

靈隱見心來復　豫章豐城王氏。
明洪武二十四年卒，年七十三（一三一九——一三九一）。補續僧傳二五無年歲，今據列朝詩集閏一。

杭州淨慈愚溪弘智　蘇州吴江人。

明洪武二十四年（一三九一）卒。增集續傳燈録五。

懶翁惠勤　高麗寧海府牙氏。

明洪武九年卒，年五十七（一三二〇—一三七六）。東國僧尼録。

大璞如玘　餘姚張氏。

明洪武十八年卒，年六十六（一三二〇—一三八五）。續佛祖統紀二。

通幻寂靈　洛陽人。

明洪武二十四年卒，年七十（一三二二—一三九一）。漫録附月坡撰行實。

杭州集慶寺原璞士璋　海寧王氏。

明洪武元年卒，年四十六（一三二三—一三六八）。補續僧傳作洪武初卒，宗統編年作洪武二年卒，今據宋濂撰碑銘，宋學士集五二。

無文元選　日本後醍醐帝子。

明洪武二十三年卒，年六十八（一三二三—一三九〇）。語録附行狀。

大通愚中周及　日本濃州藤氏。

明永樂七年卒，年八十七（一三二三—一四〇九）。語録附禪慶撰年譜。

杭州靈隱無文本聚　定海謝氏。武林掌故本靈隱寺志作本聚。

明建文元年卒，年七十五（一三二五——一三九九）。續燈存稿七，及心泰撰塔銘，靈隱寺志六。

荆山良玉　錢塘葛氏。

明洪武二十七年卒，年六十九（一三二六——一三九四）。續佛祖統紀二。

武昌九峰無念勝學　應山陳氏。

明永樂四年卒，年八十一（一三二六——一四〇六）。續燈正統作永樂二年卒，年八十，五燈續略又作永樂三年卒，今據補續僧傳十五。

建陽虎井庵古朴德智　甌寧吉陽人。

明宣德元年卒，年一百一（一三二六——一四二六）。建州弘釋録下。

大天界寺白庵力金　吳郡姚氏。增集續傳燈録五作萬金。

明洪武六年卒，年四十七（一三二七——一三七三）。繼燈録於洪武五年下即叙師卒，補續僧傳採宋濂撰行業碑，又删去卒年，今據宋學士集二九。

鹽山拔隊得勝　日本相州藤氏。

明洪武二十年卒，年六十一（一三二七——一三八七）。語録附明道撰行録。

杭州徑山岱宗心泰　上虞孫氏。

明永樂十三年卒，年八十九（一三二七——一四一五）。增集續傳燈録五。

應天靈谷天淵清濬　黄巖李氏。

明洪武二十五年卒，年六十五（一三二八—一三九二）。增集續傳燈録五。

常光空谷明應　日本江州平氏。

明永樂五年卒，年八十（一三二八—一四〇七）。語録附澄彧撰行實。

洛京相國一言道顯　鴈門人。

明永樂十一年卒，年八十五（一三二九—一四一三）。續燈正統十五。

德祥止庵　仁和鍾氏。

明洪武二十五年壬申卒，年六十三（一三三〇—一三九二）。淨慈寺志九云：「生至順元年庚午，卒洪武二十五年甲戌。」今改。

活石永英

明洪武十七年卒，年五十五（一三三一—一三八四）。仙巖山志五引舊志云：「生至順辛未，卒洪武甲子，年五十五。」不相應，必有一誤。

止堂大山　臨海陳氏。

明建文四年卒，年七十二（一三三一—一四〇二）。續佛祖統紀二及上天竺寺志四。

應天靈谷圓極居頂　黄巖陳氏。

明永樂二年（一四〇四）卒。增集續傳燈録六。

鷄鳴寺别峰長在　江陰陳氏。

明永樂二年（一四〇四）卒。金山志五。

靈隱可純　象山胥氏。

明永樂四年（一四〇六）卒。靈隱寺志三。

無極法天　大理楊氏。法天號無極，新續僧傳作無極號法天。

明永樂四年卒，年七十四（一三三三——一四〇六）。朝天集附楊仲節撰行實。

蘧庵大佑　吴縣吴氏。姑蘇志作大祐。

明永樂五年卒，年七十四（一三三四——一四〇七）。續佛祖統紀二，及姚廣孝撰塔銘，吴都法乘六。

温州護龍大初啓原　日本張氏。五燈全書作源氏。

明永樂五年（一四〇七）卒。宗統編年作永樂六年卒，今據補續僧傳二五。

杭州龍井寺普智　浙江臨平褚氏。

明永樂六年（一四〇八）卒。明僧傳三。

蘇州虎丘性海善法　吴縣徐墅顧氏。

明永樂七年（一四〇九）卒。增集續傳燈録五。

寶曇示應　汴王氏。

明洪武二十六年卒，年五十九（一三三五—一三九三）。補續僧傳二五。

北京慶壽獨庵道衍　長洲姚氏。賜俗名廣孝。

明永樂十六年卒，年八十四（一三三五—一四一八）。列朝詩集閏一道衍傳作永樂六年卒，溥洽傳則作永樂十六年卒，今據增集續傳燈録五及明史一四五。

嵩山少室凝然了改　嵩陽金店任氏。

明永樂十九年辛丑卒，年八十七（一三三五—一四二一）。續指月録作永樂庚子卒，今據五燈續略一。又，宗統編年作永樂十一年卒，與此大異。

絶海中津　日本土佐州藤原氏。

明建文三年卒，年六十六（一三三六—一四〇一）。語録附妙祈撰年譜。

杭州靈隱空叟忻悟　吳縣鈕氏。

明洪武二十四年卒，年五十五（一三三七—一三九一）。靈隱寺志六載心泰撰塔銘，頗有誤字，如云「師生至正丁丑」，至正無丁丑，應作後至元丁丑，又云「世壽五十四」，與臨終偈語不合，今據續燈存稿六。

白猷妙智　浙東楊氏。

明永樂六年卒，年七十二（一三三七—一四〇八）。補續僧傳二五。

松江上海安國寺紹宗　上海陳氏。

明洪武三十年卒，年六十（一三三八—一三九七）。明僧傳無年歲，今據續佛祖統紀下。

應天碧峰無作慎行　臨海毛氏。

明永樂十二年（一四一四）卒。增集續傳燈録五。

常州天寧雪心明顯　檇李陳氏。

明永樂十三年（一四一五）卒。增集續傳燈録五。

松江興聖寺道安　華亭朱氏。

明永樂十四年卒，年七十七（一三四〇—一四一六）。松江志作永樂十五年卒，今據補續僧傳二五。

景德無已道聖　日本播州大江氏。

明洪武二十四年卒，年五十一（一三四一—一三九一）。明應撰贊，常光語録下。

松江興聖寺原真　上海朱氏。圖書集成僧傳六五引作米氏。

明洪武十八年卒，年四十二（一三四四—一三八五）。明僧傳三。

杭州徑山南石文琇　崑山李氏。

明永樂十六年卒，年七十四（一三四五—一四一八）。繼燈録於永樂七年後云「越四載卒」，今據增集續傳燈録五。

石屋真梁　日本薩州藤原氏。

明永樂二十一年卒，年七十九（一三四五—一四二三）。道印撰傳，月坡語録四。

杭州淨慈祖芳道聯　四明鄞縣陸氏。五燈全書五七作祖芳道。

明永樂七年卒，年六十四（一三四六—一四〇九）。續燈正統十五，及胡濙撰塔銘，淨慈寺志十二。

損庵能義　四明象山高氏。

明永樂十三年卒，年七十（一三四六—一四一五）。補續僧傳五。

南洲溥洽　會稽山陰陸氏。

明宣德元年卒，年八十一（一三四六—一四二六）。鄭曉今言作年八十二，今據補續僧傳二五，及楊士奇撰塔銘，東里集二五。

徑山杲庵普莊　台州仙居袁氏。

明永樂元年癸未卒，年五十七（一三四七—一四〇三）。繼燈録於洪武二十六年後即叙師卒，今據語録附塔銘。但云「元至正七年丙戌生」，誤，七年是丁亥，非丙戌也。又云「年十二求出家，明年己亥薙髮受具」，則生年當是丁亥，然又云「卒年五十八」，何也！今改。

普濟善救　日本賀州藤氏。

明永樂六年卒，年六十二（一三四七—一四〇八）。語録附淨智撰行記。

不見明見　日本雲州源氏。

明永樂八年卒，年六十四（一三四七——一四一〇）。道印撰傳，月坡語録四。

華嚴寺佛妙　昆明人。

明宣德四年卒，年八十（一三五〇——一四二九）。續燈存稿十二，及胡濙撰華嚴寺碑，金陵梵刹志三二。

退翁一如　上虞孫氏。

明洪熙元年卒，年七十四（一三五二——一四二五）。補續僧傳四，及楊士奇撰塔銘，東里集二五。

南京天界寺雪軒道成　雲州趙氏。

明宣德七年壬子卒，年八十一（一三五二——一四三二）。補續僧傳作宣德辛亥卒，無年歲，今據五燈續略一。但云「宣德三年，師年七十六」，則宣德七年實八十也。

南京靈谷寺非幻道永　信安吳氏。

明永樂十八年（一四二〇）卒。補續僧傳十五、五燈續略四。

建昌西竺本來　撫州崇仁裴氏。

明永樂二十年卒，年六十八（一三五五——一四二二）。補續僧傳十五。

南京靈谷寺潔庵正映　金谿洪氏。

明正統四年（一四三九）卒。續燈正統十六作宣德改元卒，今據新續僧傳五二。

南京靈谷寺舜都宗

明宣德元年（一四二六）卒。五燈全書六一。

成都大隨無初德始　日本信州神氏。

明宣德四年己酉（一四二九）卒。續燈正統作宣德戊申卒，今據補續僧傳十五。

汝州風穴古潭本深　山西絳州張氏。

明宣德五年（一四三〇）卒。續燈正統三七。

鷲峰雪軒道成　薊北雲州人。

明宣德六年（一四三一）卒。李震撰誌銘，金陵梵剎志十六。

西天無隱智光　山東武定王氏。

明宣德十年（一四三五）卒。補續僧傳一，及楊榮撰誌銘，金陵梵剎志三二。

棲巖慧進　靈石宋氏。

明正統元年卒，年八十二（一三五五—一四三六）。補續僧傳四及賢首傳燈録上。

杭州東明海舟普慈　常熟錢氏。

明景泰元年卒，年九十六（一三五五—一四五〇）。續燈正統二七。按，普慈與永慈統系，燈録頗有聚訟，五燈續略、繼燈録、五燈嚴統、佛祖正傳等以普慈爲東明昷嗣；續指月録、揞黑豆集以普慈、永慈皆東明嗣；續燈存稿、續燈正統、五燈全書以二人分載萬峰蔚、東明旵下，今表如後：

萬峰時蔚——寶藏普持——東明慧旵——海舟永慈
　　　　　└海舟普慈

崇安東林寺祖庭　江西揭氏。

明正統七年卒，年八十五（一三五八——一四四二）。建州弘釋録下。

尹山崇福寺永隆　姑蘇施氏。

明洪武二十五年卒，年三十三（一三六〇——一三九二）。補續僧傳二十，及姚廣孝撰誌銘，金陵梵刹志三一。

杭州普明立中成　錢塘孫氏。

明正統八年癸亥卒，年八十三（一三六一——一四四三）。續燈存稿作正統癸酉卒，正統無癸酉，今據續燈正統十六。

鳳凰山聖果寺子敬　海昌凌氏。

明天順元年卒，年九十三（一三六五——一四五七）。新續僧傳五二及聖果寺志。

獨芳洪蓮　太原吳氏。

明景泰七年卒，年九十一（一三六六——一四五六）。補續僧傳五。

金山文海道瀾　常熟人。

明正統元年卒，年六十九（一三六八—一四三六）。續金山志十九。

東白曉庵善啓　長洲楊氏。

明正統八年卒，年七十五（一三六九—一四四三）。明僧傳無年歲，今據補續僧傳二五，及錢溥撰塔銘，文章辨體彙選七三五。原文作「正統八年卒，距洪武三年，世壽七十五」，應作洪武二年。

覺庵宗妙　錢塘趙氏。

明正統八年卒，年七十五（一三六九—一四四三）。王直撰塔銘，淨慈寺志十二，云：「正統癸亥卒，洪武己酉生，年七十四。」今改。

當陽玉泉山廣鎮

明成化十七年卒，年百十三（一三六九—一四八一）。新續僧傳五三。

日庵曇旭　安固林氏。

明正統二年卒，年六十七（一三七一—一四三七）。黄淮撰塔銘，仙巖山志五。

杭州東明虛白慧旵　湖廣王氏。

明正統六年辛酉卒，年七十（一三七二—一四四一）。五燈續略、繼燈録均作宣德辛酉卒，宣德無辛酉，今據續燈存稿九。

杭州淨慈照庵宗靜　郡高氏。

明正統十三年戊辰卒，年七十六（一三七三—一四四八）。續燈存稿八於丁卯下即敘師卒，今據王英撰塔銘，淨慈寺志十二。

杭州性天如皎　鄞周氏。

明正統八年卒，年七十（一三七四—一四四三）。補續僧傳十五採倪謙撰塔銘，删去卒年，今據倪文僖集三二。碑云：「洪武壬申得度，時年二十。」實十九也。

杭州淨慈簡庵師頤　檇李朱氏。

明宣德七年卒，年五十七（一三七六—一四三二）。續指月録七作李氏，無年歲，今據楊復撰塔銘，淨慈寺志十二。

杭州徑山月江宗淨　金華倪氏。四庫提要地理類存目六有宗淨撰徑山集，云「宗淨始末未詳」，即此人。

明正統七年壬戌卒，年六十七（一三七六—一四四二）。續指月録、續燈存稿均作元統壬戌卒，元統無壬戌，五燈全書作元統甲戌，續燈正統作正統壬戌，一字之差，相去百一十餘年。全書與正統以宗淨爲雙林闇嗣，存稿與續指月録以宗淨爲靈隱闇嗣，而雙林闇下復出一宗淨，名號族姓完全相同，恐誤，今從續燈正統十五。

桑渴巴辣　中天竺人。

明正統十一年卒，年七十（一三七七—一四四六）。補續僧傳一。

焦山覺初祖心　武昌江夏王氏。

明天順五年卒，年八十五（一三七七—一四六一）。焦山志十五書焦山法系後。

竹居正猷　日本薩州長氏。

明天順五年卒，年八十二(一三八〇—一四六一)。道印撰傳，月坡語録四。

河南嵩山倶空契斌　晉亳邑王氏。

明景泰三年卒，年七十(一三八三—一四五二)。續指月録無年歲，宗統編年作正統九年卒，年八十七，今據續燈正統三七。

杭州智淳

明景泰六年(一四五五)卒。補續僧傳二五。

南京牛頭古心寶　楚湘郭氏。

明景泰七年(一四五六)卒。徑石滴乳集二。

天泉雨庵祖淵　廬陵楊氏。

明正統十四年卒，年六十一(一三八九—一四四九)。補續僧傳十八、天童寺志三。

湖州碧巖空谷景隆　姑蘇洞庭黿山陳氏。

明正統八年(一四四三)年五十二(一三九二—?)。續燈正統二七。

西京小庵行密

明天順二年(一四五八)卒。續燈正統十五。

金陵東山海舟永慈　成都余氏。

明天順五年辛巳卒，年六十九（一三九三—一四六一）。錦江禪燈九作洪武甲戌生，續燈正統六作成化丙戌卒，年七十三，五燈全書五九作成化丙戌卒，年七十二，宗統編年作天順六年卒，今據南宋元明僧寶傳十二。

普照寺雲公滿空　高麗人。

明天順七年（一四六三）卒。泰山志十四引洪因撰塔碑。

靈隱性天宗杲

明景泰二年卒，年五十七（一三九五—一四五一）。徑石滴乳集二。

水心月江覺靜　姑蘇沈氏。續指月録作覺淨。

明成化十五年卒，年七十九（一四〇一—一四七九）。續燈存稿九。

鳳頭道孚　江浦劉氏。

明景泰七年卒，年五十五（一四〇二—一四五六）。補續僧傳五。

藴空祖能　三河孫氏。

明成化二年卒，年六十五（一四〇二—一四六六）。盤山志二無年歲，但云永樂壬午生，壬午永樂前一年也。

金山甘霖弘霔

明成化三年（一四六七）卒。金山志五。

器之爲璠　日本隅州藤氏。

明成化四年卒，年六十五（一四〇四—一四六八）。道印撰傳，月坡語録四。

南京寶峰明瑄　吳江范氏。續指月録作智暄。

明成化八年壬辰（一四七二）卒。續燈正統作成化辛卯卒，宗統編年作成化十四年卒，今據五燈續略七。

舒州投子楚山紹琦　蜀唐安雷氏。揞黑豆集誤作「安唐」。

明成化九年卒，年七十（一四〇四—一四七三）。五燈續略無年歲，今據續燈存稿九。

南京香嚴古溪覺澄　山後蔚州人。五燈續略作高陽張氏。

明成化九年（一四七三）卒。補續僧傳十五，及金潤撰誌略，金陵梵刹志三四。

太平八峰山寶月潭

明成化間卒。徑石滴乳集二。

杭州天真毒峰季善　鳳陽吳氏。續指月録十二作本善。

明成化十八年（一四八二）卒。補續僧傳十六。

雪江宗深　日本攝州源氏。

明成化二十二年卒，年七十九（一四〇八—一四八六）。語録附行狀。

寶峰德聚　玉田趙氏。

明成化八年（一四七二）年五十九（一四一四—？）。柯潛撰行實碑，盤山志二。

南京太岡夷峰寧　杭州錢氏。

明弘治四年（一四九一）卒。徑石滴乳集二。

古庭善堅　滇城丁氏。

明弘治六年（一四九三）卒，年八十餘。補續僧傳十五無年歲，今據新續僧傳十九。

一州正伊　日本防州藤原氏。

明成化二十三年卒，年七十二（一四一六—一四八七）。道印撰傳，月坡語録四。

大興心宗悟溪宗頓　日本尾州人。

明弘治十三年卒，年八十五（一四一六—一五〇〇）。虎穴録附宗柱撰行狀。

西源特芳禪傑　日本尾州人。

明正德元年卒，年八十八（一四一九—一五〇六）。語録附傳。

西京定國寺無方可從　洛陽許氏。

明成化十九年卒，年六十四（一四二〇—一四八三）。宗統編年作成化九年卒，續燈存稿作成化十年卒，續燈正統作成化十八年卒，今據五燈續略一。

古淵智源　仁和袁氏。

明弘治九年（一四九六）年七十四（一四二三—？）。朱鏞撰壽塔銘，淨慈寺志十二。

景川宗隆　日本伊陽平氏。

明弘治十三年卒，年七十六（一四二五—一五〇〇）。語録附宗休撰行狀。

大巍淨倫　昆明康氏。

明弘治五年（一四九二）年六十六（一四二七—？）。大巍竹室集自述行脚。

東陽英朝　日本濃州土岐氏。

明弘治十七年卒，年七十七（一四二八—一五〇四）。少林無孔笛附傳。

邵武君峰大闡慧通　建寧邵氏。

明弘治十四年卒，年七十一（一四三一—一五〇一）。五燈續略七。

法琳洞祖遇

明成化二十年卒，年四十（一四四五—一四八四）。補續僧傳二十。

三河寶鑑無聞明聰

明正德七年卒，年六十三（一四五〇—一五一二）。徑石滴乳集三。按，宗統編年無聞聰嗣天奇瑞，嘉靖二十二年卒，此嗣南竺橘。

杭州天目寶芳進

明正德十四年（一五一九）卒。徑石滴乳集三。

齊安白雲寶明鑑　蜀人。

明嘉靖二年（一五二三）卒。徑石滴乳集三。

嵩山少室月舟文載　蔚州廣寧王氏。

明嘉靖三年（一五二四）年七十三（一四五二—？）。宗統編年作正德十年卒，續指月録作嘉靖三年卒，續燈存稿作嘉靖三年師年七十，續燈正統作嘉靖三年師年七十一，均未著卒年，今據五燈續略一。

杭州覺圓寺佛供　四明人。又作佛洪。

明嘉靖七年卒，年七十七（一四五二—一五二八）。仁和縣志十。

普濟庵寶藏自成　德州劉氏。

明嘉靖三十九年卒，年八十九（一四七二—一五六〇）。德清撰塔銘，憨山集二九。

月潭　楊氏。

明萬曆十四年卒，年百十三（一四七四—一五八六）。補續僧傳二六，及王世貞撰塔銘，弇州續稿一百十。

廣德寺大雲　襄陽人。

明嘉靖中卒。補續僧傳二十。

燕都真鎣　京城大軍倉林氏。

明嘉靖二十年卒，年六十七（一四七五—一五四一）。蔡羽撰塔碑，明文海四六七。

隨州七尖峰大休宗隆　青州益都賈氏。五燈續略作大體。

明嘉靖二十一年（一五四二）卒。續指月録十五。

隨州龍泉寺無聞明聰　邵武光澤奚氏。禪燈世譜作正聰。

明嘉靖二十二年（一五四三）卒。宗統編年二九，嗣天奇瑞。

長沙柏林寺明星　長沙人。

明隆慶二年（一五六八）後卒，年九十餘。新續僧傳三九。

雙徑萬松慧林　仁和沈氏。

明嘉靖三十六年卒，年七十六（一四八二—一五五七）。補續僧傳五，及方九叙撰塔碑，慧因寺志八。

西林永寧　六合郭氏。

明嘉靖四十四年卒，年八十三（一四八三—一五六五）。德清撰傳，憨山集三十。

香林圓果　京口丁氏。

明萬曆元年卒，年九十（一四八四—一五七三）。補續僧傳二六。

順德内丘金山德寶　山東陽津劉氏。

明隆慶四年卒，年八十五（一四八六——一五七〇）。續指月録十七。

鄢陵顯慶曙庵悟寅

明嘉靖三十五年（一五五六）卒。續燈正統三七。

嘉興天寧法舟道濟　檇李張氏。

明嘉靖三十九年庚申卒，年七十四（一四八七——一五六〇）。南宋元明僧寶傳作嘉靖庚戌卒，今據補續僧傳十六，及方澤撰行狀，附法舟剩語後。

甌寧斗峰山天真道覺　建安張氏。

明隆慶二年卒，年七十九（一四九〇——一五六八）。建州弘釋録下。

嘉興無趣如空　秀水施氏。

明萬曆八年卒，年九十（一四九一——一五八〇）。五燈續略無年歲，今據續燈存稿十及語録附性虚撰行狀。

白雲滿起　安州牛氏。

明嘉靖四十一年（一五六二）卒。補續僧傳二六。

湖州玉芝庵月泉法聚　嘉禾富氏。

明嘉靖四十二年癸亥卒，年七十二（一四九二—一五六三）。續燈存稿、續燈正統均云「生弘治壬子，卒嘉靖癸丑，年七十二」，不相應，今據補續僧傳二六，及蔡汝楠撰塔銘，莫干山志十二。

鷄足山圓信庵大機性玄　賓川趙氏。

明嘉靖四十二年卒，年七十二（一四九二—一五六三）。鷄足山志六。

靈山青龍庵性空　山東章丘展氏。

明嘉靖三十六年卒，年六十一（一四九七—一五五七）。羅洪先撰塔銘，廬山紀事二。

北直羊山秀峰庵明龍　淮南宿遷姚氏。

明萬曆元年（一五七三）卒。明僧傳四。

真安磻溪寺孤舟

明萬曆初卒。錦江禪燈二十。

南泉慧定　潞安邵氏。

明萬曆二年卒，年七十六（一四九九—一五七四）。補續僧傳十八。

古燈常慧

明萬曆六年卒，年八十（一四九九—一五七八）。盤山志二。

別傳慧宗　湖廣雲夢汪氏。

明萬曆七年卒，年八十一（一四九九—一五七九）。補續僧傳十九於隆慶三年己巳後即叙師卒，今據陳以勤撰塔銘，峨眉山志五。

北京宗鏡小山宗書　順德南和李氏。

明隆慶元年丁卯卒，年六十八（一五〇〇—一五六七）。續指月録作嘉靖丙寅卒，今據五燈續略一。

嘉興胥山雲谷法會　嘉善懷氏。

明萬曆七年卒，年八十（一五〇〇—一五七九）。宗統編年作萬曆二年卒，續燈存稿作年七十，憨山集載德清撰傳、法璽語録載正印撰重修塔記，均作萬曆三年卒，年七十五，今據袁黄撰行狀，攝山志三。

寶燈性然　東阿楊氏。

明萬曆二十一年卒，年九十四（一五〇〇—一五九三）。補續僧傳二一。

一江真澧　江右劉氏。

明隆慶六年壬申卒，年七十二（一五〇一—一五七二）。賢首傳燈録上，云：「弘治辛酉生，萬曆壬申寂。」萬曆當作隆慶。

北京徧融真圓　蜀營山鮮氏。續燈正統、錦江禪燈作錢氏。

明萬曆十二年卒，年七十九（一五〇六—一五八四）。錦江禪燈作年八十三，今據補續僧傳五。

九江廬山大安　襄陽郝氏。

明萬曆七年卒，年七十三（一五〇七—一五七九）。續燈正統三十。

護國慈壽寺古風覺淳　保定新城宋氏。

明萬曆九年卒，年七十一（一五一一—一五八一）。德清撰塔銘，憨山集二九。

陽明山萬壽秀峰　寧遠鄭氏。

明嘉靖二十九年卒，年三十九（一五一二—一五五〇）。湖南通志二四二。

北京吉祥院明信　沙河宋氏。

明萬曆二年卒，年六十三（一五一二—一五七四）。新續僧傳二十。

北京笑巖月心德寶　金臺吴氏。

明萬曆九年卒，年七十（一五一二—一五八一）。南宋元明僧寶傳十四作萬曆十年卒，年七十一，今據補續僧傳十六。

大賢如榮　海寧金氏。

明萬曆九年卒，年七十（一五一二—一五八一）。雲棲紀事。

無絃妙琴　華陽人。

明萬曆九年（一五八一）卒。錦江禪燈二十。

亨渠真灃　江右劉氏。

明萬曆十年(一五八二)卒。補續僧傳十八。

天目蘭風真定　餘姚陳氏。

明萬曆十年(一五八二)卒。徑石滴乳集四。

建昌廩山藴空常忠　建昌人。

明萬曆十六年卒,年七十五(一五一四—一五八八)。道盛撰傳,附晦臺元鏡語録後。

圓通庵東暉明曉　仁和施氏。

明萬曆十七年卒,年七十六(一五一四—一五八九)。馮夢禎撰塔記,西谿梵隱志四。

鷄足山寂光定堂本帖　雲南楊林楊氏。通志作本鐵,嵩明李氏。

明隆慶四年卒,年五十四(一五一七—一五七〇)。李元陽撰塔銘,鷄足山志補四。

衛公庵普照明空　薊州豐潤宋氏。

明萬曆元年卒,年五十七(一五一七—一五七三)。智朴撰行實碑,見電光録。

棲霞素庵　襄陽鍾氏。

明萬曆二十一年卒,年七十五(一五一九—一五九三)。補續僧傳五。

宛平資福寺守心鎮端　山西潞安陳氏。

明萬曆二十年卒,年七十三(一五二〇—一五九二)。真可撰塔銘,紫柏集二二。但云生嘉靖二年,則年當七十。

西山玄應休靜　朝鮮完山崔氏。

明萬曆三十二年卒，年八十五(一五二〇—一六〇四)。東國僧尼録。

蘇州華山麓亭祖住　丹徒楊氏。高僧摘要誤作「祖仕」。

明萬曆十五年卒，年六十六(一五二二—一五八七)。補續僧傳無年歲，今據明僧傳三，及王世貞撰塔銘，弇州續稿百十四。

東巖寺無瑕海玉　宛平人。

明天啓三年卒，年百二(一五二二—一六二三)。九華山志六。

雪庵樂靜　安縣譚氏。

明萬曆十一年(一五八三)卒，年六十餘。錦江禪燈二十。

無瑕廣玉　蜀資中孟氏。

明萬曆十二年(一五八四)卒。補續僧傳二十，及邊維垣撰塔銘，峨眉山志五。

嵩山少室大千常潤　江西進賢黄氏。續指月録作王氏。

明萬曆十三年(一五八五)卒。補續僧傳十六。

順德鵠山天然圓佐　順德范氏。

明萬曆十三年(一五八五)卒。續指月録十八。

天台國清寺易庵如通　會稽杭氏。

明萬曆二十三年卒,年七十三(一五二三—一五九五)。陸光祖撰塔銘,慧因寺志八。

輔慈高原昱　蓬溪人。

明萬曆三十九年(一六一一)後卒,年九十。錦江禪燈二十。

大智真融　麻城人。

明萬曆二十年卒,年六十九(一五二四—一五九二)。普陀山志八。

慈慧寺無瑕明玉　西蜀龍居劉氏。

明萬曆二十三年卒,年七十二(一五二四—一五九五)。德清撰塔銘,憨山集二九。

通天明徹　同州潘氏。

明萬曆二十九年卒,年七十六(一五二六—一六〇一)。錦江禪燈二十,及王在公撰塔銘,峨眉山志五。

雲中普興院古鏡義玄　雲中賈氏。

明萬曆三十三年卒,年八十(一五二六—一六〇五)。德清撰塔銘,憨山集二六。

金臺龍華寺瑞庵廣禎　金臺孫氏。

明萬曆十七年卒,年六十二(一五二八—一五八九)。德清撰塔銘,憨山集二九。

建陽董巖庵雲陽德和　三貴萬氏。

明萬曆二十二年卒，年六十七（一五二八—一五九四）。建州弘釋録下。

龍庵利鈇　祁門黄氏。

明天啓二年卒，年九十四（一五二九—一六二二）。九華山志六。

法源如清　上虞阮氏。

明萬曆十一年卒，年五十四（一五三〇—一五八三）。雲棲紀事。

嘉興東禪寺月亭明得　湖州烏程周氏。高僧摘要作明德。

明萬曆十六年卒，年五十八（一五三一—一五八八）。宗統編年作十五年卒，蓋示疾於冬，而卒於十六年春也。今據陸光祖撰塔銘，吳都法乘六。

五臺大博庵無邊　代州崞縣曹氏。

明萬曆十六年（一五八八）卒。補續僧傳二二，及瞿汝稷撰塔銘，明文海四六七。

南岳瑞光法祥　越嵊縣周氏。

明萬曆三十八年卒，年七十九（一五三二—一六一〇）。德清撰塔銘，憨山集二九。

萬年寺蘊空明照　三衢曹氏。

明萬曆十七年卒，年五十七（一五三三—一五八九）。傳燈撰行狀，天台山方外志二四。

三角山勉庵如幻　莆田林氏。

明萬曆十九年卒，年五十九（一五三三——一五九一）。補續僧傳五作萬曆中卒，今據德清撰塔銘，憨山集二九。

張家橋滿賢　江西星子錢氏。

明萬曆二十六年卒，年六十五（一五三四——一五九八）。補續僧傳十六。

天台石城守庵性専　崑山張氏。

明萬曆三十四年卒，年七十三（一五三四——一六〇六）。法華經持驗記無年歲，今據傳燈撰傳，天台山方外志二四。

卓然廣度　雲南臨安曾氏，俗名倬。

明萬曆三十一年卒，年六十九（一五三五——一六〇三）。郭子章撰像贊，見滇繫雜載。

房山上方普濟寺圓銀　武清李氏。新續僧傳作銀圓。

明萬曆四十八年庚申（一六二〇）卒。新續僧傳五四。上方山志藝文類有塔記，題萬曆八年撰，而文則作萬曆庚申卒，但釋儒類銀禪師傳又謂崇禎間挂錫上方，前後都不相應。

按，此卷海舟慈、月江淨、無聞聰均有二人，名號相同，如天皇悟故事。蓋明自宣德以後，隆慶以前，百餘年間，佛教式微已極，萬曆以來，宗風稍振，而文獻無徵，數典遂忘其祖，亦勢使然也。

釋氏疑年録卷十一

雲棲蓮池袾宏　仁和沈氏。

明萬曆四十三年乙卯卒，年八十一（一五三五—一六一五）。續燈正統作萬曆庚辰卒，年八十，庚辰萬曆八年。又，湖壖雜記作萬曆十三年卒，龍威本、武林掌故本均如此。夫利瑪竇萬曆九年至中國，袾宏著天説尚在三十八年利瑪竇既卒之後，則二書之誤顯然。今據德清撰塔銘，憨山集二七。

妙峰真覺　崑山王氏。

明萬曆十七年卒，年五十三（一五三七—一五八九）。馮夢禎撰塔銘，天台山方外志二四。

遠夢圓魁　溧陽袁氏，俗名應魁。

明萬曆二十年卒，年五十六（一五三七—一五九二）。補續僧傳二六，及戴洵撰塔銘，廣雁蕩山志二七。

夔州白馬寺儀峰方象　達州羅氏。

明萬曆二十年（一五九二）後卒。五燈續略四。

天台慈雲寺象先真清　湘潭羅氏。

明萬曆二十一年卒，年五十七（一五三七—一五九三）。明僧傳四，及袁黄撰塔銘，天台山方外志二四。

北京大覺寺慈舟方念　唐縣楊氏。

明萬曆二十二年(一五九四)卒。續燈存稿十一。

無窮真法　重慶銅梁田氏。

明萬曆三十一年卒，年六十七(一五三七—一六〇三)。王在公撰塔銘，峨眉山志五。

龍岡寺大方如遷　鳳翔李氏。

明萬曆二十六年卒，年六十一(一五三八—一五九八)。德清撰塔銘，憨山集二八。

漢王山實相善真　南昌熊氏。

明萬曆二十六年(一五九八)卒。補續僧傳十六。

浠川華桂山能仁濟舟洪　九江桑落人。

明萬曆二十九年(一六〇一)卒。徑石滴乳集三。

三藏本融　陝西鄠縣人。

明萬曆三十年(一六〇二)卒。補續僧傳二六。

嘉興天寧幻也佛慧　會稽史氏。

明崇禎元年戊辰卒，年九十一(一五三八—一六二八)。續燈正統作天啓丙寅卒，今據續燈存稿十。

建陽董岩一庵圓長　饒州人。
明萬曆三十七年（一六〇九）卒。建州弘釋録下。
西蜀夜臺
明萬曆三十八年（一六一〇）卒。補續僧傳二十。
蘇州車溪無幻性沖　嘉興秀水張氏。
明萬曆三十九年卒，年七十二（一五四〇—一六一一）。五燈續略無年歲，今據佛祖宗派世譜及語録附慧廣等撰行狀。
五臺山妙峰福登　山西平陽續氏。
明萬曆四十年壬子卒，年七十三（一五四〇—一六一二）。補續僧傳二三作萬曆庚申卒，今據德清撰傳，憨山集三十。
武林西溪傳記　鄞水人。
明萬曆四十一年（一六一三）卒。法華經持驗紀下。
三空明律　順天龔氏。
明萬曆四十三年（一六一五）卒。補續僧傳十六。
嘉興祇園古卓性虚

明萬曆四十三年（一六一五）卒。續指月録十六。

崇慶州明采

明萬曆四十五年（一六一七）卒。錦江禪燈二十。

内丘智空了睿　内丘張氏。

明天啓四年卒，年八十五（一五四〇—一六二四）。續指月録二十。

廬山千佛寺恭乾仁敬　襄陽吴氏。

明萬曆十九年卒，年五十一（一五四一—一五九一）。德清撰塔銘，憨山集二八。

金陵天隆寺古心如馨　溧水楊氏。

明萬曆四十三年卒，年七十五（一五四一—一六一五）。南山宗統二。

廬山雲中寺敬堂法忠　新安歙縣曹氏。

明萬曆四十八年卒，年八十（一五四一—一六二〇）。德清撰碑銘，憨山集二八。

萬安福善中天正圓　惠安陳氏。

明萬曆三十八年卒，年六十九（一五四二—一六一〇）。隆琦撰中天祖香燈碑記，隱元語録十六。

兀齋如慧　襄陽鍾氏。

明萬曆十四年卒，年四十四（一五四三—一五八六）。補續僧傳五。

嘉興楞嚴了然能弘　嘉興欣氏。

明萬曆十六年卒，年四十六（一五四三——一五八八）。道開撰行狀，密藏遺稿下。

紫柏達觀真可　吳江沈氏。四庫提要釋家類存目誤作「可真」。

明萬曆三十一年卒，年六十一（一五四三——一六〇三）。紫柏集附德清撰塔銘、陸符撰傳。

九華山無垢性蓮　太平僊源王氏。

明萬曆二十五年卒，年五十四（一五四四——一五九七）。德清撰塔銘，憨山集二八。

寶華山雪浪洪恩　金陵黃氏。

明萬曆三十六年卒，年六十四（一五四五——一六〇八）。新續僧傳七無卒年，德清撰中興法道傳作三十五年卒，年六十三。今據鄒迪光、錢謙益撰塔銘，寶華山志七、初學集六九。

度門寺無跡正誨　當陽劉氏。

明崇禎元年卒，年八十四（一五四五——一六二八）。王維章撰碑，玉泉山寺志卷中。

鷄足山水月用周儒全　晉寧杜氏。

明萬曆三十七年卒，年六十四（一五四六——一六〇九）。傅宗龍撰道行碑記，鷄足山志補四。

廬山五乳峰憨山德清　全椒蔡氏。

明天啓三年卒，年七十八（一五四六——一六二三）。憨山集附吳應賓及錢謙益撰塔銘，又觀衡撰傳，顓愚語録十二。

清涼山竹林寺空印鎮澄　宛平李氏。

明萬曆四十五年卒，年七十一（一五四七—一六一七）。補續僧傳五無年歲，今據德清撰塔銘，憨山集二七。

廣信鵞湖養庵廣心　上饒鄭氏。

明天啓七年丁卯卒，年八十一（一五四七—一六二七）。五燈續略、續燈存稿、續指月録均作上饒朱氏，萬曆丁卯卒，萬曆無丁卯，今據續燈正統三十。

新城壽昌無明慧經　撫州崇仁裴氏。

明萬曆四十六年卒，年七十一（一五四八—一六一八）。語録附德清撰塔銘、元賢撰行業記。

常州龍池幻有正傳　溧陽李氏。

明萬曆四十二年卒，年六十六（一五四九—一六一四）。五燈續略作吕氏，無年歲，今據續燈存稿十。

秀恒圓融　黄州麻城何氏。

明萬曆三十八年卒，年六十一（一五五〇—一六一〇）。文行遠撰傳，圓書集成僧傳六九。

幻齋如念　襄陽鍾氏。

明萬曆十六年卒，年三十八（一五五一—一五八八）。補續僧傳五。

破山洞聞法乘　吴江李氏。

明天啓三年卒，年七十二（一五五二—一六二三）。錢謙益撰塔銘，初學集六八。

寧國千頃山了然

清康熙十七年卒，年一百二十六（一五五三—一六七八）。江南通志一七五。

皖城浮山朗目本智　曲靖李氏。

明萬曆三十三年卒，年五十一（一五五五—一六〇五）。憨山集載德清撰傳，無年歲，今據吴應賓撰塔銘，附浮山法句後。

耶溪志若　山陰姚氏。

明萬曆四十五年卒，年六十三（一五五五—一六一七）。德清撰塔銘，見憨山集二八，無年歲，今以「庚寅年三十六」推之。新續僧傳二十作年六十四。

黄山慈光寺普門惟安　郿縣奚氏。

明天啓五年（一六二五）卒，年七十餘。許鼎臣撰塔銘，黄山志五。

樵雲真常　澄邑新安周氏。

明崇禎十一年卒，年八十三（一五五六—一六三八）。智旭撰塔銘，靈峰宗論八。

金山朝陽洞無瑕　濟南孫氏。

清順治三年(一六四六)卒,年九十餘。山東通志二百。

吉州水心如印　南昌李氏。

明萬曆四十二年卒,年五十六(一五五九—一六一四)。劉同升撰塔碑,青原山志略四。

廬陵環照性起　廬陵劉氏。

明崇禎四年卒,年七十二(一五六〇—一六三一)。劉軒翥撰塔碑,青原山志略四。

黄州興善寺一然如幻　黄州朱氏。

明崇禎十六年卒,年八十四(一五六〇—一六四三)。徑石滴乳集四。

鵬沙彌

明萬曆二十年卒,年三十二(一五六一—一五九二)。真可撰塔銘,紫柏集二二。

徑山化城寺澹居法鎧　江陰趙氏。

明天啓元年卒,年六十一(一五六一—一六二一)。德清撰塔銘,憨山集二九。

會稽雲門湛然圓澄　會稽夏氏。

明天啓六年卒,年六十六(一五六一—一六二六)。語録附陳懿典及陶奭齡撰塔銘。

塘棲大善寺介山傳如　武原顧氏。

明天啓四年卒,年六十三(一五六二—一六二四)。宋人中撰傳,昭慶寺志八。

杭州昭慶寺靈源大惠　仁和邵氏。

明崇禎九年卒，年七十三（一五六四—一六三六）。吴本泰撰塔銘，昭慶寺志八，有年歲，無卒年，以「庚申受具時年五十七」推之。

嵩山少室心悦慧喜　金臺滿城劉氏。

明崇禎十二年卒，年七十六（一五六四—一六三九）。續燈正統三八，及海寬撰傳，盤山志補遺一。

一雨通潤　西洞庭山鄭氏。

明天啓四年卒，年六十（一五六五—一六二四）。錢謙益撰塔銘，初學集六九。

湛懷欽義　金壇王氏。

明天啓末年卒。列朝詩集閏三。

海虞三峰梵伊弘致　海虞陶氏。

明崇禎元年（一六二八）卒。五燈全書六九。

湖州淨名庵抱樸大蓮　臨安駱氏。

明崇禎二年（一六二九）卒。五燈續略八。

虞山鶴林大寂　嘉定趙氏。

明崇禎三年（一六三〇）卒。錢謙益撰塔銘，初學集六八。

法雨佛石　錢塘戴氏。

明崇禎九年（一六三六）卒。淨土全書下。

真寂聞谷廣印　檇李嘉善周氏。

明崇禎九年卒，年七十一（一五六六——一六三六）。元賢撰塔銘，永覺廣録十八；錢謙益撰塔銘，初學集六八。

吳江華嚴于槃弘鴻　毗陵蔣氏。

明崇禎十二年（一六三九）卒。五燈全書六九。

南京栖賢樂愚性潔　保定博野人。

明崇禎十五年（一六四二）卒。觀衡撰塔銘，顓愚語録十二。

無暗至明　山西介休袁氏。

明崇禎十五年（一六四二）卒。智朴撰行實碑，盤山志二。

天童密雲圓悟　宜興蔣氏。

明崇禎十五年壬午卒，年七十七（一五六六——一六四二）。高僧摘要一及天童寺志八載韋克振撰道行碑，均作崇禎辛巳卒。今據道忞撰行狀、年譜，及錢謙益撰塔銘，有學集三六，但云「嘉靖戊寅生」，亦誤，應作丙寅。

了宗古圓　程鄉湯氏。

明崇禎十一年卒，年七十一（一五六八—一六三八）。黎遂球撰塔銘，蓮鬚閣集二四。

有相如堂　南陽人。

明永曆三年己丑卒，年八十二（一五六八—一六四九）。尹民興撰傳，明文海四二一。傳但言「己丑寂」，無年號。民興，崇禎元年進士，明史二七七附丘祖德傳，唐王敗後歸家卒，則此崇禎後己丑也，故以永曆紀之。

杭州理安寺如嵩　錢塘戴氏。

明崇禎九年卒，年六十八（一五六九—一六三六）。戴澳撰塔銘，理安寺志五。

江寧古林寺性璞　吳王氏。

清順治三年卒，年七十八（一五六九—一六四六）。新續僧傳二九。

瑞光了一定源　長洲周氏。

明萬曆四十四年卒，年四十六（一五七一—一六一六）。智旭撰傳，靈峰宗論八。

杭州上天竺寺萬靈　仁和邵氏。

明崇禎五年卒，年六十二（一五七一—一六三二）。上天竺寺志四。

徑山語風雪嶠圓信　鄞縣朱氏。

清順治四年卒，年七十七（一五七一—一六四七）。五燈續略無年歲，續燈正統作年七十八，今據續燈存稿十及譚貞默撰語風老人道行碑。碑一卷，二萬餘言，附語録後。

靈隱無新性證　錢江鄧氏。

明崇禎八年乙亥卒，年六十四（一五七二—一六三五）。陳繼儒撰行業記，見靈隱寺志六，作乙亥卒，無年號。新續僧傳五七引陳記，乃作康熙乙亥卒，夫陳卒於崇禎十二年，何能於康熙三十四年爲人撰記，殊誤。

蘇州三峰漢月法藏　無錫蘇氏。

明崇禎八年卒，年六十三（一五七三—一六三五）。續指月録無年歲，今據語録附弘儲撰年譜，又黄宗羲撰塔銘，南雷文案六。

叙州朝陽月明聯池　本郡范氏。

明崇禎十一年卒，年六十六（一五七三—一六三八）。續燈正統十六。

燕京白雲洞灌陽鑑隨　渝州嚴氏。

明崇禎十七年卒，年七十二（一五七三—一六四四）。錦江禪燈九。

杭州上天竺方誌　海陵馬氏。

清順治七年卒，年七十八（一五七三—一六五〇）。上天竺寺志四。

宣城華陽山法振大鐸　宛陵人。

明萬曆四十六年卒，年四十五（一五七四—一六一八）。德清撰塔銘，憨山集二八。

黄山擲鉢庵寓安廣寄　衢州開化余氏。

明天啓元年卒，年四十八（一五七四—一六二一）。德清撰塔銘，憨山集二八，無年歲，今據黄山志五。

松陵鑒空如寧　松陵沈氏。

明崇禎五年卒，年五十九（一五七四—一六三二）。智旭撰傳，靈峰宗論八。

温州雁蕩山羅漢寺正智　福寧陳氏。

清順治四年卒，年七十四（一五七四—一六四七）。新續僧傳十八，誤編入洪武中。

博山無異大艤元來　龍舒沙氏。

明崇禎三年卒，年五十六（一五七五—一六三〇）。語録附吳應賓撰塔銘、劉日杲撰傳。又元賢撰衣鉢塔銘，永覺廣録十八。

常州磬山天隱圓修　荆溪閔氏。

明崇禎八年卒，年六十一（一五七五—一六三五）。五燈嚴統無年歲，今據續燈存稿十，及通琇撰傳，玉林語録十八；張玉書撰塔銘，張文貞集十二。

青原本寂真元　閩邵武鄧氏。

明崇禎十一年卒，年六十四（一五七五—一六三八）。黄端伯撰塔銘，青原山志略四。

杭州兜率一默弘成　錢塘黄氏。

明崇禎十四年卒，年六十七（一五七五—一六四一）。正源略集五。

燕京玉泉山二聖庵僧清　山左杜氏。

清順治二年（一六四五）卒，年七十餘。新續僧傳三八。

鈞天廣樂　内江石氏。

清順治三年丙戌卒，年七十二（一五七五—一六四六）。錦江禪燈二十，原作崇禎丙戌，今改。

嘉興興善寺南明慧廣　鹽官韓氏。

明泰昌元年卒，年四十五（一五七六—一六二〇）。五燈續略無年歲，今據佛祖宗派世譜。

杭州淨慈寺元津大壑　錢塘薛氏。

明天啓七年卒，年五十二（一五七六—一六二七）。新續僧傳六作萬曆四年丙子卒，蓋誤以生年爲卒年也。今據黄汝亨撰生塔銘、董其昌撰瘞塔銘，淨慈寺志十二。

嘉興營泉寺白法性琮　信州上饒鄭氏。

清順治十六年卒，年八十四（一五七六—一六五九）。智旭撰八帙壽序，靈峰宗論八；錢謙益撰塔表，有學集三六。

武夷山東苑晦臺元鏡　閩建陽馮氏。

明崇禎三年卒，年五十四（一五七七—一六三〇）。語録附黄端伯撰塔銘，又道盛撰行狀，覺浪語録十二。

本無釋禪　昆明張氏。

明崇禎五年卒，年五十六（一五七七—一六三二）。滇釋紀二。

本智如騰　福州福清劉氏。

清順治十年卒，年七十七（一五七七—一六五三）。道霈撰傳，餐香録下。

妙圓如會　燕都譚氏。

清順治五年卒，年七十一（一五七八—一六四八）。智旭撰傳，靈峰宗論八。

鼓山湧泉寺永覺元賢　建陽蔡氏。

清順治十四年卒，年八十（一五七八—一六五七）。福建通志作年八一，今據語録附林之蕃撰行業記、潘晉臺撰傳，又道霈撰塔誌，見爲霖秉拂語録下。

寶慶五臺庵顓愚觀衡　霸州趙氏。

清順治三年卒，年六十八（一五七九—一六四六）。賢首傳燈録上，及語録附正印撰行狀、熊文舉撰塔銘，又智旭撰爪髮塔銘，見靈峰宗論八。

壽昌見如元謐　建昌南城胡氏。

清順治六年卒，年七十一（一五七九—一六四九）。語録附道璞立石文。

鑑明寂澄　長洲吳氏。

清順治六年卒，年七十一（一五七九—一六四九）。同治蘇州府志一三四。

壁如廣鎬　台州王氏。

明崇禎四年卒，年五十二（一五八〇—一六三一）。智旭撰壁如惺谷二友合傳，絶餘編二。

江寧寶華山三昧寂光　廣陵錢氏。

明弘光元年卒，年六十六（一五八〇—一六四五）。南山宗統三，及張有譽撰塔銘，寶華山志七。

新伊大真　杭郡周氏。

清順治七年卒，年七十一（一五八〇—一六五〇）。智旭撰傳，靈峰宗論八；徐繼恩撰壙誌，西谿梵隱志四。

青林如鑑　侯官林氏。

清康熙五年卒，年八十七（一五八〇—一六六六）。道霈撰傳，餐香録下。

杭州顯寧澹予弘垣　姑蘇朱氏。

明崇禎十六年卒，年六十三（一五八一—一六四三）。五燈全書六九。

東莞廣惠庵雲峰傳肇　漳州羅氏。

清順治十五年卒，年七十八（一五八一—一六五八）。增補羅浮志卷末。

唵囕大香　吳洞庭武山吳氏。

明崇禎九年卒，年五十五（一五八二—一六三六）。列朝詩集閏三。

忠州聚雲吹萬廣真　敘州宜賓李氏。

明崇禎十二年卒，年五十八（一五八二—一六三九）。南宋元明僧寶傳無年歲，今據續燈正統十六及語録附田華國撰塔銘。

白雲圓彩　昆明劉氏。

明永曆八年卒，年七十三（一五八二—一六五四）。滇釋紀二。

玉光寬壽　平陽洪洞人。

清順治十八年卒，年八十（一五八二—一六六一）。律宗燈譜二云：「生萬曆庚寅，世壽未詳。」今據湛祐撰傳，廣濟寺新志卷中。

惺谷道壽　温陵何氏。

明崇禎四年卒，年四十九（一五八三—一六三一）。智旭撰壁如惺谷二友合傳，絶餘編二。

達源德本　嘉禾董氏。

清順治九年卒，年七十（一五八三—一六五二）。智鈯撰傳略，西谿梵隱志四。

湖州弁山瑞白明雪　桐城楊氏。

明崇禎十四年卒，年五十八（一五八四—一六四一）。五燈續略二，及語録附寂藴等撰行狀、余大成撰塔銘、唐世濟撰傳。

潭州潙山五峰如學　臨潼任氏。

明崇禎六年卒，年四十九（一五八五—一六三三）。續指月録十九無年歲，今據語録附陶汝鼒撰塔銘。

廣信博山雪關智誾　上饒傅氏。佛祖道影作道誾。

明崇禎十年卒，年五十三（一五八五—一六三七）。續燈正統四十，及語録附曹學佺撰傳、黄端伯撰塔銘。

潤州焦山問石弘乘　竟陵熊氏。

清順治二年卒，年六十一（一五八五—一六四五）。正源略集五。

常州澄江課虚行真　常州徐氏。

清順治二年（一六四五）卒。五燈全書七一。

京口夾山林皋本豫　崑山陳氏。

清順治三年（一六四六）卒。續指月録十九。

杭州積翠唯一普潤　浙梅東楊氏。

清順治四年（一六四七）卒。正源略集二。

江陰敔山退庵行重　九江高安彭氏。

清順治五年（一六四八）卒。五燈全書八一。

天台國清爕雲璣　通州人。

清順治五年（一六四八）卒。五燈全書八四及張有譽撰語録序。

逐鷗柗　淮安人。

清順治五年（一六四八）卒。五燈全書八四。

文殊訒堂覺從　廣惠興寧何氏。

清順治五年（一六四八）卒。五燈全書百五。

慈谿香山寺了義隆祇　嵇氏。

清順治八年卒，年六十七（一五八五—一六五一）。姜宸英撰塔銘，湛園藏稿四。

博山古航道舟　晉江鄭氏。

明永曆九年卒，年七十一（一五八五—一六五五）。元賢撰塔銘，永覺廣録十八。

金山緇雲洪肇　蜀蓬州高氏。據舊志應作法肇。

明崇禎五年卒，年四十七（一五八六—一六三二）。潘一桂撰塔銘，光緒金山志二十。

寶峰三巴掌鐵眉慧麗　趙州柏鄉李氏。

清順治七年卒，年六十五（一五八六—一六五〇）。續燈正統十七。

石林道源　婁江許氏。
清順治十四年卒，年七十二（一五八六——一六五七）。有學集三六載錢謙益撰塔銘，有歲數，無卒年，但云：「甲午孟㫐卒，今年師又示寂。」不知今年爲何年，幸有學集二五有石林長老七十序，云：「歲在乙未，世壽七十。」則知其生萬曆丙戌，卒順治丁酉也。
公安玉泉寺海福　名山吳氏。
清順治十六年卒，年七十四（一五八六——一六五九）。新續僧傳五六。
影渠清沼　檇李孫氏。
明崇禎十四年卒，年五十五（一五八七——一六四一）。智旭撰影渠道山合傳，靈峰宗論八。
建寧普明鴛湖妙用　海寧鄭氏。
明崇禎十五年卒，年五十六（一五八七——一六四二）。五燈續略無年歲，今據語録附悟進撰行狀、譚貞默撰塔銘。
蘇州中峰蒼雪讀徹　雲南趙氏。
清順治十三年卒，年六十九（一五八八——一六五六）。錢謙益撰塔銘，有學集三六。滇繫藝文六載此文，作吳偉業撰，蓋乾隆間錢集曾被禁，易名以避時忌耳，然何以文中「虞山一人」句亦改爲「婁江一人」耶！
竺璠圓淨　長洲陸氏。
明崇禎十二年卒，年五十二（一五八八——一六三九）。錢謙益撰塔銘，初學集六九。

汰如明河　南通州陳氏。
明崇禎十三年卒，年五十三（一五八八—一六四〇）。錢謙益撰塔銘，初學集六九。
無錫華藏大樹弘證　本邑朱氏。
清順治三年卒，年五十九（一五八八—一六四六）。正源略集五。
蘇州瑞光頂目弘徹　金陵栢氏。
清順治五年卒，年六十一（一五八八—一六四八）。正源略集無年歲，今據五燈全書六九。
潭州大溈養拙正明　蒲州常氏。五燈全書作行明。
清順治六年（一六四九）卒。正源略集五及語録通雲序。
湖州雙髻慧刃弘銛　武進柳氏。
清順治六年（一六四九）卒。五燈全書六九。
穹窿拈花佛音曇　錫山吳氏。
清順治七年（一六五〇）卒。五燈全書八二。
蘇州海藏幻庵時　休寧吳氏。
清順治八年（一六五一）卒。五燈全書八三。
南京融凡　六合王氏。

清順治八年(一六五一)卒。燈來撰南浙二師塔銘,三山語録六。

淮安檀度嵩乳道密　泗水唐氏。

清順治十五年卒,年七十一(一五八八—一六五八)。續燈正統四十。

遵義禹門策眉徹智　蜀廣安黎氏,俗名懷智。

清康熙十四年卒,年八十八(一五八八—一六七五)。黔詩紀略作年八十九,今據錦江禪燈二十。

青原笑峰大然　丹徒倪氏。或作「天然」,誤。俗名嘉慶,天啓二年進士,留溪外傳作崇禎辛未進士,誤。小腆紀傳作「皖人,與方以智並稱皖江兩大師」,亦誤,蓋與歙人益然弘濟混也。

清順治十六年己亥卒,年七十一(一五八九—一六五九)。五燈全書百十八,有生年,無卒年。青原山志略四載張貞生撰衣鉢塔銘,云「杖人入塔日,先一時逝」,是與覺浪盛同年卒也。又云「康熙己亥卒,年七十二」,字之訛耳,今改正。

武都白琬山破壁永吉　蜀綿竹吳氏。

清順治十八年卒,年七十三(一五八九—一六六一)。如乾撰行狀,敲空遺響一。

紹興東山爾密明澓　會稽王氏。

明崇禎十五年壬午卒,年五十三(一五九〇—一六四二)。五燈全書作崇禎癸未卒,續燈正統作年五十二,今據五燈續略二。

湘鄉荆紫山無學　歙王氏。
明崇禎十六年卒，年五十三（一五九一——一六四三）。新續僧傳五五。
妙峰徹庸周理　雲南杜氏。
明永曆元年卒，年五十七（一五九一——一六四七）。徑石滴乳集作崇禎丙子寂，今據滇釋紀二。
筠州洞山孤崖淨聰　楚德安李氏。
清順治四年卒，年五十七（一五九一——一六四七）。五燈全書百十三。
西鏞證果印如淨成　閩長汀楊氏。
清順治九年卒，年六十二（一五九一——一六五二）。五燈全書百十。
天台國清大庾韜　吳江趙氏。俗名庾，崇禎十六年進士。
清順治九年壬辰（一六五二）卒。五燈全書八四作順治辛卯卒，今據語録附正志撰塔銘。
指一行仁　河南光山張氏。
清順治九年（一六五二）卒。法華經持驗紀下。
泰清梵欽中
清順治十年（一六五三）卒。五燈全書七九。
處州連雲古淵成　福州長樂王氏。

清順治十二年(一六五五)卒。五燈全書七一。

瑞州黄檗一庵月　揚崇川涂氏。

清順治十二年(一六五五)卒。五燈全書八十。

杭州佛日紫蓋衡　黄州黄氏。

清順治十二年(一六五五)卒。五燈全書八四。

天台瑞巖質夫殊　泰州秦氏。

清順治十二年(一六五五)卒。五燈全書八四。

浙江定空　山陰陳氏。

清順治十三年(一六五六)卒。燈來撰南浙二師塔銘,三山語録六。

臺設今鏡　廣州三水李氏。

清順治十三年(一六五六)卒。海雲禪藻集二。

湖州清凉東暉淏　東甌梅氏。

清順治十三年(一六五六)卒。五燈全書七七。

海鹽法喜破顔祖　蜀達州吴氏。

清順治十四年(一六五七)卒。五燈全書七八。

廬山西林古嶷志玄　武進吳氏。

清順治十四年(一六五七)卒。五燈全書八四。

進賢英山湖德全　湖廣人。

清順治十四年(一六五七)卒。王猷撰德全禪師紀，四照堂文集一二。

潤州焦山碩機弘聖　荆溪巫氏。

清順治十五年(一六五八)卒。五燈全書六九。

南嶽藥山商尊元　衡陽王氏。

清順治十五年(一六五八)卒。五燈全書七八。

天台能仁辨庵光　姑蘇金氏。

清順治十五年(一六五八)卒。五燈全書八四。

永嘉平天僧彦宗　海寧人。

清順治十五年(一六五八)卒。五燈全書八四。

南洙崇文　常熟人。

清順治十五年(一六五八)卒。翁叔元書淨土約説後，見念佛警策下。

支硎穆花庵主煦堂琪　韓氏。

清順治十五年(一六五八)卒。五燈全書八五。

明州白雲西師太　襄陽人。

清順治十五年(一六五八)卒。續指月録二十。

碧庵慧俊　遼人。

清順治十七年卒,年七十(一五九一—一六六〇)。清世祖撰傳贊,五燈全書三補遺。

金山若冰福城　四川渠縣趙氏。

清順治十八年卒,年七十一(一五九一—一六六一)。金山志略二。

江寧天界覺浪道盛　閩柘浦張氏。

清順治十六年卒,年六十八(一五九二—一六五九)。續燈正統四十,及語録十七劉餘謨撰塔銘、攝山志三紀映鍾撰傳。

止言今墮　番禺黎氏。

清順治十六年(一六五九)卒。海雲禪藻集二。

孝豐鉢山純朴汶　蜀彭山瞿氏。

清順治十七年(一六六〇)卒。五燈全書七九。

玉峰文衢達　崑山人。

清順治十七年（一六六〇）卒。五燈全書八六。

雲獅雷水石谷慧　合州江氏。

清順治十七年（一六六〇）卒。五燈全書八七。

京口夾山蘧夫一　宜章李氏。

清順治十七年（一六六〇）卒。五燈全書八十。

湖州清涼三疾淨甫　紹興呂氏。

清順治十七年（一六六〇）卒。五燈全書百十一。

清江普賢疎庵淨

清順治十七年（一六六〇）卒。五燈全書百十二。

無住洪如　定遠鄧氏。

清康熙三年卒，年七十三（一五九二—一六六四）。滇釋紀二。

廣信博山雪磵道奉　建陽龔氏。

清康熙九年卒，年七十九（一五九二—一六七〇）。續燈正統四十。

黄檗普照隆琦　福清林氏。

清康熙十二年卒。年八十二（一五九二—一六七三）。普照國師年譜。

毗陵性慈　潘氏。

明萬曆四十八年卒，年二十八（一五九三—一六二〇）。德清撰塔幢銘，憨山集二八。

嘉興金粟石車通乘　金華朱氏。

明崇禎十一年卒，年四十六（一五九三—一六三八）。五燈續略作米氏，無年歲，今據五燈嚴統二四。

陽山松際通授　烏程嚴氏。

明崇禎十五年卒，年五十（一五九三—一六四二）。五燈全書六八。

湖州龍華久默大音　淛西石門姚氏。

明崇禎十五年卒，年五十（一五九三—一六四二）。五燈全書百十三。

杭州寶壽石雨明方　嘉興武塘陳氏。

清順治五年卒，年五十六（一五九三—一六四八）。宗統編年作順治四年卒，今據續燈正統三九及語録附淨柱撰行狀。

杭州徑山費隱通容　閩福清何氏。

清順治十八年辛丑卒，年六十九（一五九三—一六六一）。續燈正統、五燈全書作順治庚子卒，續指月録、天童寺志作順治辛丑卒，無年歲，今據語録附紀年録，又行元撰入塔祭文，百癡語録二九；慧海撰行狀，水鑑語録九。

寧波大梅山法幢行幟　瑞安林氏。俗名增志，崇禎元年進士。

清康熙六年卒，年七十五（一五九三—一六六七）。留溪外傳十八載二雪和尚傳作年七十四，今據五燈全書七五。

蘇州報恩浮石通賢　平湖李氏。天童寺志作當湖趙氏。

清康熙六年卒，年七十五（一五九三—一六六七）。續燈正統三三。

大理鷄足山擔當通荷　晉寧唐氏。初名普荷，俗名泰，字大來。

清康熙十二年卒，年八十一（一五九三—一六七三）。光緒戊申李根源撰擔公事略，作卒年七十六，今據擔當遺詩附馮甦撰塔銘，但云「癸巳生，癸亥卒，年八十一」，亦不相應，「亥」當作「丑」。

江寧獨峰竹山道嚴　順慶大竹沈氏。

清順治九年壬辰卒，年五十九（一五九四—一六五二）。續燈正統四十，傳云：「崇禎己巳，師年三十四」。則順治壬辰當年五十七也。

杭州淨性紫仙淨陽　鹽官戴氏。

清順治十三年卒，年六十三（一五九四—一六五六）。五燈全書百十。

宜興龍池萬如通微　秀水張氏。

清順治十四年卒，年六十四（一五九四—一六五七）。續指月録十九無年歲，今據語録附通門撰行狀，行舟撰傳。

寧波雪竇石奇通雲　婁東徐氏。

清康熙二年癸卯卒，年七十（一五九四——一六六三）。五燈全書作「康熙庚子還南廣，閱三載卒」，是爲雍正元年；續燈正統作「順治庚子還南廣，閱三載卒」，是爲康熙二年。惟息齋續外集載金之俊撰塔銘，作順治辛丑卒；語録載金之俊撰塔銘及行正撰行狀，則作康熙癸卯卒，今從語録。

廣德崇化了悟能　蜀墊江李氏。

清康熙二年卒，年七十（一五九四——一六六三）。正源略集六。

禪通劍叟空昰　楚人。

清康熙七年（一六六八）年七十五（一五九四——?）。法門鋤宄附與晦山顯和尚書。

衡州西山邃谷淨源　蒲圻丘氏。

清順治七年卒，年五十六（一五九五——一六五〇）。五燈全書百十四。

天童林野通奇　合州蔡氏。

清順治九年卒，年五十八（一五九五——一六五二）。天童寺志七載道忞撰塔銘，卒年不明，今據語録載道忞撰塔銘及曹勳撰行狀。

清化唯岑淨巘　荆州松滋張氏。

清康熙三年卒，年七十（一五九五—一六六四）。黃宗羲撰塔銘，南雷續文案四。

寧波雪竇道嚴行恂　餘姚張氏，俗名廷賓。

清康熙二十一年卒，年八十八（一五九五—一六八二）。邵廷采撰明遺民所知傳，思復堂文集三。

道山永闃　武林孫氏。

明崇禎十五年卒，年四十七（一五九六—一六四二）。智旭撰影渠道山合傳，靈峰宗論八。

衢州南華山界滋淨澤

清順治十五年卒，年六十三（一五九六—一六五八）。五燈全書百九。

建州翠巖午星淨炯　吉州泰和羅氏。

清順治十六年卒，年六十四（一五九六—一六五九）。五燈全書百九。

天童山翁木陳道忞　潮陽大埔林氏。

清康熙十三年卒，年七十九（一五九六—一六七四）。續指月録十九，天童寺志三。

安吉州樂平淑安淨周　鹽官吳氏。

清順治五年卒，年五十二（一五九七—一六四八）。五燈全書百十五。

夔州破山海明　蜀大竹蹇氏。

清康熙五年卒，年七十（一五九七—一六六六）。圖書集成僧傳引四川總志作康熙四年卒，年七十，續燈正統三二作康熙六年卒，年七十一，續指月録、揞黑豆集作康熙丙午卒，無年歲，新續僧傳作年七十四，今據語録附印正撰行狀、劉道開撰塔銘、印繼等撰年譜。

蕭山湘湖冷堂林　華亭沈氏。

清康熙七年卒，年七十二（一五九七—一六六八）。正源略集十六。

杭州淨慈豁堂正嵒　金陵郭氏。清詩別裁集作「止嵒，仁和徐氏，名繼恩」，蓋誤以淨挺爲豁堂也。淨挺見卷十二。

清康熙九年卒，年七十四（一五九七—一六七〇）。五燈全書八二無年歲，今據馮溥撰塔銘，淨慈寺志十二；龔鼎孳撰道行碑，淨慈寺志十九。

建州華嚴元錫弘恩　明宗室。

清順治三年卒，年四十九（一五九八—一六四六）。五燈全書百十六。

黄檗象崖性珽　閩福清陳氏。

清順治八年卒，年五十四（一五九八—一六五一）。錦江禪燈九作年五十三，今據語録附道智撰行狀、陳實錀撰塔銘。

無一太純　建陽水東張氏。

清康熙六年卒，年七十（一五九八—一六六七）。道霈撰傳，餐香録下。

蘇州鄧尉剖石弘璧　無錫鄭氏。

清康熙八年卒，年七十二（一五九八—一六六九）。五燈全書六九。

廬江治父星朗雄　龍溪林氏。

清康熙十二年卒，年七十六（一五九八—一六七三）。五燈全書六三。

宜興磬山雲居行嵿　臨江王氏。「嵿」或作「嶺」。

清康熙十八年卒，年八十二（一五九八—一六七九）。正源略集四。嵿爲玉林琇嗣，長琇十六歲。

杭州安隱潭吉弘忍　資州鄭氏。

明崇禎十一年卒，年四十（一五九九—一六三八）。正源略集無年歲，今據五燈全書六九。

靈峰蕅益智旭　吴鍾氏。

清順治十二年卒，年五十七（一五九九—一六五五）。新續僧傳九作順治十年之明年卒，今生年據靈峰宗論卷首自傳，卒年據門人成時續傳。

梵庵洪上　普安趙氏。

明永曆十三年卒，年六十一（一五九九—一六五九）。滇釋紀二。

大理雞足山斷際庵寂定　劍川張氏。

明永曆十三年卒，年六十一（一五九九—一六五九）。新續僧傳五六。

杭州愚庵三宜明盂　錢塘丁氏。

清康熙四年卒，年六十七（一五九九—一六六五）。續燈正統三九及語録附道忞撰塔銘，又淨挺撰行實，俍亭語録十五。

西湖留錫虛舟行省　慈谿姚氏。

清康熙七年卒，年七十（一五九九—一六六八）。五燈全書七一無年歲，今據語録附塔銘及徐善撰行狀。

嘉興古南牧雲通門　常熟張氏。

清康熙十年卒，年七十三（一五九九—一六七一）。續指月録十九，有卒年，無歲數，據嬾齋別集三載師撰靈巖戒雷法師傳，云「法師少余二歲」，法師以萬曆廿九年生，則師當以萬曆廿七年生也。

衢州明果彤山宏淖　安陸陳氏。

清康熙十三年卒，年七十六（一五九九—一六七四）。正源略集二。

檗庵正志　嘉魚熊氏。俗名開元，天啓五年進士。

清康熙十五年卒，年七十八（一五九九—一六七六）。留溪外傳三大和尚傳無卒年。陸桴亭詩鈔七有康熙戊申壽華山檗公和尚七十詩，則當生於萬曆廿七年己亥。黄山志二載公康熙甲寅寂，然清詩別裁集一有吳江沈永令贈檗庵禪師詩，言：「師筮仕吳令，永令以童子受知，康熙乙卯駐錫江城，距作令時已閱五十寒暑。」據此，則康熙十四年公仍在世，今據宗統編年三二。

蘇州金僊蕃光淨璨　金陵朱氏。

清順治十五年卒，年五十九（一六〇〇—一六五八）。五燈全書百十三無卒年，今據佛祖道影三。

長慶宗寶道獨　南海陸氏。

清順治十八年卒，年六十二（一六〇〇—一六六一）。語録附函昰撰行狀、錢謙益撰塔銘。

靈隱具德弘禮　山陰張氏。

清康熙六年卒，年六十八（一六〇〇—一六六七）。靈隱寺志七載吳偉業撰塔銘、張立廉撰塔表、戒顯撰行狀，均作年六十八，惟梅村家藏稿五一作年六十七，今從靈隱志。

平越餘慶他山大錯　丹徒錢氏，俗名邦芑。

清康熙十二年卒，年七十四（一六〇〇—一六七三）。明季南略十六載錢邦芑祝髮記，云「甲午二月廿三日，適爲余初度之辰」，而未著年若干歲，大錯遺集二悉檀寺詩有「六十年前古佛身，蒲團小定悟前因」之句，是年爲己亥，假定己亥六十，則甲午祝髮時五十五，至癸丑八月卒於邵陽旅次，見黔詩紀略補卷中錢點哭開少叔詩序，時當七十四。然大錯集一己亥題永北阮氏世孝録詩序云：「余自乙酉阻滇黔之間莫能歸，不奉慈闈色笑者十五年矣。」是己亥時大錯猶有母也。

靈巖戒雷道震　梁谿楊氏。

明崇禎十三年卒，年四十（一六〇一—一六四〇）。通門撰傳，嬾齋别集三。

虎丘雲巖道開自扃　吳門周氏。

清順治九年卒，年五十二（一六〇一—一六五二）。錢謙益撰塔銘，有學集三六。

杭州龍唐遠門淨柱　龍溪陳氏。

清順治十一年卒，年五十四（一六〇一—一六五四）。五燈全書百九。

賢宗性遇　昆明李氏。

清康熙三年卒，年六十四（一六〇一—一六六四）。滇釋紀三。

蘇州瑞光中興範　檇李姚氏。

清康熙十四年卒，年七十五（一六〇一—一六七五）。五燈全書八二。

江寧寶華山見月讀體　滇南楚雄許氏。

清康熙十八年卒，年七十九（一六〇一—一六七九）。艮齋倦稿載尤侗撰傳，無卒年，雲南志作讀禮，康熙十五年卒，今據毘尼日用切要、香乳記上及一夢漫言下。

五臺山阿王老藏　燕京西山賈氏。

清康熙二十六年卒，年八十七（一六〇一—一六八七）。蔣弘道撰塔銘，清涼山新志七。

自觀照印　應天江浦姚氏。

明崇禎十四年卒，年四十（一六〇二—一六四一）。智旭撰傳，靈峰宗論八。

虔州獅子巖中也淨慈　新安程氏。

清順治三年卒，年四十五（一六〇二—一六四六）。五燈全書百十三。

雲浪大全　趙氏，改姓薛。

清順治十六年卒，年五十八（一六〇二—一六五九）。南潯志十五。

越州寶泉素端衜

清康熙三年卒，年六十三（一六〇二—一六六四）。正源略集七。

自天慶祐　溧陽李氏。

清康熙六年卒，年六十六（一六〇二—一六六七）。尤侗撰塔誌銘，西堂雜俎二集八。

鄂州向上采商榮　海寧羅氏。

清康熙六年卒，年六十六（一六〇二—一六六七）。正源略集十六。

古越寶壽大鼎淨新　山陰馬氏。

清康熙九年卒，年六十九（一六〇二—一六七〇）。五燈全書百九。

靈瑞弘曇　青州諸城蘇氏。

清康熙十年卒，年七十（一六〇二—一六七一）。佛祖道影三。

盤山大博行乾　蜀達州胡氏。

清康熙十二年卒，年七十二（一六〇二—一六七三）。盤山志載魏裔介撰塔院碑記，無年歲，今據五燈全書七二。

御方智帆　錢塘沈氏。

清康熙十五年卒，年七十五（一六〇二—一六七六）。顧豹文撰塔銘，艮山雜志一。

公安報慈寺濟亮　萍鄉王氏。

清康熙二十年卒，年八十（一六〇二—一六八一）。新續僧傳五七。

彭山純一道悟　長沙劉氏。

清康熙二十一年卒，年八十一（一六〇二—一六八二）。道霈撰傳，旅泊庵稿二。

三祖山乾元寺破闇淨燈　桐城江氏。

清順治十六年卒，年五十七（一六〇三—一六五九）。正源略集作汪氏，無年歲，今據五燈全書百十五。

福州雪峰亘信行彌　同安蔡氏。

清順治十六年卒，年五十七（一六〇三—一六五九）。五燈全書七十。

忠州慶忠鐵壁慧機　營山羅氏。

清康熙七年卒，年六十六（一六〇三—一六六八）。續燈正統十六及語録附沈廷勱撰塔銘、至善撰年譜。

萬縣慈雲敏樹如相　蜀潼川王氏。

清康熙十一年卒，年七十（一六〇三—一六七二）。黔南會燈録一及語録附道廓識語。

衡陽東山智勝寺明德　姑蘇人。

清康熙三十二年（一六九三）卒，年九十餘。新續僧傳五六。

贛州鳳日本珠玥

清順治二年卒，年四十二（一六〇四—一六四五）。正源略集七。

贛州寶華朝宗通忍　常州陳氏。

清順治五年卒，年四十五（一六〇四—一六四八）。續指月録十九、黄山志二均無年歲，今據語録附葉紹顒撰行狀。

杭州南澗箬庵通問　吴江俞氏。

清順治十二年乙未卒，年五十二（一六〇四—一六五五）。續指月録十九無年歲，今據理安寺志五行策撰行狀及語録附道忞撰塔銘。佛祖道影作康熙乙未卒，大誤，乙未康熙五十四年也。

顯寧梵音真詠　仁和白氏。

清康熙二年卒，年六十（一六〇四—一六六三）。戒顯撰塔銘，雲林寺續志四。

吉州資國眉庵秀　金陵夏氏。

清康熙二年卒，年六十（一六〇四—一六六三）。五燈全書無年歲，今據正源略集五。

四川昭覺寺離指方示　壁山陳氏。

清康熙二年卒，年六十（一六〇四—一六六三）。錦江禪燈無卒年，今據新續僧傳三五。

仙溪城峰禪院一空　莆陽郭氏。

清康熙三年卒，年六十一（一六〇四—一六六四）。新續僧傳五七。

杭州智果漚永慧　山陰徐氏。

清康熙八年卒，年六十六（一六〇四—一六六九）。五燈全書九一。

婁江禪燈大方行海　桐鄉錢氏。

清康熙九年卒，年六十七（一六〇四—一六七〇）。語録附錢廣居撰塔銘。

永豐禪院性空本實　潯甸戴氏。

清康熙十一年卒，年六十九（一六〇四—一六七二）。滇釋紀三。

不夜照燈　滄州歐陽氏。

清康熙二十一年卒，年七十九（一六〇四—一六八二）。賢首傳燈録上。

雲南水目山非相普行　迷度孫氏。

清康熙二十九年卒，年八十七（一六〇四—一六九〇）。鷄足山志六。

夔州臥龍字水圓鈯　安漢譙氏。

清順治二年卒，年四十一（一六〇五—一六四五）。五燈全書七十及語録附明揆撰行狀。

同人通化　廣陵人。初名大化，又名智化。

清順治四年卒，年四十三（一六〇五—一六四七）。通門撰傳，嬾齋別集三。

蘇州香山巨治濟教　泰州毛氏。

清順治十八年卒，年五十七（一六〇五—一六六一）。吳偉業撰塔銘，梅村家藏稿五一。

揚州天寧巨渤濟恒　靖江人。

清康熙五年卒，年六十二（一六〇五—一六六六）。宗統編年三二。

富民九峰山靈藥慧宗　澧州趙氏。

清康熙九年卒，年六十六（一六〇五—一六七〇）。滇釋紀二。

青溪西水庵丹溟淨幢　鹽官張氏。

清康熙十年辛亥卒，年六十七（一六〇五—一六七一）。五燈全書百十五作順治辛亥卒，順治無辛亥，今改。

蘇州靈巖繼起弘儲　南通州李氏。

清康熙十一年壬子卒，年六十八（一六〇五—一六七二）。語錄附自撰塔銘，不著生年；有懷堂稿載韓菼撰塔銘，不著卒年；正源略集有卒年，無年歲；鮚埼亭集載全祖望撰南嶽和尚退翁第二碑作年六十九。今據五燈全書六九，傳云：「我生萬曆乙巳，歷六十七年矣。」言已過去六十七年也。有學集二五載錢謙益撰退和尚壽量頌序亦言：「歲在甲辰，和尚六十。」則壬子正當六十八。

渝州治平慧覺照衣　綦江熊氏。

清康熙十二年卒，年六十九（一六〇五—一六七三）。語録附德玉撰行狀、徐子才撰塔銘。

平湖復庵天息乾　上虞陳氏。

清康熙十五年卒，年七十二（一六〇五—一六七六）。五燈全書七六。

福州雪峰寺超弘　惠安劉氏。

清康熙十七年卒，年七十四（一六〇五—一六七八）。新續僧傳六二。

吳山益然弘濟　歙汪氏。俗名沐日。

清康熙十八年卒，年七十五（一六〇五—一六七九）。南雷文約二有塔銘，作己未卒，無年歲；留溪外傳十八有傳，無卒年。今據黄山志二。

希有洪鑑　蜀人。

清康熙二十二年卒，年七十九（一六〇五—一六八三）。道光雲南志一七二。

淮陰卓錫破崖弘繼　姑蘇濮氏。

清康熙二十五年卒，年八十二（一六〇五—一六八六）。五燈全書百十六無卒年，今據佛祖道影三。

定遠白馬山法雨清宣　岳池王氏。

清康熙二年卒，年五十八（一六〇六—一六六三）。滇釋紀二。

屺山保安二隱謐　古渝昌州金氏。

清康熙四年乙巳卒，年六十（一六〇六—一六六五）。五燈全書七八作康熙甲辰卒，今據語録附周正儒撰塔銘。

金陵萬松響谷徹 楚湨川黄氏。

清康熙十二年卒，年六十八（一六〇六—一六七三）。五燈全書七二。

雲居成拙性德 滇潯甸劉氏。

清康熙二十年卒，年七十六（一六〇六—一六八一）。南山宗統五。

貫之性一 犍爲王氏。

清康熙二十年卒，年七十六（一六〇六—一六八一）。宋肆樟撰塔銘，峨眉山志五。

潭州神鼎雲外行澤 婺源汪氏。

清順治十一年卒，年四十八（一六〇七—一六五四）。五燈全書八一、黄山志二均無年歲，今據語録附本璁撰傳。

越州道林離愚淨智

清順治十一年卒，年四十八（一六〇七—一六五四）。正源略集作淨志，無年歲，今據五燈全書百十五。

杭州廣化悦可明 武塘居氏。

清順治十四年（一六五七）年五十一（一六〇七—?）。笑堂語録附順治丁酉自撰行實，云：「丙申秋，予五旬初度。」

湖州夾山伴我淨侶　德清張氏。

清康熙八年卒，年六十三（一六〇七—一六六九）。五燈全書百十四。

奉新頭陀穎學弘敏　宜豐陳氏。

清康熙十一年卒，年六十六（一六〇七—一六七二）。五燈全書百十六。

盱郡金樓峰知予道達　盱郡徐氏。

清康熙十四年卒，年六十九（一六〇七—一六七五）。大奇撰塔銘，觀濤語録六。

仁和天溪大覺庵受登　秀水郁氏。

清康熙十四年卒，年六十九（一六〇七—一六七五）。靈耀撰傳，隨緣集二。

道者安山　日本甲州人。

清康熙十六年（一六七七）卒，年七十餘。道印撰傳，月坡語録四。

嘉興石佛乳峰溧

清康熙二十二年卒，年七十七（一六〇七—一六八三）。五燈全書七九。

瀏陽黄曇曉庵行昱　龍游葉氏。

清康熙二十四年（一六八五）年七十九（一六〇七—？）。正源略集四，及行珍撰塔銘，理安寺志五。

衡州南嶽山茨通際　通州李氏。
清順治二年乙酉卒，年三十八(一六〇八—一六四五)。續指月録作甲申卒，無年歲，今據五燈全書六八及語録附通問撰塔銘。
佛頂一絲文守　日本源氏。
清順治三年卒，年三十九(一六〇八—一六四六)。語録附年譜。
維揚蕺州自覺元　江都徐氏。
清順治十年卒，年四十六(一六〇八—一六五三)。五燈全書九十。
潭州石霜爾瞻達尊　明州唐氏。
清康熙二年卒，年五十六(一六〇八—一六六三)。正源略集無年歲，今據五燈全書八一及語録附錢光繡撰塔銘。
古杭菩曇自若淨深　山陰王氏。
清康熙九年卒，年六十三(一六〇八—一六七〇)。五燈全書百十二。
崑山選佛場性空行臻　代州邊氏。
清康熙十七年卒，年七十一(一六〇八—一六七八)。語録附汪琬撰塔銘，並見堯峰文鈔二十。
湖州慧嚴佛海雲

清康熙十八年卒，年七十二（一六〇八—一六七九）。五燈全書七九。

江寧古林寺海華　宿州鄧氏。

清康熙十八年卒，年七十二（一六〇八—一六七九）。新續僧傳三十。

釋氏疑年録卷十二

廣州雷峰天然函昰　番禺曾氏。俗名起莘。廣東通志作南雄曾氏。

清康熙二十四年乙丑卒，年七十八（一六〇八—一六八五）。南海志作丙寅卒，增補羅浮志作丙辰卒，今據海雲禪藻集，及語録附今辯撰行狀、湯來賀撰塔銘。

錦屏破石悟卓　蜀果城陳氏。

清順治十年卒，年四十五（一六〇九—一六五三）。雜著木附發林撰行狀。

杭州普明石照淨燁　嘉興曹氏。

清順治十五年卒，年五十（一六〇九—一六五八）。五燈全書百十二。

荆谿芙蓉自閒覺　重慶合州余氏。

清順治十八年辛丑卒，年五十三（一六〇九—一六六一）。正源略集作徐氏，無年歲，今據五燈全書七八及語録附超吼撰行狀，但狀云萬曆庚戌生，則辛丑當年五十二。

梵音今音　番禺曾氏。函昰從弟。

清順治十八年（一六六一）卒。海雲禪藻集二。

杭州東明孤雲行鑑　嘉興宋氏。

清順治十八年（一六六一）卒。五燈全書於順治十年癸巳後即叙師卒，今據正源略集十六。

武康資壽寺素弘真理　漳州海澄陳氏。

清康熙二年卒，年五十五（一六〇九——一六六三）。徑石滴乳集五。

松江超果離言法　常熟龔氏。

清康熙二年（一六六三）卒。五燈全書七一。

真州北山密傳能　山東仲氏。

清康熙二年（一六六三）卒。五燈全書八十。

蘄州三角山古壁文　襄陽程氏。

清康熙二年（一六六三）卒。徑石滴乳集五。

太倉問梅院宧陳永修　武林李氏。

清康熙二年（一六六三）卒。徑石滴乳集五。

古雍大慈本源照明　忠州王氏。

清康熙二年（一六六三）卒。蘊上撰行狀，見達夫禪師鷄肋集。

固如通明　崑山周氏。

清康熙二年（一六六三）卒。錢謙益撰塔銘，有學集三六。

一行智嚴　晉江莊氏。

清康熙二年（一六六三）卒。道霈撰傳，餐香録下。

天台景星湛庵常　鄞孤山吳氏。

清康熙三年（一六六四）卒。五燈全書七四。

海門廣慧均實水　長洲沈氏。

清康熙三年（一六六四）卒。五燈全書七七。

永嘉護國古泉清　江南寧國人。

清康熙三年（一六六四）卒。五燈全書七八。

蘇州慈航石帆堅　定海朱氏。

清康熙三年（一六六四）卒。五燈全書九二。

慈谿白龍冰懷能　山陰朱氏。

清康熙四年（一六六五）卒。五燈全書八二。

鎮江因勝克初岱　無錫過氏。

清康熙四年（一六六五）卒。五燈全書八三。

梁山太平三空燈杲　蓬州鄭氏。

清康熙五年（一六六六）卒。續燈正統十七。

大隨澹竹密　内江姚氏。

清康熙六年卒，年五十九（一六〇九—一六六七）。錦江禪燈十。

嘉興棲真百可溢

清康熙六年（一六六七）卒。五燈全書七七。

鹽官石庵大圓冶　鹽官彭氏。

清康熙六年（一六六七）卒。五燈全書七七。

金陵靈谷于南運　泰興李氏。

清康熙六年（一六六七）卒。五燈全書百三。

寶慶紫雲密嚴達剛　茶陵蕭氏。

清康熙八年卒，年六十一（一六〇九—一六六九）。五燈全書八一。

金陵隱明綸　歙州方氏。

清康熙八年（一六六九）卒。五燈全書八十。

慈溪萬松曇默聞　餘姚翁氏。

清康熙八年(一六六九)卒。五燈全書百三。

嘉興景德寺主峰圓法 徽州人。應天沐國公裔。

清康熙八年(一六六九)卒。徑石滴乳集五。

杭州南山天愚淨寶 建昌新城歐陽氏。

清康熙十四年卒,年六十七(一六〇九—一六七五)。五燈全書百九無卒年,今據佛祖道影三。

揚州寶勝無塵增 彭城張氏。

清康熙十七年卒,年七十(一六〇九—一六七八)。五燈全書八十。

海鹽金粟息乾元 武原俞氏。

清康熙十八年卒,年七十一(一六〇九—一六七九)。五燈全書七二。

潤州金山鐵舟行海 新安蔣氏。

清康熙二十二年癸亥卒,年七十五(一六〇九—一六八三)。正源略集四及金山志略附宋曹撰塔銘。續金山志十八載宋銘作癸卯卒。

越州雲門徹崖宏歇 楚黄游氏。

清順治十四年卒,年四十八(一六一〇—一六五七)。正源略集二。

嘉禾東禪逵夫明 楚漢川楊氏。

清康熙三年卒，年五十五(一六一〇—一六六四)。五燈全書七一。

宜興善權百愚淨斯 南陽桐柏谷氏。

清康熙四年卒，年五十六(一六一〇—一六六五)。五燈全書百十三及語録附方拱乾撰塔銘。

太倉香林佛古行聞 蜀梓州人。五燈全書七八作潼川張氏。

清康熙五年卒，年五十七(一六一〇—一六六六)。龔鼎孳撰塔銘，定山堂集五。

京師海會憨璞性聰 延平順昌連氏。

清康熙五年卒，年五十七(一六一〇—一六六六)。正源略集十及語録附馮溥撰塔銘。

江寧攝山竺庵大成 潭州醴陵龍氏。

清康熙五年卒，年五十七(一六一〇—一六六六)。五燈全書百十七，及朱徽撰傳，攝山志三。

衡州大義山雲淙淨訥 衡州安仁王氏。

清康熙十二年卒，年六十四(一六一〇—一六七三)。五燈全書百十六。

嘉善大勝崇己峻 吴興施氏。

清康熙十三年卒，年六十五(一六一〇—一六七四)。正源略集無年歲，今據五燈全書七六。

奇然超智 重慶胡氏。

清康熙十三年卒，年六十五(一六一〇—一六七四)。語録附方叔壯撰塔銘。

青林龍安寺超況　同安角里蔡氏。
清康熙十四年卒，年六十六（一六一〇—一六七五）。新續僧傳二三。
蘇州秀峰岫雲行瑋　長洲顧氏。
清康熙十五年卒，年六十七（一六一〇—一六七六）。五燈全書七六。
曲靖東山余山道瑞　廣安人。
清康熙二十二年卒，年七十四（一六一〇—一六八三）。錦江禪燈十一。
興化龍珠森鑑本徹
清康熙三十二年卒，年八十四（一六一〇—一六九三）。正源略集六。
成都昭覺寺丈雪通醉　内江李氏。
清康熙三十四年卒，年八十六（一六一〇—一六九五）。新續僧傳二四作三十二年卒，年八十四，今據語録附曾王孫撰塔銘、徹綱等撰紀年録。
遼陽千山剩人函可　惠州博羅韓氏。
清順治十六年卒，年四十九（一六一一—一六五九）。語録附函昰及郝浴撰塔銘。
鹽官金粟百癡行元　漳浦蔡氏。
清康熙元年卒，年五十二（一六一一—一六六二）。五燈全書七十無年歲，據語録自撰行實，甲戌時年二十四，則卒時年五十二，尚少於其徒憨璞聰一歲也。

松江龍華韜明宗　鹽官董氏。

清康熙五年卒，年五十六（一六一一—一六六六）。五燈全書七一。

越州保福九逵淨達　楚衡山劉氏。

清康熙七年卒，年五十八（一六一一—一六六八）。五燈全書百十。

吳江海雲介爲行舟　沔陽趙氏。

清康熙九年卒，年六十（一六一一—一六七〇）。五燈全書七二無年歲，今據語録附行淵撰行狀及吳道煌撰塔銘。

餘杭寶壽梵則淨律　建昌朱氏。

清康熙九年卒，年六十（一六一一—一六七〇）。五燈全書百十五。

當湖大乘鐵鼓音　餘姚應氏。

清康熙九年（一六七〇）卒。五燈全書九五。

昭覺惟一真常　遼陽三韓人。

清康熙九年（一六七〇）卒。錦江禪燈二十。

青原藥地無可大智　桐城方氏。一作弘智，俗名以智。崇禎十三年進士，文獻徵存録作十五年進士，誤。小腆紀傳言：「公最後號浮山愚者，詣天界事俍公。」亦誤，公别號甚多，然通雅崇禎辛巳序，已有浮山愚者印，何云「最後」！公師覺浪道盛，何云俍公！　俍公蓋指俍亭淨挺，然淨挺在洞宗，與公爲同輩，其出家且在公後，亦未嘗住天界也。

清康熙十年卒，年六十一（一六一一—一六七一）。五燈全書百十八無生卒年。據陳子龍自撰年譜，陳以萬曆三十六年生，而公撰陳卧子詩序有「余少卧子三歲」語，是生於萬曆三十九年也。語録方中通跋云：「亥子之交，守櫬五雲，重蒐語録編之。」又方中履撰硯鄰偶存序，見汗青閣文集上，云：「辛亥先公及於難，履守喪萬安。」是卒於康熙十年辛亥也。劉毓崧永曆實録跋，據薑齋六十自定稿，壬子年有聞極丸翁凶問輒吟七律二首，又哭李雨蒼詩自注，有「密之閣老以是年棄世」語，遂謂公卒於康熙壬子，然友人傳聞之詞，何如其子之自述也。大汕離六堂集二挽藥地和上詩亦言「藥地辛亥秋脱去」。

海雲仞千今壁　廣州寶安温氏。

清康熙十年（一六七一）卒。今釋撰塔銘，徧行堂集八。

杭州慧雲本充盛　閩吳氏。

清康熙十年（一六七一）卒。五燈全書七一。

寶月金山義　永嘉李氏。

清康熙十年（一六七一）卒。五燈全書九五。

萬中海禄　順天大興人。

清康熙十年（一六七一）卒。何元英撰傳，廣濟寺新志卷中。

毗陵脱庵古漁薪逸　靖江夏氏。
清康熙十一年(一六七二)卒。五燈全書百五。
優曇頤　湖廣寧氏。
清康熙十一年(一六七二)卒。續指月録二十。
古徐州龍山容止量　興化王氏。
清康熙十一年(一六七二)卒。續指月録二十。
即覺今離　廣州新會黄氏。
清康熙十二年(一六七三)卒。海雲禪藻集二。
菁山常照香谷蔭在　湖濱皇甫氏。
清康熙十三年(一六七四)卒。五燈全書百五。
苕溪鳳山多福淨啓　錢塘陳氏。
清康熙十三年(一六七四)卒。五燈全書百十。
五磊拙崖懷　海鹽嚴氏。
清康熙十四年(一六七五)卒。五燈全書七二。
燕京善果旅庵本月　秀水孫氏。

清康熙十五年（一六七六）卒。五燈全書七三。

蘇州金沙化燈用　無錫陳氏。

清康熙十五年（一六七六）卒。五燈全書百三。

金陵東山大咸本咸　川北廣安任氏。

清康熙十六年（一六七七）卒。五燈全書七四。

京口雨華堅明顧　蜀開縣趙氏。

清康熙十六年（一六七七）卒。五燈全書百三。

吴江鈍庵兼樹讓　吴江倪氏。

清康熙十六年（一六七七）卒。五燈全書百五。

越州明覺雪厂道白　蘇州鈕氏。

清康熙十六年（一六七七）卒。正源略集六。

棲賢石鑑今覞　廣州新會楊氏。

清康熙十七年（一六七八）卒。今釋撰塔銘，徧行堂集八。

湖州地藏捃拾學　夔州高粱唐氏。

清康熙十七年（一六七八）卒。五燈全書七九。

袁州仰山雪谷古石行藏　江西人。
清康熙十七年（一六七八）卒。五燈全書八十。
武林南澗梅翁杲　長洲張氏。
清康熙十七年（一六七八）卒。五燈全書八十。
湖州扣冰息心行偉　金壇于氏。
清康熙十七年（一六七八）卒。五燈全書八一、黄山志二。
嘉興雁塔白谷裔　毗陵白氏。
清康熙十七年（一六七八）卒。五燈全書八四。
郢州普雲石航宗
清康熙十七年（一六七八）卒。五燈全書百二。
杭州大雄濟芝覺　四明慈溪王氏。
清康熙十九年（一六八〇）卒。五燈全書八十。
台州天封雨青膏　通州海門馮氏。
清康熙十九年（一六八〇）卒。五燈全書八五。
南嶽法輪石隱貞　江西武寧劉氏。

清康熙十九年（一六八〇）卒。正源略集六。

忠州慶雲衡山燈炳　合江馮氏。

清康熙十九年卒，年七十（一六一一—一六八〇）。續燈正統十七及語録附性統撰塔銘。

鼎湖山在犙弘贊　新會朱氏子。

清康熙二十年（一六八一）年七十一（一六一一—？）。木人剩稿目録有行實、塔銘，然余所見本無之，惟卷一有辛亥周甲誕辰及七十一誕辰示衆語，卷四壽杜庭鄧居士詩又有「我生仲夏末，君誕季秋前，知有宿緣在，同爲辛亥年」之句，同卷又有七十一詩二章，知其生於萬曆三十九年，康熙二十年猶在也。按，此書印行後，汪君宗衍寄示鼎湖山志，有在犙和尚傳及塔銘，康熙二十四年（一六八五）卒，年七十五。

正覺潤光澤　陳氏。

清康熙二十一年卒，年七十二（一六一一—一六八二）。生年據澡雪集自狀，卒年據門人補注。

杭州天目山全庵行進　錢塘沈氏。

清康熙三十二年卒，年八十三（一六一一—一六九三）。正源略集四。

明一太悟　漳州漳浦張氏。

清康熙元年卒，年五十一（一六一二—一六六二）。道霈撰傳，餐香録下。

蜀北給孤寺半生本襄　閬州張氏。

清康熙九年卒，年五十九（一六一二—一六七〇）。滇釋紀三。

寧州雲巖元潔淨瑩　江都莊氏。

清康熙十一年卒，年六十一（一六一二—一六七二）。語録附智願撰行狀、淨符撰塔銘。

嘉興金明介庵悟進　嘉興張氏。

清康熙十二年癸丑卒，年六十二（一六一二—一六七三）。徑石滴乳集作順治癸丑卒，順治無癸丑，今生年據語録自撰行實，卒年據續燈正統三四。

荆溪善權白松行豐　山西平陽鞏氏。

清康熙十三年卒，年六十三（一六一二—一六七四）。正源略集四。

寧夏海寶林我鑑　川北閬州侯氏。

清康熙十八年卒，年六十八（一六一二—一六七九）。五燈全書八九及語録附塔銘。

維揚淨慧祥光本吉　山西蒲州尚氏。

清康熙十九年卒，年六十九（一六一二—一六八〇）。五燈全書七五。

雁蕩石梁碧漢霽　永嘉姜氏。

清康熙二十年（一六八一）卒。五燈全書百六。

潮州福溥雪惟韜　潮州余氏。

清康熙二十一年（一六八二）卒。五燈全書九一。

英麓興福等輝欽 楚安陸人。

清康熙二十一年（一六八二）卒。五燈全書百二。

黄陂素山沖然本義

清康熙二十一年（一六八二）卒。揞黑豆集七。

括蒼椒山律牧制 紹興謝氏。

清康熙二十一年卒，年七十一（一六一二—一六八二）。五燈全書七五。

江陰來鶴庵秀林海賑 泰州徐氏。

清康熙二十四年卒，年七十四（一六一二—一六八五）。錢陸燦撰塔銘，調運齋集二。

金川高峰懶生徹昇 滎昌簡氏。

清康熙二十四年卒，年七十四（一六一二—一六八五）。錦江禪燈十二。

省然性鐸 金臺武清張氏。

清康熙二十五年卒，年七十五（一六一二—一六八六）。如乾撰塔銘，敲空遺響二。但銘云：「生萬曆壬子，丙寅春逝，壽七十四。」今改。

修文知非庵雲峰祖高 蜀符氏。

清康熙二十七年卒，年七十七（一六一二——一六八八）。黔南會燈録七。
虎丘香嚴道安靜　餘姚鄭氏。
清康熙二十八年卒，年七十八（一六一二——一六八九）。五燈全書七九。
興化獅山蓮峰素　莆田柯氏。
清康熙三十年（一六九一）年八十（一六一二——？）。語録附自撰行實，順治辛丑年五十，後門人補叙至壽八十餘。
建寧紫雲峰衡石悟鈞　錢塘潘氏。
清順治三年卒，年三十四（一六一三——一六四六）。續指月録無年歲，今據續燈正統三四。
沁郡永慶尺木休
清順治十年卒，年四十一（一六一三——一六五三）。五燈全書百一。
黄梅五祖山千仞行岡　明州王氏。
清康熙六年卒，年五十五（一六一三——一六六七）。揞黑豆集七。
越州資教浹水淨洽　桐鄉沈氏。
清康熙十年卒，年五十九（一六一三——一六七一）。五燈全書百十五。
荆溪龍池中明恭　秀水蔣氏。

清康熙十一年卒，年六十（一六一三—一六七二）。五燈全書七二。

漢陽棲賢獨冠行敬　雲夢楊氏。

清康熙十一年卒，年六十（一六一三—一六七二）。五燈全書七一無年歲，今據慧海撰傳，水鑑六會録九。

益陽鳳山雲腹道智　順慶渠縣李氏。

清康熙十二年癸丑卒，年六十一（一六一三—一六七三）。五燈全書八七無年歲，今據語録附魏峻撰塔銘，但銘云：「壬子生，癸丑逝，壽六十一。」又云：「二十受具，臘四十一。」則壬子似誤。

汝州風穴雲峨行喜　蜀資陽陳氏。

清康熙十五年卒，年六十四（一六一三—一六七六）。五燈全書七九及語録附毛際可撰塔銘。又如乾撰傳並塔銘，見敲空遺響卷一、卷二。

廣州雷峰海雲今湛　三水李氏。

清康熙十六年卒，年六十五（一六一三—一六七七）。海雲禪藻集二。

潤州夾山六解行恒　江陰劉氏。

清康熙十六年卒，年六十五（一六一三—一六七七）。正源略集四。

德光湛祥　順天趙氏。

清康熙十六年卒，年六十五（一六一三—一六七七）。湛祐撰傳，廣濟寺新志卷中。

虞山藏海洪濟行演 聞喜張氏。

清康熙十九年卒，年六十八（一六一三—一六八〇）。五燈全書八十無年歲，今據常昭合志四一。

餘姚萬壽遠瞻幖 餘姚吳氏。

清康熙二十一年卒，年七十（一六一三—一六八二）。五燈全書七六。

滇楚九臺山知空學蘊 洱海王氏。

清康熙二十八年卒，年七十七（一六一三—一六八九）。語録卷上自述行録及門人續記。

記汝今帾 廣州新會潘氏。

清康熙二十九年（一六九〇）卒。海雲禪藻集三。

翠巖古雪真喆 建寧甌寧陳氏。

清順治十七年（一六六〇）年四十七（一六一四—？）。語録附自撰行實，云「萬歷甲寅生」，語録九又有「大清庚子來至五羊仙城」語。

安陸西來寺秀野林 成都資縣周氏。

清順治十七年（一六六〇）年四十七（一六一四—？）。語録附自述行繇。

武康報恩寺棲雲行岳 烏程沈氏。

清康熙五年卒，年五十三（一六一四—一六六六）。揞黑豆集七。

安龍月幢徹了　江津毛氏。

清康熙五年卒，年五十三（一六一四—一六六六）。黔南會燈録無年歲，今據錦江禪燈十二。

嘉興普明石關凌　秀水顧氏。

清康熙十二年（一六七三）年六十（一六一四—？）。語録附自述行實。

杭州天目玉林通琇　江陰楊氏。

清康熙十四年卒，年六十二（一六一四—一六七五）。續指月録無年歲，今據語録附年譜及王熙撰塔銘，又潘耒撰行狀，見遂初堂别集二。玉林琇悟道甚早，繼天隱修出住報恩時才廿三歲，故與門徒年歲多相若，今可考見者：棲雲岳、茚溪森與琇同歲，六解恒則長琇一歲，白松豐長二歲，全庵進長三歲，雲居嵿長十六歲。玉林語録有磬山嵿徒七十開堂偈，嵿七十，琇才五十四也；其贈進西堂六十詩又有「世甲先我周，如何三十年，殷勤吾左右」之句，皆徒長於師之證。然雍正十一年上諭云：「相傳玉林琇還山時，皇祖留其徒茚溪森在京，欲令主席，琇以森年齒尚少，遂轉薦木陳忞。」見懋勤殿舊檔。按，琇入京時年四十六，森既與同歲，何云尚少，上諭云云，得自傳聞，未經深究也。

杭州圓照茚溪行森　惠州博羅黎氏。廣東通志誤作「茆溪」。

清康熙十六年卒，年六十四（一六一四—一六七七）。五燈全書八一無年歲，今據揞黑豆集八，正源略集四及語録附羅人琮撰塔銘。

丹霞澹歸性因今釋　仁和金氏。俗名堡，崇禎庚辰進士。

清康熙十九年卒，年六十七（一六一四—一六八〇）。留溪外傳載性因和尚傳作丁丑進士，無卒年，宗統編年作康熙十八年卒，今據語録附今辯撰行狀及徐乾學撰塔銘，並見憺園文集三二。

涇陽觀音院紫谷智覺　蜀西左綿廖氏。

清康熙二十三年（一六八四）年七十一（一六一四—？）。如乾撰壽塔銘，敲空遺響二。

忠州高峰三山燈來　墊江曾氏。

清康熙二十四年卒，年七十二（一六一四—一六八五）。續燈正統十七及語録附性統撰行狀、年譜、沈廷勱撰傳。

福清黄檗慧門沛　同安康氏。

清康熙三年卒，年五十（一六一五—一六六四）。五燈全書八九。

嘉興永正寺一初悟元　當湖曹氏。

清康熙十七年卒，年六十四（一六一五—一六七八）。生年據語録附自撰行實，卒年據續燈正統三四。

五雲佷亭淨挺　仁和徐氏。俗名繼恩，字世臣。

清康熙二十三年卒，年七十（一六一五—一六八四）。毛奇齡撰塔銘，西河合集塔誌銘一。

翠林如清　慶陽王氏。

清康熙二十三年卒，年七十（一六一五—一六八四）。如乾撰塔銘，敲空遺響二。

杭州東蓮古風行然　嘉興許氏。

清康熙二十九年卒，年七十六（一六一五—一六九〇）。正源略集十六。

廣潤巨靈自融　新安程氏。

清康熙三十年卒，年七十七（一六一五—一六九一）。潘耒撰塔銘，遂初堂別集二。

鼓山爲霖道霈　建安丁氏。

清康熙四十一年卒，年八十八（一六一五—一七〇二）。新續僧傳六三。

萬安山法海祖山行地　畿南文安劉氏。

清康熙五年卒，年五十一（一六一六—一六六六）。五燈全書八一。

石香洞夙成本鱻　江陵王氏。

清康熙八年卒，年五十四（一六一六—一六六九）。毛際可撰塔銘，安序堂文鈔二三。

莆陽通天逸叟行高　興化仙遊陳氏。

清康熙八年卒，年五十四（一六一六—一六六九）。語録附超原撰行狀。

雪峰聖壽即非如一　福州福清林氏。

清康熙十年卒，年五十六（一六一六—一六七一）。全録附明洞撰行業記、宋德宜撰塔銘。

黄檗山寺性願　江陰林氏。

清康熙十二年卒，年五十八（一六一六—一六七三）。新續僧傳五六。

湖州資福靈機行觀　龍溪周氏。

清康熙二十年卒，年六十六（一六一六—一六八一）。五燈全書七一及語録附超正撰行狀、毛際可撰塔銘，並見安序堂文鈔二二。

廬山西林博凡本可　姑蘇馮氏。

清康熙二十二年卒，年六十八（一六一六—一六八三）。正源略集六及西林志略。

宿遷極樂庵湛一性澄　棠邑胡氏。律宗燈譜三作裳邑。

清康熙二十三年卒，年六十九（一六一六—一六八四）。南山宗統五。

明州雪竇宏遠紹　越觀海王氏。

清康熙二十七年卒，年七十三（一六一六—一六八八）。正源略集六。

圓通大朗璽　渝城楊氏。

清康熙二十八年卒，年七十四（一六一六—一六八九）。錦江禪燈十五。

成都昭覺懶石覺聆　重慶忠州張氏。

清康熙三十三年卒，年七十九（一六一六—一六九四）。語録末附門人識語。

南嶽荆紫峰萬仞淨壁　湘鄉譚氏。

清順治九年卒，年三十六（一六一七—一六五二）。正源略集無年歲，今據五燈全書百十四。

南嶽高臺不退行勇　錢塘韓氏。

清順治十二年卒，年三十九（一六一七—一六五五）。揞黑豆集七。

古絣山牧公真謙　嘉興秀水項氏。

清順治十六年（一六五九）年四十三（一六一七—？）。牧道者究心録附何園客撰傳。

湖州報恩美發行淳　閩將樂熊氏。

清康熙十八年卒，年六十三（一六一七—一六七九）。五燈全書八一。

淮安觀音院南庵大依　莆田吴氏。

清康熙二十二年卒，年六十七（一六一七—一六八三）。五燈全書百十六無卒年，今據佛祖道影三，及錢匯撰傳，攝山志三。

了宗超見　寶坻楊氏。

清康熙二十六年（一六八七）卒，年七十餘。盤山志二。

吸江惟靜

清康熙二十七年卒，年七十二（一六一七—一六八八）。道霈撰惟靜禪師遺語序，還山録四。

荆州玉泉寺蓮月印正　岳池姜氏。

清康熙三十三年卒，年七十八（一六一七—一六九四）。新續僧傳五六作江氏，康熙三十年卒，誤。今據鄒允飏撰塔銘，玉泉山志卷中。

洪崖古天淳　徽州吴氏。

清康熙十三年卒，年五十七（一六一八—一六七四）。五燈全書七七。

梁山五雲千夫性一　忠州張氏。

清康熙十五年卒，年五十九（一六一八—一六七六）。普陀别庵同門録上。

義水宜林天則機能　黄岡康氏。

清康熙十六年（一六七七）年六十（一六一八—？）。語録附門人撰行略。

黔南松巋善權達位　楚北瞿氏。

清康熙二十三年卒，年六十七（一六一八—一六八四）。語録附如純撰行實、蕭登崇撰塔銘。

吉州青原叶䒾大權　廣昌吴氏。

清康熙二十三年（一六八四）年六十七（一六一八—？）。五燈全書百十八無年歲，噴雪軒集七有庚申撰自慶詞云：「六十三年，大半山林。」又，卷五甲子元旦詩有「甲子週來月建寅，吾生戊午卯逢辰」之句。

月舟宗胡　日本肥前州原田氏。

清康熙三十五年卒，年七十九（一六一八—一六九六）。遺録附曹源撰行狀。

河南聖山寂光印豁　果城南充楊氏。

清順治十七年（一六六〇）年四十二（一六一九—？）。語録附自撰行實，至順治十六年止，但有十七年語録。

京都戒壇天逸圓　昭陽張氏。

清康熙七年卒，年五十（一六一九—一六六八）。五燈全書八十。

高峰喬松億　蜀隣水馮氏。

清康熙八年己酉（一六六九）年五十一（一六一九—？）。語録附順治辛丑自述行由，時年四十三，又有康熙己酉住卧雲禪院語録。

潭州祝聖三笑密　閩林氏。

清康熙九年庚戌卒，年五十二（一六一九—一六七〇）。五燈全書七一原作康熙戊戌卒，戊戌爲康熙五十七年。師爲費隱容嗣，容卒於順治十八年辛丑，則此戊戌疑爲康熙九年庚戌之譌。

金陵佛國南音行言　海寧凌氏。

清康熙十三年甲寅卒，年五十六（一六一九—一六七四）。遂初堂別集載潘耒撰塔銘，作海鹽凌氏，康熙壬子卒，年五十九，今據正源略集六。

襄陽檀溪梓舟船　成都潼川何氏。

清康熙十五年（一六一九—？）。語録附康熙四年自撰行實，時年四十七，又有康熙十五年住甘泉寺語録。

廬陵龍須開一徑　烏程朱氏。

清康熙十七年卒，年六十（一六一九—一六七八）。五燈全書九三。

北京牧園企賢廣清　山陰金氏。

清康熙十九年卒，年六十二（一六一九—一六八〇）。徑石滴乳集五。

昆明勝因寺香谷德潤　新添俞氏。

清康熙二十二年卒，年六十五（一六一九—一六八三）。滇釋紀三。

杭州理安寺行悦　婁東曹氏。

清康熙二十三年卒，年六十六（一六一九—一六八四）。新續僧傳二四，及超慧撰行狀，理安寺志五。

巢雲今攝　番禺崔氏。

清康熙二十五年卒，年六十八（一六一九—一六八六）。海雲禪藻集一。

京都聖感桂芳林　清苑張氏。
清康熙二十五年卒，年六十八（一六一九—一六八六）。五燈全書一百。
體文性紳　河陽人。
清康熙二十七年卒，年七十（一六一九—一六八八）。道光雲南志一七一。
武康報恩寺骨巖行峰　烏程温氏。
清康熙三十六年卒，年七十九（一六一九—一六九七）。揞黑豆集七。
報恩西堂寂庵行洽　汝州光邑王氏。
清順治八年卒，年三十二（一六二〇—一六五一）。正源略集四。
嘉興金粟天岸本昇　金壇陳氏。
清康熙十二年卒，年五十四（一六二〇—一六七三）。正源略集六無年歲，今據語録附李焕章撰塔銘。
潭州龍牙雲叟住　楚安陸人。
清康熙十五年卒，年五十七（一六二〇—一六七六）。五燈全書七三無年歲，今據董瑒撰語録序。
錦官文殊井覷道登　墊江倪氏。
清康熙十八年卒，年六十（一六二〇—一六七九）。五燈全書八八。

山曉本晳　蜀長壽魏氏。

清康熙二十五年卒，年六十七（一六二〇—一六八六）。李仙根撰塔銘，天童寺志七。

松居開山古山上音　邵陽彭氏。

清康熙二十七年卒，年六十九（一六二〇—一六八八）。毛奇齡撰塔銘，西河合集塔誌銘二。

鄘州白雲象林本真　隨州丘氏。

清康熙三十年卒，年七十二（一六二〇—一六九一）。語録附照水撰行實。

嘉興東塔蔗庵淨範　吳江嵇氏。

清康熙三十一年卒，年七十三（一六二〇—一六九二）。生年據語録附自序，卒年據尤侗撰塔誌銘，艮齋倦稿十四。

廬山東林山鐸真在　德化李氏。

清康熙十一年卒，年五十二（一六二一—一六七二）。徑石滴乳集五及語録附舒遂吉撰行狀。

燕京瑞應寺祥暉　天津孫氏。

清康熙十一年卒，年五十二（一六二一—一六七二）。新續僧傳三一。

太倉藕庵竹庵真衍　長洲許氏。

清康熙十六年卒，年五十七（一六二一—一六七七）。徑石滴乳集五無年歲，今據語録附機如撰行狀、曾同吉撰傳、徐元文撰塔銘。

黄平雲居述中合舜　蜀順慶戴氏。

清康熙二十二年卒，年六十三（一六二一—一六八三）。黔南會燈録三。

建寧妙峰素潁鑒　莆田陳氏。

清康熙二十二年（一六八三）卒。徑石滴乳集五。

荆南開聖山暉行浣　夔州新寧侯氏。先名完璧。

清康熙二十六年卒，年六十七（一六二一—一六八七）。語録附張仁熙撰傳、汪錞撰塔銘。

天嶽本晝　蘄春蕭氏。

清康熙四十四年卒，年八十五（一六二一—一七〇五）。天童寺志三。

嘉興退庵斷愚真智　秀水金氏。

清康熙十六年卒，年五十六（一六二二—一六七七）。生年據語録自撰行實，卒年據徑石滴乳集五。

武昌洪山俞昭允汾　竟陵吴氏。

清康熙十九年卒，年五十九（一六二二—一六八〇）。五燈全書八五及語録附曉青撰塔銘。

寧波瑞巖遠庵本僼　崑山陸氏。一作僼。

清康熙二十一年壬戌卒，年六十一（一六二二—一六八二）。天童寺志三作「癸亥卒，年六十一」，又云「崇禎壬午，師年二十一」，不相應，今據五燈全書七三及語録附謝兆昌撰塔銘。

永嘉法通獨牧護　古田王氏。

清康熙二十五年卒，年六十五（一六二二—一六八六）。五燈全書九二。

嘉興金明東巖璨　新安鮑氏。

清康熙元年壬寅（一六六二）年四十（一六二三—?）。語録附自述行實，至順治丙申止，時年三十四，但録有四旬有感偈。

梁山雲幻印宸　蜀忠州萬氏。

清康熙八年卒，年四十七（一六二三—一六六九）。語録附李道泰撰塔記。

昆明嵩山野竹福慧　重慶長壽葉氏。

清康熙十一年（一六七二）年五十（一六二三—?）。語録附康熙元年自述行實，時年四十，後録二又有五袠上堂語，雖不記年，而云「來朝是閏七月初一」，則康熙十一年也。

漳州南山報敂寺超極　靖州陳氏。

清康熙十五年卒，年五十四（一六二三—一六七六）。新續僧傳六三。

永嘉密印多子無　章安潘氏。

清康熙十六年卒，年五十五（一六二三—一六七七）。五燈全書九五。

潙山同慶揆庵空　溆浦趙氏。

清康熙二十八年卒，年六十七（一六二三—一六八九）。五燈全書百三。

奉天般若古林智　長沙朱氏。

清康熙三十四年卒，年七十三（一六二三—一六九五）。五燈全書百五作李氏，今據語録附馬三貴撰行狀。

楓涇圓明院息庵本沖　鄞縣楊氏。

清康熙四十五年卒，年八十四（一六二三—一七〇六）。松江府志六三。

杭州南澗天笠行珍　上海陳氏。

清康熙三十三年卒，年七十一（一六二四—一六九四）。毛際可撰塔銘，安序堂文鈔未載，理安寺志五載，而武林掌故本適闕一葉，卒年不明，惟云「戊戌冬出世，開堂三十七年」，則當卒於康熙三十三年甲戌，又云「世壽七十一」，則當生於天啓四年甲子也。艮齋倦稿十三載尤侗撰南澗語録序，亦謂師卒於甲戌。

化國佛鐸　太倉吳氏。

清康熙七年卒，年四十四（一六二五—一六六八）。仙巖山志五。

杭州皋亭觀濤大奇　撫州彭氏。

清康熙十七年卒，年五十四（一六二五—一六七八）。語録附康熙戊午自撰壽藏銘，末有門人輿潤識話，即卒於本年。

黔陽勝覺密印真傳　四川叙州李氏。

清康熙十七年（一六七八）年五十四（一六二五—？）。語録附劉禹甸撰壽塔銘，云「天啓乙丑生」，卷三又有康熙戊午上堂語。

忠州慶雲卓峰性珏　忠州成氏。

清康熙二十四年卒，年六十一（一六二五—一六八五）。語録附性統撰塔銘。

瀏陽石霜碧眼本開　星沙曹氏。

清康熙二十六年卒，年六十三（一六二五—一六八七）。五燈全書百二。

松江瑞應大淵本𧭑　茶陵陳氏。

清康熙三十四年卒，年七十一（一六二五—一六九五）。尤侗撰塔誌銘，艮齋倦稿十四。

淨慈寺舜瞿方孝　江都王氏。

清康熙三十九年卒，年七十六（一六二五—一七〇〇）。毛奇齡撰塔銘，西河合集塔誌銘二。

嘉定龍驟破峰普重　果州岳氏。

清康熙六年卒，年四十二（一六二六—一六六七）。語録附李兆襄撰塔銘。

永嘉法通極牧傑　永嘉林氏。

清康熙十九年卒，年五十五（一六二六—一六八〇）。五燈全書九三。

潭州準提庵鶴磯德昱　江夏楊氏。

清康熙二十二年卒，年五十八（一六二六—一六八三）。藴上撰行業記，見達夫禪師鷄肋集。

天目超智　青浦李氏。

清康熙二十四年（一六八五）年六十（一六二六—？）。王錫琯撰壽塔銘，仙巖山志二。

松江隆福寒松智操　桐城嚴氏。

清康熙二十五年（一六八六）年六十一（一六二六—？）。語録卷十七自序。

閬中草堂耨雲徹實　閬中楊氏。

清康熙二十五年丙寅（一六八六）年六十一（一六二六—？）。語録附自撰行繇，云「天啓丙寅生」，據卷首徹中序康熙丙寅仍未卒。

荆州天王寺沙翁慧海　鄂富川謝氏。

清康熙二十五年（一六八六）年六十一（一六二六—？）。水鑑六會録附原頂撰紀略。

桐鄉福壽鶴峰濟悟　吳門費氏。

清康熙二十六年卒，年六十二（一六二六—一六八七）。語録附慧輅撰行狀、仲弘道撰塔誌。

荆州天王寺法瀾原澂　荆州枝江陳氏。

清康熙二十八年卒，年六十四（一六二六—一六八九）。語録附清杲撰塔記。

成都昭覺佛寃徹綱　内江李氏。

清康熙三十二年癸酉（一六九三）年六十八（一六二六—？）。語録附康熙壬子自述行畧，時年四十七，卷五有康熙癸酉住般若禪院語。

四川雙桂福國院印水　化城趙氏。

清康熙三十二年卒，年六十八（一六二六—一六九三）。新續僧傳二四。

越州高麗寺慧通法浚　烏傷人。

清康熙三十三年卒，年六十九（一六二六—一六九四）。毛奇齡撰塔銘，西河合集塔誌銘二。

虔州萬壽跂應華

清康熙三十五年卒，年七十一（一六二六—一六九六）。五燈全書百二。

長慶樂説今辯　番禺麥氏。

清康熙三十六年（一六九七）卒。海雲禪藻集一。

雲南開化恒秀發林　蜀隣陽許氏。

清康熙三十六年（一六九七）年七十二（一六二六—？）。語録附康熙癸亥宋師初撰壽塔銘，時年五十八，續集録有七十二習草聖自叙。

西山廣泉自曉愍　吳江馮氏。

清康熙十六年卒，年五十一（一六二七—一六七七）。五燈全書一百。

西湖靈峰波停海淵　冀州曹氏。

清康熙十八年卒，年五十三（一六二七—一六七九）。劉邦彥撰塔銘，靈峰志四。

廣福院藐庵秉谷　南通州任氏。

清康熙十九年卒，年五十四（一六二七—一六八〇）。汪琬撰塔銘，堯峰文鈔二十。

都梁西禪月堂湛　常德王氏。

清康熙十九年卒，年五十四（一六二七—一六八〇）。五燈全書百三。

虞山興福平巖定　姚江蔣氏。

清康熙二十年卒，年五十五（一六二七—一六八一）。五燈全書七六。

本源明悟　秦西寧遠王氏。

清康熙二十八年卒，年六十三（一六二七—一六八九）。如乾撰塔銘，敲空遺響二。

眉州玉泉其白富　蜀南眉州龔氏。

清康熙二十九年卒，年六十四（一六二七—一六九〇）。語録附王庭詔撰塔銘。

湖州道場山本瀛　上海徐氏。

清康熙三十三年卒，年六十八（一六二七—一六九四）。潘耒撰塔銘，遂初堂別集二。

參同寬夫藴宏　明楚藩裔，亦稱宗宏。

清康熙三十四年（一六九五）年六十九（一六二七—？）。藴上鶵肋集有先大人文貞先生行狀，云「丁卯生鉉」，鉉即宏俗名，是生於天啓七年。集又有參同居志，云：「師年近七十。」

諦暉慧輅　吳興金田沈氏。

清雍正三年卒，年九十九（一六二七—一七二五）。張彙撰塔銘，雲林寺志五。

新城壽昌其天大浩　虔州信豐楊氏。

清康熙三年卒，年三十七（一六二八—一六六四）。五燈全書百十八。

鷄足山迦葉殿達一淨極　兖州曹氏。

清康熙十七年卒，年五十一（一六二八—一六七八）。鷄足山志六。

截流行策　宜興蔣氏。

清康熙二十一年卒，年五十五（一六二八—一六八二）。西歸直指作十九年卒，無年歲，今據常昭合志四一引餘學齋集。

龍舒紫林放庵本雲　長沙王氏。

清康熙二十四年卒，年五十八（一六二八—一六八五）。五燈全書七四。

潙山同慶易庵明應　龍標蔣氏。

清康熙二十四年卒，年五十八（一六二八—一六八五）。五燈全書百三。

徹宗海藏　廬州合淝孔氏。

清康熙二十六年卒，年六十（一六二八—一六八七）。如乾撰塔銘，敲空遺響二。

杭州雲林寺碩揆原志　鹽城孫氏。

清康熙三十六年卒，年七十（一六二八—一六九七）。王澤弘撰塔銘，雲林寺志五。

都勻別南傳旨　蜀牟氏。

清康熙三十九年卒，年七十三（一六二八—一七〇〇）。黔南會燈録五。

華巖聖可德玉　果州營山王氏。五燈全書七十作印玉。

清康熙四十年卒，年七十四（一六二八—一七〇一）。語録附發鳴等編年譜。

當陽玉泉寺圓惺　蜀通江蘇氏。

清康熙四十年卒，年七十四（一六二八—一七〇一）。新續僧傳九。

太原白雲寺古宿尊　成都胡氏。

清康熙二十四年（一六八五）年五十七（一六二九—？）。語録附自撰行實。

越州真濟寺以揆智道　仁和胡氏。
清康熙二十四年卒，年五十七(一六二九—一六八五)。毛奇齡撰塔銘，西河合集塔誌銘二。
湖州資福利禪恒　吳門程氏。
清康熙二十八年卒，年六十一(一六二九—一六八九)。五燈全書九一。
玉田重興無虛界　玉田賈氏。
清康熙二十八年(一六八九)卒，年六十餘。五燈全書百六。
華山靈巖僧鑑曉青　吳江朱氏。
清康熙二十九年卒，年六十二(一六二九—一六九〇)。張雲章代徐乾學撰塔銘，樸村文集十五。
江寧古林寺寂鼎　上元王氏。
清康熙三十四年卒，年六十七(一六二九—一六九五)。新續僧傳三八。
廬山鶴鳴峰訶衍今摩　番禺曾氏，天然昰之子。
清康熙三十七年卒，年七十(一六二九—一六九八)。海雲禪藻集一。
汾陽龍山柏山德楷　維揚泰興莊氏。
清康熙四十一年卒，年七十四(一六二九—一七〇二)。語録附通睿撰行實。
湖州資福嵩庵正　虔州陳氏。

清康熙二十六年卒，年五十八（一六三〇—一六八七）。五燈全書九一。

青州法慶寺靈轡元中　河間任丘謝氏。

清康熙三十年卒，年六十二（一六三〇—一六九一）。王士禛撰塔銘，帶經堂集七十。

東塔寺指南　常熟人。

清康熙三十年（一六九一）卒。翁叔元書淨土約説後，見念佛警策下。

當湖普福大用顯　華亭沈氏。

清康熙三十三年卒，年六十五（一六三〇—一六九四）。五燈全書九五。

莆陽通天澹崖超原　興化莆田張氏。

清康熙三十七年卒，年六十九（一六三〇—一六九八）。語録附明德等撰行實。

鼎湖山圓捷一機　番禺李氏。

清康熙四十年（一七〇一）年七十二（一六三〇—？）。塗鴉集自讚云「生崇禎三年」，至康熙辛巳門人光鷟跋塗鴉集時，年當七十二。按，鼎湖山志圓捷機塔銘，康熙四十七年卒，年七十九。

楚蕒本罕　吳江人。

清康熙八年卒，年三十九（一六三一—一六六九）。同治蘇州府志一三四。

化雨濟震　吳陸氏。

清康熙十年卒，年四十一(一六三一—一六七一)。尤侗撰塔誌銘，艮齋倦稿八。

中峰曉庵覺了　長洲朱氏。

清康熙二十一年卒，年五十二(一六三一—一六八二)。宗統編年作二十二年卒，今據汪琬撰塔銘，堯峰文鈔二十。

北京鎮國山庵廣林　海陵王氏。

清康熙二十三年卒，年五十四(一六三一—一六八四)。宗統編年作二十二年卒，今據五燈全書八七。

涇陽寶鼎寺慧元　蜀德陽張氏。

清康熙二十四年卒，年五十五(一六三一—一六八五)。如乾撰塔銘，敲空遺響二。

重慶華嚴還初光佛　蜀富順高氏。「佛」一作「復」。

清康熙二十四年(一六八五)年五十五(一六三一—?)。語録康熙乙丑誕辰上堂，有「光佛今年五十五」語。

終南蟠龍子肅超遠　無爲州趙氏。

清康熙二十八年卒，年五十九(一六三一—一六八九)。語録附明慧等撰行實。

黔南松巋天一大悦　楚南吕氏。

清康熙三十六年卒，年六十七(一六三一—一六九七)。語録附門人撰行實。

可聞海源　太平當塗趙氏。

清康熙三十九年卒，年七十（一六三一—一七〇〇）。王廷詔撰塔銘，峨眉山志五。

巖頭鏡人眼徹　蘇州陸氏。

清康熙十四年卒，年四十四（一六三二—一六七五）。五燈全書八七。

京口鶴林天樹行植　虞山劉氏。

清康熙十九年庚申卒，年四十九（一六三二—一六八〇）。五燈全書七六作康熙己未卒，無年歲，今據語録附祖杲撰行實、查昇撰塔銘。

蘇州蓮花古林機如　上海潘氏。

清康熙十九年（一六八〇）年四十九（一六三二—？）。語録附全素等撰傳。

萬德語林弘先　西蜀朱氏。

清康熙二十二年卒，年五十二（一六三二—一六八三）。黔南會燈録五。

五臺山老藏丹巴　蒙古趙氏。

清康熙二十三年卒，年五十三（一六三二—一六八四）。高士奇撰塔銘，清涼山新志七。

湘谿蛤庵本圜　荊州人。

清康熙二十四年卒，年五十四（一六三二—一六八五）。毛奇齡撰塔銘，西河合集塔誌銘一。

長沙嶽麓寺續燈　孝昌鄭氏。

清康熙二十九年卒，年五十九（一六三二—一六九〇）。新續僧傳六三。

嘉興普明香嚴桂　嘉興陳氏。

清康熙三十年（一六九一）年六十（一六三二—？）。語録附康熙庚午臘月爲師祝六旬壽請述行實，有「崇禎壬午時年十一」之語，蓋庚午預祝辛未六十也。

鎮江甘露寺逾祖覺　揚州張氏。

清康熙三十一年卒，年六十一（一六三二—一六九二）。徑石滴乳集五。

信陽州雙林文穆念　南楚祁陽蔣氏。

清康熙十六年卒，年四十五（一六三三—一六七七）。語録附康熙四年自撰行實，時年三十三，卒年門人補叙。

廣州海幢寺阿字今無　番禺萬氏。增補羅浮志作李氏。

清康熙二十年卒，年四十九（一六三三—一六八一）。語録附古雲撰行狀。

萬縣寶積大笑性崇　順慶岳池魯氏。

清康熙二十七年（一六八八）年五十六（一六三三—？）。語録附自撰行實。

福州雪峰寺照拙　莆田方氏。

清康熙四十三年卒，年七十二（一六三三—一七〇四）。新續僧傳六三。

玉符印顆　濟南樂陵張氏。

清雍正四年卒，年九十四（一六三三—一七二六）。賢首傳燈録上。

南嶽蓮社古天性

清康熙十二年卒，年四十（一六三四—一六七三）。五燈全書八八。

渝州香國佛語徹御　嘉州范氏。

清康熙十二年卒，年四十（一六三四—一六七三）。斗庵録附法秀撰傳。

南海寶象林慧弓開詗　廣州順德張氏。

清康熙十五年卒，年四十三（一六三四—一六七六）。語録附淨符撰塔銘、開溈撰傳。

北京翊教楚林上睿

清康熙二十二年（一六八三）年五十（一六三四—？）。語録有康熙癸亥五旬誕辰上堂語。

黔靈赤松道領　潼川韓氏。

清康熙二十五年（一六八六）年五十三（一六三四—？）。語録附康熙壬戌自述行由，時年四十九，録又有康熙丙寅結制上堂語。

約文明圓　盩厔李氏。

清康熙二十七年卒，年五十五（一六三四—一六八八）。如乾撰塔銘，敲空遺響二。

青城鳳林竹浪徹生

清康熙三十二年（一六九三）年六十（一六三四—？）。語録附康熙己巳自述行繇，時年五十六，後補述至康熙癸酉止。

鄂州龍光達夫藴上　明楚藩裔。藴宏弟，亦稱宗上。

清康熙三十四年（一六九五）年六十二（一六三四—？）。鷄肋集先大人文貞先生行狀云「甲戌生鉒」，鉒即上俗名，蓋生於崇禎七年。集又有參同居志，云「師年近七十」，宏七十，上亦六十餘矣。

潭州神鼎一揆元揆　紹興錢氏。

清康熙三十六年（一六九七）年六十四（一六三四—？）。語録附車萬育撰壽塔銘。

潭柘岫雲寺振寰照福　大興孟氏。

清康熙三十八年卒，年六十六（一六三四—一六九九）。律宗燈譜四。

江寧寶華山定庵德基　休寧林氏。

清康熙三十九年庚辰卒，年六十七（一六三四—一七〇〇）。高士奇撰塔銘，寶華山志七。蔣維喬佛教史作乾隆二十五年庚辰卒，是生於康熙三十三年，時讀體卒已久，何能爲讀體弟子，當是偶誤。

孤嶼江心寺本瑩　重慶王氏。

清康熙二十四年卒，年五十一（一六三五—一六八五）。新續僧傳二二。

松隱冠峒瀚　華亭沈氏。

清康熙二十六年卒，年五十三（一六三五—一六八七）。五燈全書七七。

太平白雀雨花寺聖通　常熟王氏。

清康熙四十三年卒，年七十（一六三五—一七〇四）。新續燈傳六四。

彌壑行澧　寧海胡氏。

清康熙二十三年卒，年四十九（一六三六—一六八四）。毛奇齡撰塔銘，西河合集塔誌銘一。

長目光電　寶慶新化鄧氏。

清康熙二十四年卒，年五十（一六三六—一六八五）。語錄附行狀，云：「崇禎丙子生，康熙乙丑卒，年四十九。」今改。

黔南東山梅溪福度　西蜀永川張氏。

清康熙三十五年（一六九六）年六十（一六三七—？）。語錄附康熙壬寅自述行由，時年二十六，卷四又有六旬誕日上堂語。

真州華嚴起宗真　真州胡氏。

清康熙三十九年（一七〇〇）年六十三（一六三八—？）。語録附自撰行實。

杭州理安夢庵超格　蕪湖丁氏。

清康熙四十七年卒，年七十（一六三九—一七〇八）。正源略集九，及允禄撰塔銘，理安寺志五。

重慶華巖不厭道樂　思南印江楊氏。

清康熙二十九年（一六九〇）年五十一（一六四〇—？）。語録附門人撰行由。

上天竺灌頂伯亭成法　仁和沈氏。

清雍正六年卒，年八十八（一六四一—一七二八）。徐自洙撰塔銘，伯亭大師傳記總帙。

天孚湛祐　三韓金氏。

清康熙三十四年卒，年五十四（一六四二—一六九五）。曹曰瑛撰傳，廣濟寺新志卷中。

雪木今毬　廣東東莞尹氏。

清康熙四十年卒，年六十（一六四二—一七〇一）。海雲禪藻集三。

金山江天法乳超樂　鹽城陳氏。

清康熙四十一年卒，年六十一（一六四二—一七〇二）。魏錫祚撰塔銘，續金山志十八。

蘇州獅林寺書秀　江南通州人。

清康熙三十八年卒，年五十六（一六四四—一六九九）。南山宗統五。

釋氏疑年録通檢

以名末字筆畫爲次，下注頁數，凡慧惠、巖岩、嶽岳、修脩等通用字，多據原文，不一一互見。

一畫

了一 二二五
了一 二五一
如一 四一五
性一 三九一
性一 四一八
法一 二四七
師一 二五八
惟一 二七九
道一 一一五
道一 一二三
曇一 一一九
懷一 一一六
蘧夫一 三七五
靈一 一二九

二畫

相了 二六五
清了 二五〇
無了 一五三
慧了 八九
徹了 四一三
覺了 四三四
善入 二八九
登思八 二八八
住力 六八

三畫

宗上 四三八
法上 四六
洪上 三八一
蘊上 四三八
可久 二一一
法久 二五四
融凡 三六九
守千 二三四
卑摩羅叉 一二
紹大 三〇八
逍遥子 一六七
大山 三二三
安山 三九二
惟己 一九九
齊己 一六九

齊己 二五九
文才 二八九
文才 三〇一
必才 三一〇
有才 二六一
佛心才 二四〇
智才 二三五
慧才 二〇三
辯才 一二八

四畫

元中 四三三
惟中 一九八
梵欽中 三七一
義中 一五一
寰中 一五一
靜之 一〇〇
鳩摩羅什 一三
中仁 二五八
可仁 二八一
本仁 一六二
守仁 二五八
自仁 二一三
至仁 三一六
行仁 三七一
普仁 三一七
圓仁 一五四
懷仁 一一二
了元 二一九
子元 二五五
正元 一五三
自覺元 三九三
行元 四〇一
宗元 二五四
息乾元 三九九
悟元 四一四
祖元 二八五
真元 三六一
商尊元 三七三
處元 二一八
景元 二五二
熊開元 三八二
慧元 九
慧元 二二一
慧元 四三四
諒元 二三三
贊元 二一二
思公 一二一
涉公 八
甄公 一三八
大化 三八八
通化 三八八
普化 一五〇
智化 三八八
道升 二五三
行及 一五五
周及 三二一
智及 三一七
正友 三〇七
智友 八二

法天　一九一
法天　三二四
西師太　三七四
八思巴　二八八
老藏丹巴　四三五
沙囉巴　二九五
達益巴　二九〇
膽巴　二八五
如幻　三四八
如幻　三五六
祖心　二一六
祖心　三三二
廣心　三五四
澄心　一三〇
寶手　一一七
季支　二〇五
子文　三〇〇
允文　一五六
古壁文　三九六
克文　二一六
妙文　二八七
崇文　三七三
智文　四九
普文　二二八
巨方　一〇七
明方　三七六
惠方　七五
惠方　二四一
業方　一一六
慧方　一〇二
澄方　二一四
曉方　一五四
汪沐日　三九〇
祖日　二七六
淨日　二八三
慧日　一一五
慧日　三〇〇
慧日　三一〇
顯日　二八九
一庵月　三七二
心月　二七五
本月　四〇四
法月　一〇九
恒月　一二一
紹月　一八八
善月　二六九
寶月　二三〇
可止　一六九
德止　二四五
印水　四二八
均實水　三九七

五畫

道丕　一七九
道世　九九
仲丘　一二三
混丘　二九二
慧主　六六
祖仕　三四五
了他　二〇一

拘羅那他　四七
全付　一七六
惠仙　九三
道仙　四五
新仝　二八二
法令　三三
僧令　三六
承古　一九八
慧古　二三八
本可　四一六
宗可　二七三
函可　四〇一
真可　三五三
僧可　四四
慧可　四四

物外　一五六
慧布　五一
法平　一九
進平　一二〇
道平　二三一
上弘　一三七
能弘　三五三
傅弘　四六
超弘　三九〇
曇弘　二〇
宗本　二一四
宗本　二一五
明本　二九七
務本　二〇三
智本　二二〇

善本　二二〇
德本　三六五
印正　四一八
法正　一四七
惟正　二〇一
智正　七八
嵩庵正　四三二
安永　二五六
法永　五〇
道永　二四八
道永　三二八
慧永　一一
李通玄　一〇七
志玄　三〇六
志玄　三七三

知玄　一五七
性玄　三四一
幽玄　一四二
通玄　一六二
靖玄　八六
義玄　一五三
義玄　三四六
靜玄　八六
警玄　一九四
印玉　四三一
良玉　三二二
抱玉　一一二
明玉　三四六
海玉　三四五
皓玉　一二二

齊玉　二三七
廣玉　三四五
德玉　四三一
懷玉　一一四
竺道生　一四
僧生　四八
徹生　四三八
化燈用　四〇五
妙用　三六八
惠用　三〇三
法申　三一
純白　二二一
道白　四〇五
方示　三八七
顯示　三一四
佛石　三五八
中立　二二五
惠立　二〇五

六畫

普交　二二八
正伊　三三六
良价　一五六
善伏　九五
尺木休　四一〇
令休　五五
貫休　一六一
道休　七八
慧休　七一
鴻休　一五五
弘充　二八
法充　五四
弘先　四三五
本先　一九三
祖先　二六六
道先　一一六
澡先　一六五
藻先　一六五
覺先　二三六
大光　一三〇
元光　三一〇
同光　一二一
妙光　二七四
定光　四七
帛僧光　八
法光　三五
悟光　三一〇
寂光　三六四
梵光　二三四
惠光　一六四
智光　三二九
登光　一六七
圓光　五九
道光　一一六
道光　一一九
儀光　一〇七
德光　二六三
辨庵光　三七三
彌光　二四一
藻光　一六五

大全　三八四
法全　二六〇
則全　一九八
淨全　二六六
道全　一五八
道全　二二〇
僧全　一一〇
德全　三七三
儒全　三五三
如印　三五六
妙印　二七五
宗印　二六八
南印　一三七
海印　二一九
智印　二一七

照印　三八四
僧印　三二
僧印　二〇九
廣印　三五八
慧印　三〇〇
寶印　二五九
宗合　一八二
本吉　四〇八
永吉　三七〇
大同　一六〇
大同　三一〇
炳同　二八五
宗回　二四〇
省回　二〇二
無名　一二八

大方因　三〇八
令因　一八四
正因　二八一
行因　一七六
法因　二五九
道因　九五
道因　二五〇
慧因　六四
慧因　八七
自在　一三八
長在　三二四
真在　四二二
道在　三一一
蔭在　四〇四
行地　四一五

求那毗地　三一
胤多　一七一
達摩笈多　七一
僧伽羅多　二一
曇摩蜜多　一五
闍那崛多　五五
一如　三二八
本如　二〇〇
沄如　一〇四
法如　一〇四
法如　一二九
法如　二四五
昭如　二九〇
洪如　三七五
淨如　二三八

智如　一四二
傳如　三五六
慧如　七〇
機如　四三五
義存　一六〇
文守　三九三
大安　一五三
大安　三四二
元安　一六二
幼安　二〇九
永安　一八七
法安　三七
法安　五一
法安　一八二
法安　二一五
惟安　三五五
普安　五八
遇安　一八六
遇安　一九一
道安　九
道安　九四
道安　一〇一
道安　三二六
齊安　一四三
慧安　一七
慧安　九三
智帆　三八五
遵式　一九七
鴻式　二〇四
傳旨　四三一
智旭　三八一
曇旭　三三一
慧次　三二
契此　一六四
智江　一七九
夢江　一七七
聯池　三六〇
慶老　二三九
圓至　二九三
行舟　四〇二
孤舟　三四一
泛舟　一三七
道舟　一七〇
道舟　三六七
一行　一一三
信行　六四
神行　一二二
普行　三八八
慎行　三二六
道行　一三一
道行　一四四
道行　二四九
僧行　三二
照衣　三八九

七畫

洪亨　三〇五
教亨　二六九
敖亨　二六九
義亨　三一一

僧伽 一〇二
達位 四一八
阿那摩低 二九
祖住 三四五
雲叟住 四二一
圓佐 三四五
大佑 三二四
光佛 四三四
無作 一六七
道冏 一九
超況 四〇一
大圓冶 三九八
守初 一八七
慧初 三七
廣初 二四五
吽哈囉悉利 二五五
宗利 二三〇
得利 二〇三
道判 五八
安含 九一
法均 二一五
元妙 二六〇
佛妙 三二八
宗妙 三三一
原妙 二八七
僧妙 二一
道孚 三三四
普孜 二一一
方孝 四二六
姚廣孝 三二五
上宏 一三七
宗宏 四三〇
袾宏 三四九
蘊宏 四三〇
克岐 三一七
審希 一六七
志延 二二八
智延 二九四
道延 一六四
曇延 五一
警延 一九四
弘忍 一〇〇
弘忍 三八一
通忍 三八七
慧忍 三七
增忍 一五八
大志 八四
立志 二一八
正志 三八二
林增志 三七七
淨志 三九一
原志 四三一
菩提流志 一〇五
紹志 二八五
懷志 二二一
大成 四〇〇
古淵成 三七一
弘成 三六一
立中成 三三〇
自成 三三八

法成　一七
法成　二三六
淨成　三七一
道成　五八
道成　三二八
道成　三二九
僧成　四三
曇無成　一七
願成　一五六
善戒　二一四
曇戒　一〇
了改　三二五
慧昱　三三一
文材　三〇一
彦求　一八〇
道汪　二二
竺法汰　九
純朴汶　三七四
慧汶　二九五
允汾　四二三
慧沐　一五七
本沖　四二五
性沖　三五一
法沖　九五
道沖　二七三
慧門沛　四一四
天息災　一九〇
如玘　三二一
澄玘　一八六
淨甫　三七五
端甫　一四九
玄秀　六七
行秀　二七三
良秀　三二〇
法秀　二一六
法秀　二六七
眉庵秀　三八七
書秀　四四〇
神秀　一〇〇
惠秀　一〇一
智秀　三四
德秀　一一四
辯秀　一二五
原良　三一八
處良　二六四
善良　二八三
輔良　三一八
曇良　六四
錢邦芑　三八三
明見　三二八
超見　四一七
行言　四一九
志言　一九八
政言　二五八
秉谷　四二九
立身　五五
智辛　一七三
菩提僊那　一二一

八畫

智佺　一七四
文侃　二七九
法侃　七二

元來 三六一
本來 三二八
燈來 四一四
佛供 三三八
大依 四一七
曇典 二〇
律牧制 四〇九
守卓 二三四
思卓 二六五
悟卓 三九五
孝協 二五五
甄叔 一三四
正受 二六八
虛受 一六六
慧命 五八
可周 一六六
法周 七一
淨周 三七九
善周 二一一
智周 七五
法和 二三七
法和 二四五
知和 二二八
智和 二四八
道和 二三一
德和 三四七
慧和 四四
妙坦 二九〇
宗坦 二二一
雲坦 一二四
靈坦 一二四
了奇 二六四
大奇 四二五
通奇 三七八
道奉 三七五
德始 三二九
宗季 一七二
元宗 一一六
古山宗 二九一
弘宗 三二
玄宗 一一六
石航宗 四〇六
印宗 一〇二
法宗 二二六
紹宗 二四二
紹宗 三二六
智宗 三〇
智宗 二五一
舜都宗 三二九
嗣宗 二四〇
義宗 二〇六
道宗 七四
道宗 八二
道宗 一五四
僧宗 三三
僧彥宗 三七三
德宗 二二七
慧宗 三四一
慧宗 三八九
韜明宗 四〇二

覺宗 二八二
鑒宗 一五三
觀宗 一三一
平巖定 四二九
持定 二八八
真定 三四四
特定 二八八
寂定 三八一
惠定 二六〇
僧定 六八
慧定 二六〇
慧定 三四一
覺照寺定 二九四
子宜 二四七
布袋和尚 一六四
打地和尚 一一八
希古尚 三〇九
惟尚 二四二
行岡 四一〇
克初岱 三九七
仁岳 二〇九
行岳 四一二
崇岳 二六四
道岳 八五
巨岷 一七五
惟岸 一〇〇
普岸 一四九
道岸 一〇九
慧岸 七二
覺岸 三〇八
本帖 三四四
道忞 三七九
守忠 一〇九
守忠 三〇三
志忠 一五八
法忠 二四七
法忠 三五二
常忠 三四四
惟忠 一二二
惠忠 一一七
慧忠 一一七
慧忠 一一七
慧忠 一五二
繼忠 二一〇
文穆念 四三六
方念 三五〇
如念 三五四
志念 六〇
省念 一九一
熙怡 一二九
了性 二九一
古天性 四三七
法性 五四
法性 二二一
真性 一四四
智性 二五七
開性 二五七
圓性 二五七
慧性 二七一
智拔 八八

照拙	四三六
文政	二二五
恒政	一四六
惟政	一四六
惟政	二〇一
觀政	二二二
幻旻	二〇三
幼旻	二〇三
道旻	二二五
僧旻	四二
慧旻	八九
道昂	八三
本昇	四二一
得昇	二五三
善昇	一九八
徹昇	四〇九
子昌	一九六
明叟昌	三一九
果昌	二一九
法昌	二〇四
道昌	二五〇
了明	二五五
弘明	二三
正明	三六九
有明	二四九
汝明	二七六
至明	二八六
至明	三五八
行明	一九二
行明	三六九
宗明	二八四
悦可明	三九一
海明	三七九
紹明	二八七
紹明	二九〇
通明	三九六
普明	一八
普明	五九
普明	一二七
逵夫明	三九九
圓明	一六八
照明	三九六
道明	一五一
僧明	三四
僧明	五〇
僧明	八一
慧明	三〇
慧明	一二〇
慧明	一七
慧明	二六一
慧明	二七七
慧明	三二〇
轉明	六五
覺明	二九八
元易	二二九
無象易	二九四
普印昕	二〇〇
有朋	二二八
有朋	二四九
自朋	三一八

淳朋 二九五
德朋 二五五
元林 一〇九
冷堂林 三八〇
法林 三〇六
洪林 六六
秀野林 四一二
桂芳林 四二一
處林 三〇四
智林 二五
智林 二〇五
發林 四二八
道林 七三
道林 一三九
廣林 四三四
慧林 三三九
文杲 二七四
宗杲 二四九
宗杲 三三四
梅翁杲 四〇六
慧杲 二七一
燈杲 三九八
法果 一二
善果 二四四
惠果 一三〇
圓果 三三九
慧果 二二
智欣 三五
明河 三六九
延沼 一八二
清沼 二二〇
清沼 三六八
宗泐 三二〇
成法 四四〇
真法 三五〇
脩法 一一六
通法 二四六
善法 三二四
圓法 三九九
道法 二三
離言法 三九六
本珠玥 三八七
宗珏 二五一
性珏 四二六
惠珏 二七五
法玩 一二五
修玩 二六三
曇玩 二四〇
靈玩 二一九
曇玭 一二八
明盂 三八一
好直 一五二
守直 一二〇
一空 三八七
不空 一二二
本空 二三七
如空 三四〇
定空 三七二
性空 三四一
明空 三四四

悟空　一三一
揆庵空　四二五
登空　一三二
順空　二八六
滿空　三三四
慧空　一二〇
慧空　二五三
慧空　二五七
懷空　一二〇
懷空　一二三
鑑空　一四六
道育　一六八
那連耶舍　四五
畺良耶舍　一九
守芝　二〇〇
慧芬　二四
德芳　二八一
明采　三五二
力金　三二二
萬金　三二二
楚金　一二〇
寶金　三一六
元長　三〇七
圓長　三五一
通門　三八二
普門　一二四
拘那羅陀　四七
純陀　一一八
實叉難陀　一〇八
智雨　一九五
義青　二一八
曉青　四三二

九畫

元亮　三一九
西山亮　二七〇
宗亮　一五九
法亮　三四
真亮　一二一
智亮　一九二
道亮　二二
道亮　八六
慧亮　二七
濟亮　三八六
寶亮　三五
僧侯　二六
淨侶　三九二
廷俊　三一三
常俊　一四九
雄俊　一一七
楚俊　二九七
慧俊　三七四
巖俊　一七六
遺俗　七七
如信　一四三
明信　三四三
知信　二一七
善信　一四七
圓信　三五九
道信　九二

懷信　三〇五
惟則　一四三
惟則　三〇六
惟則　三一四
慧則　一六三
遺則　一四三
行勇　四一七
法勇　五〇
慧勇　五〇
系南　二二八
指南　四三三
楚南　一五八
慧南　二〇五
本咸　四〇五
處咸　二一四
與咸　二五四
興咸　二五四
古田垕　二八四
弘垣　三六四
友奎　三一六
藏奐　一五三
僧姚　七七
智威　一〇〇
智威　一〇七
雲威　三〇三
了宣　二六一
重宣　一九一
清宣　三九〇
道宣　九七
寂室　二九九
可封　二六五
慧峙　六〇
通幽　七一
道幽　五六
杯度　一四
法度　三三
普度　二七七
智度　三一五
道度　三八
福度　四三九
廣度　三四八
慧度　四五
曇度　二五
方象　三四九
寶象　四九
靈象　一四五
朋彥　一八八
法彥　七〇
法彥　七三
從彥　一八二
明律　三五一
法律　二五三
師律　一七六
淨律　四〇二
子思　三〇八
行思　一〇八
慧思　五〇
慧思　九六
全忲　一七六
道忲　一七二

行恂	三七九
慧恂	一八
上恒	一三七
行恒	四一一
利禪恒	四三二
思恒	一〇八
普恒	二三
萬恒	二九二
道恒	一三
道恒	一八六
濟恒	三八九
曇恒	一三
自扃	三八三
法持	一〇三
慧持	一一
慧持	九〇
道昞	一六
明星	三三九
正映	三二八
僧映	五〇
延昭	一八二
善昭	一九五
慧昭	一三四
慧昭	一五〇
慶昭	一九六
空昰	三七八
函昰	三九五
行昱	三九二
高原昱	三四六
崇昱	二二一
智昱	二一一
德昱	四二七
無染	一四八
無染	一五五
靈泉院染	二五七
法柔	一七九
善柔	二七七
僧柔	三一
歸柔	一八三
淨柱	三八三
谷泉	一九七
慧泉	二四四
景洙	二九八
中津	三二五
曉津	二二四
佛洪	三三八
法洪	三〇一
道洪	八八
僧洪	五六
德洪	二三七
慧洪	二三七
濟舟洪	三五〇
行洽	四二一
淨洽	四一〇
溥洽	三二七
了派	二六七
如炤	二九五
智炬	六〇
燈炳	四〇七
知玲	二五七

思珉　三〇二
行珍　四二五
法珍　二三
法珍　五三
善珍　二七六
圓珍　一五八
無虛界　四三二
善無畏　一〇四
如相　三八六
法相　一〇
法相　一四四
員相　九五
無相　一一五
道相　五三
曇相　四七
辯相　七七
行省　三八二
瓌省　一八五
慧約　三六
至美　二九五
行美　二九一
德美　八九
善冑　七二
道冑　九〇
慧冑　七七
宗胡　四一九
靈嵓院胤　二六二
智苑　七九
僧苞　一七
允若　三〇五
志若　三五五
波若　八〇
僧若　三六
子英　二二七
永英　三三三
行英　二九一
法英　二二九
洪英　二一〇
祖英　三一〇
祥英　二六三
進英　二二七
道英　七六
小茂　三〇五
松隱茂　三〇五
清茂　二九六
僧茂　三〇五
真衍　四二二
道衍　三二五
僧衍　七〇
曇衍　四七
元表　一四七
石隱貞　四〇六
法貞　三八
僧貞　一〇六
神迥　八四
文述　二九〇
行重　三六六
普重　四二六
慧重　二七
上音　四二二

大音 三七六
今音 三九五
法音 五八
鐵鼓音 四〇二
智首 八五
大香 三六四

十畫

弘乘 三六六
法乘 三五五
悟乘 一九七
真乘 一三五
通乘 三七六
慧乘 七五
永修 三九六
圓修 一三三
圓修 一三九
圓修 三六一
寶修 一三三
天倫 二九七
妙倫 二七八
淨倫 三三七
僧倫 八四
曇倫 六九
繼倫 一八九
曾倬 三四八
石關凌 四一三
曇准 三四
達剛 三九八
洪勍 二六九
正原 一五三
印原 三一一
啓原 三二四
超原 四三三
聞叟 二八四
弘哲 一六二
如哲 二四三
道哲 八三
慧哲 六四
福城 三七四
玄奘 九九
全宰 一六六
儀宴 一七五
印宸 四二四
通容 三七六
普容 二九二
從展 一六六
行峰 四二一
秀峰 三四三
慧峰 四七
慧峰 一五六
貞峻 一六五
崇己峻 四〇〇
嚴峻 一二四
祖庭 三三〇
開一徑 四二〇
弘恩 三八〇
妙恩 二八四
洪恩 三五三
徐繼恩 四一四

悟恩　一八七
報恩　二三一
晤恩　一八七
廣恩　二七七
中明恭　四一〇
明恭　六三
法恭　二一
法恭　八五
法恭　二五四
保恭　六六
思恭　二三二
惟恭　一五九
智恭　二八二
瑞恭　一六〇
慧恭　一一
慧恭　一六〇
大悦　四三四
文悦　二〇三
行悦　四二〇
法悦　三三
從悦　二三三
禪悦　二三二
了悟　一二四
五雲悟　二五六
太悟　四〇七
忻悟　三二五
明悟　四二九
法悟　二六
思悟　二〇三
神悟　一一九
淨悟　二六八
善悟　二四二
圓悟　三五八
道悟　一四〇
道悟　二二四
道悟　二六九
道悟　三八六
慧悟　二二四
濟悟　四二七
了拳　一五七
淨挺　四一四
幻庵時　三六九
玄晏　一三九
神晏　一七〇
儀晏　一七五
僧晃　六〇
曇晟　一五二
宗書　三四二
香嚴桂　四三六
逐鷗栝　三六七
超格　四四〇
僧根　四二
質夫殊　三七二
無殷　一七六
道氤　一一
心泰　三二二
文泰　二八四
唐泰　三七七
法浚　四二八
行浣　四二三

善浦	二四七
大浩	四三〇
元浩	一三四
文海	二四九
如海	一三一
行海	三八八
行海	三九九
智海	二三一
惠海	一四一
義海	一九七
福海	二八九
德海	二九四
慧海	六五
慧海	七二
慧海	四二七
懷海	一二八
慧涉	一三八
如珙	二八三
清珙	三〇一
戒珠	二〇一
若珠	二一二
文珦	二八一
守珣	二四四
延珣	一九二
士珪	二四六
元珪	一〇六
崇珪	一四三
代病	一三〇
元益	二二九
文益	一七九
洪益	二九八
栖岩益	二八九
慧益	二一
大真	三六四
本真	四二二
永真	二八二
全真	一五二
可真	二〇三
可真	三五三
存真	二四〇
守真	一二一
守真	一八一
行真	三六六
法真	一七五
原真	三二六
起宗真	四三九
淨真	二七一
淨真	二九七
善真	三五〇
惠真	一一三
智真	一五二
策真	一八五
童真	六六
廣真	三六五
慶真	二三三
濳真	一二七
曇真	一二一
曇真	一二七
釋真	一一五
鑒真	一一八

文矩　一五九
行矩　七六
智矩　六〇
圓炪　三八八
如砥　二九九
契祖　二八六
破顔祖　三七二
紹祖　二五二
道祖　一三
隆祇　三六七
大祐　三二四
元祐　二一七
文祐　一九二
湛祐　四四〇
僧祐　三五
慶祐　三八五
靈祐　一四九
太純　三八〇
可純　三二四
法純　五二
道純　二四一
玄素　一一一
神素　八八
清素　二三八
惠素　二四二
靖素　二五二
蓮峰素　四一〇
懷素　一〇二
懷素　一三三
了悟能　三七八
冰懷能　三九七
祖能　三三四
密傳能　三九六
通鑒能　二五一
慧能　一〇四
機能　四一八
弘致　三五七
奉航　二二四
班的荅　三一九
道虔　一六二
慧虔　一一
師訓　二六五
傳記　三五一
性起　三五六
滿起　三四〇
無跡　一六六
萬迴　一〇三
神邕　一二四
僧邕　六七
玄高　二三
行高　四一五
妙高　二八三
祖高　四〇九
獨擧高　三〇三

十一畫

天息乾　三九〇
行乾　三八五
應乾　二二〇
文偁　一五四

彥偁 一六〇
文偃 一七一
洪偃 四八
以假 三〇二
元偉 二五〇
行偉 二一四
行偉 四〇六
宗偉 三〇〇
等偉 二二八
慧偕 八九
慧偘 五三
僧副 三九
梵卿 二二六
擇卿 二二四
通問 三八七
淨啓 四〇四
善啓 三三一
有基 一九二
道基 九〇
德基 四三八
慧基 二六
窺基 一〇三
如堂 三五九
玄堅 二九三
石帆堅 三九七
行堅 六五
真堅 一三一
善堅 三三六
道堅 一三三
法宿 二二四
大寂 三五七
本寂 一六三
行寂 一六一
處寂 一〇八
惠寂 二六八
普寂 一〇八
圓寂 一一二
義寂 一八九
慧寂 一五六
羲寂 一八九
廣寄 三六〇
悟寅 三四〇
三笑密 四一九
行密 三三三
宗密 一五一
道密 五七
道密 三七〇
僧密 三二
曇密 二六二
澹竹密 三九八
性專 三四八
元崇 一二五
性崇 四三六
智崇 二六〇
興崇 二七二
曇崇 五〇
僧崖 四五
守常 二〇八
念常 三〇五
法常 八五

法常　一四四
法常　二五八
省常　一九六
真常　三五五
真常　四〇二
湛庵常　三九七
道常　一八六
曇常　一三
少康　一三〇
止庵　三二三
素庵　三四四
圓彩　三六五
了彬　二六六
明得　三四七
可從　三三六

義從　一九七
覺從　三六七
徹御　四三七
寶思惟　一〇二
可授　三一五
通授　三七六
濟教　三八九
弘敏　三九二
宗敏　二三三
法敏　九一
悟敏　二三一
惠敏　一七二
善救　三二七
本晝　四二三
清晝　一二六

智晞　七五
日晤　一三三
法晤　二六
道晤　一一七
玄朗　一一三
法朗　三四
法朗　四八
法朗　六七
祖朗　二六九
智朗　一七三
僧朗　六九
僧朗　一〇三
齊朗　一四三
慧朗　一一〇
慧朗　三二〇

覺朗　六七
真梁　三二七
思梵　二五五
淨梵　二三七
智梵　六四
清欲　三〇八
今毬　四四〇
東暉淏　三七二
仁淑　三一九
宏淖　三八二
元淨　二〇九
本淨　一一一
宗淨　三三二
思淨　二三五
真淨　二九七

疎庵淨 三七五
圓淨 三六八
義淨 一〇四
僧淨 二八四
慧淨 九一
覺淨 三三四
本深 三二九
宗深 三三五
淨深 三九三
惠深 二〇八
景深 二五〇
懷深 二四三
子淳 二三三
古天淳 四一八
行淳 四一七
智淳 三三三
德淳 二三三
覺淳 三四三
宗淵 一八三
海淵 四二九
祖淵 三三三
彭淵 六八
彭淵 六八
道林淵 二四〇
僧淵 二七
僧淵 五二
寶淵 三九
介清 二八八
古泉清 三九七
永清 二八一
用清 一八八
如清 三四七
如清 四一五
法清 三〇一
真清 三四九
神清 一三三
得清 二七八
惟清 二二七
推清 二二九
善清 二三一
開清 一六三
僧清 三六二
廣清 四二〇
德清 二七八
德清 三五三
淨炯 三七九
玄爽 九二
智猛 一九
道猛 二六
僧猛 四八
性珽 三八〇
法現 一〇六
慧球 三一
慧球 一六四
周理 三七一
宗理 二六三
悟理 二一三
真理 三九六
文琇 三二六
通琇 四一三

明略　八八
中皎　二三五
如皎　三三二
清皎　一八六
慧眺　七九
僧砉　一二
法祥　七三
法祥　三四七
惠祥　七〇
景祥　二三三
湛祥　四一一
慶祥　一九三
耽章　一六三
傳章　一八七
傳章　一八七

惠符　一〇六
行紹　一九五
宏遠紹　四一六
圓紹　一五七
慧紹　二九
性紳　四二一
本罕　四三三
覺聆　四一六
惟脤　二一九
行脩　一七三
廣脩　一四九
智脱　六五
敬脱　七五
解脱　九三
梓舟船　四二〇
通荷　三七七

普荷　三七七
法莊　一八
普莊　三二七
義莊　一八四
道莊　五四
鴻莒　一六八
曾起莘　三九五
僧衒　七〇
大訢　三〇六
守訥　二二六
居訥　二〇八
若訥　二五九
惟訥　二五六
淨訥　四〇〇
智訥　二四四
如通　三四六

行通　二五三
法通　三五
法通　八二
恒通　一六二
常通　一六二
智通　七〇
智通　八九
智通　一一七
智通　一六九
惠通　二三五
會通　九二
義通　一九一
聖通　四三九
道通　一三一
慧通　二七

慧通　三〇
慧通　三三七
寶通　一三二
令逢　一七五
志逢　一八七
德逢　二四一
志連　二四九
智連　二四九
宗鈝　四三八
希陵　二九一
明雪　三六五
居頂　三二三
灌頂　八〇
水盛　三〇四
本充盛　四〇三
永盛　三〇四
道盛　三〇
道盛　三七四
僧盛　三八

十二畫

咸傑　二六二
極牧傑　四二六
道傑　八八
禪傑　三三六
文備　一九一
師備　一六三
智凱　八五
洪勝　二七八
得勝　三二二
普勝　一八九
道勝　二六八
福勝　三一八
慧勝　三四
之善　二七〇
本善　三三五
任善　一〇五
季善　三三五
淨善　一一五
普善　二九六
僧善　五七
慧善　四九
真喆　四一二
慕喆　二一八
文喜　一六〇
行喜　四一一
法喜　八八
法喜　二九六
慧喜　三五七
歡喜　一二七
道喻　四九
僧喬　四一
金堡　四一四
允堪　二〇〇
妙堪　二七四
慧日堯　二一二
福報　三一三
竺道壹　一〇
其白富　四二九
慧寔　二〇五

古宿尊　四三一
達尊　三九三
止嵒　三八〇
正嵒　三八〇
今帾　四一二
趙庾　三七一
僧弼　一六
慧弼　六三
休復　一六九
光復　四三四
來復　三二〇
了惠　二七七
大惠　三五七
法惠　三一
誠惠　一七四
玄惲　九九
懷惲　一〇五
懷惲　一四五
圓惺　四三一
無慍　三一六
元撲　四三八
千歲寶掌　九三
法斌　二七一
契斌　三三三
慧斌　八六
慧斌　八九
曇斌　二四
曇斐　三五
淨斯　四〇〇
妙普　二三九
惠普　九一
德普　二一六
慧普　一五〇
文景　二六二
弘景　一〇三
玄景　五七
恒景　一〇三
僧景　三四
本晳　四二二
大智　四〇二
元智　二七七
方以智　四〇二
古林智　四二五
弘智　九六
弘智　三二〇
弘智　四〇二
本智　三五五
正智　三六一
守智　二一六
妙智　三二五
宗智　一四九
金剛智　一一一
真智　四二三
祖智　二七八
神智　一五九
淨智　三九一
善智　八二
普智　三二四
超智　四〇〇
超智　四二七

圓智　一四九
圓智　二四三
道智　四一一
徹智　三七〇
德智　三二二
黎懷智　三七〇
曇智　二五
靈智　七八
道暀　六九
希最　二一三
英朝　三三七
行森　四一三
全植　一四四
行植　四三五
法欽　一二五
祖欽　二八二
泰欽　一八四
竟欽　一八七
等輝欽　四〇九
敬欽　一八七
道欽　一二五
慧欽　二〇四
惟渥　二一三
懷渭　三一九
神湊　一三九
可湘　二八〇
今湛　四一一
月堂湛　四二九
如湛　二三八
忠湛　一七二
惟湛　二〇七
惟湛　二三八
光湧　一六七
德湧　三一五
至温　二八二
道温　二二
廣温　二五六
了然　二四四
了然　三五五
大然　三七〇
天然　一三八
天然　三七〇
行然　四一五
何山然　二五六
性然　三四二
朗然　一二九
湛然　一二四
德然　三二〇
覺然　二三八
今無　四三六
多子無　四二四
本無　三〇七
智琚　七一
桂琛　一七二
崇琛　三〇二
義琛　一九五
道琛　二四八
靈琛　七四
靈巖院琛　二五七
梵琦　三一三

紹琦 三三五
隆琦 三七五
煦堂琪 三七三
玄琬 八一
淨琬 八〇
義琬 一一三
性琮 三六二
彥琮 七六
如琰 二七〇
法琰 六九
智琰 八三
法琳 三〇
法琳 八八
法琳 三〇六
崇勝院琳 二一〇
智琳 六八
道琳 三六
福琳 一二二
維琳 二二七
慧琳 三一
慧琳 七八
慧琳 一三五
慧琳 一四三
靜琳 八四
玅琴 三四三
覃異 二一七
曇異 二一七
世登 五三
受登 三九二
紹登 二一二
道登 二八
道登 四二一
福登 三五一
承皓 二一〇
神皓 一二六
行等 八七
法等 一九
無等 一四二
玄策 一四九
行策 四三〇
智策 二六二
傳翕 四六
印肅 二六一
合舜 四二三
明舜 六八
智舜 五九
曉舜 二〇四
海華 三九四
跂應華 四二八
智華 二二五
曇華 二五四
性虛 三五一
若虛 一七三
開詷 四三七
志磐 一四五
真詠 三八七
淨業象 一〇九
守貴 三〇九
良賁 一二六
寧賁 一四五

令超 一五七
妙超 三〇六
志超 八七
宗超 二七八
法超 三七
恒超 一七五
常超 一二二
惠超 四二
景超 一六八
道超 四一
慧超 三九
慧超 四二
慧超 六八
慧超 七五
慧超 一八五
憲超 一三九
曇超 二八
智越 六七
慧越 五四
智軫 二一九
德遇 二四〇
行進 四〇七
法進 四六
法進 六七
悟進 四〇八
祖進 二九六
童進 四五
超進 一九
僧進 一〇八
慧進 二三
慧進 八〇
慧進 三二九
寶芳進 三三八
悟逸 三〇一
薪逸 四〇四
容止量 四〇四
利鈌 三四七
行鈞 一六五
悟鈞 四一〇
本開 四二六
法開 三八
單道開 八
惠開 一三二
慧開 四二
慧開 二七五
智閏 六五
志閑 一五九
智閑 一五九
道閑 二三九
慶閑 二一七
自閒 二八六
淨陽 三七七
永隆 三三〇
宗隆 三三七
宗隆 三三九
紹隆 二四三
景隆 三三三
道隆 二八一
慧隆 三〇
慧隆 五五

星朗雄　三八一
通雄　七一
文雅　一〇一
從雅　二二五
清雅　二六九
慧集　三七
慧集　四五
大雲　三三八
牛雲　一一三
本雲　四三〇
佛海雲　三九三
法雲　四二
法雲　一一三
法雲　一一六
法雲　二四九
法雲　二七一
通雲　三七八
惠雲　五三
義雲　二六八
義雲　二九二
僧雲　一一三
慧雲　一〇三
羅雲　六六
寶雲　一八
玄順　一九四
杜順　七六
法順　七六
法順　二四三
海順　九六
普覺順　二九一
景福順　二一二
智順　三六
智順　三一六
曇順　一四

十三畫

正傳　三五四
真傳　四二六
智傳　二〇四
梵僊　三一〇
克勤　二三三
惠勤　三二一
智勤　九四
智勤　一八六
道勤　一八九
道勤　二九二
光嗣　一六九
匡嗣　一六九
天逸圓　四一九
古圓　三五八
正圓　三五二
希圓　一五八
明圓　四三七
法圓　一八三
法圓　二六七
真圓　三四二
祖圓　二九六
智圓　一九八
智圓　二三〇
楚圓　二〇一

銀圓 三四八
如嵩 三五九
契嵩 二〇七
靖嵩 六一
慧嵩 四三
顯嵩 二三五
靈幹 六〇
智廉 二六一
契微 一二八
迥微 一七〇
通微 三七七
曇微 九
隱微 一七九
自曉愍 四二九
脩意 二三二
慧意 四七
世愚 三一三
若愚 二三〇
智愚 二七五
智愷 五一
法慎 一一一
智敫 五五
子敬 三三〇
仁敬 三五二
行敬 四一一
圓敬 一三一
道敬 一七
自新 一七〇
悟新 二二三
淨新 三八五
景新 二三八
慧新 二五四
神暄 一三九
智暄 三三五
慧晅 五〇
元暉 一七五
永暉 三〇四
玄暉 九九
彥暉 一六四
祥暉 四二二
智暉 一七四
道暉 二八五
慧暉 二五三
懷暉 一四五
方會 二〇二
玄會 九三
如會 一三九
如會 三六三
法會 三四二
後僧會 九三
修會 一四七
師會 一七六
神會 一一八
神會 一二八
康僧會 七
善會 一五六
道會 八九
義楚 一八三
澄楚 一八〇
鴻楚 一六八
崇業 一〇五
淨業 八三
淨業 一九三
無業 一四七

僧業	一六	道源	二七六	玄照	二四八	圓照	二八〇
淨極	四三〇	道源	三六八	明照	三四七	道照	一一七
無極	三二四	福源	二八二	法照	一一七	僧照	五六
超極	四二四	廣法院源	二〇六	法照	二七五	僧照	一七六
道楷	二二三	文準	二三三	思照	二二七	慈照	二四〇
德楷	四三二	百可溢	三九八	洪照	一五四	慧照	三〇九
宏歇	三九九	懷溢	一六五	洪照	二六一	靈照	一七二
正源	三〇九	乳峰溧	三九二	神照	九〇	靈照	二一七
妙源	二八〇	德滋	二一〇	神照	一五〇	子猷	二六三
定源	三五九	行滔	一一二	寂照	一四六	正猷	三三三
海源	四三五	元熙	二八八	崇照	三〇三	帛道猷	一〇
淨源	二〇九	原熙	二八八	惟照	二四六	竺曇猷	一〇
淨源	三七八	沖煦	一八八	惠照	二二八	道猷	二四
清源	二二〇	元照	二二六	智照	二六九	慶猷	一七三
智源	三三七	日照	一四五	虚照	二七七	曇猷	九九

子瑀　一一五
明瑄　三三五
元瑋　二五〇
行瑋　四〇一
僧瑋　四九
曇瑎　六一
無瑕　三五五
法瑗　二五
僧瑗　一〇五
曇瑗　四六
祖瑛　三一〇
擇瑛　二二三
世瑜　九四
僧瑜　二六
慧瑜　八一
道瑞　四〇一
宗璁　二九八
海禄　四〇三
神禄　一七四
慧稜　九〇
慧稜　一六七
僧稠　四四
智筠　一八五
僧粲　五六
慧經　三五四
了義　二九八
大義　一一九
大義　一四〇
本義　四〇九
竺法義　八
金山義　四〇三
契義　一四四
思義　二一二
思義　二七〇
能義　三三七
從義　二二二
欽義　三五七
慧義　一八
辯義　六五
弘聖　三七三
道聖　三二六
了萬　二八九
無著　一三三
靈著　一一九
妙葩　三一七
白谷裔　四〇六
崇裕　三一五
福裕　二七九
端裕　二四七
廣裕　二八七
靈裕　五一
道詢　二四八
僧詢　四四
慧詢　一八
慧詢　二六三
曇詢　五二
靈詢　四四
道詮　一九二
道詮　二〇〇
法詵　一二六

智詵　六四
慧詵　六四
曇詵　一五
謡詵　二三〇
慧輅　四三〇
文載　三三八
支遁　九
居遁　一六三
守遂　二四一
竺曇遂　一六
弗遇　二九〇
性遇　三八四
法遇　九
倚遇　二〇六
祖遇　三三七
常遇　一五八
福遇　二九〇
于南運　三九八
玄運　三〇
希運　一四八
法運　八一
嘉運　一一一
福運　一〇七
靈運　一〇六
心道　二三一
弘道　三一八
永道　二四八
妙道　二九四
志道　二六
法道　二四八
思道　一一四
祖芳道　三二七
智道　四三二
文達　二〇四
文衢達　三七四
明達　三九
常達　一五五
淨達　四〇二
道達　三九二
僧達　四三
僧達　一〇五
慧達　五三
慧達　七九
靈達　五七
顯達　二一四
光電　四三九
宗靖　一七三
智靖　三四
宗頓　三三六
慶預　二四四
寂鼎　四三二

十四畫

化僧　二二四
法匱　二五
息塵　一七四
正壽　三〇九
延壽　一八四
洪壽　一九四
道壽　三六五

寬壽 三六五
本齋 四二六
存奬 一六一
子實 三一八
本實 三八八
惟實 一二九
智實 九七
僧實 四三
徹實 四二七
慧實 四九
一寧 二九一
子寧 二〇七
永寧 三一一
永寧 三三九
夷峰寧 三三六
如寧 三六一
法寧 二四六
道寧 二二九
贊寧 一八九
行⿱山貝 三八一
遠瞻幖 四一二
從廓 二六三
道遜 七五
永慈 三三四
性慈 三七六
法慈 二六一
淨慈 三八四
普慈 三〇三
普慈 三二九
慧暠 六九
元暢 二九
玄暢 二八
玄暢 二九
玄暢 一五四
如榮 三四三
采商榮 三八五
枯木榮 三一三
善榮 二五八
道榮 二二
慧榮 四八
曇榮 七五
曉榮 一九〇
太毓 一四〇
行滿 一七七
志滿 一二五
洪滿 七六
雪巖滿 二六五
惠滿 二八三
智滿 七三
慧滿 九六
慧滿 二六五
無漏 一一六
文演 二五二
行演 四一二
定演 二八七
明演 一三二
法演 二一五
崇演 一四五
無演 二二三
福演 二八八

慧演　一二七
王羅漢　一八二
文爾　二五五
光瑤　一二六
法瑤　二三
行瑫　一八一
了睿　三五二
上睿　四三七
清睿　二三二
靈睿　八四
邵碩　二二
唯禋　二五九
廣禎　三四六
大福　一〇九
海福　三六八

照福　四三八
義福　一〇九
嘉福　五四
法稱　五三
智稱　三一
訶羅竭　七
守端　二一五
行端　二九三
志端　一八一
淨端　二一八
雪崖端　三〇八
皓端　一八〇
遂端　一五〇
慧端　六六
靜端　六六

應端　二三五
鎮端　三四四
顯端　二〇五
文綱　一〇四
法綱　一七
徹綱　四二八
隱明綸　三九八
道綽　八一
本聚　三二一
法聚　三四〇
智聚　六三
德聚　三三六
行聞　四〇〇
法聞　二九五
惠聞　一三二

廣聞　二七六
曇默聞　三九八
法肇　三六七
洪肇　三六七
傳肇　三六四
僧肇　二〇
雨青膏　四〇六
夜臺　三五一
景蒙　二六四
圓蓋　二六四
僧蓋　五六
帛尸梨蜜　八
今覞　四〇五
方誌　三六〇
立誌　二一八

保誌　二八
寶誌　二八
慧誕　七七
世誠　二九五
志誠　二八九
法誠　八二
德誠　二四二
德誠　二七九
慧誠　一九三
願誠　一五六
禧誧　二三〇
正誨　三五三
居誨　一六三
貞誨　一七〇
遵誨　一七四
海賑　四〇九
張廷賓　三七九
齊輔　二二七
桑渴巴辣　三三二
道遜　七五
德遜　二二五
志遠　一四八
法遠　二〇二
承遠　一二五
明遠　一四八
崇遠　二二九
清遠　二三四
智遠　四六
智遠　一八一
超遠　四三四
僧遠　二七
慧遠　一一
慧遠　二〇
慧遠　五二
慧遠　九七
慧遠　二五六
澄遠　一八六
曇遠　二七
靈遠　五七
圓銀　三四八
紹銑　二〇八
悟銖　二四一
祖銘　三〇五
弘銛　三六九
玄際　一〇五
通際　三九三
鼎需　二五一
正韶　二七九
敬韶　四九
義韶　一八五
僧韶　三六
德韶　一八〇
慧韶　三七
警韶　四九
波頗　八三
道領　四三七
袁應魁　三四九
圓魁　三四九
僧鳳　七八
法齊　一八八

道齊　一九二
願齊　一八五
蘊齊　二二九

十五畫

本僼　四二三
子儀　一八五
子儀　三〇〇
光儀　一〇七
善億　二三七
喬松億　四一九
無塵增　三九九
今墮　三七四
從審　一六四
僧審　二八
志寬　八四
惟寬　一四五
惠寬　九四
慧寬　一八〇
賢寬　二九七
行幟　三七七
淨幢　三八九
子廣　二八〇
乘廣　一二六
脩廣　二〇七
道廣　一一四
慧廣　三六二
藏廙　一五五
乂德　七九
叉德　七九
叉德　七九
文德　七九
至德　二八七
志德　二八七
性德　三九一
明德　三一一
明德　三四七
明德　三八六
惟德　二三四
緣德　一八三
懷德　一八五
曇影　一二
本徹　四〇一
弘徹　三六九
明徹　三八
明徹　三四六
眼徹　四三五
僧徹　一九
讀徹　三六八
響谷徹　三九一
靈徹　一九
宗憨　一六八
順憨　一六四
了慧　二七七
三慧　八四
元慧　一五九
正慧　二二二
石谷慧　三七五
如慧　三五二
佛慧　三五〇

宗慧 一八七
居慧 二四四
明慧 九九
法慧 二六
法慧 四七
思慧 二三九
海慧 二三九
真慧 八六
崇慧 一一八
常慧 三四一
淨慧 二六七
善慧 九五
善慧 一八〇
道慧 二四
道慧 三六
僧慧 二四
僧慧 三一
漚永慧 三八八
福慧 四二四
誠慧 一七四
于慶 二九二
法慶 五六
法慶 二三九
昭慶 二一六
倪嘉慶 三七〇
善慶 二九六
道慶 八四
僧慶 三三
慧慶 二一
覺慶 三〇六
今摩 四三二
求那跋摩 一六
智敷 五五
廣敷 一一九
超樂 四四〇
道樂 四四〇
廣樂 三六二
行標 一五一
道標 一三八
玄樞 二二二
法樞 三〇四
道樞 二五六
元模 二九三
僧毅 五九
性潔 三五八
惟潔 二三〇
竺潛 八
道潛 一八〇
道潛 二二二
常潤 三四五
通潤 三五七
惠潤 二二二
普潤 三六六
智潤 六五
雲潤 二六四
蒙潤 三〇二
德潤 四二〇
月潭 三三八
寶月潭 三三五
福潮 二五七

原澂　四二八
正澄　三〇二
性澄　二九八
性澄　四一六
法澄　六〇
竺佛圖澄　七
寂澄　三六三
惠澄　一〇〇
圓澄　三五六
道澄　一三〇
慧澄　四三
鎮澄　三五四
覺澄　三三五
體澄　一五五
靈澈　一四〇
明澓　三七〇
本瑩　四三九
淨瑩　四〇八
善瑩　二四三
從瑾　二六二
紹瑾　二九九
僧瑾　二二
曇璀　一〇三
元璉　一九五
文璉　二四一
宗璉　二五三
齊璉　二四二
懷璉　二〇七
士璋　三二一
幻璋　一六五
幼璋　一六五
仁節　一〇六
太節　二九〇
文節　二九四
敬節　一〇九
中興範　三八四
光範　一三〇
師範　二七四
淨範　四二二
僧範　四三
僧緘　一七四
了緣　一一一
有緣　一六二
自緣　三一七
法翫　一一五
大蓮　三五七
性蓮　三五三
洪蓮　三三〇
時蔚　三一四
契褒　一九九
義褒　一〇一
法論　五五
祖闇　二八六
智闇　三六六
道闇　三六六
從諗　一五一
元賢　三六三
正賢　二四七
守賢　一八一
岳林賢　一九九

法賢　一九一
師賢　二一
通賢　三七七
景賢　一一〇
遇賢　一九〇
道賢　一六八
滿賢　三四八
懷賢　二一三
文質　一五〇
法輝　二六七
德輝　二六七
璘輝　一六七
文輦　一八二
月輪　一六七
通醉　四〇一
宗鉉　四三〇
景霄　一六六
宗震　二〇一
圓震　一二三
道震　二四五
道震　三八三
慧震　九〇
濟震　四三三
道霈　四一五
行鞏　二八三
師頤　三三二
優曇頤　四〇四

十六畫

道儒　二五
正凝　二七六
智凝　八〇
僧叡　一五
慧叡　一五
曇噩　三〇七
本圓　四三五
今壁　四〇三
淨壁　四一七
本奩　四一五
全奩　一六一
如學　三六六
捃拾學　四〇五
勝學　三二二
善學　三一五
無學　三七一
正導　二三一
善導　一〇一
無極導　二九九
安廩　四八
道憑　四四
善憙　二六四
道憲　一一四
道憲　一六一
智操　四二七
惠暹　一九八
慶暹　一九九
子曇　二九二
弘曇　三八五
佛音曇　三六九
淨曇　二五〇

僧曇　五六
慧曇　三一五
宗曉　二七〇
明曉　三四四
惠曉　二八四
歸曉　一九〇
道樹　三九
道樹　一三二
帛法橋　八
一機　四三三
行機　二六〇
慧機　三八六
允澤　二八六
行澤　三九一
淨澤　三七九
潤光澤　四〇七
行澧　四三九
真澧　三四二
非濁　二〇一
竺慧熾　一四
淨燁　三九五
世燈　五二
法燈　二四二
淨燈　三八六
紹燈　二一二
智燈　一二七
照燈　三八八
續燈　四三六
道獨　三八三
道璚　二三八
寶璚　四八
性璞　三五九
爲璠　三三五
慧璡　九四
圓璣　二二一
燓雲璣　三六七
菩提達磨　四一
道積　七七
道積　八五
法穎　二八
曇穎　二〇一
齊翰　一二三
行臻　三九三
遇臻　一八八
道臻　二一三
了興　一九四
行興　三〇一
法興　一四二
法興　三二〇
智興　九六
智興　九六
道興　九六
文蕩　一〇七
慧蕭　八六
本融　三五〇
自融　四一五
法融　九六
法融　一四〇
真融　三四六
惠融　一四八

智融 二六一
圓融 三五四
慧融 九二
素端衜 三八五
紫蓋衡 三七二
觀衡 三六三
本裻 三二一
先覩 二九八
支曇諦 一三
真諦 四七
曇諦 二〇
從諫 一五三
從諫 二二〇
睿諫 一九四
令諲 一七一
奉諲 一九四
洪諲 一六〇
分諶 二四五
慶諸 一五七
本豫 三六六
惠豫 三二
慧豫 三二
一辨 二四六
靈辨 四三
靈辨 九五
令遵 一六五
洪遵 五七
道遵 一二五
如遷 三五〇
希遷 一二一
智遷 二一二
僧遷 三九
僧遷 四六
慧遷 七一
曇遷 二〇
曇遷 六六
元選 三二一
善選 二七四
曇選 五八
天錫 二八〇
大錯 三八三
普隨 一七一
鑑隨 三六〇
弘霔 三三四
汝霖 三〇二
元靜 二三四
休靜 三四五
宗靜 三三一
惟靜 四一七
善靜 一六九
普靜 一七九
道安靜 四一〇
樂靜 三四五
福靜 二〇四
慧靜 一八
慧靜 二五
覺靜 三三四
智頵 一五〇
慧頵 八三
慧頵 八三

慶餘 二一〇
師默 二六五
寂默 一三二
靈默 一四〇
明龍 三四一

十七畫

大壑 三六二
智嶷 七二
行嶺 三八一
光嶼 一八一
歸嶼 一七〇
仁嶽 二〇二
淨嶾 三七八
智徽 七九
曇徽 九
行彌 三八六
慧彌 三五
鵬沙彌 三五六
法勤 四六
惠勤 二三二
盛勤 二〇二
慧勤 二三二
玄應 一八七
示應 三二五
明應 三二三
明應 四三一
法應 六四
寶應 二五九
弘濟 三〇〇
弘濟 三九〇
本濟 八〇
法濟 五七
法濟 二〇〇
普濟 四七
普濟 二七四
圓濟 一一〇
道濟 二六八
道濟 三四〇
慈濟 一九五
明濬 九二
清濬 三二三
道營 二二
明璨 七〇
東巖璨 四二四
淨璨 三八二
僧璨 五六
僧璨 五七
靈璨 七二
僧璩 二四
慧璩 二一
智璪 七六
道矯 一五
道禪 三八
釋禪 三六三
法總 六四
常總 二一五
道聯 三二七
慕聯 三一九
元聰 二六六

司聰 三一七
正聰 三三九
永聰 二七一
性聰 四〇〇
明聰 三三七
明聰 三三九
法聰 四二
法聰 九四
省聰 二二二
淨聰 三七一
智聰 七三
德聰 一九四
慧聰 七九
曉聰 一九五
繼聰 二八九
蘊聰 一九七
希聲 二一九
道膺 一六二
文舉 一四七
佛陀薩 一四四
本褱 四〇七
二隱謐 三九〇
元謐 三六三
文謙 三一八
真謙 四一七
處謙 二〇八
道謙 八〇
德謙 二九九
全豁 一六一
印豁 四一九
清豁 一八四
雲豁 一九三
知賾 二八二
慧賾 九一
智鍇 五九
宗鍪 二八〇
僧鍾 三〇
永闃 三七九
明隱 九五
從隱 一八三
惠隱 一一〇
道隱 一二三
棲隱 一六六
印顒 四三七
子鴻 二一八
弘鴻 三五八

十八畫

弘儲 三八九
普曜 三一四
弘璧 三八〇
如璧 二三四
完璧 四二三
齊璧 二三七
慧璧 九二
子璿 一九六
慧璿 八七
明瞻 七七
文禮 二七三
弘禮 三八三

知禮　一九六
從禮　一六五
讀禮　三八四
宗邃　二四一
印簡　二七八
居簡　二七一
師簡　二六六
惟簡　二一一
清簡　一九六
僧翼　一八
曇翼　一一
曇翼　一四
曇翼　一八
法薰　二七三
石藏　一二八
吉藏　七二
行藏　四〇六
地藏　一二〇
法藏　六八
法藏　一〇四
法藏　一〇六
法藏　一三九
法藏　三六〇
空藏　八六
金地藏　一二〇
阿王老藏　三八四
海藏　四三一
淨藏　三八
淨藏　一一四
智藏　三八
智藏　六五
智藏　九六
智藏　一三三
智藏　一三八
智藏　一四二
僧藏　一五四
慈藏　八八
慧藏　五二
曇藏　八五
曇藏　一四六
靜藏　八七
靈藏　五一
圓覆　二四五
僧覆　二四
懷謹　二〇九
行豐　四〇八
利蹤　一五五
法鎧　三五六
廣鎬　三六四
元鎮　三一五
慧顒　一七三
繼顒　一八四
悅顏　三一八
道顏　七四
道顏　二五二

十九畫

法嚮　七四
大明寶　二六〇
方山寶　三〇二

古心寶 三三三
光寶 一二六
自寶 一九九
法寶 二一三
淨寶 三九九
普照寶 二六〇
德寶 三四〇
德寶 三四三
靈巖寶 二六〇
法寵 三六
拙崖懷 四〇四
義懷 二〇二
法曠 七八
竺法曠 一〇
普曠 七一
智曠 五四

慧曠 五九
冠嵋瀚 四三九
本瀛 四三〇
元瀞 三一七
原瀞 三一七
大朗璽 四一六
道瓊 二三八
寶瓊 四八
寶瓊 七八
無礙 七三
祖禰 三一六
弗若多羅 一〇
地婆訶羅 一〇一
求那跋陀羅 二二
佛馱跋陀羅 一五
僧伽婆羅 三八

友蟾 一八六
大證 三一三
弘證 三六九
性證 三六〇
法證 一二九
靈識 一三八
弘贊 四〇七
法轍 九二
無邊 三四七
廣鑌 三三一
今鏡 三七二
元鏡 三六二
月林鏡 二九三
玄鏡 五五
法鏡 三三
僧鏡 二五

今離 四〇四
大庾韜 三七一
令韜 一一二
雪惟韜 四〇八
法韻 八七
曇韻 八二
智顗 六三
慧顗 六三
性願 四一六
法願 二七
法願 五三
淨願 七二
堅明願 四〇五
普願 一四二
慧麗 三六七

二十畫

本僼 四二三
有嚴 二一五
自嚴 一九二
行嚴 一四七
利嚴 一七二
處嚴 二三二
智嚴 一二
智嚴 三九七
道嚴 三七七
慧嚴 一六
麗嚴 一七〇
寶嚴 三〇〇
智曜 三〇三
道瀾 三三〇
法獻 二九
曇獻 八一
從瓌 一八四
法礪 八六
弘繼 三九〇
善繼 三〇七
慧耀 五四
靜藹 五九
正勤院蘊 一六八
洪蘊 一九三
師蘊 一八一
學蘊 四一二
正覺 二五〇
玄覺 一一〇
自覺 一二七
自覺 二二六
自閒覺 三九五
行覺 一二三
希覺 一七一
希覺 二二六
明覺 一四二
非覺 二〇八
真覺 三四九
祖覺 二四八
常覺 一八二
淨覺 一一九
清覺 二二七
喬覺 一二〇
智覺 四一四
逾祖覺 四三六
道覺 三四〇
慧覺 五八
慧覺 七四
濟芝覺 四〇六
明贍 七七
今釋 四一四
真鑾 三三九
祖鐙 三一一
如馨 三五二
德馨 三一四
如騰 三六三
寶曆 二〇九

廿一畫

今攝 四二〇
真灃 三四三
玄續 七九
支曇蘭 一二

定蘭 一四八
玄覽 一〇一
玄覽 一〇八
慧覽 二三
法護 三三
法護 九〇
法護 一九七
竺法護 七
清護 一八八
獨牧護 四二四
賢護 一〇
今辯 四二八
希辯 一九〇
希辯 二四六
明辯 二四八
英辯 二九一
淨辯 六七
超辯 二九
雄辯 二八五
僧辯 二九
僧辯 八六
慧辯 二一一
本鐵 三四四
大鐸 三六〇
佛鐸 四二五
性鐸 四〇九
僧鐃 一八

廿二畫

玄儼 一一三
唯儼 一四三
常儼 一二九
惟儼 一四三
智儼 九九
智儼 一三四
曇巒 四三
大權 四一八
有權 二五八
善權 七四
慧歡 六六
僧襲 九一
寶襲 六九
廣鑄 三〇四
如鑑 三六四
行鑑 三九六
沖鑑 三〇四
林我鑑 四〇八
洪鑑 三九〇
惟鑑 二一一
普鑑 二三九
澄鑑 二八六
寶明鑑 三三八
宗鑒 二六五
宣鑒 一五二
祖鑒 二六五
神鑒 一四六
素穎鑒 四二三
智鑒 二五七
澄鑒 二七九
碧漢霽 四〇八

紹巖 一八三
普巖 二七〇
智巖 九七
寶巖 七七
道巘 一九〇
慧瓚 六〇
大用顯 四三三
明顯 三二六
法顯 一四
法顯 九〇
法顯 一〇六
竺僧顯 七
重顯 一九九
從顯 一八五
道顯 三二三
慧顯 八七
慶顯 二五四
師體 二五九
僧體 一一二
讀體 三八四
海麟 二〇〇

廿四畫

景巘 三一九
兼樹讓 四〇五
義讓 三〇七
僧讓 三〇一
懷讓 一一四
曇無讖 二〇
寂靈 三二一
萬靈 三五九

廿五畫

元觀 一四四
文觀 二四六
令觀 二〇五
可觀 二五二
行觀 四一六
師觀 二六七
真觀 六三
普明寺觀 二五二
等觀 七九
達觀 二六六
慧觀 一六
澄觀 一三七

三十畫

曇鸞 四三

〔完成於一九三八年十月。一九三九年冬，作爲勵耘書屋叢刻第二集第四種雕板印行。中華書局一九六四年三月排印出版。此據一九六五年第二次印刷本。〕

陳垣全集之二十六

中國佛教史籍概論

安徽大學出版社

内容提要

本書是作者早年的講稿，内容主要是將六朝以來研究歷史所常參考的佛教史籍，略按成書年代，分類介紹。關於每書的名目、略名、異名、撰人略歷、卷數異同、版本源流，和各書的内容體製，以及與歷史有關的其他問題等，作者都運用了豐富的歷史材料，旁徵博引，實事求是地加以分析。並對四庫提要有關佛教史籍部分的錯誤，一一予以糾正。全書雖然以論述佛教史籍為主，但所涉及的問題廣泛，不僅為研究佛教史所需要，就是研究其他方面的歷史典籍問題，也有重要參考價值。

緣起

中國佛教史籍，恒與列朝史事有關，不參稽而旁考之，則每有窒礙難通之史跡。此論即將六朝以來史學必需參考之佛教史籍，分類述其大意，以爲史學研究之助，非敢言佛教史也。

本論所及，大抵爲士人所常讀，考史所常用，及四庫所録存而爲世所習見之書。先取其與中國史事有關者，故以出三藏記集、高僧傳等爲首，而釋迦氏譜、釋迦方志等略焉。尤所注意者，四庫著録及存目之書，因四庫提要於學術上有高名，而成書倉猝，紕繆百出，易播其誤於衆。如著録宋高僧傳而不著録梁高僧傳、續高僧傳，猶之載後漢書而不載史記、漢書也。又著録開元釋教録而不著録出三藏記集及歷代三寶記，猶之載唐書經籍志而不載漢志及隋志也。

其弊蓋由於撰釋家類提要時，非按目求書，而惟因書著目，故疏漏至此。今特爲之補正，冀初學者於此略得讀佛教書之門徑云爾。

中國佛教史籍之範圍，略依閱藏知津，將此土撰述中之目録、傳記、護教、纂集、音義等各類，順撰著時代，每書條舉其名目、略名、異名、卷數異同、板本源流、撰人略歷及本書内容體製，並與史學有關諸點。初學習此，不啻得一新園地也。

一九四二年九月二十三日新會陳垣。

中國佛教史籍概論卷一

出三藏記集十五卷　梁釋僧祐撰

宋、元、明南北藏皆著録，清藏獨闕。今尚無單行本，支那内學院僅抽刻其經序六卷。

三藏者，經、律、論。出三藏記集者，記集此土所出翻譯經律論三藏也。然自歷代三寶記以來，即有引作「集記」者，故文廷式補晉書藝文志引此書凡三十二回，皆誤作「出三藏集記」。

明南藏十五卷，北藏十七卷。北藏無卷六，以卷六爲卷七，又分卷十二爲兩卷，故有十七卷。嘉興藏因之。

僧祐，梁高僧傳十一明律篇有傳。名見梁書五十，南史七二文學劉勰傳。勰與僧祐居處十餘年，後出家名慧地。祐生宋元嘉二十二年乙酉，卒梁天監十七年戊戌，年七十四。所著尚有釋迦譜、弘明集等，今存。

祐以前經目有多種，今所存者以此目爲最早。學者簡稱爲祐録。祐録中常引安録。

安録者，東晉時釋道安所撰經録也。

本書之體製及内容

本書爲簿録體，在漢藝文志之後，隋經籍志之前。然其體製與外學目録書不同。漢、隋志只一方式而已。所謂一方式者，志前有總序，中間分類排列書名、卷數、撰人，每一類畢，總其家數，條其派别而已。本書前有總序，與外學目録書同，中間分四方式：

一曰撰緣記，一卷。所謂「緣記」者，即佛經及譯經之起原。

二曰銓名録，四卷。所謂「名録」者，即歷代出經名目。此方式等於外學之藝文志，但不以經之内容分類，而以時代撰人分類。其次則爲異出經、古異經、失譯經及律部。又次則爲失譯雜經、抄經、疑經、注經等。異出經者，胡本同而漢譯異者也。失譯經者，遺失譯人名字者也。律爲僧祐專門，故特詳律部。抄經者，撮舉諸經大要者也。注經者，經有注解者也。疑經者，真僞未辨者也。

三曰總經序，七卷。經序即各經之前序及後記。爲文一百二十篇。支那内學院所單刻者即前六卷，後一卷則爲此土纂集諸書，如祐自纂弘明集等。載序之外，復載各卷篇目。

幸而弘明集今存，不幸而其書不存，吾人亦可據此篇目，略知其書之内容爲何，此目録學家亟當效法者也。明智旭撰閱藏知津即仿此。旭俗名鍾始聲，字振之，蘇州人，號蕅益大師。

四曰述列傳，三卷。列傳即譯經人之傳。前二卷外國二十二人，後一卷中國十人。由後漢至蕭齊。其史料雖爲慧皎高僧傳所採集，然此尚爲今所存最古之僧傳，可以考後來僧傳之因革及異同也。

本書之特色及在史學上之利用

本書之特色，全在第三方式之經序，爲其他經目所未有，可以考知各譯經之經過及内容，與後來書録解題、書目提要等用處無異。其後記多記明譯經地點及年月日，尤可寶貴。朱彝尊撰經義考，每經録其前序及後跋，即取法於此。四庫提要釋家類謂其取法開元釋教録者，非也。

至其中之經序及後記，皆爲六朝人著作。嚴可均輯全南北朝文，將此書七卷全數採取，散入南北朝文中，可謂探驪而得其珠者矣。

文廷式補晉書藝文志釋家類，大抵採自此書。其不採歷代三寶記及開元釋教録者，以此書撰自梁代，去晉世最近，較可信據。特未思及其撰自偏安之朝，文獻未爲該備耳。朱彝尊之用此書，仿其體製；嚴可均、文廷式之用此書，則取其材料，各有攸當。姚振宗撰後漢書藝文志，集部末附釋家類，全採開元釋教録，蓋未見此書。其最後一條沙彌十慧經，引嚴可均全後漢文編曰：「嚴佛調沙彌十慧章句序，見釋藏跡字號十，又見僧祐出三藏記第十卷。」不知「跡字號十」，即出三藏記集卷十，是一非二。嚴可均後漢文一〇六原注云：「釋藏跡十、出三藏記集十」，無所謂又見也。即此可知姚實未見此書，且不知嚴所謂「釋藏跡十」者爲何語也。

至於本書經序及列傳中，有涉及各朝帝王及士庶者，均可爲考史資料。如吳主孫權之於支謙，宋文帝之於求那跋陀羅，以及宋彭城王義康、譙王義宣、齊竟陵文宣王子良等，皆與諸僧應接。此書撰自裴注三國志後，爲裴松之所未見，故魏吳諸僧事，可補三國志注者尚多。杭世駿撰三國志補注，未能採此書一條，此杭君之疏忽也。

明末李映碧清撰南北史合注，欲利用此等史料，合以八書，注南北史，實爲卓識。惜其採取未備，又不講著書體例，竄亂延壽原書，至不爲世人所重。然則此等史料之利用，尚有待於後人也。

歷代三寶記十五卷　隋費長房撰

宋、元、明南北藏皆著録，清藏僅刻卷末叙目一卷。此書今尚無單刻本。隋志著録雜家類，作三卷，非字有脱譌，即是僅得其前三卷。然兩唐志著録釋家類，均作三卷，可知隋志之誤，由來已久。姚振宗撰隋志考證，未見此書，僅引法苑珠林、開元釋教録並沈濤銅熨斗齋隨筆七，知原書十五卷。

此書亦名開皇三寶録，卷末有上開皇三寶録表，嚴可均收入全隋文二十八。開元釋教録七、法苑珠林百著録，亦名開皇三寶録。通志六七藝文略釋家類既出開皇三寶録，復出歷代三寶記，焦竑國史經籍志四同，所謂見名不見書也。此書本爲目録書，閱藏知津列入傳記類，不合，應改入目録類。

費長房與後漢書方術傳之汝南費長房同名，略歷見大唐内典録五。續高僧傳二附達摩笈多傳：「成都人，本預緇流，因周武廢僧還俗。隋開皇初召入京，爲翻經學士。」此書開皇十七年撰，學者簡稱爲長房録或房録。

本書之内容及體製

本書與梁僧祐出三藏記集之大分别：祐録僅詳於南朝諸經，本書則兼詳北朝諸經，因所處之時代不同也。本書有三方式：

一爲帝年，三卷：

卷一周、秦，　卷二前後漢，　卷三魏、晉、宋、齊、梁、周、隋。

每卷前有叙論，後列年表，年下間注時事佛事，或所出經卷，頗便檢閲。

二爲代録，九卷：

卷四後漢録，卷五魏、吴録，卷六西晉録，卷七東晉録，卷八前後秦録，卷九西秦、北凉、魏、齊、陳五録，卷十宋録，卷十一齊、梁、周録，卷十二隋録。

每卷前有叙論，次列經卷，經卷後爲譯人傳，蓋變祐録之體，將列傳分隸各經之後，以便檢閲也。

三爲入藏録，二卷：

卷十三大乘經入藏目，卷十四小乘經入藏目。

蓋代録爲歷代所出之經，入藏録則隋代現存之經也。三方式畢，末爲序目一卷第十五，猶是馬班以來遺法。

本書之特色

本書之特色在紀年。自司馬温公著通鑑，南北朝以宋、齊、梁、陳紀年，承學之士，以爲當然。不知温公以前，太平御覽、册府元龜等，猶以宋、齊、梁、陳爲偏霸，爲閏位。元經號稱法春秋，尊中國，猶帝北魏而黜齊、梁，其他可知矣。元經真僞，另一問題，其紀年與太平御覽、册府元龜等同一見解，四庫提要據晁陳二氏，指爲宋阮逸作，亦非無故。但其所託名者爲文中子，則與費長房正同時，故可與歷代三寶記相提並論。清人勇於辨僞，而四庫編年類特著録元經，即以其進元魏爲中國，可以悦時主耳。

三寶記獨不然，其紀年乃尊齊、梁而黜北魏。其卷三年表，晉後即繼以宋、齊、梁，梁後即繼以周、隋。其卷八、九雖爲前後秦及北魏、高齊等録，然每有論述，必冠以晉、宋、齊、梁世，如晉簡文世、晉安帝世、宋孝武世、齊武帝世、梁武帝世等。其意以爲隋承周，周承梁，實得中國正統。周雖不出於中國，而能奉璽歸隋，則已將取之中國者還之中國。此固非僧人之所知，實當時之一般心理耳。

何以言之？北齊書廿四杜弼傳：「弼以文武在位，罕有廉潔，言之於高祖，高祖曰：『天下濁亂已久，今督將家屬，多在關西，黑獺常相招誘，江東復有一吳兒老翁蕭衍，專事衣冠禮樂，中原士大夫望之以爲正朔所在。我若急作法網，恐督將盡投黑獺，士子悉奔蕭衍，則人物流散，何以爲國。』」北史五五弼傳同。

高祖者，高歡。此可以見北朝士大夫之心理，蓋自晉室渡江後，南北分立者二百六十餘年，中原士夫之留北者，始終以中國爲未滅。隋之滅陳，中國之自相兼并耳，隋之滅周，乃爲中國人復興中國。故歷代三寶記紀年之意義，實較通鑑紀年之意義更爲重大。今失之於元經，而得之於歷代三寶記，禮失求野，孔子所由問禮於老聃也。雖其中不無小誤，如卷三以乙亥爲魏甘露元年之類，誤移前一年；又有開皇十八年以後甲子，顯爲後人附益，究與大體無傷，此本書之特色也。

本書在史學上之利用

本書卷四後漢録，有經二百五十九部；卷五魏、吳録，有經二百七十一部；卷六、七東西晉録，有經七百十八部；卷八、九前後西秦、北凉録，有經二百二十三部，皆可爲補後漢、三國、晉藝文志者之用，惜乎利用之者尚未有其人也。

隋志舊事類有天正舊事三卷，釋亡名撰。天正者，梁末豫章王及武陵王年號，二人皆以天正紀元，時人謂「天者二人，正者一止」，二人一年而止也。語見梁書五五及南史五三。釋亡名所撰，殆即梁末時舊事，亡名蓋遺民之抱有國破家亡之痛者也。章宗源隋志考證此條下不着一字。姚振宗知爲即别集類著録之周沙門釋亡名，然因未見續高僧傳，不能道其詳。不知歷代三寶記亦有釋亡名傳，且爲續高僧傳七所自出，其史料尤爲可貴。

三寶記十一周沙門忘名傳略云：武帝世，沙門釋忘名，俗姓宗，諱闕殆，南陽人。爲梁竟陵王友，梁敗出家，改名上蜀。齊王入京，請將謁，帝以元非沙門，欲逼令還俗，并遺少保蜀郡公别書勸喻，報書言六不可。其後云：「鄉國殄喪，宗戚衰亡，貧道何人，獨堪長久。誠得收跡山中，攝心塵外，支養殘命，敦修慧業，此本志也。如其不爾，安能憒憒久住閻浮地乎！」

齊王者，宇文泰第五子憲，少保蜀郡公者尉遲迥，皆周書有傳。諱闕殆者，取論語「多見闕殆」之義，言其諱已闕失也。佛祖統紀續藏本卅八，乃云「梁補闕宗殆，以學行知名。梁亡，棄官出家，號無名。」頻伽藏本統紀卅七，又作「梁補闕宗始。」按補闕之官，始於唐武后，梁時安得有補闕，僧人不學，殊可笑。

忘名所著書尚有至道論、淳德論、遺執論、不殺論等，三寶記著録，大抵皆有關人心世道之書，而以佛教之言出之；集十卷，隋志以次後周儀同宗懍集後。宗懍者，亦南陽人，梁吏部尚書，梁亡入周，拜車騎大將軍，儀同三司。著荆楚歲時記，今存於世。

忘名即宗懍宗人，而姚氏引明馮惟訥詩紀、嚴可均全後周文，均誤亡名爲俗姓宋，殊失其義。明南北藏本皆誤，惟麗藏不誤，頻伽本出於麗藏，亦不誤。宗爲南陽望族，宋、齊、梁書皆有聞人。趙明誠金石録十八，據宗資墓前刻石，知後漢書列傳卅一之宋均，應作宗均。鐵橋漫稿四，對王氏問，引范書南蠻傳作宗均，故全後漢文廿七亦作宗均，是也。隋志次亡名集於宗懍與王褒、蕭撝、庾信之間，最爲有意，曰：

後周儀同宗懍集十二卷，
後周沙門釋忘名集十卷，
後周少司空王褒集二十一卷，
後周少傅蕭撝集十卷，
後周開府儀同庾信集二十一卷。

諸人皆梁亡入周，靦然冠帶，文人無節操至此，相形之下，和尚愧煞宗人矣。無錫丁氏編全北周詩，亦謂釋亡名姓宋，且分無名法師與釋亡名爲二人，皆未能利用頻伽本三寶記也。

隋志别集類又有陳沙門釋靈裕集四卷，姚氏引法苑珠林、馮氏詩紀，知爲相州大慈寺沙門，是也。歷代三寶記十二有靈裕傳，裕久住相州，即今彰德，地屬北齊。周既滅齊，復爲隋滅，裕飽經憂患，乃杜門不出，「開皇十年降勑所部，追裕入京，至見闕庭，勞問慇重。到未幾何，頻辭請退，乃云不習水土，屢覺病增。十一年放還歸鄴。」蓋亦沙門之有篤識高行者。所著有安民論、陶神論、因果論等，皆有關人心世道之書，而以佛教之言出之，與亡名同。三寶記著録。然裕未嘗受陳供養，隋志列入陳朝，殆爲錯簡，可以三寶記證之也。續高僧傳九靈裕傳，即本於三寶記而加詳。

又隋志醫方類有龍樹菩薩和香法二卷，姚氏未有考證。此書亦見三寶記九，一卷。注云：「凡五十法，梁武帝世，中天竺國三藏法師勒那摩提，或云婆提，魏言寶意，正始五年來，在洛陽殿内譯。」卷九者元魏録，正始者元魏年，然必冠以「梁武帝世」者，所謂以梁爲正朔，與元經異者也。開元録六以此方非三藏教，置諸應删之列。姚氏曾見開元録，特未注意此條耳。

又隋志地理類洛陽伽藍記五卷，今存，四庫著録。近世吳若準集證本，號稱最善，然楊衔之自序，見三寶記九，與今本異同數十字，皆比今本爲長。其最關史實者，爲今本「武定五年，歲在丁卯，余因行役，重覽洛陽」句。三寶記作武定元年中，無「歲在丁卯」四字，諸家皆未校出。據藏本，則此四字當爲後人所加，惜吳氏未見三寶記也。嚴氏全北齊文二見之，而亦未校出，蓋從前校書者多注意詞句，而忽略事實也。

開元釋教録 二十卷　唐釋智昇撰

宋、元、明南北藏、清藏皆著録，南京刻經處有單行本。晁氏讀書志及明北藏目録作三十卷，書實二十卷，不過中有一卷分爲上下者耳。

舊唐志悉本毋煚古今書録，止於開元，與智昇此録同時，故此録不見於唐志。新唐志載智昇續大唐内典録一卷，而不載此録，通志藝文略因之，皆不知有此録也。清四庫著録釋家類，書目答問亦載之，謂其有關考證。然釋典有關考證者衆矣，豈獨此區區數種。

智昇，宋高僧傳五有傳。録撰於開元十八年庚午，距開皇十七年丁巳撰歷代三寶記之時，凡百三十三年。

本書之内容及體製

本書分兩方式：

甲、總録　以譯人爲主，分十九朝代記之，末附諸家目録，凡十卷。

卷一漢、魏，卷二吴、晉，卷三東晉、苻秦，卷四姚秦、西秦、前凉、北凉，卷五宋，卷六齊、梁、元魏、高齊，卷七周、陳、隋，卷八、卷九唐，卷十諸家目録。

每朝代先記其國姓、都城、幾帝幾年、譯者幾人、所出經幾部幾卷、見存幾部、亡幾部，然後按人記其所出經及本傳，凡一百七十六人。

乙、别録　以經爲主，分七類記之，末爲入藏録，亦十卷。

一、有譯有本録。中又分三：曰菩薩藏，大乘教也；曰聲聞藏，小乘教也；此外曰聖賢傳記。

二、有譯無本録。名存本闕者也。

三、支派别行録。大部之中抄出别行者也。

四、删略繁重録。同本異名，或廣中略出者，並删除之。

五、拾遺補闕録。舊録闕題，新翻未載者，並詳具之。

六、疑惑再詳録。四庫提要誤「再詳」爲「再譯」。

七、僞妄亂真録。大乘入藏録，小乘入藏録。

本書之得失

凡事創者難爲功，因者易爲力，著書亦然。開元録之前，已有諸家目録及僧傳，此書集諸家之成，而補其闕漏，訂其訛誤。有舊録以爲失譯而並未失譯者，有舊録未詳時代而今已知其時代者，有舊録譯人誤而今特正之者，可稱後來居上。

又如總録卷四，於北涼之前，特補前涼一代，爲前此諸録所未載。智昇於所出須賴經後記及首楞嚴經後記發見之，乃補一代，略曰：

「前涼張氏，都姑臧，從晉年號。自張軌永寧元年辛酉，至天錫咸安六年丙子，凡八主，七十六年。外國優婆塞一人，譯經四部，六卷，見存一部，亡三部。優婆塞支施崙，月支人，博綜衆經，來遊涼土，張公見而重之，請令翻譯。以咸安三年癸酉，於涼州内正聽堂後湛露軒下，出須賴經等四部。龜茲王世子帛延傳語，常侍西海趙瀟、會水令馬亦、内侍來恭政三人筆受，沙門釋慧常、釋進行同在會證。」

張軌者，晉書八十六有傳。永嘉之亂，中原淪陷，涼土與中朝隔絶，張軌父子崎嶇僻壤，世篤忠貞，雖困苦艱難，數十年間，猶奉中朝正朔，此最難能而可貴者也。智昇爲補一朝，殊有意義。近人撰晉書斠注，於張軌孫張駿傳，曾引近出之流沙墜簡，書建興十八年，知張氏迄駿之世，未嘗建元，以證玉海謂駿改元太元之誤。惜其未見開元録此節，張氏不獨始稱西晉愍帝建興年號，其末仍用東晉簡文帝咸安年號，此爲希有史料，不必於地下求之，特學人未之注意耳。當中原雲擾之日，涼州道俗，翻經不輟，試思湛露軒中，其好整以暇爲何如也。此本書之特點也。

惟本書注重翻譯，而忽略本土著述，以故中土高僧言論，多被删除。如歷代三寶記卷七東晉出經道俗凡二十七人，卷八前後秦出經道俗凡十六人，卷十一、十二齊、梁、周、隋出經道俗凡七十人。今本書東晉只取十六人，二秦只取十一人，齊、梁以後，删削尤多。以至最著名之高僧慧遠所出經論十四部，支道林所出七部，道安所出二十四部，僧肇所出四部，周亡名所出十二部，隋靈裕所出八部，皆遭擯落。甚至唐代最有名而現存之法苑珠林百卷，亦不著録。大唐内典録卷十特有歷代道俗述作一門，專載此土高僧及名人言論，本書總録既删三寶記，别録又不採内典録歷代道俗述作一門，此其失也。

本書在史學上之利用

清人撰後漢書藝文志者五家：

錢大昭、侯康不録釋氏書。

顧櫰三於子部佛書，僅據隋志著録五部。

曾樸於卷末附佛經四十部，卷數可考者，一百六十七卷。

姚振宗於卷末附録佛經二百九十五部。

曾書大抵從梁高僧傳漢時譯經諸人傳鈎出所譯經名，而以今本嘉興藏目録考其卷數，觀其所注藏經千文字號可知也。然佛經同名異譯者甚多，今本嘉興藏目録本爲當時售經而作，故又名「經值劃一目録」，每經只注價目，不注撰人，又安能據目即知爲何人所譯，因此誤收及失收者甚多。如嘉興藏目「龍」字至「字」字，大寶積經一百二十卷，本唐譯，曾氏誤以爲後漢支讖譯。夫後漢之時，安能一人出經一百二十卷，此常識也。曾氏因支讖傳云：「阿闍世王寶積等十餘部，似讖所出」，遂以藏目所載大寶積經爲支讖出，此郢書燕説也。

今嘉興藏目有惟字佛説阿閦世王經二卷，支讖譯也，曾氏反未能採入。且於支讖阿閦世王寶積經下注云：「藏經寶積部，龍字至字一百二十卷」，不知藏目所謂「龍字至字字」者，「龍師火帝」至「始制文字」十二字號也。今注曰「龍字至字」，蓋未諳藏目千文之用者也。藏目大約每十卷一號，大寶積經百二十卷，故有十二號。姚書則全採開元録卷一之後漢録，有經二百九十五部，與顧、曾二家所得，不啻數倍乃至數十倍，知難行易，信然矣。

清人撰三國藝文志者二家：

侯氏不録釋氏書。

姚氏於卷末附佛書二百零一部，亦用此法。由此推之，則補晉志亦可用此法，然清人補晉志者五家，尚未有用之者，不能不推姚氏爲捷足也。

補晉志五家，謂吴士鑑、丁國鈞、文廷式、秦榮光、黄逢元。丁、黄不録釋氏。

晁氏讀書志正誤

晁氏讀書後志書目類云：「開元釋教録三十卷，唐僧智昇撰。智昇在開元中，纂釋氏諸書入中國歲月及翻譯者姓氏，以楞嚴經爲唐僧懷迪譯。張天覺以懷迪與菩提流支同時，流支，後魏僧，其言殆不可信。」

天覺者，張商英，宋觀文殿大學士。喜談禪，自謂得當時高僧兜率悦之傳，五燈會元十八有傳，媚之者至稱爲相公禪，見避暑録話上。曾撰護法論一卷，攻擊儒家，俞文豹吹劍録外集謂此論爲洪覺範假張名所著，是否另一問題。然明南北藏及清藏著録護法論，皆稱張商英撰。商英與洪覺範往來，且見宋史三五一本傳，其於佛教非門外漢可知也。

菩提流支者，北魏僧，見續僧傳一、開元録六；菩提流志及懷迪者，唐僧，均見開元録九、宋僧傳三。兩流支雖同名，然相距三朝，垂二百年，商英乃混而爲一，抑何陋耶！商英謂開元録之言不可信，吾謂商英之禪尤不可信。晁氏既採其説，馬端臨經籍考復採晁氏説，謬説相傳，不容不辯。

四庫提要正誤

四庫提要成書倉卒，謬誤本多。惟釋家類著録十三部，存目十二部，謬誤尚少，此必稍通佛學者所爲。吾嘗考之，四庫館員中以佛學名者無幾，吾頗疑其出於歷城周書昌永年也。

纂輯四庫全書之議，雖發自朱竹君筠，然與周永年之儒藏説，亦頗有關係。乾隆三十七年正月，下令徵書。三十八年二月，依朱筠條議，於永樂大典中蒐輯遺籍，命名四庫全書。五月，令將各省進到之書，分别應刊、應鈔、應存目三項，彙爲總目，並各撰提要。七月，詔將進士邵晉涵、周永年、余集，舉人戴震、楊昌霖，調取來京，同司校勘。邵、周爲劉統勳所保薦，周則統勳鄉人也。

嘗閲王述庵昶春融堂集四十五再書楞嚴經後，有云：「今天下士大夫能深入佛乘者，桐城姚南青範、錢塘張無夜世犖、濟南周永年書昌及余四人，其餘率獵取一二桑門語，以爲詞助，於宗教之流别蓋茫如。」

此文撰於乾隆三十六年辛卯。昶時在雲南軍營效力，範以是年正月卒，世犖曾撰楞嚴宗旨，乾隆九年舉人，當卒在前，永年則以是年成進士。越二年，即開四庫全書館。

今四庫提要開元釋教録條下，注云「江西按察使王昶家藏本」，而存目正宏集條下，則注云「編修周永年家藏本」。吾因此頗疑釋家類提要出永年手，故舛誤尚不多也。

提要好採晁氏説，獨開元録條不然，最爲有見。惟謂「佛氏舊文，兹爲大備，亦兹爲最古，所列諸傳，尤足爲考證之資」云云，則殊未盡然。撰者蓋未見出三藏記集及歷代三寶記等，故以此爲最古；又未見慧皎、道宣等高僧傳，故以此爲無上考證之資。而不知開元録諸傳，實採自皎、宣二家之書，智昇所自撰者無幾也。

又謂「朱彝尊作經義考，多與此符」，其説亦不足據。經義考每經録其前序及後跋，蓋取法出三藏記集。撰四庫提要者只見開元録，未見出三藏記集，聞人言朱取法釋家目録，遂以爲開元録耳。開元録前十卷以譯人爲主，與經義考之以書爲主者不同；後十卷雖以經爲主，而不録經序及後記，又與經義考不同，正不必强爲附會。至謂「隋書載王儉七志，以道佛附見，合爲七門」。七門當爲九門，王儉七志，道佛固在七志外也。

中國佛教史籍概論卷二

高僧傳十四卷　梁釋慧皎撰

宋、元、明、清藏皆著録。

慧皎，續高僧傳六有傳，事跡不詳。梁元帝撰金樓子聚書篇，有「就會稽宏普惠皎道人搜聚」之語，則其富於藏書可想。

又高僧傳卷三末譯經論有曰：「頃世學徒，唯慕鑽求一典，謂言廣讀多惑，斯蓋墮學之辭，匪曰通方之訓。何者？夫欲考尋理味，決正法門，豈可斷以胷衿，而不博尋衆典。」則其主張博覽，反對空疏又可想。

隋志雜傳類有高僧傳十四卷，列寶唱名僧傳後，題釋僧祐撰，此今本隋志之誤也。此書蓋即慧皎撰，試分四節辨明之：

一、何以知此書非僧祐撰？曰僧祐未聞著此書。寶唱爲僧祐弟子，此書果僧祐撰，似不應列寶唱書之後。

二、何以知此書爲慧皎撰？曰此書卷數與皎書合。皎書本爲不滿「名僧」二字而作，今此書列名僧傳後，故知爲皎書。

三、何以知古本隋志不誤？曰兩唐志於唐以前書多同隋志。今唐志皆作高僧傳十四卷，惠皎撰，而無僧祐高僧傳，以此知古本隋志不誤也。

四、何以慧皎能誤爲僧祐？曰慧皎與僧祐皆梁僧。僧祐行輩高，名器盛，著述存者較多；慧皎所著，存者僅此書，故易誤爲祐也。姚振宗隋志考證已辨其誤。四庫不著録此書，未見此書也；書目答問載此書，以有海山仙館刻本也。

本書十三卷，叙目一卷在後，爲十四卷。據叙，本書所載事跡，終於梁天監十八年，然慧皎至梁承聖三年乃卒，見本書後記。海山仙館本將目録改在卷首，雖便檢閲，究失古意。近年金陵刻經處有單刻本，題爲初集，名亦不古。學者普通稱爲梁高僧傳或慧皎高僧傳，以別於後出之書。

本書之主旨及内容

本書以高僧爲名，本有超絶塵世之意。當時僧衆猥濫，徇俗者多，故慧皎之論，每爲時所不喜。慧皎自序於歷數諸家僧傳之失後，特辯之曰：「前之作者，或嫌繁廣，抗跡之奇，多所遺削，謂出家之士，處國賓王，不應勵然自遠，高蹈獨絶，尋辭榮棄愛，本以異俗爲賢，若此而不論，竟何所紀。」

又曰：「前代所撰，多曰名僧，然名者實之賓也，若實行潛光，則高而不名；若寡德適時，則名而不高。名而不高，本非所紀，高而不名，則備今録。」故此書之作，實爲一部漢魏六朝之高隱傳，不徒詳於僧家事跡而已。

本書爲類傳體，凡分十門。每門之後，系以評論：一譯經，三卷；二義解，五卷；三神異，二卷；四習禪，五明律，共一卷；六亡身，七誦經，共一卷；八興福，九經師，十唱導，共一卷。

自後漢至梁初，凡二百五十七人，附見者又二百餘人。後之作者，都不能越其軌範。惜爲時地所限，詳於江左諸僧，所謂「僞魏僧」僅得四人，此固有待於統一後之續作也。

本書在史學上之利用

本書未有單刻本之前，只有藏本，學者少見。丁丙善本書室藏書志二十二有孫淵如藏鈔本，嘉慶十二年丁卯孫星衍手記云：「慧皎高僧傳，四庫全書未及收。余讀釋藏於金陵瓦官寺見之，頃官安德，借録此本。僧人事跡，率多文人粉飾，然六朝士夫，無所自存，遁入釋道，故多通品，辭理可觀，且足資考史，地方古跡亦可借證，實爲有用之書」云云。故孫星衍續古文苑十一有慧皎高僧傳序，注云：「四庫書未録梁高僧傳，故此序不傳。」其實何嘗不傳，特學者未之注意耳。

平津館鑒藏記書籍補遺又有明版姜家印行本，謂：「通鑑宋文帝元嘉十年，沮渠牧犍改元永和，此書浮陀跋摩傳作承和，與北史同，足資考證。」按北涼沮渠牧犍，魏書、北史均作改年承和，御覽一二四引十六國春秋北涼録作永和，通鑑宋紀元嘉十年條因之，故紀元諸書，多以永和爲正。據此書卷三浮陀跋摩傳茂虔承和五年丁丑，即宋元嘉十四年，與魏書、北史合，則「永」實誤文也。

世説新語爲説部最通行之書，其中關涉晉僧幾二十人，此二十人中，見於晉書藝術傳者僅佛圖澄一人，然十之九皆見高僧傳。

支道林在當時最負高名，世説中凡四五十見，應入晉書隱逸傳，然晉書遺之。高僧傳四有長傳，而支道林始末畢見。

竺法深亦負高名，世説中凡五六見，劉孝標注謂：「法深不知其俗姓，蓋衣冠之胤也。」據高僧傳四，則法深者僧名潛，晉丞相王敦之弟，年十八出家。永嘉初避亂過江，年八十九卒。晉孝武帝悼之曰：「法師理悟虛遠，風鑒清貞，棄宰相之榮，襲染衣之素，山居人外，篤勤匪懈。」何得謂不知俗姓。且法深卒年八十九，亦可訂世説注七十九之誤。

又世説言語篇，庾法暢造庾太尉條，注謂：「法暢氏族所出未詳。」文學篇北來道人條注，引庾法暢人物論，亦作庾。高僧傳四作康法暢著人物始義論，自當以康爲正，今本世説因下文庾太尉句而誤耳。魏晉沙門，依師爲姓，故姓支姓康者，皆外國姓，非本姓。言語篇支道林養馬條，注謂：「支道林本姓關氏。」文學篇康僧淵初過江條，注謂：「僧淵氏族所出未詳。」正與康法暢同例。若果姓庾，則中國姓也，何云「氏族所出未詳」，此嚴可均全晉文所以據高僧傳而知今本世説誤也。

葉德輝輯世説注引用書目，於庾法暢人物論下云：「高僧傳引作康法暢，兩書必有一誤。」而未斷爲誰誤，蓋未細考耳。

范蔚宗被殺，門有十二喪，無敢近者，釋曇遷抽貨衣物，爲營葬送，宋書六九、南史三三范傳皆不載，亦見於高僧傳十三遷傳。

梁書二十二南平王偉傳：「偉，太祖第八子，初封建安王，天監十七年改封南平郡王。性多恩惠，尤慤窮乏，常遣腹心左右，歷訪閭里人士，其有貧困吉凶不舉者，即遣贍邺之。太原王曼頴卒，家貧無以斂，友人江革往哭之，其妻兒對革號訴，革曰：『建安王當知，必爲營埋。』言未訖而偉使至，給其喪，事得周濟焉。」南史五二同。

江革見梁書卷三十六：「豫章王綜長史，隨鎮彭城，城失守，爲魏人所執。魏徐州刺史元延明，聞革才名，厚加接待，革稱患脚不拜，延明將加害，見革辭色嚴正，更相敬重。時祖暅同被拘執，延明使暅作欹器漏刻銘，革作丈八寺碑，革辭以囚執既久，無復心思，延明逼之愈苦，將加箠撲，革厲色言曰：『江革行年六十，不能殺身報主，今日得死爲幸，誓不爲人執筆。』延明知不可屈乃止。日給脱粟三升，僅餘性命。值魏主請中山王元略反北，乃放革及祖暅還朝。」南史六十同。

吾人讀此二傳，知南平王之高義，江長史之忠貞，然王曼頴何人，僅知其貧無以斂而已。夫天下貧士多矣，苟别無所表見，則貧何足尚。及讀高僧傳末附曼頴與慧皎往復書，乃知皎撰高僧傳，曾與商榷義例，既成，曾請其掎摭利病，並稱其「學兼孔釋，解貫玄儒」，則曼頴不徒以貧見稱，實爲梁初之高士，宜江革與之爲友。廣弘明集廿四採此二書；孫星衍續古文苑八載曼頴一文，亦根據此傳；嚴可均輯全梁文亦採之；姚振宗考隋志雜傳類補續冥祥記，亦利用此等史料以考王曼頴，而王曼頴乃真不朽矣。

續高僧傳 三十卷　唐釋道宣撰

明、清藏本四十卷。大唐内典録五、開元釋教録八均作三十卷。舊唐志雜傳類連出兩部，一作二十卷，一作三十卷。新唐志釋氏類重出三部，兩作道宗，卅二卷；一作道宣，二十卷。晁氏傳記類著録三十卷，曰：「唐僧道宣撰，藝文志作道宗」，則唐志之誤已久。

道宣，宋高僧傳十四有傳。嘗隱終南山，與處士孫思邈至契。唐以來言律學者，莫不宗南山，故律宗又稱南山宗焉，道宣即南山宗祖師也。乾封二年卒，年七十二。

本書之體製及内容

本書繼慧皎書而作，故名續高僧傳。今單刻本稱續高僧傳二集，既曰續，又曰二集，殊不詞。

本書體製，與皎書大略相同。亦分十科，改神異爲感通，增護法，經師、唱導則合爲雜科，故其數仍十：一譯經，四卷；二義解，十一卷；三習禪，五卷；四明律，五護法，六感通，各二卷；七遺身，八讀誦，九興福，十雜科，各一卷。每一科畢，亦系以論述，與皎書同。皎書著於偏安之時，故多述吳越，而略於魏燕；續傳著於統一之時，文獻較備，故搜羅特廣。

道宣自序稱：「始梁之初運，終唐貞觀十有九年，一百四十四載。」此初成書之序也。今考本書記載，有至麟德二年者：卷四玄奘傳，奘卒於麟德元年；明藏本卷廿八明導傳，麟德元年猶未卒；曇光傳叙事稱「今麟德二年」；又卷卅五法沖傳云：「今麟德，年七十九矣。」其他卒於貞觀十九年後，永徽、顯慶、龍朔年間者，二十餘人。則是書實止於麟德二年，即宣公之卒前二年，距初成書之時，已二十年矣。

自序又言正傳三百三十一人，一作三百四十人，附見一百六十人。今考本書正傳凡四百八十五人，附見二百十九人，與自序絶異，是當注意者也。普通撰提要者多據自序，而不數本書，往往失之。蓋成書之後，續有纂入，事所恒有也。

本書在史學上之利用

當紛亂之世，道人雖離俗出家，然每與政治不能無關係。續高僧傳卅真觀傳言：「開皇十一年，江南叛反，羽檄競馳，時元帥楊素以觀名聲昌盛，謂其造檄，既被嚴縶，將欲斬決，責曰：『道人當坐禪讀經，何因妄作檄書，罪當死不？』觀曰：『道人所學，誠如公言，然觀不作檄書，無辜受死。』素大怒，將檄以示：『是你作不？』觀讀曰：『斯文淺陋，未能動人，觀實不作，若作過此。』乃指擿五三處曰：『如此語言，何得上紙。』素既解文，信其言，乃令作愁賦，釋之。」今全隋文卅四所載愁賦，即出於此。

續高僧傳廿一智文傳言：「智文姓陶，丹陽人。有陳馭寓，江海廓清，宣帝命旅，尅有淮淝，一戰不功，千金日喪，轉輸運力，遂倩衆僧。文深護正法，不懼嚴誅，乃格詞曰：『聖上誠異宇文，廢滅三寶，君子爲國，必在禮義，豈宜以勝福田爲胥作之役，非止延敵輕漢，亦恐致罪尤深。』有勅許焉，事即停寢。」格詞者，不服之詞也。陳與周戰，人夫不足，倩僧輸運，文爲詞格之。全陳文十八選此文，亦本此傳，而云「智文未詳」，當是偶漏。

隋志著録之書，有非續高僧傳不能解釋者，姚氏爲隋志考證，因未見此書，遂多窒礙。

如儀注類有僧家書儀五卷，釋曇瑗撰；別集類又有陳沙門釋曇瑗集八卷，此曇瑗見續高僧傳廿一，云：「曇瑗金陵人，才術縱横，子史周綜，有陳之世，無與爲鄰。帝以瑗爲國之僧正，令住光宅，苦辭以任，而栖託不競，閉門自檢，非夫衆集，不妄經行，慶弔齋會，了無通預。每上鍾阜諸寺，觸興賦詩，覽物懷古。以太建年中卒，春秋八十有二。著十誦疏十卷、僧家書儀四卷、別集八卷，見行於世。」此正隋志所著録者也。隋志書儀多一卷。

又隋志醫方類，有療百病雜丸方三卷、論氣治療方一卷，釋曇鸞撰。此曇鸞爲北魏時淨土宗大師，見續高僧傳六，云：「曇鸞或爲巒，雁門人，家近五臺山。時未志學，便即出家，承江南陶隱居方術所歸，海内宗重，遂往從之。既達梁朝，時大通中也，乃通名云：『北國虜僧曇鸞故來奉謁。』時所司疑爲細作，推勘無有異詞，以事奏聞，帝曰：『斯非覘國者，可引入重雲殿。』問所由來，鸞曰：『欲學佛法，恨年命促滅，故來遠造陶隱居，求諸仙術。』帝曰：『此傲世遁隱者，比屢徵不就，任往造之。』鸞尋致書通問，及届山所，接對欣然，便以仙經十卷，用酬遠意。辭還魏境，機變無方，調心練氣，對病識緣，因出調氣論，著作郎王邵隨文注之。」據此，則今本隋志「論氣」應作「調氣」，近影印元大德本隋志已誤，可以此傳校之也。

又隋志別集類，有陳沙門釋洪偃集八卷，此洪偃見續高僧傳七，云：「洪偃俗姓謝氏，會稽山陰人。風神穎秀，弱齡悟道，英詞錦爛，又善草隸，故貌、義、詩、書，號爲四絶。梁太宗在東朝，愛其儁秀，欲令還俗，引爲學士，偃執志不迴，屬戎羯陵踐，兵饑相繼，因避地縉雲，又寇斥山侶，遂越嶺避難。俄而渚宮陷覆，便事東歸，以天嘉五年終於宣武寺。偃始離俗，迄於遷化，惟學是務，每緣情觸興，輒叙其致，成二十餘卷，值亂零失，猶存八軸，陳太建年學士何儁上之。」此即隋志所著録者也。

又隋志楚詞類，有楚詞音一卷，釋道騫撰。姚氏考證僅據本志序，言「隋時有釋道騫，善讀楚詞，能爲楚聲，至今傳楚詞者，皆祖騫公之音」而已，此外無所發明。不知此道騫續高僧傳卅作智騫，與作一切經音義之玄應同附智果傳，略云：「沙門智騫，江表人。徧洞字源，精閑通俗，晚以所學，退入道場，自祕書正字，讎校著作，言義不通，皆諮騫決，即爲定其今古，出其人世，變體詁訓，明若面焉。造衆經音及蒼雅字苑，宏叙周贍，達者高之，家藏一本，以爲珍璧。」又續高僧傳十一法侃傳注言：「侃初立名，立人安品，後值内道場沙門智騫曰：『侃之爲字，人口爲信，又從川字，言信的也。』因從之。」則騫爲字學專家又多一證。本傳雖未明言其著楚詞音，然既通字學，復造衆經音，其爲隋志之道騫無疑。凡此皆有關於考史，不徒作僧傳讀而已。

全南北朝文正誤

嚴氏全南北朝文，曾利用此書，然有極可笑者。蓋卷軸既繁，雖號稱縝密，亦不能無誤，要在後學爲之糾正耳。

續高僧傳一拘那羅陀傳：「拘那羅陀，陳言親依，譯言真諦，諦止廣州王園寺。時宗、愷諸僧欲延還建業，會揚輦碩望，恐奪時榮，乃奏曰：『嶺表所譯衆部，言乖治術，有蔽國風，可流荒服。』帝然之，故南海新文，有藏陳世。」此言真諦法師門徒僧宗、智愷等欲迎法師還建業，建業諸僧妬之，乃奏言真諦新譯唯識等論，有乖治術，可流荒服，不令其還都。時稱建業爲揚都，揚輦即指揚都。全陳文十七乃以揚輦爲人姓名，而載其奏流拘那羅陀文，於揚輦略歷，注云未詳，不知揚輦非人名也。

又續高僧傳九道莊傳，言：「道莊，建業人，初聽彭城寺瓊法師，稟受成實，宗匠師表，門學所推。瓊後年疾相侵，將欲傳緒，通召學徒，宗猷顧命，衆咸揖謝於莊，允當遺寄，瓊曰：『莊公學業優奧，誠如弘選，然其首大足小，終無後成，恐其徒轍餘宗耳。』遂不行衆議。」此實瓊法師批評道莊不足當遺寄也。全後周文廿二引此，乃作「宗猷遺瓊法師書」，而於宗猷略歷，無一言注釋，不知宗猷亦非僧名也。真觀傳言：「觀聲辯之雄，最稱宏富，自爾詞人，莫不宗猷於觀。」宗猷猶言推舉耳。嚴君因有「允當遺寄」句，將「寄」字連下讀，遂以瓊語作遺瓊書，此大誤也。

全唐文亦嘗利用此書，然時有錯誤。如卷九一六吉藏上元宗遺表，見於續高僧傳十一，藏，武德六年臨終遺表於帝，帝當指唐高祖。全唐文乃引作元宗，此是偶誤，然相距百年矣。

本書板本異同

本書現在通行者有三種本：

一爲三十卷本，即高麗本及頻伽本是也。

一爲三十一卷本，即宋元本，磧砂藏本是也。

一爲四十卷本，即嘉興藏本及揚州本是也。

宋元本於麗本卷二十及二十五後，各增一卷，又於麗本卷二十七、二十八合爲一卷，故總數比麗本多一卷，是爲三十一卷。

宋元本正傳多麗本七十一人，附傳多麗本七人。然今頻伽本已將麗本所無者，悉照宋元本增入，附於各卷之末。今將各卷所增人數列後：二十卷後增正傳二十人，附三人；二十二卷增四人；二十三卷增二人；二十四卷增五人；二十五卷增一人；二十五卷後又增正傳三十九人，附四人。

明本與宋元本内容相同，惟分爲四十卷，與宋元本異。唐元和中慧琳一切經音義卷九一至九四、晉天福中可洪藏經音義隨函録卷二十七、二十八，爲續高僧傳音義，均作三十卷，且無卷二十與卷二十五後所增諸傳之音。因此知增多七十餘傳，自宋始；分爲四十卷，自明始。

然此增多之材料何來？是宣公原文否？曰：宣公自撰大唐内典録五，於續高僧傳外，尚有後集續高僧傳十卷。開元録八，只載續傳三十卷，謂：「内典録更有後傳十卷，尋本未獲。」頗疑今宋元本所增之七十餘傳，即後集之文，宋人取以入之續傳，故其中多卒於貞觀十九年以後，麟德二年以前，若不是宣公原文，則有卒於乾封二年以後者矣。又疑舊唐志何以連出續高僧傳二部，其一部本爲後傳十卷，傳寫誤也。

然明本何以分爲四十卷？則以此書自開元録略出以來，即分爲四帙，編入内、左、達、承四號，宋元藏因之。慧琳、可洪音義均作三十卷四帙可證，明本蓋每一帙分爲十卷也。

楊氏訪書志質疑

楊守敬日本訪書志十六載續高僧傳四十卷，注曰：「宋刊摺子本」，又曰：「此本亦宋嘉熙三年安吉州資福寺刊，即南北藏所從出。」此語殊不可信。晁氏讀書後志一、至元法寶勘同總録十，著録此書，猶是三十卷，何得有宋刊四十卷之事，頗疑楊氏誤以四帙爲四十卷，否則絶非宋本也。

楊氏又言：「此書終貞觀十九年，正傳三百三十一人，附見一百六十人。」此仍是宣公自序舊文。不知今本不止於貞觀十九年，已如上述。至於人數，麗本正傳四百十四人，已多於自序八十三人，附見二百十二人，亦多於自序五十二人。宋元本正傳又多七十一人，爲四百八十五人，附傳又多七人，爲二百十九人，比自序增多甚衆。撰提要者，當據書不當據序，即據序，亦當言明書與序不同，俾知後有增入也。

楊氏又言：「四庫書目僅載贊寧宋高僧傳，近時海山仙館刻慧皎高僧傳，而此書仍沈霾釋藏中，未終表彰」云云。不知此書四庫雖未收，然自乾隆季年，學者已漸知利用，故全唐文、全南北朝文均用之，只欠一單刻本而已。然嘉興藏單印本，時有流行，藏書家所謂支那本者是也，因書口有「支那撰述」四字故。

楊氏又附載此書自序，注云：「此序孫淵如續古文苑不載，知孫氏亦未見此書。」不知孫氏祠堂書目二已載此書，特續古文苑未之採耳。且此序全唐文九百十一已採入，未爲希見，固不必張大其詞也。

宋高僧傳 三十卷　宋釋贊寧撰

宋、元、明、清藏及四庫皆著録，麗藏獨闕。揚州單刻本，稱爲宋高僧傳三集。

太平興國七年奉勅撰，端拱元年十月書成，表上之。本名大宋高僧傳，後人去「大」存「宋」，謂宋朝所修之高僧傳，非謂宋朝高僧之傳也。所載接道宣續傳，迄宋之雍熙，卷七晤恩卒於雍熙三年，義寂卒於雍熙四年，即成書之前一年也。

贊寧略歷

贊寧家世行事，見王禹偁小畜集二十通惠大師文集序，略云：「釋子謂佛書爲内典，謂儒書爲外學，工詩則衆，工文則鮮，並是四者，其惟大師。大師姓高氏，其先渤海人，隋末徙居吳興之德清縣。以唐天祐十六年己卯生，後唐天成中出家。通南山律，爲兩浙僧統。太平興國三年，忠懿王錢俶携版圖歸國，大師入朝，太宗素聞其名，召對滋福殿，賜紫方袍，尋改師號曰通惠。八年，詔修大宋高僧傳，聽歸杭州舊寺，成三十卷，進之。居無何，徵歸京師，住天壽寺，詔撰三教聖賢事跡，分領其事，著鷲嶺聖賢録，又集聖賢事跡，凡一百卷。今上咸平元年，詔充右街僧録。年八十二，視聽不衰，以述作頗多，叙引未立，猥蒙見託，不克固辭。總其篇題，具如別録，凡内典集一百五十二卷，外學集四十九卷，覽其文知其道」云。

十國春秋八九贊寧傳，即本於此。然謂高僧傳内典集外，又著鷲嶺聖賢録一百卷，則誤讀小畜集之文也。高僧傳、鷲嶺聖賢録即内典集之一種，内典集不過諸書之總名，序云：「總其篇題，具如別録」，則各書之子目也。

本書之體製及内容

本書體製，一如續傳，惟續傳僅每科後附以論述，此書則每人傳末，亦時有論述，或申明作者之旨焉，名之曰系，其有答問，則謂之通。系者法張衡賦，通則法白虎通，此與續傳不同者也。

本書十六清徹傳：「系曰：徹公言行，無乃太簡乎？通曰：繁略有據，名實録也。昔太史公可弗欲廣三五之世事耶，蓋唐虞之前，史氏淳略，後世何述，今不遂富贍，職由此也。又與弗來赴告不書同，諸有繁略不均，必祛誚讓焉。」此所謂申明作者之意也，其法甚善。

又古人著書，除類書外，多不注出典。此書所本，多是碑文，故每傳末恒言某某爲立碑銘或塔銘，此即本傳所據，不啻注明出處。

本書内容，亦分十科，與續傳無異：一譯經，三卷；二義解，四卷；三習禪，六卷；四明律，三卷；五護法，一卷；六感通，五卷；七遺身，一卷；八讀誦，二卷；九興福，三卷；十雜科，二卷。正傳五百三十二人，附傳一百二十五人。「讀誦」四庫提要作「誦讀」，此雖小節，然以今語改古語，爲校勘學中一大忌，因續傳亦作「讀誦」，非偶然也。

唐時佛教最盛，舊唐書方伎傳尚有玄奘、神秀、慧能、一行等數人，新唐書一概删除。通鑑亦大都不載，故嚴衍通鑑補凡例，有補二氏一條。此書所載，十之九皆唐僧，可以補唐書、通鑑之闕矣。

本書之特色及缺點

本書最精彩者爲習禪篇，因中國禪宗，起於初唐，至晚唐而極盛。會昌五年毁佛，教家大受挫折，惟禪宗明心見性，毁其外不能毁其内，故依舊流行。五代末，北宋初，佛教各派均已式微，獨曹溪以下五宗，於此時漸次成立。五宗者，自六祖慧能後，分爲二派：曰青原行思，曰南岳懷讓。南岳復分二派：曰臨濟，曰潙仰；青原復分三派：曰曹洞，曰法眼，曰雲門，是爲五宗。今日惟臨濟、曹洞猶存，三宗早絶。本書除雲門宗開山之雲門文偃外，於各宗重要人物，皆有專傳。雲門匡真大師塔銘，本南漢大寶元年立，又碑銘大寶七年立，以僻在廣東乳源縣，故贊寧當日搜羅未獲，今皆見南漢金石志。

然禪宗自曹溪五宗以前，派别已極紛歧，鬬諍甚烈，禪宗本身諸史，多諱而不言。贊寧本非禪宗，且博學多通，號稱「律虎」，當時玄學，每斥講家爲數寶之人，見本書習禪篇總論。贊寧於禪宗鬬諍之跡，亦不爲之諱，故卷八神秀傳論謂：「達摩没而微言絶，五祖喪而大義乖。」考唐代禪宗史者，固可於宋僧傳求之，此本書之特色也。

慧皎著書，提倡高蹈，故特改名僧爲高僧。道宣戒律精嚴，對沙門不拜王者一事，爭之甚力，皆僧人之具有節槩者，有專書名沙門不應拜俗等事。贊寧則本爲吴越國僧統，入宋後，又賜紫衣，充僧録，素主張與國王大臣接近； 本書又爲奉詔而作，故不能與前書媲美。

宋高僧傳七五代棣州開元寺恒超傳：「恒超姓馮氏，范陽人。挂錫無棣，二十餘年，節操高邁，前後州牧修名執刺相禮重者，止令童子辭以講貫，罕曾接對，初有所慊，終伏其高。時郡守李君素重高風，欲飛章舉賜紫衣，超聞驚愕，爲詩曰：『虚著褐衣老，浮杯道不成，誓傳經論死，不染利名生。』且曰：『如其復爾，則吾在盧龍塞外矣。』郡將聞而止。相國瀛王馮道聞其名，知是鄉關宗人，先遺書序歸向之意，超曰：『貧道閑人，早捨父母，尅志修行，本期彌勒知名，不謂浪傳宰衡之耳，於吾何益。』門人敦喻，不得已答書，具陳出家之人，豈得留心虚名薄利。瀛王益加鄭重，表聞漢祖就賜紫衣，自此忽忽不樂，以乾祐二年，微疾終於本院。」此五代時高僧也。贊寧對之，寧無愧色。然贊寧於恒超傳不便批評，乃於前卷宗密傳論，發其意見，且藉以自解焉，在史法中所謂互見例也。

宋高僧傳六宗密傳論曰：「或有誚密不宜接公卿而屢謁君王者，則吾對曰：教法委在王臣，苟與王臣不接，還能興顯宗教不！ 今之人情，見近王臣者則非之，曾不知近王臣人之心，苟合利名，則謝君之誚也，或止爲宗教親近，豈不爲大乎，寧免小嫌，嫌之者亦嫉之耳，苟了如是義，無可無不可。」因此贊寧之書，不提倡高蹈，與慧皎異； 又沾染五代時鄉愿習氣，以媚世爲當，故持論與道宣又異。

宋高僧傳十五義宣傳論：「或曰：今沙門姓既爲釋，名復不諱，言我不隨俗諦，云何對君主稱臣，莫西域有否？通曰：姓名不對王者，臣妾表疏合然。昔齊帝問王儉，遂令對見稱名，至唐肅宗朝，始見稱臣，由此沿而不革。良以沙門德薄，日就衰微，一往無復矣。又以法委國王，誠難改作，王謂爲是，楷定莫移，故佛言雖非我制，諸方爲清淨者不得不行」云。言爲心聲，贊寧所言若此，故其書頗主張隨俗浮沉，與時俯仰，不叙不事王侯高尚其事之美，致使西山之節，鬱而不彰。歐陽公生平深惡馮道，故對贊寧亦屢示不滿。

歸田録第一條曰：「太祖幸相國寺，至佛像前燒香，問當拜與不拜，僧録贊寧奏曰：『不拜。』問其故，曰：『見在佛不拜過去佛。』贊寧者，頗知書，有口辯。其語雖類俳優，然適會上意，故微笑而頷之，遂以爲定制」云。太祖當作太宗。嗚呼！贊寧對宋帝之言，抑何與馮道對遼主之言相類也。歐五代史五四馮道傳：「耶律德光問道曰：『天下百姓，如何救得？』道爲俳語對曰：『此時佛出救不得，惟皇帝救得。』」贊寧之言，得毋學此。

六一詩話又言：「吳僧贊寧，國初爲僧録。安鴻漸嘗街行，遇贊寧與數僧相隨，鴻漸指而嘲曰：『鄭都官不愛之徒，時時作隊。』贊寧應聲答曰：『秦始皇未坑之輩，往往成羣。』時皆善其捷對。」鴻漸所道，乃鄭谷詩，云「愛僧不愛紫衣僧」也。歐公對贊寧印像如此。若贊寧者，真可謂名僧也矣，以言乎高，則猶未也。此本書之缺點也。

四庫提要正誤

四庫著録贊寧之書凡二種：一爲譜録類筍譜一卷，一爲本書。又雜家類存目七載贊寧物類相感志十八卷，以與本題無關，不具論。

贊寧略歷，提要於筍譜述之，謂：「咸平中，加右街僧録，至道二年卒。」此大誤也。至道年號，實在咸平之前，不知何以不考至此，釋氏疑年録六已辨之矣。至本書提要之誤，則有四點：

一、提要謂：「高僧傳之名，起於梁釋惠敏，分譯經、義解兩門，釋慧皎復加推擴，分立十科。」此謬説也。梁僧未聞有惠敏，更未聞有惠敏著之高僧傳。「惠」與「慧」通，「敏」特「皎」之形譌耳。提要之説，蓋本於晁氏讀書志。晁志衢本傳記類著録高僧傳二部：一爲六卷，梁僧惠敏撰，分譯經、義解兩門；一爲十四卷，梁僧慧皎撰，分譯經、義解等十科，此提要所本也。六卷本，袁本晁志入釋書類，蓋一不全本。因慧皎高僧傳向分二函，可洪藏經音義隨函録二十七，載高僧傳一部，上帙六卷，下帙八卷，慧琳音義八十九、九十同。晁志著録釋書類者，蓋僅得前帙，因叙目在後，不知其不全，著録時又誤慧皎爲惠敏，衢本乃將兩部並列。通考經籍考釋氏類因之，四庫提要遂演爲高僧傳之名起於惠敏之説，不知惠敏固無是公也。周中孚鄭堂讀書記、丁丙善本書室藏書志，均循提要之誤，謬説流傳，不得不加糾正。宋史藝文志有慧皓高僧傳十四卷，豈慧皎之外，又有慧皓耶，「皎」之誤「敏」，亦猶是耳。隋志雜傳類及雜家類重出虞孝敬高僧傳六卷，姚氏考證引法苑珠林傳記篇，謂：「孝敬後出家，改名惠命，即晁氏之惠敏」云。按續僧傳一，孝敬僧名道命，不作惠命，故今不取其説。

二、提要謂：「唐釋道宣續高僧傳，蒐輯彌博，所載迄唐貞觀而止。」並列舉十門之名，似館臣曾見皎、宣之書，何以不著於録，不知館臣實未見皎、宣二傳也。十門之名，亦據晁志及通考列之耳。不然，此唐以前史傳豈有不録，而獨録贊寧書之理，此其故，簡明目録釋家類曾微露之，曰：「佛氏之書，浩如煙海，非惟經論語録，不可勝數，即叙述釋家故實者，亦難以賅載。故今惟即官庫所有，擇可録者録之，以見梗槩；官庫所未收者，自有彼之佛藏在，無庸代爲蒐輯」云。然則今提要釋家類所著録及存目者，特隨手掇拾，以備一格，凡内府所未頒，及各家進呈所未及者，皆未嘗按類以求，故皎、宣之書獨闕也。

三、提要謂：「贊寧此書，於武后時人皆系之周朝，殊乖史法。」不知此最合史法也。

武后於載初二年九月，既改國號曰周，直至中宗神龍元年二月，始復國號曰唐，此十五年中，事實上爲周，史家豈得稱之爲唐。即如釋明佺於天册萬歲元年撰大周刊定衆經目録，後人爲易於識别，易大周爲武周可也，若必改爲大唐刊定衆經目録，豈非謬甚。贊寧博學，頗講史法，吴處厚青箱雜記六，稱其：「曾撰非史通六篇，爲王禹偁所激賞。」固未可以「乖史法」譏之也。

四、提要謂：「本書所載，既託始於唐，而雜科篇中乃有劉宋、元魏二人，亦爲未明限斷。」不知本書繼道宣書而作，固非斷代之書也。前傳有闕，後書補之，奚爲不可，安得以「未明限斷」譏之乎！且本書載唐以前人，不始於雜科，卷十八感通篇已有後魏、陳、隋五人，卷二十四讀誦篇又有隋二人。贊寧曾於卷十八隋僧欽師傳論發明其例，曰：「魏、齊、陳、隋與宣年月相接，胡不入續傳耶？通曰：有所不知，蓋闕如也。亦猶大宋文軌既同，土疆日廣，良難徧知，縱有某僧，其奈史氏未編，傳家無據，故亦闕如，留俟後賢也。」此最合史法之論，撰提要者未之見耳。一部宋高僧傳獨闕雲門偃禪師傳，職是故也。

中國佛教史籍概論卷三

弘明集十四卷　梁釋僧祐撰

僧祐即撰出三藏記集之人，見梁高僧傳十一。天監十七年卒，年七十四，黑白門徒，一萬一千餘人。東莞劉勰爲撰碑。

出三藏記集十二有弘明集目録序，以牟子理惑始，以祐自撰弘明論終，凡十卷。其後續有增入，爲十四卷。兩唐志、晁氏讀書志皆著録。

四庫著録釋家類第一部，提要謂：「梁以前名流著作，今無專集行世者，頗賴以存」云。

本書之體製及内容

本書爲總集體，頗類昭明文選，故舊唐志入總集類。然以六朝佛教之盛，全部文選，闕涉佛教者僅王簡棲頭陀寺一碑。此編所録，則概皆闡揚佛教之文，中以書啓論述爲多，鏗然可誦。作者百人，又僧十九人，單第十卷作者已有六十三人，爲嚴可均全梁文增益人數不少。序稱：「道以人弘，教以文明，弘道明教，故謂之弘明集。」以今本與出三藏記集所載目録互校，原本十卷，皆梁以前文，後所增入，多梁代文。今本第九、第十卷之梁武帝，高麗本作大梁皇帝，當是僧祐原文，稱武帝者，後人追改也。

本書板本及學人利用

本書現在通行者，大别爲兩種本：一藏本；一單刻本。藏本又大别爲兩種：一嘉興藏本，即所謂支那本；一頻伽本。單刻本又大别爲兩種：一吴惟明刻本，即所謂汪道昆本；一金陵本。四庫所著録者爲吴刻本，提要言：「末有僧祐後序，而首無前序，疑傳寫佚之。」以是知爲吴刻本也。

藏本有前序，惟吴刻本無前序。周中孚鄭堂讀書記所著録者爲支那本，即嘉興藏本。記中所引者，亦即前序中語，然仍襲四庫提要之説，謂「是書前無自序」，大可異也。

四部叢刊所影印者，即吳氏兩弘明集合刻本，封面題汪道昆本，循郘亭書目以來之誤也，因卷首有萬曆十四年丙戌汪道昆序故。

汪氏在隆、萬間頗有名，然序中以梁裴子野爲唐人，可謂一言不智。序中康虞之名凡數見：一則曰：「二集並入大藏，如海一漚，康虞抔而出之，易梵筴爲儒筴。」再則曰：「二集所輯，具有羽翼功，幸得康虞爲之臚傳。」三則曰：「康虞之爲是舉也，殆將發牆面之矇，解兩家之難。」末則曰：「康虞得師達觀，抑或可以語此，是集固將流通無間，惡用不佞之言。」

康虞即吳惟明，與焦竑、馮夢禎友善，見藏書紀事詩三，紫柏老人弟子。汪序所謂達觀者，即紫柏也。紫柏於萬曆八、九年間倡刻方册藏，改梵筴爲方册，即後來所謂嘉興藏。汪序所云易梵筴爲儒筴，亦受紫柏影響。嘉興藏弘明集刻於萬曆四十四年丙辰，吳氏捷足先刻三十年，故萬曆間流通之弘明集，大半爲吳刻。梅鼎祚輯釋文紀、張溥輯漢魏六朝百三家集，皆曾利用之。釋文紀二十八載僧祐弘明集前序，云：「見出三藏記集，弘明集不載。」知所據者爲吳刻也。

四庫提要撰者既未見藏本，又未見出三藏記集，故不能補僧祐自序。張金吾愛日精廬藏書志所收爲嘉興藏本，而所録之自序，則爲後序，此自是張氏之疏，非嘉興藏本無前序也。陸心源皕宋樓藏書志因之，乃亦以祐後序爲自序。其實今弘明集卷末所載僧祐後序，本名弘明論，不名後序。出三藏記集載弘明集目録，明題此爲弘明論，本論前數行，亦自稱弘明論，藏本前序亦謂附論於末，則此非後序明矣。然自四庫提要以來，諸家均莫能正之，奇也。一誤吳刻爲汪刻，二誤後序爲自序，三後序固非自序，亦非後序，實乃弘明論。

牟子理惑問題

弘明集卷一載牟子理惑，撰者失名，今本有題漢牟融撰者，蓋本之隋志。隋志儒家類有牟子二卷，題後漢太尉牟融撰。然太尉牟融乃後漢初人，著理惑之牟子，乃後漢末逸士；太尉牟融所著之牟子是儒家，後漢末逸士所著之牟子理惑是釋家。隋志著録太尉牟融書，何以置於後漢末人荀悦、魏朗之後。舊唐志著録牟子，出之儒家，入之釋氏，何以仍循隋志題牟融撰，與出三藏記所載弘明集目録不合，因三藏記集目，只作牟子理惑，不著撰人名字。宋咸淳間，志磐撰佛祖統紀二十六，猶云「牟子不得其名」，則今本牟子理惑題漢牟融撰，實不可據。

梁任公以此論爲僞，見任公近著第一輯；周叔迦、胡適以此論爲真，見周著牟子叢殘、胡適論學近著第一集。據吾所考證，今所傳牟子理惑，本名治惑，如揚雄解嘲之類，初無「論」字，唐人改爲理惑，後人又加「論」字。牟子爲後漢逸士，失其名，今本理惑前，有蒼梧太守牟子傳，題曰：「一云蒼梧太守牟子博傳。」頗疑「博」者誤文，「傳」譌爲「博」，回改爲「傳」，而未去「博」字，後人因牟子無名，遂題曰：「蒼梧太守牟子博傳。」但出三藏記集十二已如此，其來已古。蒼梧太守牟子傳者，蒼梧太守所撰之牟子傳也；故以此爲牟子自傳者非，稱牟子爲牟子博者亦非，直以牟子爲蒼梧太守者尤非，以爲漢有兩牟融，則調停之說也。

牟子傳所言時、地、人事，皆見於史。

一、笮融與豫章太守朱皓，見後漢書列傳六三陶謙傳、吴志四劉繇傳。

二、笮融與劉彥及交州牧朱符，又見吴志八薛綜傳。

三、豫章太守朱皓，又見後漢書列傳六一朱儁傳。

四、交州牧朱符，又見吴志四士燮傳。

可見此傳不僞。但理惑文中數稱佛經佛道，佛之名稱，爲後漢末所無，當時概稱佛爲浮屠。假定今本牟子理惑爲真後漢時作，亦必經後人改竄，不盡原文也。明末天主教人著書，恒譯天主爲上帝，自康熙時，教廷禁稱上帝，教會翻刻明末書籍，遂悉將上帝等字改爲天主，亦其例也。

孫星衍得此篇於弘明集，以爲漢魏舊帙，録出别行，刊入平津館叢書，屬洪頤煊考校其事，頤煊以爲非牟融作，是也。然卷首仍題漢太尉牟融撰，以爲因隋唐之舊，不知僧祐採此，未嘗作牟融撰，有出三藏記集及大唐内典録可證。宋元藏亦云未詳作者，明藏始題牟融撰，故謂因明藏之舊則可，謂因隋唐之舊，則隋唐志之牟子，未必即今本牟子理惑。且此篇在明萬曆間梅鼎祚輯釋文紀時，已從弘明集中録出，亦不始於孫星衍也。

廣弘明集三十卷　唐釋道宣撰

道宣即撰續高僧傳之人，宋高僧傳十四有傳。

宋、元、麗藏皆三十卷，明南北及清藏四十卷。四庫著録者三十卷，與弘明集同爲紀昀家藏。弘明集四庫用吴惟明刻本，知此書亦用吴刻，因吴氏兩弘明集合刻也。吴刻出於宋元藏，時在萬曆十四年丙戌，嘉興藏出於明北藏，廣弘明集先刻，在萬曆三十八年庚戌，弘明集後刻，在萬曆四十四年丙辰。

本書體製及學人利用

本書體製與弘明集略異，故不曰「續」而曰「廣」。弘明集不分篇，此則分十篇：一歸正，二辨惑，三佛德，四法義，五僧行，六慈濟，七戒功，八啓福，九悔罪，十統歸。每篇前各有序。

又弘明集皆選古今人文，自撰僅卷末弘明論一首。此則每篇恒有道宣叙述及辯論列代王臣對佛法興廢等事。故弘明集僅選輯而已，此則叙述辯論與選輯並用者也。

作者緇素共一百三十餘人，內南北朝一百餘人，唐近三十人，尚有在道宣叙述中所引用者未計。如卷六列代王臣滯惑解，列舉興隆佛教者十四人，毀滅佛教者十一人，皆佛教史上重要史料。明馮惟訥編古詩紀，梅鼎祚編古文紀，張溥編漢魏六朝百三家集，皆曾利用之，三書皆自上古至隋。四庫提要於此書卷三搜得阮孝緒七録序，矜爲瓌寶，實則明人早已見及，特明人纂述，不盡注出典，即注出典，亦不注卷數，方法不如後人之密，故每爲清人所輕，而嚴可均全漢魏南北朝文遂稱獨步矣，此時代風氣之賜也。

本書板本及兩本卷數對照

本書板本，通行者大别爲兩種：一、三十卷本，吴刻及頻伽本屬之；一、四十卷本，嘉興方册藏及常州本屬之。

鄭堂讀書記著録者爲嘉興藏本，而稱三十卷，二者不相應，亦沿四庫提要而誤耳。四庫用吴刻本三十卷。全南北朝文引廣弘明集，除全宋文用四十卷本、全南北齊文用三十卷本外，餘皆兩本參用。

全晉文一五七，支遁八關齋會詩序引廣弘明集三十上，用三十卷本。釋伽文佛像讚引廣弘明集十六，用四十卷本。

全梁文簡文帝文引廣弘明集，皆用三十卷本。獨十三菩提樹頌引廣弘明集十七，用四十卷本。

全梁文五七，劉孝標與舉法師書引廣弘明集廿四，用三十卷本。金華山棲志引廣弘明集廿七，用四十卷本。

全後周文廿二，釋慧命詳玄賦引廣弘明集廿九上，用三十卷本。酬濟北戴先生書引廣弘明集廿七，用四十卷本。

此事全南北朝文曾自言之。全後周文廿二，釋曇積諫沙汰僧表引廣弘明集二十七，云：「一本在二十四。」又全陳文十八，釋惠津與瑗律師書及曇瑗答津律師書引廣弘明集三十二，云：「一本在二十七上。」此兩本參用之證。不明乎此，必以爲所注卷數有誤矣。應將兩本卷數對照，列表如後，今從略。

全南北朝文拾遺

全南北朝文於廣弘明集作者緇素一百三十四人中，除唐二十八人及後漢書郊祀志、魏書釋老志、齊竟陵王子良淨住子等有專書行世者外，幾於全部收入。然亦偶有遺漏：

如丘道護撰支曇諦誄，見廣弘明集二十六，全晉文一四二目有而文闕。

又全齊文二十五有虞羲文，而廣弘明集二十三虞羲撰廬山景法師行狀，凡千字，獨闕。

又全北齊文七有樊遜文，而廣弘明集二十四樊孝謙撰答沙汰釋李詔表，凡五百字，亦闕。

又廣弘明集十九有梁都講法彪發般若經題論義一首，凡二千三百餘字，全梁文亦闕。

右四文當補。

又梁僧法雲與王公朝貴書，見弘明集十，上昭明太子啓，見廣弘明集二十一，全梁文七十四均重出。

右二文當删。

沙門同名易混例

沙門同名，事所恒有。廣弘明集二十三有法綱法師誄，宋釋慧琳撰，又有玄運法師誄，南齊釋慧琳撰，二人同名，同在一卷。卷二十五有福田論，隋釋彦琮撰，又有沙門不應拜俗總論，唐釋彦悰撰，琮、悰不同，而刊本通作「琮」，亦同在一卷。慧琳未見有誤，彦琮則全唐文、全隋文皆混，此不可不注意者也。今分别説明之：

彦琮，隋上林園翻經館沙門，續高僧傳二有傳，大業六年卒。所著今存者有辯正論，見續高僧傳二；通極論，見廣弘明集四；福田論，見廣弘明集二十五；合部金光明經序，見頻伽本黄九。

彦悰，唐京兆大慈恩寺沙門，宋高僧傳四有傳，玄奘法師弟子。所著今存者有佛頂最勝陀羅尼經序，見頻伽本成五；大慈恩寺三藏法師傳，見頻伽本陽二；法琳别傳，見頻伽本致八，「悰」誤作「琮」。集沙門不應拜俗等事，見頻伽本露七，廣弘明集二十五所引者，即此書之總論。

唐藝文志釋氏類，彦琮凡二見：

一、載彦琮崇正論六卷，集沙門不拜俗議六卷，福田論二卷。按沙門不拜俗議，唐彦悰撰，何以夾在隋彦琮所撰崇正論、福田論之間，此唐志之誤也。

二、唐志又載彦琮大唐京寺録傳十卷，沙門不敬録六卷，注云：「龍朔人，并隋有二彦琮。」按此説是也。然沙門不敬録即沙門不拜俗議，何以分爲二書而重出之。

且隋彦琮從「玉」，唐彦悰實從「心」。據宋高僧傳四彦悰傳：「或有調之曰：『子與隋彦琮相去幾何？』對曰：『賜也何敢望回，雖長卿慕藺，心宗慕於玉宗，故有以也。』」然則彦悰與隋僧同名，當時已有人注意，不知唐志既知之，何以復混之也。

全唐文九〇五以合部金光明經序及通極論、福田論爲唐彦悰作，官書之誤，不足奇。全隋文三十三以沙門不應拜俗總論爲隋彦琮作，則殊可異，蓋因廣弘明集兩彦琮同卷，而刊本又通作「琮」，偶未細考耳。

近人孫德謙撰漢書藝文志舉例，有人名多混加注條，引唐志大唐京寺録注隋有二彦琮爲例，此又誤解唐志者也。唐志言「并隋有二彦琮」，謂并隋計之耳，今省略「并」字，則是隋有二彦琮。試思隋僧也，何能撰大唐京寺録耶！一字之不可省如此，亦學者所宜注意也。彦悰撰大唐京寺録，見内典録五及開元釋教録八之末。

四庫提要正誤

四庫提要謂：「道宣隋末居終南白泉寺，又遷豐德寺、淨業寺，至唐高宗時乃卒。」其説未爲大誤。然宣公一生居止，前在終南，後在京師西明寺。西明寺初就，即詔宣充上座，玄奘法師至止，又詔與翻譯，遇勅令僧拜王者等事，宣上啓爭持甚力，又所撰著及删補律儀等，二百二十餘卷，皆在西明寺。故不言豐德、淨業二寺則已，如言豐德、淨業，則不可不及西明寺。新唐志先著録道宣大唐貞觀内典録十卷，後又著録大唐内典録十卷，云：「西明寺僧撰」，即不知道宣爲西明寺僧故，則西明寺一節，不可省也。

提要又謂：「其書採摭浩博，如梁簡文帝被幽述志詩，及連珠三首之類，頗爲泛濫。」按詩及連珠見卷三十上，然應採與否，純屬主觀，實無標準。惟其書於梁簡文與廣信侯書、與慧琰法師二書、答湘東王書，既載於卷十六，復載於卷二十一及卷二十八，是爲重出。撰提要者不於此糾正，而批評其應採與否，未免輕重倒置。提要又引神僧傳六，稱道宣爲僧祐後身。按神僧傳乃明初撰集之書，其道宣傳全採自宋高僧傳十四，宋高僧傳四庫著録，提要何以不引宋傳而引明傳，可知其隨手翻檢，未嘗一究史源，實爲疏陋。

提要又稱：「道宣卒於乾封二年，而書末有遊大慈恩寺詩，乃題高宗之謚，殊不可解。」不知此乃提要所據刊本之謬，與道宣無涉，猶史記之有武帝本紀云爾。原本廣弘明集唐高宗皆作「今上」，頻伽所據麗本尚可爲證。且不始於卷末，卷二十二述三藏聖教序及答法師玄奘謝啓書，卷二十五沙門致拜君親勅及停沙門拜君詔，原本皆稱「今上」，有何不可解，而致其譏評耶！

法苑珠林百卷　唐釋道世撰

本書大唐内典録五著録，開元録不載，慧琳、可洪兩家音義亦無此書。此書之入藏，實自宋始，見紹興初周敦義翻譯名義集序。然宋、元、明、清藏皆百卷，獨嘉興藏改爲百二十卷，四庫著録者即嘉興藏本，四部叢刊影印者亦嘉興藏本。道光間，常熟蔣氏刻本回復爲百卷，常州天寧寺刻本、頻伽本亦百卷。

道世略歷

道世宋高僧傳四有傳。字玄惲，避太宗諱，以字行，内典録著録是書，稱沙門玄惲撰，宋高僧傳始回復爲道世，而著明其稱字之由焉。越縵堂日記十六册謂：「道世之名，不避太宗之諱，殊不可解。」蓋未見宋高僧傳也。唐時譯經不避諱，僧名仍避諱。

儀鳳四年正月，譯進佛頂最勝陀羅尼經，廟諱、國諱皆隱避，如「世尊」爲「聖尊」，「世界」爲「生界」，「大勢」爲「大趣」，「救治」爲「救除」之類。上讀訖，曰：「既是聖言，不須避諱。」見永淳元年五月沙門彦悰序，頻伽本成五。此初唐故事也。

道世早歲出家，貞觀末曾預玄奘法師譯事，後又召居西明寺，與道宣律師同居止。道宣大唐内典録成於麟德元年，法苑珠林成於總章元年，相距才四載，故内典録五具載道世所著之書，珠林卷百亦具載道宣所著之書。續高僧傳早成，珠林引據尤衆，即所稱唐高僧傳是也。

珠林卷百傳記篇述意部言：「吾少習周孔之文典，晚慕黄老之玄言，俱是未越苦河，猶淪火宅，可久可大，其爲佛教，遂乃希前代之清塵，仰羣英之遠跡，歸斯正道，拔自沈泥。」似道世之出家在暮年，然宋高僧傳明云：「道世年十二出家。」珠林總章元年李儼序亦謂：

「道世幼嶷聚沙，落飾綵衣之歲。」知傳記篇云云，蓋託詞耳。

本書之體製及内容

本書爲類書體，將佛家故實，分類編排，凡百篇。篇各有部，部又有小部，均以二字爲題。總六百四十餘目，引經、律、論分隸之。

每篇前有述意部，述意猶言叙意，以儷體行之。每篇末或部末有感應緣，廣引故事爲證，證必注出典，與其他類書體例同。除引經論，必以書名在前，曰「依某經某論曰」。引傳記則書名或在前或在後，在前者如卷四日月篇引河圖、禮統、帝王世紀、三五歷紀等三十餘種，卷二十八神異篇引述征記、臨海記、地鏡圖、述異記等十餘種，卷三十六華香篇引異苑、幽冥録、許邁别傳、扶南傳等三十餘種，皆書名在前，曰「某書曰」；其在後者，則注曰「出某書」，或「見某書」；數條同出一書者，則云「右若干條同出某書」。間有失載，則傳寫脱落也。

凡近代耳聞目擊之事，無記載可述者，亦必注明某人所說。如卷五阿修羅部引西國志，云：「余見玄策具述此事。」玄策者，王玄策也。又引玄奘法師云：「其人具向奘法師述此。」卷十四觀佛部引麟德二年事，卷四六思慎篇引龍朔三年事，皆云：「京城道俗共知，不別引記。」卷十八敬法篇引貞觀五年事，云：「西明寺主神察目驗説之。」又引曇韻禪師事，云：「西明寺道宣律師以貞觀十一年曾至彼中，目覩説之。」卷五七諍訟篇引永徽五年事，則云：「左近村人同見説之。」卷六五救厄篇引武德初年事，則云：「道年幼自見琬師説之。」卷七六綺語部引永徽六年事，則云：「因向僧懺，具説此言。」皆表示其説有徵，不爲虚構，甚合史法，故清代漢學家特重其書。

本書之流行與漢學

本書在類書中，與北堂書鈔、藝文類聚同時。所引據典籍，除佛經外，約有百四十餘種。其中徵引最多者，爲王琰冥祥記，凡百四十次，干寶搜神記百餘次，唐臨冥報記七十次，顔之推寃魂志四十次，郎餘令冥報拾遺三十五次，續搜神記及劉義慶幽明録、劉敬叔異苑、祖沖之述異記各十餘次。其徵引三五次者，當另撰法苑珠林引用書目。

四庫提要釋家類於廣弘明集後即著録此書，謂：「佛法初興，惟明因果，達摩東邁，始啓禪宗。因果如漢儒之訓詁，悉求依據，其學核實而難誣；禪宗如宋儒之義理，可以臆測，其説憑虚而易騁。此書作於唐初，去古未遠，在彼法中猶爲引經據典，較後來侈談心理者固有間」云。

自四庫著録以來，此書遂爲漢學家所注意，各家藏書志亦漸有其書，然所收者悉爲支那本，即嘉興藏本，與古本卷數不合，常熟蔣氏乃有百卷本之刻，書目答問亦以其有關考證而著録之矣。

劉毓崧通義堂文集十二有書法苑珠林後，云：「陳隋以上舊籍，唐初存者較多，其無傳書者，可以爲蒐討之用；其無足本者，可以爲校補之資，於藝苑學林，自有裨益，不得因異端當斥，而遂不節取之」云。書之顯晦固有時，然苟不與漢學家氣味相投，亦焉能登之儒藏也。

本書板本及兩本卷數對照表

本書通行者有二本：一、百卷本，常熟蔣刻及常州本、頻伽本是。一、百二十卷本，嘉興藏本及四部叢刊本是。

本書傳記篇及大唐内典録著録此書，均百卷，明南北藏亦百卷，獨萬曆十九年嘉興藏刻本，改爲百二十卷，此最無理之舉。今嘉興藏目録仍作百卷者，目循明藏之舊，而書已析爲百二十卷也。然四庫著録者即此本，蓋當時方册本，舍此別無他本故。

此本以目録二卷爲第一、二卷，以第一卷爲第三卷，變亂古法，提要猶以經典釋文比之，不知經典釋文第一卷乃叙録，非目録。叙録猶總論，當然可作第一卷，今乃目録，豈可謂與釋文同例，此提要之謬論也。

道光七年，常熟蔣氏回復爲百卷，最爲有識。蔣名因培，山東齊河縣知縣，道光元年以事遣戍，其妾董姝，發願刻此，冀得佛力護持，並普告閨人，共襄是舉。今每卷後題出貲重刻者姓名，皆婦女也，故可稱爲閨閣本。卷末有琴川申林女子董姝跋，卷首有萬善花室女弟子吕琴姜駢體序文。萬善花室者，大興方履籛，卷三十二題方履籛母馮氏刻，知方氏與此本有緣也。越縵堂日記十八册言吕爲方繼室，陽湖人。此文見萬善花室文集六序言：「世所行舊槧本，曾經明人改竄，妄析爲百二十卷，全與新書藝文志著録百卷不符，以致簡葉違錯，章段崩離，字句之間，亦多脱誤。清信女士董申林，因披藏本，用勘此書，始知萬曆之訛，曾非憚上之失，遄發宏心，謀資衆悦，同時名閨淑儀，咸分華鬘襄助，共得百人，費凡千鎰，校讐精察，鏤造精嚴。」

夫與新唐志不符，未爲大病，因新唐志誤者多也；若簡錯章離，則真大病矣，如卷十一乳糜部言：「宣律師感應因緣，在第十卷灌帶部述之。」今第十卷已改爲第十六卷，幸猶有灌帶部目可尋。卷三十五法服篇言：「西明寺道宣律師感應因緣，具在第十卷。」卷次既亂，所謂第十卷者，從何檢之，無怪女史吕琴姜斥之爲妄也。

然今蔣氏本仍時有脱誤，未滿人意，恐所據藏本已如此。卷一百後題奎文閣典籍，元和顧千里妻韓道映刻，顧君爲校勘學名家，疑此本曾經顧君策畫。惟此書卷帙巨，徵引繁，自唐以來，校讀者即少，且非儒釋兼治，未易問津，其不足爲善本宜也。

蔣刻之後，常州天寧寺本及頻伽本，皆百卷。最可惜者，四部叢刊影印此書時，未能上溯摺子本，仍以嘉興藏本爲佳本而採用之也。今當以一九三六年上海影印磧砂藏本爲最古，兩本卷數對照表從略。

一切經音義 二十五卷　唐釋玄應撰

新譯華嚴經音義 二卷　唐釋慧苑撰

二書自開元録略出以來，即二部同帙，宋、元、明北藏，亦二部同函，今故合論之。惟清藏及頻伽藏二書獨闕。

玄應略歷

玄應，清人多寫作元應，與道宣、道世同時，而先卒。劉毓崧書法苑珠林後謂：「唐代僧徒，能讀儒書者，爲元應、道世二人，而元應年輩稍後。」以卷一百傳記篇道世之書列前，元應之書列後爲證。然大唐内典録五著録玄應衆經音義則在道世書前，稱：「應博學字書，統通林苑，周涉古今，括究儒釋。昔高齊沙門釋道慧爲一切經音，不顯名目，但明字類，及至臨機，搜訪多惑，應憤斯事，遂作此音。徵覈本據，務存實録，即萬代之師宗，亦當朝之難偶也。恨叙綴纔了，未及覆疏，遂從物故。」

内典録撰於麟德元年，則應卒在麟德以前矣。續高僧傳撰於貞觀十九年，以玄應附卷三十智果傳，云：「京師沙門玄應，亦以字學之富，皂白所推，通造經音，甚有科據。」而未言其卒。本書序言「法師以貞觀末曆，勅召參傳。」則應當卒在貞觀以後。

開元録八著録此書，改名一切經音義，其略傳悉據内典録及本書序。清人叙述玄應者，乃不據内典録及本書序，而多據開元録。内典録其所未見，本書序則未得撰者之名也。

唐藝文志載僧彦琮大唐京寺録傳，玄應大唐衆經音義，玄惲法苑珠林，玄範注金剛般若經等，四人所撰，凡十二部。其書名人名次第，與大唐内典録所載，悉數相符，可爲唐志此四節採自内典録之證。然乾隆間莊炘刻本書序，開口即云：「釋元應一切經音義，唐藝文志改名衆經音義」，豈非倒果爲因。玄應懲高齊釋道慧一切經音之失，乃作此音，僅得其半，四百四十餘部，未可稱一切。内典録稱爲衆經音義，甚有分寸，開元録復以一切經音義名之，似未會宣公之意也。

本書序署名終南太一山釋氏，此即道宣也。今麗本釋迦氏譜、釋迦方志，猶署是名，然清儒知者極鮮。學海堂初集七黄子高一切經音義跋言：「方氏通雅卷首小學大略，稱焦弱侯引釋廣宣諸經音義序，語與今本合，廣宣當即太一山釋氏之名，疑焦氏當日亦嘗見之。」不知明季士夫，類喜談佛，曾見一切經音義，自不足奇，特不解何以誤道宣爲廣宣耳。鄭堂讀書記亦誤作廣宣。全唐文九百九本有道宣文，而衆經音義序特附於九二二僧人之末，題曰「終南山僧」，此清儒之陋也。

劉申叔生近代，然左盦集四書華嚴經音義後，亦只據全唐文終南山僧所作衆經音義序，知玄應爲貞觀時人，而不知終南山僧即道宣。則諸儒之引開元録，而不引本書序，亦固其宜也。

慧苑略歷

慧苑新譯華嚴音義，開元録九著録，云：「慧苑京兆人，華嚴藏法師上首門人。勤學無惰，内外兼通，華嚴一宗，尤所精達。以新譯之經，未有音義，披讀之者，取決無從，遂博覽字書，撰成二卷，俾讀之者，不遠求師而決於字義也。」宋高僧傳六慧苑傳即本於此。

華嚴經開元以前有二譯：一、東晉義熙末佛陀跋陀羅譯，六十卷，玄應音義卷一所音者是也；二、唐武后證聖間實義難陀譯，八十卷，慧苑所音者是也。曰新譯，即對東晉舊譯而言。而有清諸儒，多忽略「新譯」二字，不考所謂新譯者何時譯，遂並不知慧苑爲何時人。

臧鏞堂嘉慶四年刻本書序云：「慧苑無考，此書引李善文選注、歐陽詢藝文類聚，則在元應之後，蓋生唐之中葉者。」若知新譯華嚴爲武后時譯，則在玄應之後，又何待言。

本書慧苑自序稱：「少翫兹經，索隱從師，十有九載。」其師何人，亦應注意。開元録、宋僧傳，皆四庫所著録，清儒不考，故不知慧苑爲華嚴藏門人。華嚴藏者，今稱華嚴宗三祖，宋僧傳五有傳。名法藏字賢首，康居人，以唐先天元年卒，年七十。同時有淨域寺法藏，姓諸葛，吳縣人，開元二年卒，年七十八，塔銘見金石萃編七十一。全唐文九百十四載華嚴藏文，而冠以淨域藏傳，閱釋氏疑年録四之五葉六葉，即知其謬。慧苑既爲華嚴藏門人，則盛唐時人也。

守山閣錢熙祚本書跋謂：「杜牧之集有敦煌郡僧正慧苑除臨壇大德制，苑牧同時，則在元應後。殆見應華嚴音義，寥寥數簡，故別爲專書。」徐星伯小集華嚴音義跋，曾有此説。此制見樊川文集二十，苑作别體菀。杜牧生中晚唐之間，與盛唐相距百年，何得混爲一人；玄應所音華嚴是東晉譯，慧苑所音華嚴是唐譯，又何得混爲一本。

劉申叔書華嚴經音義後，譏徐星伯以杜牧之集之慧菀爲著音義之慧苑，是也；然又循全唐文之謬，以淨域寺法藏爲華嚴藏，所謂楚則失矣，齊亦未爲得也。沙門同名易混，即此可得二例。慧苑之苑，開元録略出四亦作菀，難怪徐君之誤也。

粵雅堂伍崇曜本書跋仍謂：「慧苑事跡未詳，俟考。」惟同時鐵琴銅劍樓書目已知慧苑宋高僧傳有傳，特未知宋僧傳實本諸開元録耳。

慧苑於華嚴音義外，尚有華嚴疏刊定記二十卷，不盡守師説，故每爲澄觀之華嚴玄談所訶，佛祖統紀言：「法藏既亡，慧苑悉叛其説。」指此也。今刊定記見影印續藏，不全。

二書之體製及内容

二書爲經典釋文體，將經文難字録出，注音訓於其下，並廣引字書及傳記以明之，故比經典釋文爲詳。其所引書，自釋典外，百數十種，今多亡佚，即未亡佚，亦每有異文，足備讐校。以故清代小學家、校勘家、輯佚家，皆視此二書爲環寶，此亦時代風氣使然。譬之裴注三國，前此本無盛譽，劉知幾且詆爲煩蕪，延至清朝，其價值遂與陳壽書等。

嘉慶初，阮元撫浙，採購四庫未收書，各撰提要進呈，賜名宛委别藏，貯養心殿，凡一百六十種，一切經音義即在其中。自此以後，各家書目多著録，不以釋典視之矣。揅經室外集二有一切經音義提要，云：「元應通曉儒術，著書該博，所引羣籍，如鄭康成尚書注，論語注，三家詩，賈逵、服虔春秋傳注，李巡、孫炎爾雅注，以及倉頡，三倉，葛洪字苑，字林，聲類，服虔通俗文，説文音隱，多不傳之祕册」云。

同時張秋水鑑有手鈔華嚴經音義跋，見冬青館甲集五，云：「辛酉春，纂脩兩浙鹽法志，開局於西湖昭慶寺，寺故有藏經，因借得華嚴經音義，愛之，録其副，爲亡友劉疏雨假去未還。乙丑夏，在琅嬛仙館覩是本，復竭四晝夜之力録之。所引書如張揖埤蒼，楊承慶字統，李彤字指，阮孝緒文字集略，世不經見，說經家如孝經鄭注，孟子劉熙注，國語賈逵解詁，月令蔡邕章句，周易劉瓛義疏，尚書王肅傳，詩韓嬰傳，莊子司馬彪注，尤足寶貴。此書出，其爲當世見重宜何如。」辛酉，嘉慶六年；乙丑，嘉慶十年。玩其詞意，似未見臧氏所刻之書，而琅嬛仙館即阮元齋號，不知此書何以不偕玄應書進呈也。今考其書，與玄應書略異，玄應書兼音羣經，故其書簡；此書專音一經，故其書較繁。光緒初，張之洞撰書目答問，以二書附經部小學類，曰：「二書所引古書及字書，古本甚多，可資考證，故國朝經師多取資焉，於彼教無與也。」

玄應書板本

玄應書板本，可大別爲藏本與儒本。

藏本二種：一、二十五卷本，宋、元、明南藏等屬之；一、二十六卷本，明北藏及嘉興藏屬之。莫友芝郘亭遺文二，有一切經音義寫本序，謂：「此書乾隆以前，淹在彼教，不過梵典視之。四庫釋家，僅取内府之儲，不搜釋藏，故未與宏明、法苑著録文淵。後此諸儒，益盛小學，廣求唐以前書，始偕慧苑華嚴，大顯於世。自玉林、子田諸家徵引後，重之殆中允釋文、崇賢選注等。道光庚子，假觀西來寺正統北藏本。癸卯夏，主者趣歸，乃命寫官迻録，復假禹門寺萬曆南藏本，諸弟分校一過。南本第三卷，北本析爲二，故北本二十六卷，南本二十五卷。乾嘉諸老，引證記卷，悉是南本，知北本之不足據也。聞貴筑黔靈山更有支那本，遠不能借校。」

南藏洪武刻於南京，北藏永樂刻於北京。序中所謂正統北藏者，謂正統刻成時所頒；萬曆南藏者，謂萬曆續刻時所頒。支那本方册藏，亦萬曆間刻，但非官板耳。

此序所舉人名，有大誤者，玉林是臧琳，與閻百詩同時，臧在東鏞堂之高祖，鏞堂曾刻華嚴音義，故誤在東爲玉林。至謂南藏本二十五卷，北藏本二十六卷，不誤。謂南本第三卷，北本析爲二，亦誤，實則南本第三、四卷，北本析爲三、四、五卷也。

日本訪書志四言：「釋元應一切經音義二十五卷，自開元釋教録以下，至明北藏皆同，南藏始分第三、第四、第五三卷爲四卷，遂爲二十六卷。嘉慶間武進莊氏以北藏本校刊行世，臧氏言從咸寧大興寺得善本，不言何本，今據其本校之，實北藏本」云。楊氏所志，誤點尤多，最誤者以南藏爲北藏，北藏爲南藏，志中「南」「北」字，均須互易。又莊氏刻是書，在乾隆五十一年，非嘉慶；莊氏亦非臧氏；大興善寺非大興寺；南北藏分卷，亦非分三卷爲四卷也。

藏本之外有儒本，儒本者，以其非爲佛教而刻，若孫淵如者，且曾撰三教論，反對佛教，故特名之爲儒本，書目答問所謂「於彼教無與也」。儒本三本，皆二十五卷。

一、武進莊炘本，乾隆五十一年丙午刻。莊炘序云：「唐釋元應撰一切經音義，今存釋藏中，自唐以來，傳注類書，皆未及引，通人碩儒，亦未及見。閱千餘年而吾友任禮部大椿著字林考逸，孫明經星衍集倉頡篇，始見此書，成其撰述，予聞而美之。頃宰咸寧，至大興善寺，求其卷帙，善本猶存，乃施五百金刊而行之。」注中有莊炘及錢坫、孫星衍諸人校語，所據蓋南藏本也。乾隆丙午，下距道光庚子已五十四年，莫氏竟未見其本，而求之各寺，可見前人得書之難，何如吾輩今日得書之易也。

二、海山仙館本，道光末刻。海山仙館刻書，例無年月及序跋，據其書總序，撰於道光二十八年戊申，只可稱爲道光末刻，其所據者即莊刻本。在儒本中，此最通行，而多謬誤，如卷一華嚴音義，即闕五十四以下數卷也。

三、杭州曹籀本，同治八年刻。越縵堂日記十三册言：「曹據莊氏校證本，授杭州尼明淨翻刻。曹本妄人，又年老不知校勘，故舛謬滿紙。」日本訪書志言：「近日杭州曹籀重刻是書，言漢陽葉氏有影宋本，爲某所乾没，竟不出，至擬之雷擊，不知宋藏原本，猶在天壤間。」此即同治間撰龔定盦文集題詞之曹籀，定盦續集四有「縱難送曹生」，即其人。

慧苑書板本

慧苑書板本，亦大別爲藏本與儒本。

藏本二種：一、二卷本，宋、元、明南藏等屬之；一、四卷本，明北藏及嘉興藏屬之。此書自開元録著録，以迄明南藏，皆二卷，明北藏始以一卷分作兩卷，嘉興方册藏因之，故有四卷。

臧鏞堂刻本書序言：「鏞堂寓吳門時，故友王西林爲畢秋帆宫保掌經典，從借唐以前遺書，西林以華嚴經音義四卷寫本見示，蓋宫保撫陝右時所得釋藏本也。讀之如獲一海外奇珍，旬日間盡録之。後宫保撫山左，招鏞堂課孫，學使阮芸臺一見首問此書，並出北藏板二卷，屬爲校讐。始知西藏本爲後人改竄，遠不及北藏之真，兹悉以北藏爲正。」

此序以四卷本爲南藏，二卷本爲北藏，大誤。又生造一西藏之名，亂人耳目。夫所謂南北藏者，指刻板之地，非指藏書之地，若其書得自陝右，即稱之爲陝右本可也，豈能謂之西藏，況所謂西藏者即北藏耶！自鏞堂刻此書以來，竟播其誤於衆，誠爲可惜。

守山閣錢熙祚刻此書跋亦謂：「陳氏所校二卷本爲北本，未見遠勝西藏，此爲嘉興楞嚴寺所刊支那本，卷目與西藏同，視北本尤完善。」

南北倒置與臧同，今守山閣所刻者實嘉興本，而云卷目與西藏同，益可證臧所謂陜右本者即北藏也。故凡臧、錢序跋中「南」「北」字樣，均須互易，而西藏之「西」字，亦須改爲「北」也。

鐵琴銅劍樓藏者二卷，當爲南藏，亦誤稱爲北藏。惟粤雅堂所刻四卷本爲北藏，伍崇曜跋獨不誤，且聲明二卷本爲南藏焉，此伍氏之特識也。聞伍跋多出譚瑩玉笙手，故其誤尚少。

慧苑書儒本五本：

一、臧鏞堂本，二卷，叙録一卷，嘉慶四年刻。所刻者爲南本，而序誤爲北本。叙録又有乾隆五十八年録此書序，時所録者爲北本，曰：「大方廣佛華嚴經音義四卷，唐京兆静法寺沙門慧苑撰，近同里孫淵如編修輯倉頡篇，興化任幼植主事輯字林，徵引一切經、華嚴經音義，而二書始見知於世。唐志載元應衆經音義，而慧苑書未著録，余見而嗜之，手自纂録，凡屬梵言，悉從省節，有涉儒義，並列簡編，仍存其卷第篇目，俾後人可考也。」

此序與莊炘玄應書序，實相呼應，惟將孫、任二君名次互易，知孫淵如曾爭此二書發見權也，將於下文述之。臧本與藏本及諸儒本大異者，凡音譯之文，悉被删削，僅存義譯之文，故諸家稱此本爲删節本，以其變亂古書也。惟此本刻於粤，板式甚精，最近日本京都研究所將拜經堂叢書影印，此本在焉。

二、陳氏叢刻本，二卷，道光間江寧陳宗彝刻。

三、守山閣本，四卷，道光間刻。出自嘉興藏本，而跋以爲視北本尤完善，不知嘉興藏本即北本也。全書案語均誤以二卷本爲北本。

四、粤雅堂本，四卷，咸豐四年刻。自言出北藏本，似尚未見臧氏、錢氏之書也。

五、曹籀本，二卷，即取臧氏節録本與玄應書合刻。

二書新印古本

二書板本，現以磧砂藏本爲最古。磧砂藏者，蘇州陳湖延聖院所刻之藏也。藏刻於宋、元之交，其板久廢，一九三一年發見西安開元、卧龍兩寺有藏本，上海影印宋板藏經會乃集資二十五萬，改梵筴爲方册印行之，一九三五年出版。

先是莊炘宰咸寧，得大興善寺明南藏本玄應書刻之；畢秋帆巡撫陝西，又得明北藏本慧苑書傳之。曹籀言：「漢陽葉潤臣有影宋本玄應書，爲人所乾没，遂不傳。」不知西安開元、卧龍二寺，與咸寧大興善寺同在一城，而陝撫又即駐西安城内，其中即有宋、元佳本，乃瞠目而不之見，必待百餘年後，始獲見之，豈非吾人大幸。

此本之佳處，在一語一行，朗若列眉，最爲清楚。二書原編「階、納、陛、弁」四號，即今影印本之四五八至四六一等四册，弁册之後半，即爲慧苑書。惜磧砂藏無影印單行本，不可謂非失察。

二書之流行及利用

二書久在釋藏，然未有人注意。焦竑國史經籍志釋家類收羅釋典最多，二書獨不著録；乾隆初，翻刻全藏，二書亦獨被遺落。乾隆四十七年，任大椿撰字林考逸，始利用之，然任書出後，歸安丁小疋杰謂曾著是書，稿存任子田處，子田竊而刻之，作書徧告同人，事見江藩漢學師承記六。然字林考逸爲誰作，乃另一問題，最初利用兩音義者爲字林考逸，則尚無異議。

乾隆四十九年，孫星衍刻倉頡篇輯本序，言：「頃禮部儀制司任君大椿集字林八卷，索之彌月，始獲一見。星衍以戊辰之歲，讀書江寧瓦官寺閣，游覽内典，見元應一切經，並慧苑華嚴經音義引倉頡爲多，隨加鈔撫，兼采儒書，閱五年矣，粗具條理，刊而行之，庶亦小學之助。」

據此序，孫君之意，以爲發見兩家音義者自我，非得之字林考逸也。然所謂戊辰者何年，謂乾隆十三年乎？則孫尚未生；謂嘉慶十三年乎？則序作於乾隆四十九年。序中所謂閱五年者，無非顯明其在字林考逸之先，而未察「戊辰」二字之無著也。岱南閣本倉頡篇序如此，問字堂集四載此序亦如此，二者均孫君所自刻，何謬誤若此！吾欲爲孫君解釋，謂戊辰爲乾隆四十三年戊戌之訛，則在字林考逸之前矣，而與閱五年之説不合。張紹南爲君撰年譜，以閱藏事隸乾隆四十五年庚子，與五年語合矣，然何解於自序之戊辰。倉頡篇輯本初稿，乾隆四十六年辛丑曾篆刻於西安，其本今罕見。其自序則北平圖書館印孫淵如外集收之，中有「獵於儒書，以及異耑」之句，疑曾采藏經音義，然吾未見其本也。北平館跋語誤以乾隆四十六年爲二十二年，孫君以乾隆十八年癸酉生，是時才五歲，何能著書，推其致誤之由，蓋以辛丑爲丁丑也。然對戊辰之解釋，終無所補益，則姑以疑案存之可也。

乾隆四十九年孫君序又謂：「元應、慧苑之書，世多不傳，南宋人博雅如朱子、王應麟，亦未之見。中引古書尤多，足與陸德明經典釋文並垂於世，星衍又嘗揄揚其實，屬友刊行焉。」則其後兩書之刻，孫君亦自以爲功，可見其念念不忘兩書之發見權也。平情論之，兩音義之流行，字林考逸、倉頡篇輯本，均不可謂無功。然自宋以來，兩音義具存，未嘗亡佚，儒家諸本，迭經寫刻，終不如藏本之古。今後學人所當致力者，一則慧琳音義復出，已將兩音義收入其中，可資校勘；二則麗本所傳兩音義，與宋、元、明本大異，亦堪互證。日本縮刷藏，支那本與麗本並收，最爲有見，惜乎頻伽本以兩音義外間多有，竟將麗本削而不收也。

中國佛教史籍概論卷四

一切經音義百卷　唐釋慧琳撰

續一切經音義十卷　遼釋希麟撰

琳書與玄應書同名，凡開元録入藏之經，悉依次音之，有舊音可用者用舊音，餘則自撰。麟所續者，開元録以後至貞元録之經，續琳書，非續玄應書也，故合論之。

二書在清末爲顯學，其内容體製與玄應、慧苑書同，而部帙數倍之，其可貴自不待言。兹特略其内容，而言其歷史。二書通行者有日本板，及頻伽藏影印本。

慧琳希麟略歷

慧琳，宋僧傳五有傳：「唐京師西明寺僧，姓裴氏，疏勒國人。始事不空三藏，印度聲明，支那訓詁，靡不精奧。嘗引字林、三倉，諸經雜史，撰大藏音義一百卷，起貞元四年，迄元和五載絶筆，貯其本於西明藏中，以元和十五年庚子卒於所住，春秋八十四矣。迨大中五年，有奏請入藏流行，近高麗國偏尚釋門，周顯德中，遣使齎金入浙中求慧琳音義，時無此本，故有闕如」云。

疏勒爲漢時舊地，在今新疆南路喀什噶爾。通典言：「唐時其國王姓裴，侍子常在京師。」頗疑裴姓乃中國人，國於此地，慧琳其支屬也。博通梵漢，綜貫玄儒，在唐代西北耆舊中，當首屈一指。宣統初纂新疆圖志，其人物傳絶不聞有此類之人，殊可詫也。傳中有可注意者，貞元四年始撰音義時，琳五十二矣，至元和五載書成，琳已七十四，中間凡二十三年，老而不倦，爲可敬也。惟此據宋僧傳言之，贊寧未見其書，當另有所本。據本書景審序，則言建中末年創製，迄元和二祀而成，與宋僧傳所言，相差數歲。然費時二十餘年，書成時年過七十，則二説尚無大異。

宋僧傳謂：「周顯德中，高麗國遣使入浙，求其書不得。」所謂浙，指吳越國，贊寧諱言之。宋僧傳廿五行瑫傳謂：「慧琳音義不傳，瑫述大藏經音疏，行於江浙」，亦指吳越國。然當時中國不統一，吳越無其書，未必他處無其書也。試以希麟之書證之，麟所續者琳書，使麟不見其書，則又從何續起。希麟者，燕京崇仁寺沙門，其自序謂：「唐建中末，有沙門慧琳，棲心二十載，披讀一切經，撰成音義總一百卷。依開元釋教録，從大般若，終護命法，所音都五千四十八卷。自開元録後，相繼翻傳經論，及拾遺律傳等，從大乘理趣六波羅密多經，盡續開元釋教録，總二百六十六卷，前音未載，今續者是也。」據此，則麟曾見琳書，知燕京有其本也。希麟序無年月，然卷五旃蒙歲條下，謂：「旃蒙爲唐代宗永泰元年乙巳，到今統和五年丁亥，得二百二十三年。」則麟書實撰於宋雍熙四年，與宋僧傳同時。江浙無是書，燕京何得有是書，言宗教不能不涉及政治矣。

慧琳音，大中中雖曾奏請入藏，然廣明之後，長安迭經兵燹，經典自易散亡，燕京地處邊隅，人習「詭隨之俗」，金世宗所謂：「遼兵至則從遼，宋人至則從宋，故屢經遷變，而未嘗殘破。」琳音與圓照貞元續開元録之能保存，及傳至高麗者，亦以此，此談政治文化者所不可忽也。

二書之流行及利用

乾隆五十一年，莊炘刻玄應音義序已知宋高僧傳有慧琳音義，但恨其不傳。然乾隆二年，日本已有刻本，清人不知也。書目答問補正謂：「其書見唐藝文志，乾隆七年日本重刻。」均不確。光緒初，中日通使，館員始發見其書，認爲舶來佳品，漸有以相餽贈者，會稽陶方琦即利用之以補輯字林、倉頡；越縵堂日記於光緒六年十二月及八年十月、九年十二月，皆曾記是書；十四年陸心源刻唐文拾遺，卷二十七採本書景審序，二十九採本書顧齊之序；十八年山陽顧震福利用之以撰小學鈎沉續編；二十二年陳作霖撰本書通檢；二十七年楊守敬刊日本訪書志，於是士林無不知有是書矣。

惟光緒二十二年繆荃孫輯遼文存，獨不收希麟續音序，蓋不省爲遼僧也。三十年王仁俊輯遼文萃，卷二補希麟序，乃舉五證以明之，實則麟之爲遼僧，本書卷五已自言，無煩多證也。

遼時文化本陋，惟燕雲十六州爲中華舊壤，士夫多寄跡方外，故其地佛教獨昌，觀繆、王二家所輯遺文，屬佛教者殆十之六七。京西大覺寺，有遼咸雍四年清水院創造藏經碑記，言：「有南陽鄧公，捨錢五十萬，募同志印大藏經，凡五百七十九帙。」足爲遼有藏經之證。其數比開元録之四百七十九帙，且有增加，故慧琳、圓照、希麟之書，不載於宋藏者，均存於遼藏。遼史卄三道宗紀：「咸雍八年十二月，賜高麗佛經一藏。」此高麗所以有慧琳、圓照之書也。然元至元二十二年撰法寶勘同總録，卷十，慧琳、圓照、希麟之書，皆已著録編號，是元時本有其書，不待清末始復得之日本也。

至日本之得是書，當在明天順間大將軍源義政向朝鮮請得全藏之時，見本書卷首紀事所引善鄰國寶記。陳作霖通檢序謂：「歷千載而云遥，寄三韓而亡恙，直至明神宗之代，倏遭平秀吉之師，入府先收圖籍」云云，非事實也。今將琳、麟兩音義流行表録後：

西八一〇　元和五年，慧琳音義成。

八五一　大中五年，奏請入藏。

八八〇　廣明元年，黄巢入長安，慧琳音存京師者亡。

九三六　後唐清泰三年，慧琳音存燕京者，隨燕雲十六州入契丹。

九五五　周顯德中，高麗求慧琳音於浙，不獲。

九八七　遼統和五年，燕京沙門希麟續慧琳音。

一〇七二　遼咸雍八年，高麗得慧琳音於遼。

一二八五　元至元二十二年，法寶勘同總録著録慧琳音。
一四五八　明天順二年，日本得慧琳音於朝鮮。
一七三七　清乾隆二年，日本翻刻慧琳音。
一八八〇　清光緒初，中國復得慧琳音於日本。
一九一二　民國元年，頻伽精舍復印慧琳音。

羅振玉面城精舍雜文甲篇有慧琳音義跋，云：「昔孫伯淵得玄應書，已詫爲祕册，今慧琳書又數倍於玄應，九原可作，當以此誇示孫伯淵，其快意爲何如。」惜乎清人所謂小學，至是已成强弩之末，羅君乃利用之以考史，如敦煌發見慧超往五天竺國傳，首尾殘闕，羅君據琳音卷一百所標難字，知爲慧超書。吾人近考四庫提要惠敏高僧傳之譌，利用此書卷八十九，知爲慧皎書之前帙，皆在聲音訓詁之外，亦在乎善用之而已。

漢孳室文鈔正誤

琳音復出，陶方琦用之甚早。陶光緒二年進士，曾督學湖南，卒於光緒十年。所著漢孳室文鈔，有紹興先正遺書本，關涉兩音義者，不止一首，其中有偶誤者，不得不加糾正，非敢掎摭前人，欲借此爲輕於立言者戒耳！陳東塾嘗言：「吾黨切不可輕易立說，立說而誤，又煩後人駁正，此書籍所以日多也。」書多亦何妨，但本無事而自擾之，誠可不必。

漢孳室文鈔四，有「書衆經音義中大般涅槃經及妙法蓮華經音後」曰：「唐釋元應衆經音義卷二有大般涅槃經四十卷，卷六有妙法蓮華經八卷，相傳爲釋元應撰。近余讀大藏音義，知大般涅槃經音義兩卷，乃釋雲公撰；又音妙法蓮華經八卷，注云沙門大乘基撰。是二經音義，非元應書也。」

正曰：涅槃法華經有玄應音，又有雲公及大乘基音。慧琳音義卷二十五涅槃經用雲公音，二十七法華經用大乘基音，而不用玄應音，事本平常，安得因此遂謂玄應書之二經音義，非玄應撰也。

文鈔又謂：「元應之書，初無自序，其序乃終南太一山釋氏撰，而不得其名。今觀大藏音義，於大般涅槃經前有題序一行云：『開元二十一年壬申，終南太一山智炬等集。』是雲公、乘基之音訓，智炬合之於元應音義中。衆經音義序首所云終南太一山釋氏，即智炬也。考唐藝文志中，有智炬寶林傳十卷，注云『姓張氏，南陽人，貞觀末』，以時考之，想即其人。」

正曰：終南太一山釋氏爲道宣，本無問題，今存道宣所著書，以此題名者不一，最易證明者，爲續高僧傳末結論，稱「終南太一山沙門京兆釋道宣敢告法屬云云」是也。然清人終不識之，至陶君而附會支離更甚。今慧琳音卷廿五涅槃經前題：「開元二十一年壬申歲，終南太一山智炬寺集」，此雲公涅槃經音義原題也。「二十一年」四字，當爲後人旁注，不然，「壬申」下「歲」字可省。開元壬申，是二十年，非二十一年，此琳音刻本之誤也。終南山智炬寺，見續高僧傳廿四明瞻傳，陶君以「寺」爲「等」，誤一。

慧琳所採雲公、大乘基之音，與玄應音不同，玄應涅槃經及法華經音具在，陶君並未一勘，遂謂智炬合之元應音中，誤二。

且所謂智炬寺集者，是單指雲公之音，與大乘基之音無涉，今乃並爲一談，誤三。

智炬是寺名，非僧名，今乃以終南太一山釋氏爲即智炬，發千古之奇聞，誤四。

唐藝文志智矩寶林傳十卷，法常攝論義疏八卷，又玄章五卷，注云：「姓張氏，南陽人，貞觀末。」所謂姓張氏者指法常，見續僧傳十五，非指智矩。今不知法常爲僧名，而謂注者爲智矩，誤五。且唐藝文志作「智矩」，亦非作「智炬」也。

貞觀末，下距開元壬申凡八十餘年，貞觀末能著書，至開元壬申，至少當百有十歲。寶林傳今尚存七卷，釋氏通鑑十謂其書撰於貞元十七年，去貞觀末，且百五十年矣，豈得輕爲附會。陶君之文，至是乃無一當也。蓋僅據一舶來音義，而於内典録、開元録、續高僧傳諸書，未嘗寓目，故有此誤。十駕齋養新録十六言：「文集須良友删削。」陶君卒年僅四十，文鈔之刻，不得直諒多聞之友爲之删削，亦一憾事也。

大乘基即玄奘法師大弟子窺基，見宋僧傳四。今稱乘基，亦非。雲公者，疑是牛雲，見宋僧傳二十一：雲名亡上字，承文殊記識，前生爲牛，故時號之。開元二十三年乙亥卒，年六十三。涅槃音義集於開元壬申，時雲當六十矣。姑以存疑，不敢以爲是也。

輔行記四十卷　唐釋湛然撰

本名止觀輔行傳弘決，爲天台宗解釋摩訶止觀之書。以其中所引古籍，尚是唐時舊本，可以爲校勘輯佚之用，遂與一切經音義等同爲學者所注意，在清末曾流行一時。明南北藏及嘉興藏皆著録，頻伽本陽字五、六、七凡三册，宋、元、麗及清藏闕。

湛然，宋僧傳六有傳，常州荆溪人，建中三年卒，年七十二，爲天台宗九祖。天台宗立於隋智者大師，尊龍樹爲第一祖，北齊慧文、南岳慧思，爲第二第三祖，智者爲第四祖，湛然則智者之五世孫也。

智者大師説摩訶止觀，弟子章安灌頂記之。十卷，卷分上下，凡二十卷。至唐代宗時，湛然爲之注，名曰止觀輔行傳弘決，十卷，卷分爲二至六不等，凡四十卷。

摩訶者，大也；止觀猶言定慧，猶言寂照，其義不一；輔行之行，與解對；傳弘二字連讀；決猶要決，猶決擇，其義亦不一。或稱輔行記，乃略名，見本書普門子序；或稱弘決，則俗稱，非本義也。

輔行記爲注疏體，注釋音義之外，兼及古德遺事，故所引外學之書，自經部小學外，並有子史集部，其範圍更廣於衆經音義。乾隆間，任大椿撰字林考逸，卷六馬部，曾一引之，而未盡其用。嘉慶十年，臧庸受王引之之屬，掇録所引古書爲二卷，未見刊行，僅存其序於拜經文集卷二。然臧刻華嚴音義，刊落過甚，未愜人意，此書若傳，亦未必勝於其所刻華嚴音義也。

輔行記卷首比丘普門子序，稱「永泰首元，興唐八葉之四載」，臧庸：「考唐書代宗廣德二年甲辰，明年正月改元永泰，爲乙巳，則永泰首元，乃八葉之三載，稱四載者，誤。」不知代宗以壬寅年建巳月即位，至永泰元年乙巳，正爲興唐八葉之四載，原序不誤，臧氏自失考耳。清代經生，囿於小學，疏於史事，此其一斑。同治八年，績谿胡澍從明北藏本録所引古書爲一册，即名輔行記，刻入滂喜齋叢書，潘祖蔭爲之序。光緒八年，江都張心泰以胡輯尚多漏略，復輯爲二册，亦稱四十卷，刻入夢梅仙館叢書。然湛然書藏本多有，不必以節本爲重也。又楊嘉有輔行記校注，見墨香簃叢編。

日本訪書志四有弘決外典鈔四卷，鈔於宋太宗淳化二年，其本甚古。「外典鈔」三字，切當不易，惟「弘決」二字非本義，頗嫌割裂，若名「輔行記外典鈔」，則大善矣。一九二七年德富蘇峰氏有影印本行世，可見此書之時髦也。

景德傳燈録 三十卷　宋釋道原撰

元、明、清藏著録，麗藏闕。宋、元皆有單刻本。今通行者有常州本，四部叢刊三編景宋本，一九一六年貴池劉氏覆刻元延祐本，一九三五年影印磧砂藏元泰定本。

景德，宋真宗年號，燈能照暗，以法傳人，譬猶傳燈，故名。晁氏讀書志釋書類云：「其書披奕世祖圖，采諸方語録，由七佛以至法眼之嗣，凡五十二世，一千七百一人，獻於朝，詔楊億、李維、王曙同加裁定。億等潤色其文，是正差謬，遂盛行於世，爲禪學之源。夫禪學自達磨入中原，凡五傳至慧能，慧能傳行思、懷讓，行思、懷讓之後有五宗，學徒遍於海內，迄今數百年，臨濟、雲門、洞下，日愈益盛。嘗考其世，皆出唐末五代兵戈極亂之際，意者亂世聰明賢豪之士，無所施其能，故憤世疾邪，長往不返。而其名言至行，猶聯珠疊璧，雖山淵之高深，終不能掩覆其光彩，故人得而著之竹帛，罔有遺軼焉。」

晁志撰於紹興二十一年。晁氏之意，謂政治混亂之時，有氣節之人，做事固不易，説話亦不易，只可出家做和尚去，此禪宗所以盛於五代也。一部景德傳燈録，不啻一部唐末五代高逸傳，惜乎歐、宋二公皆不喜佛，故新唐書及五代史皆闕失此等絶好資料焉。

景德録之體製及内容

燈録爲記言體，與僧傳之記行不同。弘明集亦記言，然弘明集實記文，燈録乃真記言也。

燈録又爲譜録體，按世次記載，與僧傳之傳記體不同。且僧傳不限於一科，燈録則只限於禪宗，在寶林傳未發現以前，景德録爲禪宗史最初之一部。自燈録盛行，影響及於儒家，朱子之伊洛淵源録，黄梨洲之明儒學案，萬季野之儒林宗派等，皆仿此體而作也。燈録謂釋迦牟尼以前爲七佛，猶儒家謂孔子以前，有堯、舜、禹、湯、文、武、周公也。以摩訶迦葉至菩提達摩，爲西土二十八祖，以達摩至慧能，爲東土六祖。慧能之下，分南岳、青原二派，南岳下出潙仰、臨濟二宗，青原下出曹洞、雲門、法眼三宗。

宋時燈録著名者有五家：一、即景德傳燈録，二、天聖廣燈録，三、建中靖國續燈録，是謂北宋三燈。四、聯燈會要，五、嘉泰普燈録，是謂南宋二燈。合五燈爲一者，有五燈會元，將别論之。

燈録記載世次方法，名録不盡同：有從本身計起者，如以青原思爲大鑒之二世是也，建中靖國續燈録、聯燈會要等屬之；有從下一代計起者，如稱馬祖爲南岳下一世是也，景德録、天聖廣燈録、嘉泰普燈録及五燈會元等屬之。

著者道原宗派

道原爲天台韶國師之嗣，法眼清涼益之孫，故本書記青原諸宗特詳，其二十五、二十六兩卷，又皆法眼兒孫也。

總計本書記南岳法嗣者凡八卷，記青原法嗣者凡十三卷。其記臨濟，至汾陽善昭止，記法眼，至長壽法齊止。長壽法齊者，道原之姪禪師也。然本書記韶國師法嗣四十九人，獨無道原之名，何也？此與南齊書豫章王嶷傳記豫章王諸子，不載子顯之名，同一例耳。

天聖廣燈録二十七於韶國師法嗣下，特補入蘇州承天永安院道原一章；傳法正宗記八記韶國師法嗣五十一人，亦於最末列蘇州承天道原名，以是始知道原爲韶國師之嗣也。

端拱元年贊寧上宋高僧傳，卷十三有韶國師傳，其塔銘亦即贊寧撰，以同在吴越，相知易詳也。然禪宗五家，宋僧傳獨闕雲門偃傳，則以越粤不相接，而寧與偃又異宗也。

本書距宋僧傳不過二十年，於十九卷詳載雲門句語，於二十二、二十三卷又詳載雲門法嗣六十一人，可補宋僧傳之闕。此豈有黨於所親，亦以支派近，見聞真，史料易於搜集耳。而後世尚有謂此書非道原撰，實出於臨濟者，殊可笑也。

景德録板本

本書於景德間進呈，曾詔楊億等删定頒行，見本書楊億序。當時應有刊本，今不可得見。近四部叢刊三編所景印者，號稱宋代舊刊，合三本而成。據卷首西來年表，達摩至中國說，係取傳法正宗記爲定。正宗記成於仁宗嘉祐六年，尚在天聖廣燈録之後，則此本非道原、楊億原本可知也。

又景德間撰册府元龜，其紀年以宋、齊、梁、陳爲閏位，司馬温公撰通鑑，始矯正之。今此表紀年與册府異，與通鑑同，其撰著當在元豐七年通鑑既出之後，則此本非道原、楊億原本，益可知也。

惟此本雖非原本，其大體尚爲道原、楊億之舊，觀書中小注可證。本書小注，可分三種：一、爲道原、楊億舊注，多半屬此。二、爲宋刻本附注，如卷三達摩章末注云：「凡此年代之差，皆由寶林傳錯誤，而楊文公不復考究耳。」據此則知宋時刻本對原書認爲差誤者，尚不敢擅改原文，只加注説明而已。三、爲元延祐本附注，如卷六越州大珠慧海章末注云：「此下舊本有洪州百丈山惟政禪師傳，今移在第九卷百丈山海和尚下。」是也。據此知延祐本對原書認爲不合，而有改變者，亦加注聲明，不任便改動也。

又延祐本卷十一鄧州香嚴智閑章：「動容揚古路，不墮悄然機」二句，注云：「此句舊本、福邵本並無，今以通明集爲據。」又卷十四荆州天皇道悟章，附寂音夢堂詳注兩段，信僞丘玄素碑，謂有兩天王，其説至謬。然對原本並未敢增益，僅附注説明，尚爲慎重，此本書之幸也。

又卷九末延祐本附黄檗希運禪師傳心法要，卷三十末附楊億寄李維書，叙師承本末，皆叢刊本所無，當亦後人所加。然與原書劃然不混，且有此附録，可助研究者之探討，於本書有益無損。磧砂藏泰定本卷首無年表，亦無校正年代差誤等注，疑所據者乃一較早之本也。楊億與撰天聖録之李遵勗，同出臨濟，見天聖録十八。

景德録撰人問題

本書著者爲吳僧道原，本無問題。外學書如淳熙間龔明之所撰之中吳紀聞，卷二謂：「傳燈録爲永安禪院僧道元著」，元、原雖殊，然非有二人也。惟延祐本有紹興二年長樂鄭昂跋，忽持異論，謂：「景德傳燈録本住湖州鐵觀音院僧拱辰撰，書成將遊京師投進，途中與一僧同舟，因出示之，一夕其僧負之而走，及至都，則道原者已進而被賞矣。此事與郭象竊向秀莊子注同。拱辰謂吾之意欲明佛祖之道耳，夫既已行矣，在彼在此同，絶不復言。拱辰之用心如此，與吾孔子『人亡弓，人得之』之意同。又得楊文公爲之删定，其書所以可信，與續燈録遺僧採事，而受金厠名以亂真者有間」云。

此跋可稱毒箭，欲以一矢貫雙雕，而不知其説之無稽也。道原爲韶國師之嗣，前文已具。今以拱辰世系考之，拱辰者，金山曇穎之嗣，李遵勗之姪禪師也。金山穎西余辰之名，始見建中靖國録四及八。道原之名見天聖録，又見傳法正宗記，先於建中靖國録者凡八十年。景德録十三、正宗記八，記臨濟之嗣，皆止於拱辰之前二代，尚未有金山穎之名，拱辰更無論矣。

道原、拱辰確實卒年無考，然兩家先世卒年幸存，亦略可比較。韶國師卒於開寶五年壬申，年八十二，道原當生於五代之時。金山穎卒於嘉祐五年庚子，年七十二，後韶之卒，凡八十九年。則辰與原實不相接，何由有同舟相遇之事乎！楊億序明言：「裁定此書，周歲方畢」，既係同途入都，何能進呈被賞如是之速乎！今頻伽藏總目，於此書下設爲疑詞，云「舊題宋道原纂」，已受昂跋影響。頻伽藏蓋用延祐本也，磧砂藏元泰定本無鄭昂跋。延祐本閩刻，磧砂本吴刻，後延祐本八年。

竊嘗思之，拱辰未必有是言，鄭昂亦未必造此語，必當時有此傳説，鄭昂不察，遽以入跋。四部叢刊三編本張菊翁跋，遂亦信之，謂：「著此書者名道原，而實拱辰也。」嗚呼！君子可欺以其方，吾恐復有被欺之君子，故不得不辭而闢之。

然何以有此謡？必欲張臨濟之軍者所爲也。然何以實之拱辰？則以拱辰曾著祖源通要三十卷，與此書體製相類也。何以謂鄭昂之跋，欲以一矢貫雙雕？則以其既攻法眼之道原，並攻雲門之惟白也。續燈録爲佛國惟白撰，今謂續燈録遺僧採事，受金厠名，此非忌雲門者之詞乎！惟白者，雲門六世孫也。北宋三燈撰者：一法眼，一臨濟，一雲門，若以青原、南岳別之，則青原二，南岳一也。鬬諍之源，有關於此，將另詳之。

五燈會元 二十卷　宋釋普濟撰

清四庫著録。有重刻宋寶祐本及元至正本。五燈者：

一、景德傳燈録，法眼宗道原撰，見前。

二、天聖廣燈録，臨濟宗李遵勗撰。天聖距景德不遠，各宗世次，增加無幾，惟於景德録章次，略有更易，人數及句語，略有擴充，故不名續而名廣。

三、建中靖國續燈録，雲門宗惟白撰。建中距景德近百年，其書志在續道原書，故名續燈録。

四、聯燈會要，南宋淳熙十年臨濟宗悟明撰。距建中靖國約八十年，其書志在合北宋三燈爲一書，而續其所未備，故曰聯燈會要。

五、嘉泰普燈録，雲門宗正受撰。嘉泰距建中靖國約百年，距淳熙不過二十年，然此書實未見聯燈。因天聖、建中二録，不載師尼及王臣，故特補之，曰：「燈之明不擇物而照，何獨收比丘而遺帝王公卿師尼道俗耶！」惜其照之不普，故著書名普。

右五燈各三十卷。中多重複，普濟删繁就簡，合五燈爲一，故名曰會元。

會元之體製及内容

自景德録頒行後，不滿二十年，而李遵勗即廣之；不滿三十年，而王隨復删之爲玉英集十五卷。據袁本晁志：「隨以傳燈録繁冗難觀，删爲此録，景祐甲戌上之，詔書奬答。」有致堂胡氏序，見斐然集十九，名傳燈玉英節録序；又見通考經籍考。陳氏解題於雪峰廣録條下，謂：「隨與楊大年，皆號參禪有得者。」是知燈録之編，不能盡如人意。今玉英集有宋藏遺珍影本，廣燈録有續藏經影本，均未見能勝景德録，則改編亦殊不易也。

五燈除聯燈外，北宋三燈晁氏皆著録，普燈陳氏亦著録，且皆見收於通考。陳氏曰：「本初自謂直指人心，不立文字，今四燈總一百二十卷，數千萬言，乃正不離文字耳。」陳氏對釋家態度，與晁氏不同，故輒爲微詞。然五燈總一百五十卷，疊床架屋，誠有歸併删除之必要。譬之儒書，則五燈者猶宋、齊、梁、陳諸史，而會元則李延壽之書也。

十七史商榷五十三謂：「新唐書過譽南、北史，平心觀之，延壽只是落想佳。因南北八史，合有鳩聚鈔撮之功，延壽適承其乏，人情樂簡，故得傳世。」吾今於五燈會元亦云然，自南、北史行，而八史多殘闕；自五燈會元出，而五燈遂少流通，同一例也。

會元由一百五十卷，縮爲二十卷，表面似減去原書七分之六，而内容實減原書二分之一耳。會元卷厚，清藏改方册爲梵筴，析爲六十卷，其原卷之厚可知也。

五燈向以南岳、青原分叙，以下不復分宗。世次既多，支派繁衍，大宗難於統攝，自應分立小宗，以爲之樞紐，庶閲者沿流溯源，易得要領。普燈録於南岳、青原之下，復注小宗，較爲明晰。然每於一卷之内，南岳、青原間出，轉覺迷離。會元後普燈約五十年，各卷宗派分明，其法更爲進步，故内學外學，均喜其方便，元、明以來、士大夫之好譚禪悦者，遂無不家有其書矣。惟諸本皆有目録，無總目，不便觀覽。今揭其總目如下：

卷一	七佛至東土六祖
卷二	四、五、六祖法嗣及應化聖賢
卷三、四	南岳讓至五世
卷五、六	青原思至七世及未詳法嗣
卷七、八	青原下二世至九世
卷九	南岳下二世至八世溈仰宗
卷十	青原下八世至十二世法眼宗

卷十一、十二　南岳下四世至十五世臨濟宗
卷十三、十四　青原下四世至十五世曹洞宗
卷十五、十六　青原下六世至十六世雲門宗
卷十七、十八　南岳下十一世至十七世黄龍派
卷十九、二十　南岳下十一世至十七世楊岐派

最可異者，法眼宗成立最遲，應列雲門之後，今乃列臨濟之前，頗爲世所譏議。試解釋之：蓋以法眼先絶，止於青原十二世，不溯其始，而計其末，應列在臨濟之前也。清順治初，曹洞宗永覺元賢撰繼燈録凡例，則以此爲抨擊會元口實矣。曰：「五宗次序，景德録及正宗記俱先青原，後南岳，大川乃私黨己宗，以南岳先青原，又恐人諍論，故復以法眼先臨濟，紊亂極矣」云云。大川即普濟。其實景德録於各卷叙述，亦先南岳後青原。惟卷五叙六祖法嗣時，青原先於南岳耳。此固無聊之爭，而斤斤不已，亘數百年而未息也。

普濟派系

普濟，四明奉化張氏子，與撰聯燈之悟明，同出於臨濟之楊岐派，爲大慧杲三世孫。大

慧杲者，紹興十一年，因上堂説法，招秦檜之忌，被編置衡州者也。以世法論之，濟與明爲同曾祖昆弟，然濟並不黨於明。聯燈卷十九於石頭遷法嗣大顛和尚下，增入韓文公問師語句，會元卷五仍之；聯燈卷二十復以韓愈爲大顛法嗣，並有語句四則，頗爲識者所笑，會元卷五則删之矣。又北宋雲門盛時，與雲門競者僞造天王碑，以天王嗣馬祖，會元卷七，以此事附小注，而不敢公然列天王於馬祖之下，如後來佛祖通載等所爲，亦足見其審慎。康熙初，洞下著法門鋤宄，謂：「此注爲越州開元業海清公於元至正甲辰重刻會元時添入，大川原本從無是注，清公不考真僞，惑世誤人，可謂業海」云。不知此説著於北宋末林間録，縱使會元不加附注，人豈不知，未足爲會元病。且此注宋寶祐本已有，不待元時始添入，今竟以此罪業海，豈不冤哉！讀書不能不多聚異本，此亦一證也。

會元板本及撰人問題

本書向傳元至正本，即所謂業海清公重刻本是也。卷首有釋廷俊序，言：「本書爲宋季靈隱大川濟公集學徒所作，板燬，今會稽開元業海清公重刊之」云云。

明嘉靖、萬曆間，此書迭有刊本，然未嘗入藏。嘉興續藏第六十及六十一函，雖有是書，究非官板。其正式入藏，自清龍藏始。清藏析爲六十卷，然自明以來，諸本皆從至正本出。光緒初，宋本始由海外歸來，卷首有淳祐十年壬子冬普濟題詞，又有寶祐改元王槦序，卷末有寶祐元年武康沈淨明跋，是爲宋寶祐本。自此本出，而本書撰人又生問題矣。

本書彙集五燈而成，於史料搜集一層，全不費力，所費力者，特編排聯綴之工而已。此種編排聯綴之工，苟有老師爲之主持，發凡起例，即可令學徒從事纂輯。至於去取標準，隨時禀承，自可就範。

普濟爲當時老宿，據今存大川語録附大觀撰行狀，大川卒於寶祐元年癸丑正月八日，年七十五，弟子七十餘人。是此書刻成之年，即大川卒年，在本書題詞後一二月耳。

本書題普濟撰，向無異議，光緒二十八年壬寅，貴池劉氏覆刻寶祐本跋，始以爲非普濟撰，而爲慧明撰。劉君矜爲創獲，曰：「四庫提要以爲靈隱寺僧釋普濟字大川者所撰，按此本王槦序，獨云慧明首座，萃五燈爲一集，則撰人名慧明，非作序之普濟。當是内府本無王槦序。非此宋本復顯，訂正撰人之誤，後世誰復知慧明所著，是尤見宋本之足貴」云。光緒三十一年乙巳，況周儀撰蕙風簃隨筆卷二，於五燈會元條下，即採其説。

一九三〇年庚午，長沙復將寶祐本影印，劉善澤跋亦云：「焦竑經籍志、錢氏補元史藝文志著録此書，並作普濟撰，藉非宋槧復出，踵謌貤謬，殆終無訂正之時。檢嘉靖本釋廷俊序，云『宋季靈隱大川禪師濟公以五燈爲書浩博，學者罕能通究，迺集學徒作五燈會元。』廷俊此序作於元至正甲辰，距宋寶祐癸丑，相去才百年，已不知爲慧明書，而漫焉不加考覈，斯爲疏矣」云。然吾以爲廷俊豈不知，序明言集學徒爲之，慧明即學徒之一也。普濟卒於宋寶祐元年，錢氏之誤，在誤以本書入元藝文志，其以爲宋末靈隱寺僧普濟撰，未嘗誤也。錢氏未見普濟行狀，不知普濟卒年，據廷俊序以爲宋末人，當卒於元初，故以入元藝文志，史料不備，推想如是，亦未爲大誤。

寶祐本沈淨明跋言：「禪宗語要，具在五燈，卷帙浩繁，頗難兼閱。謹就靈隱禪寺，命諸禪人集成一書，以便觀覽。」則是書實發起於沈氏，慧明蓋諸禪人之一，普濟其主編也。若必以此書爲慧明撰，恐諸禪人未必心服。且當時大川並不以會元重，故行狀略不及之，而五燈會元則反藉大川以行也。

慧明不知何許人，王槦序稱爲首座，則爲當時小師可知。吾友莫天一撰五十萬卷樓藏書目卷十四，據新續高僧傳淨讀篇，謂：「慧明字無晦，鹽官人，晚居常照寺，持彌陀號，日數萬聲，慶元五年春累足而逝」云。此亦沙門同名易混之一例也。慶元五年，下距寶祐元年凡五十四載，枯骨何能著書？莫先生目録印行後，吾始得見，未及爲之追改矣。

中國佛教史籍概論卷五

寶林傳十卷　唐釋智炬撰

一九三五年，宋藏遺珍影印本名雙峰山曹侯溪寶林傳，唐藝文志著録。寶林者，韶州曹溪寶林寺也，六祖真身在焉。智炬唐志作智矩，傳寫誤也。

此書爲禪宗史惟一史料，景德録及傳法正宗記均取材於此。惟其言不雅馴，薦紳難言，故正宗記用之而復貶之。正如吾人今日欲考中國天主教史，不能不用傳教士所著之書也。

然此書自明以來，已不見著録。元末虞集序佛祖通載，謂「寶林等傳，世久失傳」。宋史藝文志有寶林傳録一卷，云「不知作者」，當是一殘本。至元法寶勘同録作九卷，想已缺一卷。又題曰「宋陵沙門智炬集」，「宋陵」爲「朱陵」之譌，朱陵者南岳也。

宋咸淳間，本覺撰釋氏通鑑，繫此書於唐貞元十七年條下，曰：「金陵沙門惠炬，天竺三藏勝持，編次諸祖傳法偈讖，及宗師機緣，爲寶林傳。」釋氏稽古略因之，又改金陵爲建康，蓋皆未見原書也。釋門正統卷八義天傳，言：「遼國曾令義學沙門詮曉等，再定經録，六祖壇經、寶林傳，皆被焚。」此亦傳本稀少之一因。

始吾讀釋門正統、佛祖統紀等天台宗撰述，數攻擊此書，求之久而未獲。一九三三年，日本發見一寫本，僅存第六卷，以爲奇寶，先在東方學報發表，復由東方文化學院東京研究所珂羅板印行。一九三四年，吾人亦在山西趙城縣廣勝寺，發見卷子刻本一部，存一、二、三、四、五、八等六卷，爲金初民間刻本，在宋則爲紹興間也。一九三五年收入宋藏遺珍，改爲方册本，影印以行。兹揭其内容如下：

卷一　釋迦牟尼及一祖。前缺三紙，每紙約二十三行，行約十四字。

卷二　二祖至八祖。刻藏時已缺，取聖胄集補之，今聖胄集亦佚。

卷三　九祖至十七祖。

卷四　十八祖至二十二祖。

卷五　二十三、二十四祖及師子弟子。前缺一紙。

卷六　二十五、二十六祖。缺，以日本藏寫本補之。

卷七　缺。

卷八　二十八至三十祖。

卷九　缺。

卷十　刻藏時已缺。

至元法寶勘同録著録九卷，當即此本。蓋原缺第二、第十兩卷，第二卷以聖冑集補之，仍缺第十卷也。

數十年來，若敦煌、若海外、若地下、若古寺院，遺珍迭出，學者眼福，百倍前人。惟寶林傳原書並不佳，不過取其爲古本而已。傳法正宗記雖採此書，然正宗論卷上，亦謂：「其文字鄙俗，序致煩亂，不類學者著書，或錯誤差舛，殆不可按，是必所承西僧，泛傳不審，而傳之者又不能裁之」云云。

今觀其書，即以年代一節論，舛誤者十之八九，蓋依據一俗陋年表所爲，而景德録仍之，如一祖至十三祖各章是。有經景德録改正者，如十六、十七、十八、十九、二十、二十二祖各章是。有景德録改而仍誤者，如二十一、二十四祖各章是。此正宗記所以遇有年代處，則盡删削之，知其不足取信也。

其卷八載：「達摩以梁武帝大同二年丙辰十二月五日丁未終於洛州禹門，二十八日庚午，昭明太子奉勅撰祭文，時魏太和十九年十二月」云。按梁大同二年，不當魏太和十九年。梁大同二年十二月丁卯朔，其五日非丁未，二十八日亦非庚午。據梁書八，昭明太子以中大通三年辛亥四月薨，年三十一。大同二年，昭明卒已五年矣，何能爲達摩撰祭文，此真可爲噴飯者也。同卷又有二十九祖（即東土二祖）可大師碑，題唐内供奉沙門法琳撰，法琳見續高僧傳二十四，又有唐彦悰撰法琳别傳。法琳未聞掌内殿道場，何云内供奉。據贊寧僧史略，内供奉授僧，始自唐肅宗，唐初何能有内供奉沙門，此謬之顯然者。且法琳著述存於今者，尚有破邪論、辯正論等，其風格絶與可大師碑文不類。

碑又有「東山之法，於是流焉」之句。因東土四祖信與五祖忍，並曾住蘄州東山寺，後人始目其法爲東山法門。四祖卒於永徽二年，五祖卒於高宗上元二年，琳先以貞觀十四年卒，何能於二祖碑預有東山法門之語，此皆不足信者也。

惟其書撰自中唐，傳世已古。一九三五年河北省磁縣出土之元和十二年李朝正重建梁武帝達摩碑，其文即出於此。又其所載師子以後世系，與今本壇經全同，皆足資考證，正不必以其鄙俚而廢之也。

一九二九年，胡適撰荷澤大師神會傳，一九三四年記北宋本六祖壇經，均謂：「今本壇經所載師子以後世系，爲契嵩和尚所改。」並謂：「今本景德録，亦依契嵩説追改，非景德録原本」云云。時寶林傳尚未復出，故推論如此，其實今本壇經與寶林傳同，其説遠在中唐，爲景德録、正宗記等所依據，不自契嵩始也。至謂今本景德録爲依嵩説所追改，亦非，因景德録後尚有天聖廣燈録，所載亦與寶林傳同，能改景德録，未必能改天聖録，更未必能改寶林傳也。

北山録 十卷　唐釋神清撰

一九二一年景印宋刻本。唐藝文志作參元語録，宋志作北山參元語録，焦竑國史經籍志參元語録與北山語録重出，季滄葦書目作宋遼北山録，則因卷首有沈遼序而誤也。

神清，宋僧傳六有傳，梓州慧義寺沙門，元和中卒。傳稱其：「好著述，都百餘軸，並行於代。就中北山參玄語録，博綜三教，最爲南北鴻儒名僧高士之所披翫。寺居郪城之北，長平山陰，故名北山；統三教玄旨，實而爲録，故名參玄」云。以是知唐宋志所著録者即此書也。

是書爲理論體，頗似周秦諸子。以三字或二字爲題，如天地始、聖人生、異學、外信等，凡十六篇。會萃孔、老、莊、列、荀、楊、班、馬之言，而折衷以釋氏。書甚古雅，惟因其中有關涉禪宗世系之説，頗爲禪者所攻擊。契嵩鐔津集有評北山清公書，即指此。

此書未經入藏，傳本甚少。民國初年，發見兩殘本：一存一至三、七至十卷，爲項氏天籟閣舊藏，西蜀草玄亭沙門慧寶注，前有錢唐沈遼序，後有殿中丞致仕丘濬後序，皆熙寧元年撰。一存一至六卷，爲華亭朱氏文石山房舊藏，附注解隨函二卷，儀封縣平城村比丘德珪撰。同人乃劇賁合兩本影印行世，其原本後歸南海潘氏寶禮堂。

慧寶注，卷三末有開寶六年事，卷十有宋太宗登極時事，則北宋初人。德珪注頗糾寶誤，注輒爲糾正，而不改原文；注有差誤，注解隨函亦正之，而原文不動，最爲合法。書有差注之失，第四篇引傳燈録，第七篇引僧史略，則又在贊寧僧史、景德傳燈之後矣。惟隨函卷末有刻主題名一葉，稱：「宣授講主心印，廣福大師全吉祥，謹施長財，陸續重刊」云云。字體圓柔，不似本書之方勁，乃知爲元初重刻宋本，苟無此葉，則全書均可充宋本矣。僧稱吉祥，惟元有之，詳十駕齋養新録九。

神清爲義學僧徒，博極羣書，對禪宗時致不滿，卷六譏異説篇尤甚，謂：「付法藏傳止有二十四人，其師子後舍那婆斯等四人，並餘家之曲説，又第二十九名達磨多羅，非菩提達磨也。」以是頗爲禪者所詬病。

明教嵩撰傳法正宗論四篇，即爲對神清而發，正宗記卷二末，評北山清公書云：「唐高僧神清，不喜禪者，自尊其宗，乃著書而抑之。固哉清也，徒肆己所愛惡，而不知大謬先聖，雖能編連萬世事，亦何益乎！書曰『記問之學，不足爲人師』，清之謂也。」嵩雖掊擊清書，然與嵩並世之台宗僧徒，亦對嵩書還擊，勝負未分也。清攻擊禪者，謂師子後舍那婆斯等四人，並餘家曲説，未明指何書，慧寶注以爲指寶林傳，德珪注又謂舍那婆斯名悞，應云婆舍斯多。此皆知有寶林傳，而不知寶林傳之外，尚有諸書，如歷代法寶記之屬也。作舍那婆斯者，乃諸書根據達摩多羅禪經及出三藏記薩婆多部目録而來，非悞也。寶林傳以達摩爲二十八代，今清書謂達摩多羅爲二十九代，是歷代法寶記之説，非寶林傳之説也。慧寶以甲作乙，德珪又以不悞爲悞，非敦煌發見歷代法寶記，趙城發見寶林傳，吾人又何從而正之，則新史料之發見，不可不刻刻留心也。

傳法正宗記十卷　正宗論二卷　宋釋契嵩撰

宋、元、明、清藏著録。嵩所撰尚有輔教編三卷，晁氏及宋志、明、清藏皆著録；又有鐔津集十九卷，明北藏著録，前三卷即輔教編重出，蓋萬曆時續入藏者，明南藏及清藏無鐔津集。

鐔津集，四庫别集類五作二十二卷，蓋由弘治本出，即今四部叢刊三編所影印者是也。與藏本分卷不同，而内容次第無異，蓋同出於永樂本。惟四庫提要謂王士禛居易録十七載鐔津集十五卷，當另一本。

鐔津集卷首有陳舜俞撰明教大師行業記，言：「嵩所著書，自定祖圖而下，謂之嘉祐集。」今卷末附録諸師著述，有惠洪禮嵩禪師塔詩，見石門文字禪五，而文字禪十九有嵩禪師贊，附録却未收。附録又有無名序一篇，永樂、弘治兩次刊本，均疑爲著湘山野録之瑩道温作，而不知即文字禪二十三之嘉祐集序，亦可見明代僧徒之陋也。

契嵩生平

契嵩字仲靈，藤州鐔津人，今廣西梧州藤縣，熙寧五年卒，明教其賜號也。行跡具陳舜俞撰行業記及禪林僧寶傳二十七。

東坡志林三言：「契嵩禪師常瞋，人未見其笑；海月慧辯師常笑，人未見其怒。予在錢塘，親見二人，皆趺坐而化，嵩既茶毗，火不能壞者五；海月比葬，面目如生，且微笑，乃知二人以瞋喜作佛事」云。

海月慧辯，與辯才元淨皆天台宗，明智祖韶弟子。海月熙寧六年卒，辯才元祐六年卒，其塔銘皆蘇子由撰，見欒城後集二十四。東坡後集十六有祭龍井辯才文，曰：「嗚呼！孔老異門，儒釋分宫，又於其間，禪律相攻。我初適吴，尚見五公，講有辯臻，禪有璉嵩，後二十年，獨餘此翁，今又往矣，後生誰宗！」

此翁謂辯才，辯、臻則海月慧辯與南屏梵臻也。臻亦天台宗，四明知禮弟子，視慧辯爲姪。釋可觀竹庵草録諸宗立祖條言：「昔日南屏臻老，曾與嵩仲靈往復辯正」，即其人。蓋與嵩異派相攻者也，而東坡則並交之。

璉者，大覺懷璉，與嵩皆雲門四世孫，所謂同高祖昆弟也，禪林僧寶傳十八有傳，元祐五年卒。北宋雲門之盛，璉與嵩皆其中健將。是時天台與雲門旗鼓相當，工力悉敵，復有士大夫周旋其間，故特形其盛。天台派佛祖統紀十五嘗論之，曰：「智者之爲道也，廣大悉備，爲其徒者自尊信之，未足以信於人，惟名儒士夫信而學焉，斯其道爲可信也。智者之世，有徐陵、柳顧言，荆溪之世，有梁肅、李華，明智之時，有晁以道、陳瑩中。是數君子，不特知道，又能立言以贊之，故智者之道愈光也。」

此明智名中立，與祖韶同賜號，而後卒五十餘年，亦得士夫之信仰者也。然吾以爲豈獨士夫贊之能致其光大，士夫毁之亦能致其光大也，特患人置之不論不議之條耳。何以言之？晁以道嘗言之矣，景迂集十四曰：「予嘗怪韓文公、歐陽公力排浮圖，而其門多浮圖之雄，如澄觀、契嵩輩，雖自能傳於後世，而士大夫今喜稱道之者，實二公之力爲多也。往年孤山智圓，凛然有名當世，讀書甚博，性曉文章經緯，師法韓文公，常責其學者不如韓能有功於孔氏；近則嵩力辯歐陽之謗，有古義士之風。是二人者，忘其讐而慕其善，又一反也。」

此所謂相反而實相成也。孤山智圓爲台宗之山外派，台宗有山家、山外之分，將另論之。智圓著書滿家，其文集名閑居編，取法乎韓，契嵩著書名非韓，而文實學韓。鐔津集十有上歐陽侍郎書，曰：「今天下之士，指閣下之門猶龍門，而閣下之門難升，又過於李膺。若某者，山林幽鄙之人，無狀以書奏天子，因而得幸下風，不即斥去，引之與語，温然，乃以讀書爲文見問，此特大君子與人爲善，誘之欲其至之耳。」

嵩固非韓者也，何其聲之似韓也。然惟其似韓，故當時禪講雖不相能，嵩與辯又瞋喜不同道，而辯竟有求嵩之事，是亦學韓之力也。鐔津集十五有慈雲式公行業曲記，式公者遵式，天台大師，慧辯之祖，而明智祖韶之父也。其文曰：「蒙識韶公幾三十年，晚山中與其游益親。韶公耆年淳重，名德之師也。嘗以大法師實録命余筆削，始以敝文不敢當，及蒙奏書還，而韶公已物故，方感慨，今辯師益以録見託，願成就其師之意。辯師端審善繼，又明智之賢弟子也，會余避言山中，囑之愈勤，顧重違其師之命，姑按韶公實録而論次之，命曰曲記，蓋曲細而記其事也。」一行業記耳，何人不可爲，而必有待於嵩者，以其聲之似韓也。智圓而在，或無所求於嵩，嵩卒後一年辯卒，嵩而在，辯塔銘亦或無所求於子由也。因論嵩生平，而連類及之如此。

正宗記之内容及得失

正宗記爲傳記體，其書在景德、天聖二録之後。於唐以來禪宗二十八祖世系，宗寶林傳，而求古籍以證明之，解釋之。嘉祐六年進之朝。

卷一　爲始祖釋迦如來表。名爲表，實非旁行斜上之體也，蓋一世譜而已。

卷二至六　爲迦葉至東土六祖大鑒止。

卷七、八　爲正宗分家略傳。記大鑒以下至十二世，凡一千三百四人，其有行跡可紀者，以見於景德、天聖二録及宋高僧傳，故略其行事，只叙其世次。嵩爲大鑒十一世，然卷八記雲門之嗣，至嵩本師洞山曉聰而止，不及本身，亦猶景德録道原之意也。

卷九　爲旁出略傳。叙六祖以前旁支世系，凡二百五人。又宗證略傳十人，皆本書所據各説之譯者著者，不分緇素，故裴休、劉昫在焉，以曾採裴撰圭峰傳法碑及舊唐書神秀傳也。

卷十　爲傳法正宗定祖圖。繪三十三祖傳法故事，今藏本則有説無圖矣。

正宗論二卷，四篇，則闡明達摩之法，的有師承，以破神清北山録及付法藏傳之説，曰：「後魏毁教時，僧曇曜於倉皇中，單録諸祖名目，亡於山野，會文成帝復教，前後更三十年。當孝文帝之世，曇曜進爲僧統，乃出其所録，諸沙門因之爲書，命曰付法藏傳，其所差逸不備，蓋自曇曜逃難致然也。」

其重要之根據，則在出三藏記之薩婆多部師承目録及達摩多羅禪經。然二書只有達摩多羅，無菩提達摩，故景德録於菩提達摩下曰「本名菩提多羅」，正宗記改曰「初名菩提多羅，亦號達摩多羅」。又於定祖圖菩提達摩下注云：「其名稱呼不同，如達摩多羅，凡三四説。」其所以必須如此解釋者，蓋就已成之説而彌縫之、補救之，以求合於古籍，亦煞費苦心矣。

其必不可掩飾，如寶林傳所紀年代，十誤八九，景德録改而仍誤，正宗記則一概芟夷之，曰：「寶林、傳燈二書，皆書天竺諸祖入滅之時，以合華夏周秦之歲甲。然周自宣王以前，未始有年，又支竺相遠，數萬餘里，其中渺茫隔越，吾恐以重譯比較，未易得其實，輒略其年數甲子，而存其帝代焉。」

此亦堅壁清野之法，欲使人無所藉口也。然因史學常識不豐富，每以不誤爲誤。如卷五達摩傳注云：「傳燈録諸書舊説，並云達摩來梁在普通八年，今按史書，普通祇七年，惟今王佑長曆甲子數或有八歲，可疑」云云。不知普通八年三月十一日，始改元大通，明著梁史。長曆列有八年，有何可疑。輕於立論，未免爲識者所笑耳。

年曆之外，寶林傳所載文獻多不足據，如梁武帝撰達摩碑及昭明太子撰達摩祭文等，景德録均削而不載，蓋其慎也，而正宗記反採之。當寶林傳未復出時，吾不知其所本，今二文均見寶林傳八，乃知正宗記實本於此也。

寶林傳又有二十九祖可大師碑，題唐内供奉沙門法琳撰，中有「東山之法，於是流焉」之句，以内供奉授僧及稱禪宗爲東山法門事皆在法琳以後，此碑之僞顯然。正宗記採其中之傳説可也，據此碑以攻唐僧傳不可也。今正宗記六可大師傳後，評唐僧傳云：「唐僧傳謂可遭賊斷臂，與予書曷其異乎！余考法琳碑，師乃雪立數宵，斷臂無顧，投地碎身，營求開示。然爲唐傳者，與琳同時，琳之説與禪者書合，而宣反之，豈非其採聽之未至乎，故其書不足爲詳」云。此可見嵩於史料真僞之鑒定法，殊未注意也。

然嵩不特攻唐傳，且並攻贊寧。正宗論四云：「初宣律師以達摩預之習禪高僧，降之已甚，復不列其承法師宗，蒙嘗患其不公。贊寧僧録，繼宣爲傳，論習禪科，尊達摩之宗，及考寧所撰鷲峰聖賢録，蓋亦傍乎寶林、付法藏二傳，非有異聞，其所斷浮泛，終不能深推大經大論，而驗實佛意，使後世學者益以相疑，是亦二古之短也。」

嵩蓋工於爲文，疏於考史，又往往爲感情所蔽，於僞史料既不能割愛，於前輩復肆意譏評。四庫鐔津集提要謂其恃氣求勝，東坡謂其常瞋，未見其笑，蓋天生性格使然，無足怪矣。

正宗記板本

正宗記吾所見嘉興藏本、頻伽藏本、揚州磚橋刻經處本，定祖圖皆無圖，惟磧砂藏本，圖繪甚精。其卷首記云：「平江路磧砂延聖寺大藏經局，今依福州開元禪寺校定元本傳法正宗記一十二卷，重新刊板流通。其明教大師所上之書，及入藏劄子，舊本皆在衮尾，今列於首，庶期展卷，備悉所從。延祐二年乙卯五月日，住持傳法比丘清表題。」

所謂福州開元寺本，即南宋隆興二年甲申所刊者也，今藏本皆由隆興福州本出。據宋濂學士文集卷三十，有傳法正宗記序，云：「唐興，曹溪大弘達摩之道，傳布益衆，義學者忌之，而神清爲甚，乃據付法藏傳所列，謂師子遭難，絶嗣不傳。猶以爲未足，誣迦葉爲小智，不足承佛心印，指禪經實後來傅會，難以取徵。而好議論之徒，紛紛起矣。宋明教大師契嵩讀而痛之，博采出三藏記，洎諸家記載，爲傳法正宗記，以闢義學者之妄。其衛道之嚴，凜凜乎不可犯也。」是爲洪武甬東本，吾未之見，僅介宋序如右。

釋門正統八卷　宋釋宗鑑撰

佛祖統紀五十四卷　宋釋志磐撰

二書皆天台宗所撰之佛教史。正統撰於嘉熙間，統紀撰於咸淳間，相距不過三十年。後書大抵以前書爲藍本，增加史料而改造之，然前書未可廢也，故合論之。

二書之體製及内容

二書皆仿「正史」體，有本紀、世家、表、志、列傳、載記等名目。天台宗立於陳、隋間智者大師，尊龍樹爲高祖，後人又以智者爲四祖，唐時荆溪湛然爲九祖。會昌毁佛，教典淪佚，吴越王求遺書於高麗，斯道復振。北宋初四明知禮，遂致中興，賜號法智，天聖六年卒，自是天台子孫皆法智之後矣。

釋門正統者，以天台宗爲正統，立釋迦牟尼、龍樹爲本紀，天台東土諸祖爲世家，又有八志，志之後爲傳，末有載記，仿晉書十六國例，以天台以外諸宗入載記。

佛祖統紀則稍變其例，自釋迦牟尼、西土二十四祖、東土九祖，以至四明知禮，凡十七祖，均立本紀，以諸祖旁出爲世家，旁出者猶「正史」之諸王傳也。世家後列傳十二卷，四庫提要此書附存目，作列傳十三卷，誤。傳後爲表，表後立九志，三十卷，居末，仿魏書例也。有山家教典志，猶諸史之藝文，專載天台宗著述目録；有名文光教志，猶地方志之藝文，專載有關天台宗之文；有諸宗立教志，載天台以外諸宗；有法運通塞志，其體爲編年；有歷代會要志，其體爲類事，則不獨天台一宗之事，凡考求佛、道二教交涉，及摩尼、火祆諸教歷史者，均可取資也。

台禪二宗之爭

先是景德録二十七載禪門達者，雖不出世，有名於時者録十一人，智者大師預焉。台宗人見之，大不謂然。故釋門正統卷一智者世家云：「彼焉知大師豈止禪門達者而已。」此諍之所由起也。釋門正統，本慶元、嘉定間鎧庵吳克己撰，宗鑑著書，仍襲其名，故恒引鎧庵之説。鎧庵嘗著論攻擊寶林傳，本書卷四興衰志云：「唐德宗之末，金陵沙門慧炬撰寶林傳，誇大其宗，至與僧傳所紀如皂白冰炭之不相入。迨及我宋，吳僧道原進傳燈録，李遵勗集廣燈録，皆以寶林爲口實，故鐔庵論之曰：『寶林説詭，非特達磨、慧可事跡與僧傳不同，其最虛誕無稽，而流俗至今猶以爲然者，七佛説偈、世尊拈花是也。七佛緣起，所經刧波，前後隔遠，豈有遞相説偈付法之事，縱若有之，未審吾佛何處舉似，梵僧何年譯至此土也。』」

又曰：「世尊將入涅槃，宣正法眼藏，分付摩訶迦葉，良以迦葉頭陀第一，能爲四衆作依止，可以匡持法藏故也，豈待涅槃會上，重新微笑而受法耶！ 然名公鉅卿，如楊内翰、黄侍讀，皆爲其所愚，一則傳燈作序，一則廬阜書石，乃知邪説移人，雖豪傑之士，有所不免。」廬阜書石，謂山谷數爲叢林書七佛偈刻石也。豫章集二十五有七佛偈跋言其事，僧家甚以爲重。

興衰志又言：「仁宗嘉祐二年，錢塘長老契嵩進定祖圖正宗記，自慧炬撰寶林傳，稱有二十八祖，及此土六祖，厥後傳燈録復踵其訛，嵩遂取小乘禪經及寶林傳等定之，以謂付法藏傳可焚。吳門子昉法師著論辯之，去其僞謬四名，復准付法藏傳，止二十四代。」按嘉祐二年，當作嘉祐六年。子昉者，淨覺仁岳之嗣，所謂山外派也。

釋門正統八述昉師辨祖書云：「宣律師續高僧傳，載達摩理行二種，固其真法。其後智炬於曹溪門下，出寶林傳，詭説百端，以惑無識，如隻履西歸、立雪斷臂等，皆與僧傳不同。由是誇衒寶林之憑虛，滅没僧傳之紀實，巴人一唱，屬而和者，滔滔皆是，如何通未詳省！」

佛祖統紀二十二子昉傳，載此事尤詳，曰：「法師子昉，吴興人，早依淨覺。嵩明教據禪經作定祖圖，以付法藏傳爲可焚，師作祖説以救之；又三年，嵩知禪經有不通，輒云傳寫有誤，師復作止訛以折之，曰：契嵩立二十八祖，妄據禪經，熒惑天下，斥付法藏傳爲謬書。此由唐智炬作寶林傳，因禪經有九人，第八名達摩多羅，第九名般若密多羅，智炬見『達摩』兩字，語音相近，遂改爲『達磨』，而增『菩提』二字，移居般若多羅之後，又取他處二名，婆舍斯多、不如密多，以繼二十四人，總之爲二十八。炬妄陳於前，嵩繆附於後，瀆亂正教，瑕玷禪宗，余嘗面折之，而嵩莫知愧。又據僧祐三藏記，傳律祖承五十三人，最後名達摩多羅，智炬取爲梁朝達磨。殊不知僧祐所記，乃小乘弘律之人，炬、嵩既尊禪爲大乘，何得反用小乘律人爲之祖耶，况禪經無二十八祖之名，炬、嵩既無教眼，纔見禪字，認爲己宗，厚誣先聖，其過非小」云。

嵩在禪宗，撰正宗記，負當時天下盛名，豈意台宗人斥之如此，考史者所以不能偏聽一面之詞，祇讀一家之書也。同時有神智從義者，亦攻擊二十八祖之説，釋門正統五從義傳辨祖承云：「今家承用二十三祖，豈有誤哉。若二十八祖，未見經論所出。近見刻石鏤板，圖狀七佛二十八祖，各以一偈傳授相付。烏乎！假託何其甚歟。識者有力，宜革斯弊，使無量人咸遵正教」云云。同是西土二十四祖，而台宗與禪宗寶林傳之説不同。台宗專據付法藏傳，以龍樹爲十三祖，師子爲二十三祖，並計末田地，則祖有二十四，而世次仍二十三也。

寶林傳則移婆須密於前，爲第七祖，故龍樹爲十四祖，師子爲二十四祖。傳法正宗記攻付法藏傳，而台宗則擁護之，正宗記攻唐僧傳，而台宗又護之，並攻其七佛偈及拈花微笑、慧可立雪斷臂等事，務與禪宗相反。韓非子顯學曰：「孔子墨子俱道堯舜，而取舍不同，自謂真堯舜，堯舜不復生，將誰使定儒墨之誠乎！」台禪二宗之於七佛二十八祖，亦猶儒墨之於堯舜也。

山家山外之爭

釋門正統五慶昭傳云：「智者大師撰金光明經玄義，有廣略二本行世。晤恩撰發揮記，解釋略本，謂廣本爲後人擅增，以四失評之。弟子奉先源清、靈光洪敏，共搆難詞，輔成師説。法智乃撰扶宗釋難，力救廣本，而慶昭與孤山智圓，既預清門，亦撰辨訛，駁釋難之非，救發揮之得。如是反覆，各至於五，綿歷七年。永嘉忠纂結前後十番之文，號四明十義書。自兹二家觀法不同，各開户牖，枝派永異，山家遂號清、昭之學爲山外宗。」此猶儒家今古文之爭也。晤恩，宋僧傳七有傳。山外之名，起於法智統一以後，凡持論與法智異者，均可目之爲山外，故又有前山外、後山外之名，前山外者大抵與法智同時，後山外則法智子孫而持論與法智異者也。

佛祖統紀二十二淨覺仁岳傳論曰：「天台宗謂學華嚴唯識者爲他宗。淨覺初爲山家之學甚厲，一旦師資小不合，遽爲異説，至於十諫雪謗，抗辯不已。前輔之而後畔之，其爲過也與學他宗者何異。父作之，子述之，既曰背宗，何必嗣法，故置之雜傳」云。今影印續藏經有四明仁岳異説叢書，此猶向歆父子之異論也，然山家必欲黜之，遂使仁岳爲孽子。

仁岳之外，前文所引之從義，亦台宗健將被斥爲山外者。統紀二十二神智從義傳論曰：「神智之從扶宗，視四明爲曾祖，而於有所立義，極力詆排之，破壞祖業，不肖爲甚，非同當時孤山、淨覺一抑一揚之比也。舊系扶宗，今故黜之，置之雜傳，以示家法之所在」云。

然統紀本書於卷十玄覺世家及卷三十華嚴慈恩諸師傳後，皆引從義之言爲重，抑又何耶，此與攻擊寶林傳、正宗記引子昉之言爲重，同一矛盾也。竊嘗譬之武夫，當國家承平時則抑之，慮其驕蹇而難制，一旦大敵當前，則不得不倚以爲干城之寄矣。

法智之中興，淨覺本爲功臣，自有山外之譏，遂至不得廟食，同時諸佐命能世其家者，只南屏、廣智、神照三家耳，而神照之後亦不昌也。鳥盡弓藏之歎，雖佛門亦有之。

統紀八知禮紀贊曰：「唐之末造，天下喪亂，台宗典籍，流散海東。當是時爲其學者，至有兼講華嚴，以資説飾，暨我宋龍興，此道尚晦。螺溪寶雲之際，遺文復還，雖講演稍聞，而曲見之士，氣習未移，故恩、清兼業於前，昭、圓異議於後，齊、潤以他黨而外侮，淨覺以吾子而内畔，皆足以溷亂法門，壅塞祖道。四明法智以上聖之才，當中興之運，東征西伐，再清教海，功業之盛，可得而思」云。

然釋門正統對山外態度，與統紀稍異，統紀於前山外諸師，列之高論旁出世家，於後山外諸師，則貶之爲雜傳。正統則特立荷負扶持傳以處前山外，曰：「楚狄斂中國而齊桓霸，叔帶危宗周而晉文興。會昌籍没，五代分崩，不有大士起而救之，則中興正派不可待而授也。障狂瀾，弭酷燄，功豈淺哉！」

又立扣擊宗途傳以處後山外，曰：「陶唐於變，巢許不臣；周武會朝，夷齊異議。反經合道，蓋有激揚，既非隘路叛出之比，必其用心有所在矣。」

故正統對前後山外，多有恕詞，此二書不同之點也。所謂隘路叛出者，指華嚴澄觀，澄觀曾禀受荆溪教觀，後被推爲華嚴四祖，台宗以爲叛人。金剛錍之作，即對澄觀而發，華嚴宗亦出評金剛錍以報之，猶儒家之有箴膏、起廢也。

二書之板本

統紀，明南藏及嘉興藏、頻伽藏皆有之，又有寧波刻本，正統則影印續藏經有之。續藏經統紀五十五卷，卷十九、二十有目無書，諸本皆然，惟續藏經本卷二十一，空一卷，其卷二十二即明藏本之卷二十一，以次下推，故明藏本五十四卷，續藏本五十五卷，其實一也。四庫提要統紀附存目，作五十四卷，蓋即嘉興藏本。今嘉興藏目録作四十五卷者，循明藏目録之誤，偶倒其字耳。統紀作於宋咸淳間，而續藏經本卷十九目録後有元末一傳，法運通塞志之末，又有元代至明初記事，皆後人增益，猶史記司馬相如傳末之有揚雄語也。

法藏碎金録十卷　宋晁迥撰

晁氏三書本，四庫著録釋家類。迥爲公武五世祖，所謂文元公也。明道元年，年八十二矣，自言未嘗以針艾攻肌膚，以几杖扶坐起，其學道有得可知也。

法藏碎金者，蓋雜録儒、釋、道三家之言，以爲修身養性之助。其卷二有曰：「今有文士目莊子曰碎金，多采先生之語以資應用章句耳。予亦耽味其言，求理綴文，以爲助道之品，入此法藏碎金録中，名同而實異者也。」然則此書應入雜家類，四庫入之釋家類者，依陳

道院集要三卷　宋王古編

振孫書録解題也。

先是迥著書曰道院别集、曰法藏碎金、曰耄智餘書、曰昭德新編等，晁氏讀書志彙載入别集類中。四庫提要以爲：「公武既不敢削其祖宗之書不録，又不肯列之釋氏貽論者口實，故姑以附載迥護之。」此非知人論世之言也。晁、陳二氏，見解不同，陳氏頗不喜佛，晁氏則以佛爲其家學，其志金剛般若經也，曰：「予弟公愬，日誦三過，予靳之曰：汝亦頗知其義乎？」其志會解楞嚴經也，曰：「皇朝井度集古今十二家解，去取之成書，予嘗爲之序。」井度者，即以蜀中所得書五十篋與公武，公武據以著讀書志者也，公武何嘗以學佛爲諱。其志華嚴經清涼疏也，曰：「文元公有言，明法身之體者，莫辯於楞嚴；明法身之用者，莫辯於華嚴，學佛者以爲不刊之論」云。則公武又何嘗有爲其祖迴護，恐貽論者口實之事。

且提要既知此書嘉靖間迥裔孫瑮曾改名迦談重刊之矣，則晁氏子孫不特不以學佛爲諱，且明著爲迦談，惟恐人不知其爲釋迦之説也。則所謂不肯列之釋氏者，豈非提要以己之心度古人之心乎，此論古者之大病也。

提要又言：「自阮孝緒七録以後，釋氏之書久已自爲一類。」其説亦非。蓋自齊王儉七志以來，釋氏即已自爲一類，不自孝緒始也。

道院集要者，蓋即道院別集之節本，故晁志仍入別集類，陳氏改入釋氏類。文獻通考二二七採陳氏，既入之釋氏，二三四採晁氏，又入之別集。提要以通考列別集中爲不類，改隸釋家，不知通考本隸釋氏，別集蓋重出耳。

王古字敏仲，旦之曾孫，喜佛學，曾撰法寶標目十卷，今在藏中，陳氏著録目録類，通考著録釋氏類。然今殿本書録解題，於兩書之王古，均誤作「王右」，與宋史藝文志法寶標目誤同，校者蓋不審「好古敏求」之義。藏本法寶標目，又作元王古編，則並不知其爲北宋人矣。

古入元祐黨籍，但元祐黨籍碑有兩王古，一曾任待制以上官，一爲餘官。編道院集要及法寶標目者，曾任待制以上官者也。陸心源撰元祐黨人傳卷三，王古敏仲有詳傳，然未及其編法寶標目及此書也，豈亦爲之諱哉，偶略之耳。

中國佛教史籍概論卷六

禪林僧寶傳三十卷　宋釋惠洪撰

簡稱僧寶傳。晁志衢本著録傳記類，袁本及陳氏、通考均著録釋氏類。清四庫著録惠洪書，此書及林間録入釋氏，冷齋夜話入雜家，石門文字禪入别集，又有天厨禁臠，附詩文評存目。

惠洪生平

惠洪又名德洪，字覺範，自號寂音尊者，事跡見文字禪二十四寂音自序，及祖琇撰僧寶正續傳卷二。江西人，與黄山谷善，又習其鄉歐陽、王、曾諸公之緒，故雖出家，而才名籍甚。惟性粗率，往往輕於立論，故生平毁譽參半。王明清玉照新志卷三云：「洪本筠州高安人，嘗爲縣小吏，黄山谷喜其聰慧，教令讀書爲浮屠，其後海内推爲名僧。韓駒作寂音尊者塔銘，即其人也。」

此外如葉夢得避暑録話、胡仔漁隱叢話、吳曾能改齋漫録、陳善捫蝨新話、俞文豹吹劍外録等，對之均有微詞，胡吳二家斥其繆妄，尤不止一次。然惠洪要爲伉爽有才氣，聰明絶世，同時僧中無兩也。其居平評詩之語最多，以非本題，不具論，論其評史，爲舉一例，亦足見其立論之大略。

宋僧傳十八唐泗州僧伽傳云：「葱嶺北何國人也，自言俗姓何氏，亦猶僧會本康居國人，便命爲康僧會也。詳何國在碎葉東北，是碎葉附庸耳。」洪撰冷齋夜話九，乃力斥其説，謂：「僧伽龍朔中遊江淮間，其跡甚異，有問之曰：『汝何姓？』答曰：『姓何。』又問：『何國人？』答曰：『何國人。』李邕作碑，不曉其言，乃書傳曰：『大師姓何，何國人。』此正所謂對癡人説夢，李邕遂以夢爲真，真癡絶也。贊寧以其傳編入僧史，又從而解之，此又夢中説夢，可掩卷一笑。」

夫洪去僧伽五百年，何由知僧伽之「何國」非國名，不過偶爾觸機，覺何爲代名耳。羌無故實，以理想爲故實，作一假設，未爲不可，乃過甚其詞，至詆前賢爲夢中説夢，既自暴其不學，復自暴其寡養，其憎兹多口固宜。東坡志林二嘗注意及此，曰：「泗州大聖僧伽傳云：『和尚何國人也。』又世云莫知其所從來，故云不知何國人。近讀隋史西域傳，乃有何國」云云。豈特隋史，通典並載其武德、貞觀中皆曾遣使來貢也。則僧伽之爲何國人，有何可笑乎，惜東坡知之，而洪未之知也。

晁志別集類著録洪筠溪集，云：「洪著書數萬言，如林間録、僧寶傳、冷齋夜話之類，皆行於世，然多夸誕，人莫之信。」夫評詩，人不之信，其害小，作史人不之信，則可信者亦將爲不可信者所累，豈不與作史初心相背哉！

祖琇爲洪鄉人，對洪時致不滿，然其爲洪傳贊，獨深恕之，曰：「覺範少歸釋氏，長而博極羣書。觀其發揮經論，光輔叢林，孜孜焉手不停綴，而言滿天下。及陷於難，著縫掖，出九死而僅生，垂二十年，重削髮，無一辭叛佛而改圖，此其爲賢者也。」是真平情之論矣。

洪卒於建炎二年，年五十八。冷齋夜話九有紹興初曾子宣在西府紀事，曾布卒於大觀元年，此紹興當是紹聖，四庫本夜話未加訂正也。

僧寶傳之體製及得失

僧寶傳爲傳記體，然與以前僧傳不同，以前僧傳，統括十科，此則專詳禪者。又與燈録不同，燈録詳載語言，此則兼載行事。然同載行事，其文體又有不同，一則類聚衆文，裁剪而成傳，其作用爲物理的；一則鎔化衆説，陶鑄以成文，其作用爲化學的。二者優劣，誠未易言，然洪則主張後説者也。

文字禪二十五有題修僧史一首云：「僧史自惠皎、道宣、贊寧而下，皆與史記、兩漢、南北史、唐傳大異，其文雜煩重，如户婚鬬訟按檢，昔嘗憎之，欲整齊使成一體之文，依倣史傳，立以贊詞，使學者臨傳致贊詞，見古人妙處，不亦佳乎！於是仍其所科，促十四卷爲十二卷。」所謂僧史，未指何書，以卷數推之，當爲皎傳。十四卷促爲十二卷，所促幾何，何必多此一舉。且一代有一代之文體，若以宋人之文，施之六朝，是猶飾古人以今服，豈非滑稽之甚。幸而其書不傳，即傳亦未必足觀也。惟撰近代僧傳則不然，儘可以近代文體行之，僧寶傳其嘗試成功者也。

文字禪二十六有僧寶傳題詞十二首，皆洪書成時，諸禪人鈔寫誦讀，請洪題記者也。其第一首有曰：「禪者精於道，身世兩忘，未嘗從事翰墨，故唐宋僧史，皆出於講師之手。道宣精於律，而文詞非其所長，作禪者傳，如户婚按檢；贊寧博於學，然其識暗，又聚衆碣之文爲傳，故其書非一體，予甚悼惜之。」

所謂一體者，即鎔衆説以成文，此文家之法也；所謂聚衆碣之文爲傳者，此史家之法也。二者不同道，洪既以文家之法成書，故其書琅琅可誦。

其第三首有曰：「予初游吳，讀贊寧僧史，怪不作雲門傳，有耆年曰：嘗聞吳中老師言，尚及見寧，以雲門非講學，故刪之。又游曹山拜澄源塔，得斷碣，曰『耽章號本寂禪師』。於是喟然念雲門不得作傳，曹山名亦失真，始有撰敘之意。」

今僧寶傳既託始於曹山、雲門，運用其嶄新史料，凡得八十一人。然曹山名耽章，前此未聞，後亦無人信用，此與皇甫謐謂漢高父名執嘉，王符謂漢高父名煓，同其不易取信也。至宋僧傳之不立雲門傳，自是採訪未周，與講學不講學何涉。且宋僧傳六百餘人，講學者有幾，此真不值一駁者，而洪公然著之書，無怪識者之譏評矣。

祖琇僧寶正續傳末，附代古塔主與洪覺範書，有曰：「嘗聞足下有撰次僧史之志，某喜爲之折屐。及足下成書，獲閱之，方一過目，爛然華麗，及再三伸卷，考覈事實，則知足下樹志淺矣。夫文所以紀實也，苟忽事實，而高下其心，唯騁歆艷之文，此楊子所謂從而繡其鞶帨，君子所不取也。」

淳熙末，者庵惠彬撰叢林公論，亦數攻擊此書，以爲「傳多浮誇，贊多臆說」。漁隱叢話後集三七亦云：「僧寶傳，洪覺範所撰，但欲馳騁其文，往往多失事實。至於作贊，又雜以詩句，此豈史法示褒貶之意乎。」當時緇素對僧寶傳之批評如此，其書之內容可知。

明初恕中無愠撰山庵雜録上云：「覺範僧寶傳，始名百禪師傳，大慧初見讀之，爲剔出一十九人焚之。厥後覺範致書黄檗知和尚云：『宗杲竊見吾百禪師傳，輒焚去一十九人，不知何意。』覺範雖一時不悦，彼十九人者，終不以預卷」云。

杲少洪十八歲，於法系視洪爲從祖，竟貿然焚其初成之史稿，不知師子兒果有是事否，又不知其何所見而爲此也。今此八十一人中，除未詳所屬者數人外，屬青原者十一人，曹洞十人，臨濟十七人，雲門、黄龍各十五人，法眼五人，潙仰一人，楊歧四人，足見當日雲門、臨濟之盛。洪黄龍下二世，杲楊歧下四世也。惟晁志衢本袁本均作八十七人，通考引晁志亦然，知是晁氏原稿錯誤，非後人傳寫之譌矣。

僧寶傳板本

僧寶傳最初刊本有宣和六年侯延慶序，今存。文字禪卷二十三有僧寶傳序，今刊本俱無之。寶慶三年，杭州刻本有張宏敬序，洪武六年，明州刻本有戴良序。

今通行者有嘉興續藏本，影印續藏經本，南京刻本，皆三十卷。四庫著録者三十二卷，蓋末有舟峰庵僧慶老補傳三人，作一卷，又附臨濟宗旨，亦作一卷也。晁志衢本及通考作三十二卷，袁本及陳氏作三十卷。

四庫所據者，即明州刻本，卷首應有戴良序。提要只見寶慶三年張宏敬序，稱錢塘風篁山僧廣遇鋟梓，而卷末題明州大慈山比丘寶定刊，疑爲四明重鋟本，是也；特因未見戴序，故不能定爲何時重刻，不知戴序見九靈山房集二十一。洪武初，戴良游鄞，故爲寶定作序，或書估去之，欲以洪武本充宋本耳。

舟峰庵在泉州，曉瑩撰雲卧紀談上云：「泉州北山之頂，有横石如舟，世以舟峰名之。大比丘諱慶老，字龜年，結茅山麓，號舟峰庵主。大慧遷徑山，舟峰爲掌記室，詞章華贍，殊增叢林光潤，紹興十三年癸亥委順」云云，即此書卷末撰補傳之人也。提要以爲北宋人，尚未大誤。宋詩紀事慶老傳乃不著一字，可以此補之。

林間録二卷　**後録**一卷　宋釋惠洪撰

大觀元年謝逸爲之序。晁志著録，衢本四卷，袁本二卷，分卷不同，其實一也。通考採衢本，四庫提要疑爲誤字，非也。嘉興續藏本有萬曆十二年甲申馮夢禎跋。今通行者有影印續藏經本。此書爲筆記體，所記皆僧家故事，文筆流暢，故人喜讀之。後録一卷，所載皆石門文字禪卷十七至二十之文，蓋後人附入，非晁志本所有也。

提要謂其書多訂贊寧高僧傳諸書之譌，是也。然所訂多不中，或爲禪者一家之説，他宗不謂然也。且其語氣之間，抑揚太過，如謂：「贊寧作大宋高僧傳，用十科爲品流，以義學冠之，已可笑」云云，夫贊寧特循慧皎、道宣之舊耳，有何可笑！又謂：「歐陽文忠游嵩山，聞老僧説定慧力，大驚，不自知其膝之屈也。」此皆夸誕之詞，不能令人起信。

「十分春瘦緣何事，一掬歸心未到家」，爲惠洪得意之句，既載之文字禪十，又載之冷齋夜話五。提要引能改齋漫録十一，謂王荆公女讀至此曰：「浪子和尚耳。」此語傳播，頗足損尊者威嚴，然亦洪有以取之也。

漁隱叢話前集五十六云：「忘情絶愛，瞿曇氏之所訓。惠洪身爲衲子，詞句有『一枕思歸淚』及『十分春瘦』之語，豈所當然。又自載之詩話，矜衒其言，何無識之甚耶。」此洪自取之證也。

文字禪九又有贈尼昧上人詩云：「未肯題紅葉，終期老翠微，余今倦行役，投杖夢煙扉。」瀛奎律髓四七評之曰：「紅葉句似侮之，末句有欲炙之色，女人出家何益哉。」此洪所以不理於衆口也。既犯綺語之戒，又好爲妄語，晁志謂：「林間録多寓言，如謂杜祁公、張安道皆致仕居睢陽之類，疏闊殊可笑。」袁本述之尤詳，曰：「祁公慶曆六年致仕，治平中薨，安道元豐末始請老，蓋相去二十年矣。」

試嘗考之，杜祁公衍以慶曆六年告老，七年致仕，嘉祐二年卒，年八十。宋史三一〇及五朝名臣言行録七、歐陽文忠集三十一墓誌皆同。張安道方平，元豐末請老，元祐初致仕，元祐六年卒，年八十五。二人致政，相去凡四十年，不止如晁志袁本所云也。

胡應麟少室山房筆叢四八言：「林間録，五燈會元多采之，然其中率不可信，如謂杜祁公、張文定同居睢陽之類，前人辨駁已明。又載杜公呼文定字爲安道，安道乃方平字，非文定也，則此事之誣灼然，然亦非無因，蓋本捫蝨新話而潤飾之」云云。

又嘗考之，張方平字安道，謚文定，宋史三一八、東坡後集十七墓誌銘、三朝名臣言行録三，所載無異詞。胡氏謂安道非文定，不知胡氏心目中之文定果何人也。

宋張文定本有兩人，安道之前，張齊賢字師亮，亦謚文定，大中祥符七年卒，年七十二，見宋史二六五及琬琰集删存三，又五朝名臣言行録一。兩文定相距凡七十餘年，師亮下距杜祁公，亦三十餘年，且好佛，淳化中曾刻僧肇等注維摩詰經，見袁本晁志。

胡氏心目中之文定，指師亮耶？然林間録以安道爲文定，本不誤，其誤在謂安道與杜祁公致政同居睢陽耳。胡氏以不誤爲誤，又謂其説本之捫蝨新話，不知林間録撰自大觀元年丁亥，新話撰自紹興十九年己巳，後出四十餘年，林間録何由本之，其疏闊又可笑也。

提要引晁氏説批評林間録，又引胡氏説，以不誤爲誤，又自添一誤，以文定爲張詠，其疏闊尤可笑。詠字復之，號乖崖，謚忠定，大中祥符八年卒，年七十，見宋史二九三及五朝名臣言行録三，宋景文集六二有張尚書行狀，韓琦安陽集五十有神道碑。其與杜祁公相去亦三十餘年。然張詠自是忠定，今乃謂文定爲張詠，蓋據宋文鑑一三五張詠行狀標題之偶誤，以此攻林間録，幾何不爲浪子和尚所竊笑耶！

提要此段，文僅三行，乃有四誤：

一、林間録之誤，謂杜祁公衍、張文定方平，致仕同居睢陽。

二、晁志之誤，謂杜祁公、張安道致仕，相去二十年。

三、胡氏筆叢之誤，謂杜公呼文定字爲安道，安道乃方平，非文定。又謂其説本之捫蝨新話。

四、提要之誤，又以文定爲張詠。

四者之中以晁志之誤爲最輕，餘皆不易爲之解釋也。提要又謂五燈會元多採此書，其説亦本之胡氏。然會元全部，採此書者，僅卷四涅槃和尚一條，曹山名耽章，惠洪以爲得之斷碣，特以冠僧寶傳之首，此書耽章之名亦屢見，然會元並未採之也。僧寶傳三十一石霜圓傳，有康定戊寅紀事，戊寅非康定，當作寶元。以本朝人記本朝年號，石霜又爲洪之曾祖，竟至誤其卒年，會元十二且譏其失於考證，曷嘗多採其書哉。詩曰：「無信人之言，人實迂汝。」可爲提要詠矣。

羅湖野録 二卷　宋釋曉瑩撰

嘉興藏本及影印續藏經本，均二卷，寶顔堂祕笈續集本，分爲四卷，四庫著録者四卷，蓋即寶顔堂本。嘉興藏目録續藏第六十四函有羅湖禪師語録，即此書，書作野録，目作語録，誤也。

曉瑩，江西人，字仲温，大慧宗杲弟子。晚居豐城感山雲卧庵，著雲卧紀談，亦號雲卧庵主。是書與紀談，皆筆記體，雖綺麗不及林間録，而徵實過之，南宋以來，修僧史者鮮不利用其書也。

紹興十一年，秦檜將議和，罷韓世忠等軍，下岳飛於獄。時宗杲正主徑山，建千僧閣成，徒衆二千，侍郎張九成恒與往來。檜恐其議己，謫九成南安軍，宗杲編置衡州，二十年移梅州，二十五年十月檜卒，十二月復九成等官，宗杲亦聽令自便，二十六年正月離梅州，二十八年復住徑山，隆興元年卒。計在衡十年，在梅六年，患難相隨者甚衆，瑩即其中之一人。今紀談末附有與遯庵宗演書，力正祖詠撰大慧年譜之失，故宗演重訂大慧年譜多據之，亦以其從大慧久，見聞較切也。

是書前有紹興二十五年自叙，云：「歸憩羅湖時作，故名曰羅湖野録。」末有紹興三十年，無着道人妙總跋，妙總，尼也，與瑩同學，至契。跋云：「妙總窮居村落，不聞叢林勝事久矣。比者江西瑩仲温遠自雙徑來訪山舍，娓娓談前言往行，殊慰此懷。徐探囊得羅湖野録一編，所載皆命世宗師與賢士大夫言行之粹美，詳覽熟思，不忍釋手，亦足見仲温爲道爲學之要，其操心賢於人遠矣，當與天下好事者共之。」

四庫著録本，此跋適闕題名，故提要云：「末有紹興庚辰跋，不署姓名，而跋中自稱曰妙總，則亦僧作也。」按藏本跋尾年月下原有「毗陵無着道人妙總謹書」十字，而寶顔堂祕笈本無之，知四庫所據者與祕笈本同；又藏本均作二卷，四庫著録者四卷，知所據即祕笈本也。

妙總爲丞相蘇頌孫女，與瑩均見大慧年譜紹興八年條，嘉泰普燈録十八及五燈會元二十有傳。晚主平江資壽，開堂説法，道譽甚著。其語録有「茫茫宇宙人無數，幾個男兒是丈夫」之句，慨當時國勢之不振也。

瑩撰大慧正續傳，特附無着傳，曰：「正續所收嗣法，止於洋嶼小谿及前住徑山受記莂者，其衡梅與再住徑山，並無與焉。至於收無着者，蓋仿達磨傳載尼總持，在無着則不忝耳。」其推重之如此。

瑩在梅州，得大慧所用竹篦，妙總嘗爲之銘，親寫贈瑩。引曰：「大慧老師以竹篦揭示佛祖不傳之妙，幾四十年，遂使臨濟正派勃興焉。至於居患難中，亦不倦提撃，所以梅州報恩有竹篦在堂司也。江西瑩仲温嘗掌其職，得之而歸，豈特爲叢林千載之榮觀耶，無着妙總謹稽首爲之銘」云。語見瑩與遯庵宗演書。

佛祖通載卅一言妙總乾道六年卒，年七十六。果爾，則紹興三十年爲瑩跋羅湖野録時，年六十六矣，二人蓋老同學也。提要以爲僧，故特詳之。

佛祖通載 二十二卷　元釋念常撰

此書全名佛祖歷代通載。清四庫著録。明北藏分爲三十六卷，以目録爲卷一，以卷一爲卷二，卷十一以下，每卷分爲二卷，卷二十二分爲三卷。嘉興藏、清藏、頻伽藏及續藏經、磚橋各本皆因之，以是三十六卷遂通行於二十二卷。

念常略歷

念常號梅屋，華亭人，事跡見本書覺岸序。至元十九年壬午生，至治三年癸亥赴京，繕寫金字佛經，曾禮帝師，聞密乘之要。所謂帝師，當爲公哥羅或旺出兒，元史釋老傳謂公哥羅至治三年卒，旺出兒嗣。通載謂公哥羅泰定四年卒，則其所值者必公哥羅也。

八思巴，釋老傳謂其至元十六年卒，通載謂其十七年卒，皆在念常未生之前。四庫提要謂其受法於八思巴，殊誤。撰提要者僅知有帝師八思巴，而不知八思巴卒後，終元之世，嗣爲帝師，名見釋老傳者，尚十餘代。至治三年，念常至京時，八思巴卒後四十餘年矣，何由向之受法，此不得不謂爲疎陋者也。

本書之體製及内容

本書爲編年體。先是有隆興府石室沙門祖琇撰僧寶正續傳，又撰隆興佛教編年通論廿八卷，附一卷。始自漢明帝，終於五代。曰隆興者，作書之時地；曰佛教者，書之内容；

曰編年者，書之體製；曰通論者，每條之後，多附以論斷也。其書採摭佛教碑碣及諸大家之文頗備。編纂有法，叙論嫻雅，不類俗僧所爲，然不甚見稱於世，遂爲佛祖通載所掩襲。

今通載前數卷，二十八祖悉抄景德傳燈録，自漢明帝至五代十餘卷，悉抄隆興通論，其所自纂者，僅宋元二代耳。其抄通論，不獨史料抄之，即叙論亦抄之。計所抄叙論三十八段，明著爲石室論者，僅藏本卷五及卷十一等三段，其中有有立論主體者，如五代叙云：「予嘗以唐新舊本紀參校，粗見文忠師仰春秋紀事褒貶之妙，因采數十端著新唐史本紀略例一篇。及得五代史，閱其自發述作之意，與予亦頗合。」

此所謂予，祖琇自謂也，今抄之於通載，而不明著爲琇叙，則所謂予者，念常自謂乎？念常亦嘗著新唐史本紀略例乎？「作奏雖工，宜去葛龔」，此笑林之所以爲笑也。而卷首凡例，並未明言本書叙論悉採通論。又五代以後，漢明帝以前，不復見一叙論，不啻表暴其除抄襲外，不能自撰一論也。

至其自纂一部分，體例亦多可議。通論編年，悉依「正史」本紀之法，通載則改之，只以甲子二字標題，而不盡著年號及年數，每條起始，多以「某月」或「是歲」等字冠之。欲知其事在何年，輒翻數葉或十數葉而未得其確數，此本書之大病也。

又通論所採諸家之文，如牟子理惑三十七篇，採二十篇，已覺繁冗。通載於卷首載八思巴彰所知論，於金代載李屏山鳴道集，於元代載至元辨僞録，連篇累牘，不知所裁。凡此諸書，在當時皆有單行本也。

又如元遺山集紫微觀記，撰於金亡以後，時遺山年四十七八，今乃繫於泰和四年，時遺山年才十五。又瀛國公學佛法于土番，在至元廿五年，見元史十四世祖紀，時瀛國年十八，今乃繫於至元十四年，時瀛國才七歲，此失之移前者也。

又天竺三藏吽哈囉悉利，卒於金大定五年，無着妙總卒於宋乾道六年，今亦統繫於嘉泰四年之末，此則失之移後者也。又元至大三年庚戌條，有元太祖、木華黎及耶律楚材紀事，移後且八九十年，瞀亂至此。卷首虞集序乃謂其「參考訛正，二十餘年，始克成編」，不知二十餘年中，其所考正者何事也。

虞集序爲道園學古録所未載，抑佛祖統紀而揚通載。吾嘗見崇禎七年董其昌撰佛祖綱目序則反之，曰：「宋僧志磐撰佛祖統紀，以天台爲統。元僧念常復作通載，名依統紀，而立例則殊。始用史家編年之法，以宗爲主，以教爲輔，凡淨行神足，性相義觀，無所不備，而識者摘其漏誤，至不可寘辨，蓋史之難如此」云云。則通載之繆誤，明人已先有言之者。

清初費隱容撰五燈嚴統辨惑編，乃極力推崇之，謂：「通載梵本，計卷三十有六，久入北京皇藏我字函中，元朝華亭念常禪師所集，歷今幾四百年」云。則以其載丘玄素僞碑，信有兩天王道悟，謂雲門、法眼二宗，皆出馬祖，與費隱臭味相同，意有所偏，則好而知其惡者鮮矣。

惟此書撰自元代，時有佚聞，如瀛國公之死，宋、元史皆闕載，此書於卷末至治三年條，載是年四月賜瀛國公合尊死於河西，與洪武初無愠撰山庵雜録同，此釋典之有補世典者。雜録言：「瀛國公爲僧後，至英宗朝，適興吟詩云：『寄語林和靖，梅開幾度花，黄金臺上客，無復得還家。』諜者以其意在諷動江南人心，聞之於上，收斬之。既而上悔，出内帑黄金，詔江南善書僧儒，集燕京書大藏經」云。

宋稗類抄二亦載此詩，然未載其死。元史廿八英宗紀雖未載其死，然載：「至治三年四月朔，勑天下諸司，命僧誦經十萬部，同月又勑京師萬安、慶壽、聖安、普慶四寺，揚子江金山寺，五臺萬聖祐國寺，作水陸佛事七晝夜。」皆似與此事有關。特恐瀛國公之死，在四月以前，念常以是年五月入燕，其入燕即爲繕寫金字大藏，故載瀛國公之死爲四月，然則瀛國公之不得其死，殆可信也。

四庫提要正誤

提要謂念常所見之帝師爲八思巴，誤已見前。又誇其能自彌罅漏，如論唐憲宗、懿宗之迎佛，爲崇奉太過，不知此祖琇通論廿七之言也。又謂其論王縉、杜鴻漸，但言福業報應，故人事置而不修，不知此通論十八引新唐史之言，非念常之論也。又謂韓愈爲一代偉人，乃引西蜀龍氏之言，詆其言行悖戾，不知此通論廿一所引，非念常自引也。

江南釋教總統楊璉真加，發掘有宋諸陵，事載元史釋老傳及世祖紀至元二十一年九月條，而通載不載。惟至元廿五年楊璉真加集江南禪教朝覲登對事，通載載之，凡二千餘言。此徑山長老雲峰妙高與教家在元世祖面前辨論禪宗之旨，與楊璉真加無涉。楊固不知禪，亦未隨同至京。蓋其時釋道之爭甫完，又有教家讒毁禪宗之事，故令楊傳集禪教諸僧，到京庭辯。妙高年已七十，不惜跋涉一行，禪宗賴以安堵，此禪宗史一重要公案也。

提要徒見卷端有「楊輦真加」四字，遂謂「楊璉真加窮凶極惡，通載乃没其事跡，但詳述其談禪之語，儼然古德宗風」云云。此誤認雲峰妙高之言爲楊璉真加之言，自是撰提要者閲書疏忽之咎，以此譏通載，通載惟有敬謝而已。

釋氏稽古略四卷　元釋覺岸撰

書極通行，四庫著錄。有磚橋本、杭州本、影印續藏經本。

覺岸字寶洲，烏程人，即爲佛祖通載作序者。五十萬卷樓書目謂念常亦爲稽古略作序，疑誤記也。

書亦編年體，後出於通載十餘年，其中且有引通載者，如卷三貞元九年條是。四庫以此書列通載前，因此書止於南宋，而通載則止於元元統元年也。

先是宋咸淳間有括山僧一庵本覺撰釋氏通鑑，止於五代，此書多本之。於歷代有名諸僧，及僧家通常掌故，搜採略備，頗便觀覽。惟不免有兔園習氣，一知半解之說亦多，如卷二謂陳年禎明，宋資治通鑑避仁宗廟諱作祥明，又卷四云宋太祖諱玄朗等，皆似是而非，未經深考。

書中所注出典，亦粗率可笑，如高僧傳、弘明集撰於蕭梁，今卷三記唐初事，乃數云出於高僧傳、弘明集。又續高僧傳、佛道論衡、法苑珠林，均撰於唐初，今記開元中不空三藏事，乃云出於續高僧傳；記大曆九年及太和七年事，乃云出於佛道論衡；記南唐事，乃云出於法苑珠林，皆可以常識判斷而知爲謬者也。又撰歐陽文忠外傳及華陽宫記者，北宋末蜀僧祖秀，字紫芝；撰隆興佛運統紀及隆興佛教編年通論者，南宋初，江西僧祖琇，號石室，今卷四元豐八年及重和元年條，均誤佛運統紀爲紫芝撰，可見其多不足據。

惟此書本爲釋子之欲稍通世史者而作，故於列朝興廢盛衰，無關釋氏者，亦復條分摘列，參雜成文，提要譏其傷於枝贅，未中此書之失。此書前有中山李桓序，桓見元詩選癸之丙，提要誤作李恒；此書於唐代前後均載有濮王紃天壽年號，提要誤作天壽，均應改正。

神僧傳九卷　明成祖撰

明北藏、嘉興藏、清藏、明史藝文志，皆著録。今有頻伽藏本、常州本。四庫附存目，以爲元人撰，誤。

卷首有永樂十五年御製序，四庫所據本蓋闕之。是書專採僧傳中之有神跡者，輯以爲傳，不注出典，所採皆習見之書。自漢摩騰，至元膽巴，凡二百八人。膽巴見元史釋老傳，大德七年卒，提要誤爲八思巴，八思巴乾隆時改譯爲帕克巴，卒於至元十六年，佛祖通載作十七年，提要混爲一人。

潛研堂金石文跋尾十九，有延祐三年勅賜龍興寺大覺普慈廣照無上帝師碑，趙孟頫書，此膽巴碑也。元史藝文志三著録神僧傳，注云：「起摩騰、法蘭，終八思巴，不著撰人。」頗疑竹汀先生未見原書，僅據提要録之，故既誤爲元人撰，又誤膽巴爲八思巴也。

大藏一覽十卷　明陳實撰

此書爲類書體，分八門，六十品，凡千一百八十一則，每則以七言二句標題，有如歌訣，而雜引經典以釋之。

明史藝文志著録。嘉興續藏本題「寧德陳實原編，秀水姚舜温重輯」，原編者，對重輯而言，提要誤以「實原」二字爲名。而天一閣、八千卷樓等目録，均循其誤矣，故特正之。

法喜志四卷　明夏樹芳撰

四庫提要作三卷，今有影印續藏經本。樹芳字茂卿，江陰人，萬曆十三年乙酉舉人。此書爲傳記體，自漢東方朔至元楊維禎，凡二百有八人，取其言行有合於禪者録之，不注出典。前有顧憲成序，云：「茂卿以儒用禪者也，非以儒爲禪用者也，以儒爲禪用，即儒亦化而禪，以儒用禪，即禪亦化而儒矣。」序缺年月，提要以爲萬曆六年序，不知何據。其首句稱樹芳爲夏孝廉，萬曆六年，何能有夏孝廉之稱。據顧端文年譜此序作於萬曆三十四年三月，提要誤也。提要又謂：「憲成所見，必不如是，序殆樹芳嫁名。」今此序明見涇皋藏稿十五，名法喜志題詞，稿爲憲成手自編次，以萬曆三十九年十二月刻之，四十年五月憲成始卒。提要謂爲樹芳嫁名，殊屬武斷。

長松茹退二卷　明釋真可撰

有實顔堂祕笈續集本。真可字達觀，號紫柏，行跡具紫柏全集卷首憨山德清撰達觀大師塔銘。四庫提要誤作可真，八千卷樓書目等因之。明藝文志則作德清撰，蓋循千頃堂書目之誤。緣此書卷首題「紫柏憨頭陀真可著」，而書中自稱憨憨子，德清號憨山，與真可同時，二人並有大名，而憨山較後，誤認憨憨子爲憨山，故題德清撰也。

書爲筆記體。長松者館名，在潯陽城中高處，去廬岳不遠，紫柏全集十四有長松館記。

萬曆二十一二年間，江州孝廉邢懋顒、懋學兄弟，館紫柏於此，而問道焉，紫柏遂爲草此篇。凡百十有九章，出入釋老莊列之間，自以爲無當，目曰茹退。茹退出楞嚴經注，牛糞也。王志堅表異録九，謂「楞嚴經注以牛糞爲茹退，二字新」，其義蓋取於此，提要以爲出李日華六研齋筆記，不檢原書，不知其誤也。

吴都法乘 三十卷　明周永年撰

一九三六年上海石印抄本。書爲志乘體，輯録法門文獻之有涉於吴者。分三十篇，篇冠以韻語小序，所引多注出典，間附己作，卷帙厚者復分子卷，故名爲三十卷，實有四十二卷，誠吴門法典之大觀也。四庫釋家類附存目作十二卷，分十二篇，蓋僅得前半部耳。

永年吴江人，字安期，與四庫館纂修歷城周永年字書昌者同姓名，同好佛。錢謙益有學集三十一有周安期墓誌銘，曰：「故太宰吴江周恭肅公用有曾孫二人，曰永年字安期，宗建字季侯，與余俱壬午生。余與季侯相繼中甲科，季侯入西臺，忤奄拷死，賜謚忠毅。而安期爲老生自如，家世奉佛，安期稟承父叔，刻藏飯僧，誓終紫柏付囑，窮老盡氣，若營其私。晚年撰吴都法乘餘百卷。弘光南渡，詒余書數萬言，條列東南戰守中興建置事宜，余將疏薦而未遑也。亂後移家西山，與余執手嘘嚱，酒半脱帽，垂頂童然，顧影長歎，以謂老可賤而死可貴也，「丁亥八月卒」云云。則永年固明末義士也。

是書傳本甚少，吾友李印泉采虎阜金石，得抄本於怡親王祠，乃假抄一部，葉遐庵爲影印叙而行之，始知四庫附存目者爲不全本。書中頗有後人附益，如弘通篇有毛奇齡語，普慈篇有康熙十二年癸丑事，皆在永年卒後。又知歸子彭際清撰居士傳，成於乾隆四十年，善女人傳尤在其後，是書弘通、禮誦、懇寂、普慈、清信、提策等篇，皆引及之，清信篇所引尤衆。幸悉低一格繕寫，尚易識别。

又書中頗有錯簡，如襲燈篇三之前三葉，應在襲燈篇一之前；又壇宇篇有卷下之上，無卷下之下；永年所自撰之吴江接待寺殿堂修造記，亦有目無書，似有脱漏；又清信篇後半，曾引法苑珠林敬佛篇一則，書口遂以敬佛篇標題，故總目多出一篇，皆繕校時偶有疏忽，不足爲本書病也。

南宋元明僧寶傳十五卷　清釋自融、釋性磊同撰

四庫釋家類附存目，有影印續藏經本。自融字巨靈，一字幻肆，木陳忞弟子，康熙三十

年卒，年七十七，潘耒爲撰塔銘，見遂初堂别集二。

此書志在續惠洪僧寶傳。融自序稱九十七人，今本實得九十四人，然性磊後序言融所集者五十三人，磊所補者四十一人，則融序字之誤也。九十四人中，目録明標爲補輯者僅二十七人，又與磊序不合，則目有漏標，不復知誰爲融集，誰爲磊補矣。

惠洪書之後，本有石室祖琇撰僧寶正續傳，止於南宋初，凡二十八人，曹洞、臨濟各一人，黄龍、楊岐各十三人，爲六卷，另寓言二人，爲第七卷。顧祖琇之名不甚顯，其所著佛運統紀，爲瑩仲温所譏，今不傳；其所著佛教編年通論，爲佛祖通載所盜襲，釋氏稽古略又誤認爲紫芝祖秀之書；其所著僧寶正續傳，今雖傳，然自來罕見，故融書卷一之竹庵珪，卷二之此庵元、文殊道，卷三之大慧杲，卷五之白楊順，皆與正續傳重出，知融師弟撰此傳時，尚未見祖琇之書也。

此傳九十四人外，卷末有拾遺一人，曰吹萬廣真。真，蜀人，即著釋教三字經者，亦大慧之裔，與破山明同時，而早卒，兩雄不並立，破山曾著佛道聲價以非之，破山弟子丈雪醉輯錦江禪燈，擯吹萬派於錦江之外。此書吹萬傳贊曰：「真師既出世於萬曆之間，我禪門正當肇興之時，至天、崇間，諸方有大名稱者，俱有書問往來，未見一言表出大慧宗系之名，何也？無乃各闡己宗爲急務，未暇輕重之耶！康熙丙寅冬，余爲天童封龕事經四明，過壽昌禪林訪舊，遇師之玄孫統公別庵禪師，始悉真師三代全録，不得不爲之補傳，否則闕典之責，其在余乎！」

所謂余者，應爲性磊，然康熙二十五年丙寅，自融尚未卒也。統公者普陀性統，吹萬三傳，康熙三十年撰續燈正統四十卷，附嘉興藏以行，吹萬之名始著。當天童派披靡一時之際，吹萬派乃異軍蒼頭特起，與之並驅中原，平揖不讓，亦宗門豪傑之士矣。自融師弟爲補傳，有以哉！

現果隨録 四卷　清釋戒顯撰

四庫附存目，一卷，云九十一則，今續藏經本四卷，百三則。所録皆明末清初因果報應之事，親自聞見，故曰現果隨録。

戒顯俗名王瀚，字原達，太倉人。崇禎甲申國變後，慟哭别文廟，棄諸生爲僧，改今名。字願雲，號晦山，得法於漢月藏弟子具德禮，爲密雲悟三傳。少與陸桴亭、陳確庵、吳梅村爲友，故各家詩集，皆有與願雲和尚詩。閻爾梅白耷山人集，錢澄之田間集，有與晦山大師詩，亦此人。提要作字晦堂，蓋循清詩别裁集小傳之誤。

康熙六年具德卒，戒顯繼住靈隱，此書題靈隱罷翁晦山樵筆記，記事至康熙十年止，當是住靈隱時撰。提要謂其順治間居靈隱，亦不確也。

後記

此稿爲余十數年前講課舊稿，繼「史學要籍解題」之後輒講授此課，以介紹同學研究歷史時如何掌握及運用有關材料。稿成於抗日戰爭時期，時北京淪陷，故其中論斷，多有爲而發，看法與今不盡同。因曾費過一番功夫，其內容或尚有足資參考之處，特印出以爲研究歷史及佛教史者之助，並藉此就正識者，以便將來之修改也。

陳　垣　一九五五年十月

〔作於上世紀四十年代前期。一九五五年結集由科學出版社出版。此據中華書局一九六二年版排印。〕